El gran libro de los sueños

Emilio Salas

El gran libro de los sueños

FONTANA
PRACTICA

Ediciones Martínez Roca, S. A.

Diseño de Cubierta: Saber Comunicar

© 1987, Emilio Salas
© 1987, Ediciones Martínez Roca, S. A.
© 1994 Colección Nueva Era
Gran Vía, 774, 7.ª, 08013 Barcelona
ISBN 84-270-1691-3
Segunda reimpresión (Colombia) julio de 1994
para Ediciones Roca Ltda. y para Planeta Venezolana, S.A.

Impreso en Colombia – Printed in Colombia.

A PAQUITA,
la mujer de mis
SUEÑOS.

Primera parte

El estudio de los sueños

Sueños. (*Grabado del siglo* XVI.)

1

Dormir y soñar

Si tenemos en cuenta que dormimos unas ocho horas diarias, nos daremos cuenta de que pasamos durmiendo una tercera parte de nuestra vida, es decir, que a los sesenta años habremos perdido unos veinte sin hacer nada, simplemente tumbados en la cama.

Si esto se lo contamos al médico, se echará a reír y nos responderá que este tiempo «perdido» es imprescindible para que nuestro cuerpo se recupere del desgaste ocasionado por la actividad diurna, y que la regeneración celular, imprescindible para reponer células gastadas, cerrar heridas y conservar la salud se realiza casi por completo mientras dormimos.

Pero si ahora acudimos a un fisiólogo especializado en el estudio del sueño, nos dirá que con unas tres horas hay más que suficiente para dicha recuperación orgánica, lo que no impide que el resto del tiempo que pasamos durmiendo y que aparentemente no sirve para nada, sea tanto o más útil que el empleado en la recuperación física, pues lo empleamos en soñar, y que no existe la menor duda de que sin soñar no podríamos vivir. Y es que si el dormir es para regenerar el cuerpo, el soñar es para reorganizar el alma o, si queremos ser más precisos, nuestra conciencia.

La conciencia: consciente, subconsciente e inconsciente

Hubo un tiempo en que solía decirse: «Dios es el refugio de la ignorancia», y es que cuando se ignoraba algo se recurría a Dios como último recurso o argumento. «Sólo Dios puede saberlo», «Lo hizo Dios», «Misterios divinos», en efecto, eran frases comunes para salir de apuros. Pues bien, ahora estamos en otro tiempo en que podríamos aprovechar la misma frase sustituyendo «Dios» por «inconsciente», pues todo aquello que ignoramos o no sabemos explicar de nuestra vida psíquica lo atribuimos al inconsciente, aunque muchas veces no sepamos muy bien qué es, dónde empieza y dónde termina: y es que, en realidad, consciente, subconsciente e inconsciente son divisiones más o menos reales y más o menos arbitrarias de lo que hemos dado en llamar conciencia. Entendiendo por conciencia el conjunto de todos los contenidos de nuestra psique, de nuestra alma.

Con frecuencia se compara a nuestra conciencia con un iceberg del cual la parte que sobresale por encima de las aguas sería el consciente y lo que permanece oculto por debajo de las mismas el inconsciente; y en este símil, muy gráfico y adecuado a la realidad, el subconsciente sería aquella parte del inconsciente que se halla en íntimo contacto con el consciente.

Más o menos la imagen sería la siguiente:

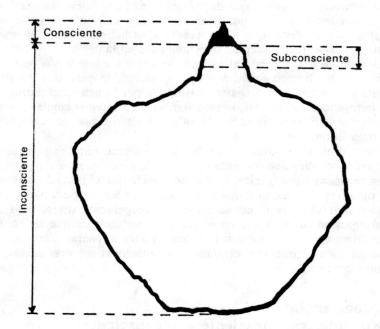

Como es natural, en la realidad los límites entre las distintas zonas no están bien delimitados sino que son confusos, y lo único que permanece claro es que aquello que *ahora* tenemos en la mente es lo consciente; lo que *ahora* tenemos olvidado, fuera de la mente, lo inconsciente; y lo que *ahora* no tenemos en mente pero «casi» lo está y podemos acceder a ello con facilidad estará en el subconsciente.

El inconsciente, archivo de vivencias

Durante el día, cuanto hacemos, sentimos o pensamos se va almacenando en la conciencia, pues es bien sabido que no olvidamos absolutamente nada, como lo prueba el hecho de que mediante la hipnosis es posible recordar hasta la menor palabra y el menor hecho de nuestra vida, haga el tiempo que haga de lo sucedido. Pero este almacenamiento podríamos decir que es automático e indiscriminado, por lo que en otro momento deberemos proceder a su «clasificación y archivo» en el lugar correcto de nuestra conciencia.

Siempre que se archiva una ficha, para colocarla en el sitio exacto que le corresponde hay que remover las otras fichas del mismo departamento; y en nuestra conciencia ocurre lo mismo, pues para «archivar» un hecho, una palabra o un sentimiento debemos «remover» —es decir, actualizar— el mismo tipo de hechos, palabras o sentimientos que ya estaban «archivados», es decir, aparentemente olvidados, enterrados en el fondo del inconsciente. Todo este proceso —figurado, claro está— viene a ser una parte de lo que ocurre mientras dormimos, y también explica por qué hay palabras y acontecimientos que nos afectan mucho más profundamente que otros, pues al «archivarlos» debemos remover heridas de nuestra alma que no cicatrizaron y que fueron ocasionadas por hechos anteriores que nos fueron muy penosos. De hecho, ésta es la base en que se fundamenta todo el psicoanálisis.

El procedimiento del inconsciente

Pero las cosas nunca son sencillas, y del mismo modo que al hablar de la regeneración celular dijimos que se realizaba «preferentemente» mientras dormíamos, ahora deberemos reconocer que el soñar y la actividad del inconsciente también se dan preferentemente mientras dormimos, pero que en realidad ambas funciones, regeneración celular y trabajo del inconsciente, se siguen dando, aunque en otras proporciones, durante todo el día, y no es raro tener que reconocer que muchas veces soñamos despiertos. Como dice Jung:

«... en el fondo existen muy pocos momentos en que somos realmente conscientes... por el contrario, el inconsciente es un estado constante, duradero... mientras escuchamos, hablamos, leemos,

nuestro inconsciente sigue trabajando aun cuando no nos demos
cuenta. Puede demostrarse que el inconsciente teje permanentemente un vasto sueño que, imperturbable, va siguiendo su camino
por debajo de la conciencia y emerge por la noche en los sueños y,
en ocasiones, incluso durante el día.»

Lo que llegamos a soñar

Los animales de sangre fría no sueñan nunca; por las noches y en
tiempo frío, al bajar la temperatura ambiente por debajo de cierto lí-

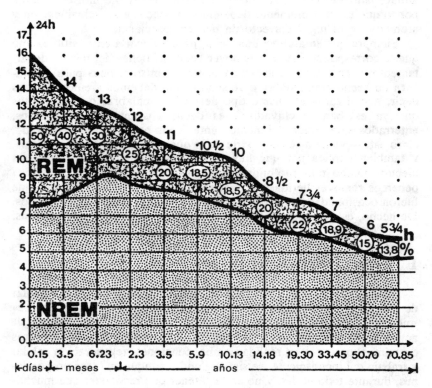

Horizontalmente: edad en días, luego en meses y finalmente en años.
Verticalmente: duración del sueño en 24 horas.
REM: corresponde al sueño paradójico (soñar).
NREM: corresponde al resto del sueño (dormir).

(*Curvas según Roffwarg, Muzzio, Dement, revista* Science, *1966.*)

mite, caen en un letargo en que todas sus funciones vitales quedan prácticamente paralizadas, incluso las del cerebro; cuando vuelve a lucir el sol o la temperatura sube hasta un grado aceptable para ellos, vuelven a recuperar todas sus funciones vitales.

Que nosotros sepamos, el único animal de sangre fría que presenta indicios de soñar es el camaleón. También lo hacen todos los animales de sangre caliente, desde los pájaros, que sueñan un 0,5% del tiempo que pasan dormidos, hasta el hombre, que llega a soñar un 20% de dicho tiempo. Sólo existen muy raras excepciones a esta regla, como por ejemplo el ornitorrinco australiano, verdadera rareza de la naturaleza, que no sueña nunca.

Y concretándonos al hombre, debemos resaltar que los porcentajes son muy distintos y van disminuyendo desde el momento en que nacemos hasta que morimos, pues el recién nacido sueña más de la mitad del tiempo que duerme —que es mucho—, y luego con los años va variando, pues a los sesenta años por ejemplo, ya sólo sueña un 15% del tiempo que se duerme a la vez que se duermen menos horas; y hasta el final de la vida ambas cosas, dormir y soñar, siguen disminuyendo, como puede comprobarse en el gráfico de la página anterior, diseñado por P. Fluchaire.

La importancia de estas estadísticas es la de hacernos ver que el soñar es un privilegio de los animales superiores y del hombre; es decir, de aquellos que son capaces de aprender, de sacar consecuencias de los hechos y guardar las conclusiones; y que al empezar la vida, como todo es nuevo, todo precisa ser guardado y archivado, mientras que con los años la actividad se va reduciendo y con ella la necesidad de incorporar nuevas vivencias a la conciencia.

2

La historia de una nueva-vieja ciencia

Mucho antes de que los hombres se interesaran en por qué dormimos y soñamos, ya se hallaban preocupados en interpretar qué podían significar los sueños, y tanto es así, que con las primeras muestras del lenguaje escrito, hará unos 6000 años, ya encontramos interpretaciones de sueños; luego, escritos babilónicos que se remontan a 4000 años ya son mucho más completos sobre este tema.

A partir de estas lejanas fechas, todas las culturas y libros sagrados nos hablan de los sueños y de su importante papel en la historia de la humanidad ya que los consideraron la mejor prueba de la existencia del alma, de los dioses y de otra vida, pues para ellos quienes les hablaban y aconsejaban desde el mundo de los sueños eran dioses y difuntos.

Y esto en todas las religiones, incluso las judeo-cristianas; en el Talmud, por ejemplo, existen 217 referencias a los sueños, y unas 60 en la Biblia. Y luego, ni Gengis Khan habría conquistado medio mundo, ni Napoleón habría hecho otro tanto sin la ayuda de los sueños, lo que ni el uno ni el otro ocultaron jamás. Y podríamos poner muchísimos más ejemplos.

Freud, Jung y el psicoanálisis

Hasta 1900 todas las «Claves de sueños» (que así se llamaban las recopilaciones de sueños interpretados) no pasaban de ser copias y recopias de tratados onirománticos de la antigüedad adornados con citas de los textos sagrados y algún que otro añadido más o menos fantasioso.

Pero en dicho año de 1900 aparece una obrita de cien páginas escrita por un médico vienés que se titula *Die Traumdeutung* y cuyos 600 ejemplares tardaron unos ocho años en venderse, pues el mundo científico intentó ignorarlo mientras pudo. Este médico se llamaba Sigmund Freud y la obra se ha traducido como *Interpretación de los sueños*. En la actualidad es el libro de sueños más vendido en todo el mundo.

Aun cuando no fue Freud quien descubrió el inconsciente, pues Janet, Schopenhauer, Bergson y otros ya lo habían definido —al menos teóricamente—, sí fue el primero en darse cuenta del importante papel del mismo y de que los sueños eran una vía de comunicación entre consciente e inconsciente, lo que los convertía en una función esencial para la vida psíquica.

Pero Freud era un médico y, en el fondo, para él los sueños no eran más que un importantísimo medio terapéutico. Hizo un gran descubrimiento que ha sido el nacimiento de una nueva ciencia; o mejor dicho, el renacimiento de una antigua ciencia que se había ido perdiendo, pues el estudio de los sueños no sólo nos demuestra que son la puerta entre consciente e inconsciente, sino también el cómo y el porqué de otra ciencia igualmente importante: la simbología. Es por ello que en este capítulo la denomino como una nueva-vieja ciencia.

Volviendo a Freud, debemos reconocer que como todos los grandes precursores puso la primera piedra sobre la que luego sus discípulos, Jung en especial, completarían el edificio en que se ha convertido el psicoanálisis. Fue Jung quien demostró que los sueños son la más clara, sincera, verdadera y espontánea representación del conjunto del inconsciente y del alma.

Fue Jung quien definió el inconsciente colectivo en el que se acumula toda la experiencia de la humanidad, por no decir de la creación, y sobre lo que nos extenderemos más adelante. Y a partir de él, de Adler y demás discípulos, se ha creado todo un conocimiento de nuestro mundo interior y toda una ciencia de la interpretación de los sueños que ya nadie puede poner en duda.

Kleitman y el mecanismo del sueño

En 1920, el fisiólogo norteamericano Kleitman empezó a estudiar el fenómeno del sueño y en 1952 publicó el resultado de sus investigaciones.

Para estudiarlo mejor, una vez se quedó durante 180 horas (siete días y medio) sin dormir; y en 1938 se encerró durante 32 días en el fondo de una gruta de Kentucky.

Más tarde, se le ocurrió registrar con el electroencefalógrafo las variaciones del potencial eléctrico del cerebro mientras dormimos y soñamos, y fue agregando nuevos perfeccionamientos para poder registrar además las variaciones del potencial eléctrico que se producen cuando los músculos del ojo se contraen y relajan, comprobando que el ojo se desplaza con gran rapidez al mismo tiempo que se modifican las ondas cerebrales, fenómeno que designó con el nombre de REM (de *R*apid *E*ye *M*ovement = movimiento rápido del ojo), y que este movimiento sólo se produce mientras soñamos. Más adelante se ha llamado sueño paradójico a aquella parte del sueño en que soñamos.

En 1953 Kleitman aceptó la colaboración de un estudiante de medicina llamado William Dement, y poco a poco a nuevos colaboradores, con los que siguieron a los sueños con mayor precisión. Los movimientos del ojo les demostraron que cuando soñamos «vemos» la escena y la seguimos con los ojos, del mismo modo que todos nuestros músculos siguen —aunque imperceptiblemente— todos los movimientos del sueño.

Y es que la actitud del soñador frente al sueño es la misma de un espectador que asiste a una función de teatro o al desarrollo de una película. Como dijo uno de los participantes en la investigación, George Mann, cuando asistimos a una función teatral comenzamos por agitarnos en nuestra butaca hasta que empieza la acción, en cuyo momento dejamos de movernos, lo que no impide que inconscientemente sigamos incluso físicamente los movimientos de los actores. Cuando llega el entreacto volvemos a agitarnos, después de lo cual la función prosigue de la misma forma hasta que se termina. Pues bien, nosotros asistimos cada noche a un espectáculo que sólo se representa en nuestro cerebro.

Los sueños, hoy

Algo más tarde, los franceses iniciaron sus investigaciones en Lyon, por una parte el profesor Jouvet y su equipo en la facultad de Medicina a partir de 1959 y, por otra, Ruckebush en la Escuela Nacional de Veterinaria desde 1962.

En la actualidad, más de mil investigadores repartidos por todo el mundo siguen investigando y ampliando conocimientos siguiendo las huellas de los que todavía son los «dos grandes», Jouvet en el Centro Claude-Bernard de Lyon, y Dement, ahora afincado en Stanford, y sus conclusiones son verdaderamente extraordinarias.

3

La fisiología del sueño

Hemos visto como Kleitman descubrió el fenómeno del REM y su hipótesis de que se producía cuando el paciente soñaba. ¿Cómo verificó su hipótesis? Pues muy sencillo, despertándolo para preguntárselo. En 152 experiencias de una serie de 191, el durmiente al que se despertó en el momento en que se estaban produciendo los REM confirmó que estaba soñando; sólo 39 no pudieron afirmarlo con toda seguridad o no lo recordaban. Por el contrario, de las 16 veces en que a pesar de registrarse los REM no se despertó a los durmientes dejándoles dormir toda la noche, 15 veces no recordaron nada.

Es así como actualmente podemos saber gracias al REM cuándo soñamos y cuándo nos limitamos a dormir; es posible obtener cifras sobre la frecuencia, la profundidad y la duración del sueño y de los sueños, con lo cual lo que hasta ahora era puramente especulativo pasa a convertirse en realmente científico y controlable, y es también así que podemos afirmar que todos los animales superiores también sueñan.

Los primeros resultados

Según estos primeros estudios de Kleitman, cuando nos quedamos dormidos existe un estadio inicial en el que se va produciendo el corte con el mundo objetivo, durante el cual algunas veces existe una sensación como si se flotara. Luego, unos 15 minutos después de iniciar el sueño se llega al sueño profundo. A los 60 o 70 minutos aparece el primer sueño (REM) que dura de 9 a 10 minutos. Entonces se reanuda el sueño profundo por otros 90 minutos y surge el segundo sueño, de unos 20 minutos de duración, seguido de otros 90 minutos de sueño profundo, tras los cuales aparece el tercer sueño de unos 25 minutos; y el ciclo sigue con el cuarto sueño de unos 20 o 30 minutos. Después de algunos minutos de sueño profundo primero y de ligero después, entre la 7.ª y la 8.ª hora de sueño se produce el despertar definitivo.

Visto gráficamente vendría a ser algo así:

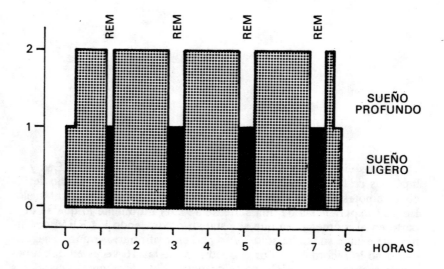

De estas experiencias, Kleitman dedujo que en el sueño existían dos niveles, el sueño ligero y el sueño profundo, y guiándose por la mayor actividad cerebral que se registra en los períodos REM, creyó que durante los mismos se producía una disminución en la profundidad del sueño; es decir, que se trataba de períodos de sueño ligero durante los cuales soñamos.

Las experiencias de Michel Jouvet

No obstante, cuando Jouvet profundizó en estos estudios en Lyon, pronto pudo comprobar que los estadios del sueño no son dos, sino cinco, y que precisamente el REM es el más profundo de todos ellos, siendo además la última porción de una fase de sueño tras la cual, y aunque luego no lo recordemos, se produce un corto despertar, con lo que podríamos decir que concluye una fase del sueño nocturno, para volver a empezar todo el proceso con ligeras variantes hasta completar cuatro o cinco fases separadas entre sí por unos minutos en los que estamos despiertos.

Lo curioso del caso es que cuando soñamos, durante el REM, la actividad cerebral es la máxima que se da durante todo el tiempo que dormimos; es decir, que cuando el cuerpo se halla más profundamente dormido es cuando paradójicamente el cerebro se halla más despierto. Es precisamente por ello que se ha dado en llamar *sueño paradójico* a los períodos de REM.

Tras las modificaciones introducidas por las experiencias de Jouvet, la gráfica de nuestro sueño quedaría como sigue:

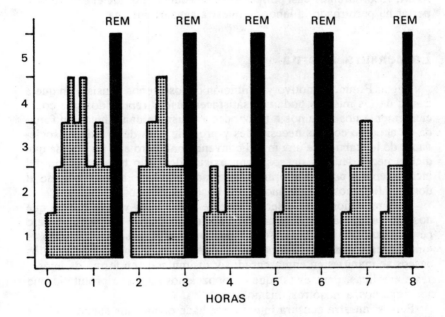

1 = Sueño muy ligero. 2 = Sueño ligero. 3 = Sueño profundo. 4 = Sueño muy profundo. 5 = Sueño paradójico (soñar).

Por qué olvidamos los sueños

Ahora que sabemos cómo se desarrollan nuestras noches y que cada noche soñamos varias veces, la primera pregunta que a todos se nos ocurre es: ¿por qué olvidamos la mayor parte de estos sueños y aquellos que recordamos es de una forma vaga e inconexa?

Los especialistas del sueño nos responden a esto diciendo que siempre es posible recordar los sueños si despertamos en el momento adecuado, o si realmente queremos recordarlos y tomamos las medidas adecuadas. Lo que ocurre es que la famosa «censura» freudiana existe e inconscientemente tendemos a sofocar el sueño, a impedir que aflore al consciente y desde el subconsciente se vaya hundiendo en lo más profundo de la conciencia.

Es por ello que si se permite que el sueño complete todo su ciclo normal, éste queda archivado en el inconsciente y sólo nos queda el recuerdo de haber soñado o como máximo algunos detalles del mismo. Pero si nos despertamos bruscamente cuando está finalizando una fase REM, recordaremos casi perfectamente el sueño, porque el brusco despertar ha perturbado la labor de nuestra censura interna.

La censura interna

Según Freud, el motivo y la función de los sueños consiste en que a través de los mismos podamos satisfacer deseos reprimidos que conscientemente nos negamos a reconocer a causa de una educación forjada de acuerdo con las necesidades y prohibiciones de la vida en sociedad y de los tabúes de una moral convencional; pero ello no impide que dichas necesidades y deseos sigan existiendo en lo más profundo del inconsciente y puedan aflorar cuando menos lo esperemos o cuando al dormir aflojamos el dominio sobre nosotros mismos.

Esta represión llega a ser totalmente automática y es la misma que nos hace escandalizar ante ciertas palabras, escenas, e incluso el mero pensamiento de que en nosotros puedan existir deseos «impuros» e «inmorales»; y es también la misma que hace que en los sueños estos deseos se manifiesten enmascarados y disimulados en forma de imágenes simbólicas, para evitar que reconozcamos el deseo prohibido que nos negamos a nosotros mismos.

Pero si nuestra censura interna nos hace olvidar los sueños, lo que no puede impedir son sus reacciones fisiológicas y su repercusión sobre las glándulas de secreción interna, siendo éste el motivo de que existan enfermedades que se agravan a causa de los sueños, como por ejemplo los ataques nocturnos de angina de pecho, o algunos accesos de úlcera de estómago, que se ha comprobado que son más frecuentes por la noche que durante el día.

Del mismo modo, enfermedades incipientes con síntomas que todavía pasan desapercibidos durante el día, pueden ser detectadas o intuidas a través de los sueños que provocan. Y que muchos trastornos mentales, a veces también incipientes, se detecten gracias a que provocan sueños repetitivos, indicio de que una persona enferma libra la misma batalla noche tras noche, mientras que cuando se goza de buena salud, los sueños siempre son distintos y se renuevan sin cesar; de aquí la utilidad del análisis de los sueños cuando existen neurosis u otros trastornos similares.

Y lo que tampoco puede impedir nuestra censura interna es que nuestros sueños queden archivados en la memoria y exista la posibilidad de recuperarlos si sabemos cómo hacerlo.

La necesidad de los sueños

Otra cuestión que siempre se nos ocurre es la de si la cantidad de tiempo que dedicamos a soñar es constante, o si puede aumentarse o disminuirse de algún modo.

Todas las experiencias realizadas han demostrado que es imposible incrementar el tiempo que habitualmente dedicamos a soñar y que tampoco existe una forma natural de disminuir el tiempo que soñamos ni dejar de soñar, si bien esto último puede conseguirse gracias al empleo de drogas u otros procedimientos más drásticos, pero ello siempre comporta graves riesgos para la salud, e incluso para la vida.

En efecto, cuando a una persona se le priva de su ración diaria de sueños empieza a sufrir alucinaciones y trastornos nerviosos que llegan a la neurosis y las convulsiones, y el sujeto busca desesperadamente la forma de recuperar sus sueños perdidos, aunque sea intentando soñar repetidas veces durante el día brevísimos instantes, cuestión de pocos segundos cada vez. En voluntarios humanos siempre se han detenido las pruebas al llegar a este punto, pero, en animales, Jouvet ha llevado las experiencias a su máximo grado: experimentando con gatos localizó un punto muy preciso cerca del encéfalo cuya coagulación implicaba la desaparición total de los sueños.

Localizado dicho punto procedió a su destrucción, comprobando que los animales así tratados seguían de momento su vida normal, comiendo, bebiendo y durmiendo, pero a los dos o tres días (al igual que sucedía con los hombres) empezaban a presentar alucinaciones y convulsiones, y al cabo de un tiempo, siempre antes de tres meses, terminaban por morir a pesar de hallarse sanos y sin que existiera nada que lo justificase, aparte, claro está, de la carencia de sueños.

No obstante, existen casos que parecen inexplicables: en ciertas personas a las que debe tratarse una narcolepsia, es necesario mantenerlas durante meses tratadas con drogas que suprimen la actividad onírica. En estos casos lo sorprendente es que aparte de ciertos efectos ya esperados de estas drogas no se presenta la menor perturbación del comportamiento, de la memoria, de la inteligencia ni de nada que pueda relacionarse con la pérdida de los sueños.

Claro está que, al igual que hemos dicho anteriormente, es posible que durante el día o incluso en algunos instantes nocturnos tengan algunos segundos de sueños muy esporádicos que sería imposible detectar. Y lo mismo podría ocurrir con aquellas raras personas que no duermen nunca.

Llegados aquí surgen multitud de preguntas casi todas ellas todavía sin respuesta: ¿Qué es lo imprescindible, el hecho de soñar o el contenido de los sueños? ¿Es que el cerebro no puede dejar de trabajar nunca, pues si se detiene más allá de un cierto límite de tiempo ya no puede volver a activarse? ¿Es que el sueño nos permite el acceso a otras realidades, a otras formas de existencia, a otra vida inmaterial, desligados de la cual no podemos seguir viviendo?

4

El lenguaje de los sueños

Si bien todavía quedan muchas preguntas a las que no podemos responder, de lo que no cabe la menor duda es que el sueño es una conversación con nosotros mismos en la que el inconsciente nos enfrenta a problemas, necesidades o cuestiones que nos atañan directamente, y lo hace en un lenguaje propio, muy cinematográfico y simbólico.

Este lenguaje se diferencia del que empleamos habitualmente por el hecho de que no es el idioma que aprendimos conscientemente y luego vamos elaborando, sino que es un lenguaje instintivo y común a toda la humanidad; y dado que cada uno de nosotros va incorporando nuevos contenidos a la conciencia durante toda la vida, este lenguaje interno se va modificando y adaptando a estos contenidos. Pero por más que lo hagamos propio y lo personalicemos, sus características esenciales permanecen inalteradas, pues pertenecen al inconsciente colectivo de la humanidad.

El inconsciente colectivo

Como dijimos anteriormente, fue Jung quien definió el inconsciente colectivo gracias al estudio de los sueños, en los que advirtió que repetidamente aparecen los mismos símbolos y conceptos que son comunes a toda la humanidad, y ello sin que el soñador tenga la menor idea del porqué de los mismos, e incluso la mayor parte de las veces sin saber qué significan.

Así por ejemplo, en el caso de una paciente que idolatraba a su padre al extremo de considerarlo como un dios, registró el siguiente sueño:

> «Su padre (que en realidad había sido de baja estatura) estaba con ella en una colina cubierta de campos de trigo. Ella resultaba muy pequeña en comparación con él, que aparecía como un verdadero gigante. La levantó del cuello, teniéndola en brazos como a una niña pequeña. El viento acariciaba los campos de trigo y, tal como las espigas se mecían al viento, el padre la mecía a ella en sus brazos.»

En este sueño podemos apreciar varios símbolos muy significativos, como el del trigo, el del gigantismo del padre, el mecerla en brazos y, muy especialmente, el del viento.

Ahora bien, la idea que la paciente tenía de Dios se acercaba mucho más a la infantilista de un venerable anciano sentado en un trono, que residía en el cielo, desde donde juzgaba, ordenaba, premiaba o castigaba y concedía sus favores, que a la arcaica de un genio pagano de la naturaleza.

Y es bien sabido que si analizamos en su idioma original, el griego, aquel axioma clásico que dice «Dios es espíritu», veremos que la palabra *pneuma* significa a la vez *espíritu* y *viento*; es decir, que traduce un simbolismo universal y casi eterno en el cual Dios es un ente constituido o simbolizado por un viento infinitamente más fuerte y más grande que el hombre, o como un hálito invisible e impalpable que todo lo interpenetra.

Este mismo concepto lo hallaremos en el hebreo e incluso en el árabe, en el que la palabra *ruh* puede significar a la vez *aliento* y *espíritu*. Y todo ello sin salirnos del ámbito de nuestra civilización, pero igualmente podríamos hallar el mismo simbolismo en casi todas las demás religiones y mitologías, antiguas o exóticas.

De tal simbolismo primitivo, Jung acumula gran número de ejemplos en su libro sobre las transformaciones y símbolos de la líbido, y le hace llegar a la conclusión de que en el inconsciente existe una diferenciación en los materiales que lo integran en dos grandes categorías: las pertenecientes al inconsciente personal, elaborado por el propio individuo a través de la vida, y las pertenecientes al inconsciente colectivo de la humanidad, que serían como unas categorías heredadas o arquetipos que se transmiten y perpetúan en toda la especie humana.

El inconsciente colectivo se hereda

En efecto, actualmente sabemos que dentro de los genes ya se hallan predeterminadas todas las características que formarán el nuevo ser; es decir, tanto las predisposiciones, cualidades y defectos físicos, como las posibilidades intelectuales. Por lo tanto, no hay nada que impida que podamos heredar en la misma forma los contenidos del inconsciente colectivo que se han ido acumulando en el mismo desde que el hombre existe como especie diferenciada, por no incluir además lo que la misma especie humana ya heredó de sus antepasados en la evolución. Y del mismo modo que durante la gestación se va completando el cuerpo del nuevo ser hasta en sus mínimos detalles, es casi seguro que también se van desarrollando los contenidos del inconsciente colectivo, ya prefigurado en los genes.

Este inconsciente colectivo sería el que en los animales encerraría lo que hemos dado en llamar «el maravilloso instinto», que les permite hacer cosas que de otro modo resultaría inconcebible que las hicieran sin que nadie se las haya enseñado. Y en los hombres, además de los instintos nos dota de esta mente que se ha dado en llamar pre-lógica o primitiva, que se halla en la base del lenguaje de los sueños, en la cultura de los pueblos primitivos e incluso en lo que se ha dado en llamar «tradición oculta de la humanidad».

La mentalidad pre-lógica

Es imposible realizar aquí un estudio detallado de la mentalidad pre-lógica porque nos saldríamos del marco de nuestro trabajo, pero no podemos dejar de mencionar que se trata de una forma de mentalidad en la que si bien el proceso deductivo es correcto, parte de unas premisas que no son necesariamente las mismas que nos son habituales, y posee una amplitud que nunca tendrá la mentalidad lógica, limitada por la concatenación de silogismos de la que no le permitimos separarse. Y los dos principios básicos en los que se fundamenta son la intuición y la ley de las correspondencias.

Por intuición entendemos aquel conocimiento que adquirimos sin saber cómo, y que a pesar de que aparentemente no se sustenta en nada, es tanto o más cierto que el que podemos adquirir a través de los sentidos o de la deducción. Es aquel saber que llega directo a la mente sin intermediarios y que desgraciadamente se está perdiendo ahogado por la racionalidad. Es en la intuición en lo que se basan la mayoría de las técnicas adivinatorias, los procesos paranormales e incluso la fe.

Por ley de las correspondencias entendemos aquel conocimiento —también inexplicable por la lógica— que nos dice que cuando en un

plano de la vida o del universo ocurre algo, este mismo algo repercute
en todos los demás planos aun cuando no sepamos el porqué. Es la ley
que forma la base de los augurios y prácticas mágicas de todos los
tiempos; es la ley que ha permitido hallar el poder curativo de muchas
plantas y sustancias; es la misma ley que subyace en la homeopatía.
Es la ley que permite a nuestros sueños sustituir una idea por una
imagen que la exprese y a alterar las formas de las cosas, e incluso las
mismas formas, para expresar un proceso. Es, en una palabra, la ley
que posibilita el lenguaje de los sueños y la existencia de todos los simbolismos y arquetipos del universo.

El lenguaje pre-lógico

Pero además, la mentalidad lógica, la que usamos en la vida diaria,
posee una finalidad de comunicación con los demás, y por ello, su lenguaje se ve obligado a discurrir linealmente y a formularlo todo en
palabras. Incluso cuando «hablamos lógicamente» con nosotros mismos lo hacemos siempre pensando en palabras.

En cambio, la finalidad de la mentalidad pre-lógica es la de
comunicarnos con nosotros mismos (o directamente con otras mentes,
en casos muy especiales) y por ello es un libre discurrir del pensamiento sin la menor traba, y su lenguaje se basa tanto en palabras como en
imágenes que se encadenan y arrastran unas a otras, de tal forma, que
aun pareciendo que lo hacen sin orden ni concierto poseen una
finalidad y amplitud de la que no es capaz el lenguaje formado sólo con
palabras.

Y entre nosotros, las formas más habituales y conocidas de lenguaje pre-lógico lo constituyen el surrealismo, la poesía, el ocultismo y el
lenguaje de los sueños, tanto cuando soñamos despiertos como cuando
lo hacemos dormidos.

Sentadas estas conclusiones que creemos fundamentales, pasemos
a analizar las características más importantes del lenguaje de los
sueños, que resumiremos en: condensación, desplazamiento y simbolismo.

La condensación

La condensación consiste en que un solo objeto, persona o situación adquieren las características de otras varias, de tal modo que una
persona puede representar a la vez a un amigo, al padre, a la madre o
al jefe de oficina; o que una palabra se forme por la condensación de
otras varias. Así, por ejemplo, en un sueño podemos oír la palabra

«cocama» sin saber lo que significa, pero al analizar el contexto del sueño descubrimos que es una condensación de «coche cama».

A la vez, al expresarse el sueño preferentemente en imágenes, cada una de ellas puede expresar varias cosas o incluso todo un proceso con tan sólo modificar su forma o transformarse en otra cosa distinta. Así, en el ejemplo de Jung que citamos en la página 26, cuando el padre aparece convertido en un gigante, esta sola imagen ya nos describe todo el proceso de magnificación del padre en la conciencia de la soñadora.

El desplazamiento

Consiste en transferir los sentimientos y emociones que sentimos por una persona, objeto o situación (o de carácter indeterminado), a otras personas, objetos o situaciones que en realidad son indiferentes, o al contrario. Así, por ejemplo, en el sueño podemos sentir gran atracción por una persona que no nos inspira nada en la vida real, o que nos es perfectamente desconocida, mientras que a lo mejor en el mismo sueño se nos aparece como indiferente aquella otra a quien en realidad amamos.

Lo que ocurre es que en esta vida vivimos bajo unos condicionamientos religiosos, morales y sociales impuestos que en lo más profundo de nuestro ser rechazamos o chocan con deseos y apetencias «impropias» que no nos atrevemos a confesarnos ni a nosotros mismos, especialmente en lo que se refiere al sexo, en el que todavía existen demasiados tabúes.

En el sueño, suprimida la censura consciente y careciendo de importancia lo *normal* y *correcto*, o lo que *ya es nuestro* por el mero hecho de serlo, estos deseos o apetencias escondidas en el inconsciente pueden aflorar y personificarse en quien menos se espera, pues lo que revela el sueño es el deseo o la apetencia «impropia», y no en quién se encarna.

Y éste es el mismo motivo de los desplazamientos en que trastocamos el valor de las cosas y un objeto secundario en la vida real se convierte en algo esencial en el sueño, o por el contrario, cuando algo esencial pierde todo su valor en el mismo.

El simbolismo

Existen muchas definiciones del símbolo, pero todas las que hemos hallado en diccionarios y obras de divulgación son erróneas, ya sea por querer expresar lógicamente algo que es pre-lógico —o si se quiere a-

lógico— o por confundir el *símbolo* con el *signo* en sus distintas variantes (emblema, atributo, alegoría, etc.), y es que, en realidad, más
que definiciones lo que podemos dar del símbolo son aproximaciones
a su verdadera esencia.

El símbolo se diferencia del signo en que este último es un símbolo
congelado (lo decía Hegel de la alegoría), pues el signo no es más que
una convención arbitraria en la que se mantienen claramente diferen-
ciados el significado y el significador, mientras que —como dice
Gilbert Durand— el símbolo presupone la identificación entre ambos
desde el punto de vista de un dinamismo organizador.

El símbolo es mucho más que un signo meramente representativo;
está cargado de afectividad y dinamismo y, además de representar algo
en forma más o menos velada, es realizador. Lo que es muy evidente
en su forma de arquetipo, que según Jung es como un prototipo tan profundamente inscrito en el inconsciente colectivo que llega a constituir
una estructura, un modelo preformado, una imagen-guía ancestral.

Además de esta definición de Jung, quizá la más acertada sea la
que dio Platón de lo que él llamaba «idea», de la que decía que es «una
realidad primordial de la que surgen, como ecos y desdoblamientos, las
realidades existenciales». O aquella otra de Goethe, que afirma que
«en el símbolo, lo particular representa a lo general, no como un sueño
ni una sombra, sino como viva y momentánea revelación de lo inescru-
table». Pero, repetimos, todo esto no son definiciones, sino meras
aproximaciones a la verdadera esencia del símbolo.

Es muy frecuente identificar el símbolo con el arquetipo, pero debemos hacer constar que si bien esto puede aceptarse desde un punto de
vista puramente humano, el símbolo es mucho más universal y podría
existir aun cuando el hombre no existiera, pues se funda en el orden
cósmico determinado por la ley de las correspondencias, ya definida
por Hermes en su *Tabula smaragdina* cuando dice: «Lo que está
abajo es como lo que está arriba, y lo que está arriba como lo que está
abajo, para hacer el milagro de una sola cosa», que Goethe complementa con «... Y lo que está dentro también está fuera».

Por último, y para terminar con este somero análisis de lo que son
los símbolos en general, citaremos unas frases de Juan-Eduardo Cirlot
que sitúan al símbolo en su verdadera dimensión:

«... En la fachada de un monasterio puede verse: *a*) la belleza
del conjunto; *b*) la técnica constructiva de la realización; *c*) el estilo
a que pertenece y sus implicaciones geográficas e históricas; *d*) los
valores culturales y religiosos implícitos o explícitos, etc.; pero
también: *e*) el significado simbólico de las formas. En tal caso, la
comprensión de lo que simboliza un arco ojival bajo un rosetón
constituirá un saber rigurosamente *distinto* frente a los demás que

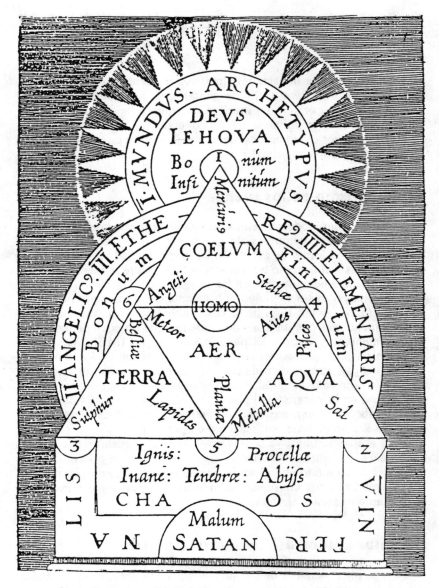

Simbolismo hermético del universo (*Grabado del siglo* XVI.)

hemos enumerado. Posibilitar el análisis de este carácter es nuestro objeto fundamental, sin que, precisémoslo una vez más, confundamos el núcleo simbólico de un objeto o la transitoria función simbólica que lo exalte en un momento dado con la totalidad de este objeto como realidad en el mundo. El hecho de que el claustro romano coincida exactamente con el concepto de *temenos* (espacio

sagrado) y con la imagen del alma, con la fuente y el surtidor central, como *sutratma* (hilo de plata) que liga por el centro el
fenómeno a su origen, no invalida ni siquiera modifica la realidad
arquitectónica y utilitaria de dicho claustro, pero enriquece su
significado por esa identificación con una «forma interior», es decir,
con un arquetipo espiritual.»

El simbolismo en los sueños

El sueño, como todos sabemos, utiliza un lenguaje gráfico, cinematográfico, y es muy comprensible que se sirva de símbolos ya que el
simbolismo es la forma de expresión de la mentalidad pre-lógica. Pero
es que, además, el símbolo incrementa notablemente la fuerza y expre-
sividad del mensaje contenido en las imágenes.

Así, para poner un ejemplo, en occidente el pan siempre ha sido el
alimento fundamental. Pues bien, visto simbólicamente, un pedazo de
pan es mucho más que un trozo de alimento, que un poco de harina de
trigo fermentada y cocida. El pan simboliza el ALIMENTO, así, en
mayúsculas, pues incluso en la plegaria fundamental de los cristianos
se dice: «el pan nuestro de cada día...», y con ello no sólo queremos referirnos al alimento material, sino también al alimento espiritual, ya
que incluso en la eucaristía el pan *es* el cuerpo de Dios. Es decir que,
como símbolo, el pan expresa infinitamente más cosas que el pan
físico, ya sea en materia, en imagen o en palabra.

Pero es que, además, ya hemos hablado de la «censura» que impide
que pasen al consciente contenidos que rehusamos o no podemos aceptar, y del único modo que el sueño puede burlar esta censura y hacer
llegar a nuestra parte consciente el mensaje de nuestra parte instintiva
es mediante imágenes simbólicas.

Distintos grados del simbolismo onírico

El más ligero análisis de los sueños nos hace ver que los símbolos
que los integran pueden clasificarse de muy diversas maneras, pero a
nosotros nos interesa hacerlo de tal modo que nos aclare el por qué algunos símbolos son muy fácilmente traducibles, mientras que otros
sólo pueden ser interpretados por el propio soñador. Es por ello que
nuestra clasificación atenderá a su grado de universalidad y los dividi-
remos en: universales, locales y personales.

Entendemos por símbolos universales los que son comunes a toda
la humanidad, tanto a través del tiempo como en los distintos continen-
tes y civilizaciones: es decir, aquellos que podemos considerar como

pertenecientes a lo más profundo y ancestral del inconsciente colectivo, por ser los primeros que existieron y se sedimentaron en él. Así, son universales el simbolismo del agua, el fuego, de la cruz y tantos otros.

Consideramos locales aquellos otros que, a pesar de ser generales, lo son dentro de una cultura o de una época, pero no en las demás, pues se sedimentaron en nuestro inconsciente mucho más tarde, dentro de dicha época y civilización.

Así, por ejemplo, será local el simbolismo del teléfono, del ferrocarril o del avión, que pertenecen a nuestra época y civilización. O el del mono o del gato, que poseen simbolismos muy distintos según el tiempo o el lugar. El gato, por ejemplo, en el antiguo Egipto simbolizaba la fuerza y la agilidad al servicio del hombre y, por ello, se consideraba un buen augurio. En cambio, entre los nyas de Sumatra se lo considera el guardián del infierno por lo que soñar con él es un presagio fatal. .

Por otra parte, cuando se produce un acontecimiento que ocasiona un trauma en nuestra alma, cualquier objeto, persona o detalle que consciente o inconscientemente atraiga nuestra atención, quedará ligado permanentemente a dicho acontecimiento, convirtiéndose en un símbolo del mismo. Es de esta forma que en el transcurso de la vida, pero más especialmente en la infancia, vamos creando toda una serie de símbolos que son propios y distintos para cada uno de nosotros, y que constituyen lo que llamamos símbolos personales por pertenecer al inconsciente personal y no al colectivo de la especie.

Pero, a veces, los símbolos personales vienen a coincidir con algo que ya poseía un simbolismo propio, local o universal, y entonces, tanto puede ocurrir que ambos simbolismos se superpongan y entremezclen, como que sea el simbolismo particular el que prevalezca a partir de aquel momento para dicha persona.

Los diccionarios de sueños

Y es aquí donde surge la gran división de opiniones sobre la validez de los diccionarios de sueños, entendiendo por ello los que tienen su fundamento en la experiencia psicoanalítica y en la recopilación de los símbolos universales y locales más frecuentes, y no aquellas otras «claves de sueños» que se han editado copiando y desfigurando los tratados onirománticos de la antigüedad.

Si se nos pregunta cuál es el grado de fiabilidad, y por lo tanto de utilidad, de dichos diccionarios —del nuestro, por ejemplo— deberemos confesar que no sirven para nada, pero que al mismo tiempo son imprescindibles. Y ello es debido a la clasificación que terminamos de reseñar, dado que cuando nos cuentan un sueño es imposible saber *a*

priori si el simbolismo que contiene es universal, local o personal.

Querer interpretar un sueño basándonos íntegramente en un diccionario de sueños es totalmente absurdo; antes es necesario conocer profundamente al soñador o intentar aclarar lo que el sueño despierta en él: sentimientos, recuerdos, etc. Es decir, requiere una paciente labor previa que permita deslindar y reconocer los simbolismos personales que sólo él conoce, aunque sea inconscientemente; cuando hayamos hecho esto es cuando podremos acudir a la interpretación de los demás simbolismos e interpretar el sueño, pero no antes.

5

Utilidad de los sueños

Llegados a este punto es lógico que nos preguntemos por qué nos ocupamos tanto de los sueños y si los mismos pueden ser de alguna utilidad o se limitan a ser fantasías incoherentes de nuestro cerebro cuando libre de todo control y dirección produce imágenes y más imágenes procedentes de nuestra memoria pasada o de los acontecimientos del día. Porque si así fuera, sería inconcebible que la humanidad no cejara de buscar una interpretación a los sueños, y a través de los siglos persistiera en la creencia de que encierran mensajes a los que vale la pena prestar atención.

Actualmente sabemos que nuestro cerebro es un ordenador viviente mucho más poderoso que cuantos haya podido crear el hombre, y también sabemos que una de sus funciones es la de archivar en la conciencia cuanto hacemos, sentimos o pensamos, de tal modo que no olvidamos absolutamente nada durante toda la vida.

Archivo de la información diaria

Pues bien, la primera función que desempeñaría el cerebro durante el sueño sería la de codificar todos estos datos en una forma especial que permitiese su fijación en la memoria lo que podríamos denominar *sueños de codificación,* de los que raras veces somos conscientes, pero que cuando lo somos podremos reconocer porque aparecen en el mismo los hechos ocurridos durante el día mezclados y deformados de una manera que nos parece absurda e irracional, y con una importancia y valoración muy distinta de la que les asumíamos en la vigilia.

Aun cuando el símil del ordenador pueda ser más real que el del archivo —que fue el que empleamos en el capítulo primero— nosotros preferimos este último porque nos permite ver con más claridad las siguientes funciones del cerebro durante el sueño, aun cuando sólo sea a causa de ser menos abstracto y más visualizable mentalmente que un programa de archivo de datos. Y estas funciones, compatibles, complementarias y casi siempre simultáneas con el archivo de la información diaria, son las de resolver problemas pendientes y la de «conversar» con nuestro inconsciente, aparte de algunas otras más complejas, como la perspectiva del futuro inmediato o el ser la sede de algunos fenómenos paranormales.

Resolución de problemas durante el sueño

Son muy conocidos los casos de personas célebres que resolvieron sus problemas gracias a los sueños; el mismo Edison no se recataba en reconocer que cada vez que se le presentaba un problema aparentemente insoluble se iba a dormir, prescindiendo que fuera de día o de noche, y durante el sueño siempre se le aparecía la solución buscada, que luego no tenía más que poner en práctica y dar por finalizado otro de sus inventos.

Pero sin llegar a tales extremos —que al parecer son exclusivos de cerebros privilegiados o bien entrenados— es muy frecuente «ir a consultar con la almohada» cuando nos atosiga un problema, y más de una vez éste se soluciona durante el sueño o lo vemos más claro a la mañana siguiente.

En realidad, lo que el cerebro hace durante el sueño es codificar los datos del problema; pero, volviendo al símil del archivo, para archivarlo en el lugar debido necesita remover todas aquellas «fichas» relacionadas con dicho problema, es decir, todos aquellos conocimientos relacionados con el mismo que permanecían latentes en el fondo de nuestra memoria, lo que los actualiza y permite surgir a la superficie de la conciencia, y durante el sueño o a la mañana siguiente estos conocimientos así actualizados ya se hallan al alcance de nuestra mente, que puede aprovecharlos.

«Conversar» con el inconsciente

¿Quién no ha oído decir alguna vez «Yo duermo muy bien porque tengo la conciencia tranquila», o «Yo duermo como un tronco porque estoy en paz con mi conciencia»? Y quienes dicen esto quizá no se dan cuenta de la gran verdad que encierran sus palabras, pues una de las funciones de los sueños es la de ponernos en paz con nuestra conciencia; es decir, la de ayudarnos a eliminar aquellas tensiones, frustraciones, traumas y remordimientos que nos ocasiona casi a diario el tener que vivir como personas *civilizadas*, sometidos a unas normas sociales que muchas veces coartan nuestros instintos y deseos más profundos, o nos obligan a hacer cosas que repugnan a nuestra conciencia. Y con la conciencia «tranquila», sin traumas ni remordimientos, es cuando no se tienen malos sueños.

Así, por ejemplo, aquel niño que jugando rompe un objeto valioso y recibe una soberana paliza sin saber el porqué de la misma, ¿cómo podrá asimilar este hecho, cuando todavía no conoce el valor de las cosas? Esto será algo que podrá olvidar conscientemente, pero que quedará guardado en el fondo de su alma; y cuando de mayor reciba alguna otra *paliza* de la vida, en lo más profundo de su ser almacenará esta nueva amargura junto a aquella otra remota de su infancia, acrecentando así su resentimiento hacia quienes son más fuertes o más poderosos.

Si cuanto reprimimos en nuestro interior no pudiera ser eliminado, o al menos digerido y asimilado, llegaría un momento —y así sucede en algunos casos— en que enloqueceríamos o nos convertiríamos en terroristas destructores a causa del odio y la amargura que llegaríamos a almacenar.

Afortunadamente, existe en nosotros la manera de descargar nuestra conciencia de estos contenidos lacerantes, y es mediante los sueños. En efecto, cuando al soñar archivamos las vivencias del día, buenas y malas, ya hemos dicho que es inevitable remover las fichas vecinas, aquellas que se relacionan con la misma clase de acontecimientos, pensamientos o sentimientos que vamos a archivar, y de aquí que mientras algunos de estos contenidos son archivados sin que ni siquiera nos enteremos existen otros que aparecen deformados o incrementados en el sueño, pues al archivarlos actualizamos aquellos contenidos similares que yacían latentes; es decir, renovamos las heridas no curadas del alma, volvemos a sacar a flote traumas lejanos, sentimientos reprimidos que quedan plasmados en el sueño.

De aquí que cuando analizamos los sueños por la mañana podremos localizar muchos detalles pertenecientes a las vivencias del día anterior, e incluso a veces todos los que recordamos: reconoceremos aquella persona, aquel animal, aquel objeto, aquella noticia de la radio o la televisión, e incluso aquel pensamiento que tuvimos. Pero, ¿nos hemos detenido a pensar por qué *sólo* aquellos detalles y no los restantes? ¿Cón qué criterio selecciona el cerebro los materiales del sueño? Pues simplemente por ser aquellos que removieron contenidos similares de la conciencia.

Y no todo lo removido y soñado tiene que ser trágico ni referirse a traumas lejanos, sino que puede ser cualquier cosa, alegre, indiferente o triste; aun cuando lo más frecuente es que se halle relacionado con cuestiones pendientes sea cual sea su importancia, desde la más insignificante a la más candente.

Comprender esto fue lo que indujo a Freud a utilizar el contenido de los sueños para conocer cuáles eran los problemas y los traumas que se hallaban en el origen de los trastornos de sus pacientes y así poder remediarlos con mayor eficacia. Y es lo mismo que a nosotros nos permitirá conocer los nuestros, dándonos la posibilidad de ir analizándolos y comprender el por qué se produjeron y por cuáles motivos, aliviando y aligerando de esta forma el contenido de nuestra conciencia, hasta que lleguemos a quedar totalmente en paz con ella.

La previsión del futuro

En todos los libros sagrados y en todos aquellos que tratan de los sueños abundan los ejemplos de sueños proféticos que se cumplieron, si bien en la vida real y al analizar semejantes sueños se hace evidente que debemos clasificarlos en dos categorías distintas: premoniciones y predicciones.

En efecto, lo que distingue a la premonición de la predicción es que la primera no es más que una deducción sobre lo que puede suceder basándonos en datos o indicios que ya se poseen, mientras que la segunda es conocer lo que sucederá sin nada que justifique dicho conocimiento.

No existe la menor duda de que al poseer nuestro inconsciente todos los datos que nos conciernen (deseos, tendencias, pensamientos, formas de reaccionar a los estímulos externos, etc.), el cerebro puede analizarlos como lo haría un ordenador, y anticipar la continuación *posible* de los acontecimientos actuales y cuál será nuestra línea de conducta más *probable*; pero ello no quiere decir que nos prediga el porvenir, sino que se limita a *advertirnos* sobre lo que puede suceder, que es algo muy distinto.

Éste es el caso de todos aquellos sueños que nos previenen de enfermedades que todavía se hallan en incubación o en estado latente, de los cuales en nuestro diccionario citamos los más corrientes; o el de los sueños en que vemos suceder cosas relacionadas con la vida diaria, pero siempre a corto plazo y que se caracterizan porque si los analizamos detenidamente podemos llegar a localizar los datos o indicios en los que se basa el sueño.

Así, por ejemplo, conocemos el caso de una persona que soñó que estando asomada al balcón de su piso, éste se rompía y caía a la calle.

El soñador, que también se interesaba por los sueños, empezó a reflexionar y por último se dirigió al balcón y examinándolo detenidamente, no tardó en descubrir en el mismo una grieta que desconocía, si bien no cabe la menor duda que inconscientemente la divisaría y posteriormente daría origen al sueño premonitorio.

En este caso, la grieta era el indicio del que se derivaba la posibilidad de un accidente, posibilidad que recogería el sueño, y a pesar de que al repararla se comprobó que todavía no constituía un serio peligro, no cabe la menor duda de que sin dicha precaución hubiera podido llegar a serlo.

El verdadero sueño profético, o predictivo, se produce muy raras veces y ante todo se caracteriza por su fuerza y realismo, que impresiona tan vivamente, queda tan fielmente grabado en nuestra mente, que incluso al cabo de años se recuerda hasta en sus más nimios detalles; al contrario de lo que sucede con los sueños corrientes, que al cabo de pocos días sólo se recuerdan vagamente y en sus elementos principales. Y no existe el menor peligro de confundirlos con las pesadillas, que también se viven intensamente, pues sus características —especialmente de color y luminosidad— son totalmente distintas e inconfundibles.

Por otra parte, son sueños en los que por más que analicemos e investiguemos todos los detalles buscando su origen, es totalmente imposible hallarlo, por lo que no queda más remedio que considerarlos como de origen paranormal, ya sea a causa de un fenómeno de telepatía, cuando se refiere a otra persona y luego comprobamos que lo soñado fue cierto, o a videncia o precognición, en los demás casos.

6

Recuperemos los sueños

Reuniendo las distintas encuestas realizadas sobre la frecuencia con que soñamos y recordamos lo soñado, nos hallamos con la sorpresa de comprobar que aproximadamente una tercera parte de los encuestados confiesan que sueñan bastante y todas las noches, o al menos, la mayoría de ellas, si bien no siempre recuerdan lo que soñaron. Otra tercera parte son los que sueñan de tanto en tanto, aunque pocas veces recuerdan lo soñado; y la tercera parte restante acoge a todos aquellos que, o no sueñan nunca, o lo hacen en contadísimas ocasiones.

Teniendo en cuenta que ahora ya sabemos que *todos* nosotros soñamos aproximadamente una hora y media *cada noche*, parece inconcebible que poca gente se dé cuenta de que sueña, y que todavía sea menor el número de los que recuerdan lo soñado. Sólo cabe deducir que son muchos los que al despertar y concentrarse de inmediato en las tareas del nuevo día descartan el recuerdo de los sueños, lo que llega a convertirse en algo tan automático e inconsciente que ni tan sólo recuerdan haber soñado, a menos que el sueño haya despertado algún problema o trauma pendiente que seguramente ellos mismos ignoraban.

A ello podemos añadir que el ambiente práctico y racionalista de nuestro tiempo hace que desestimemos cuanto nos parezca lógico y útil, en detrimento de aquellas facultades y posibilidades que no parecen serlo o pueden considerarse tonterías y supersticiones sin base racional, olvidando que pensar así equivale a despreciar y desperdiciar parte de nuestra personalidad y posibilidades, lo que contribuye a incrementar sin cesar el número de neuróticos, angustiados y víctimas del estrés, la mayoría de los cuales podrían recuperar su felicidad y tranquilidad interna si supieran aprovechar sus sueños.

Desearíamos creer que con cuanto llevamos dicho hemos despertado algún interés por las posibilidades que encierran los sueños, así como el deseo de recuperar sus beneficios; pero para ello es necesario saber cómo favorecer los sueños, cómo recordarlos mejor y cómo interpretarlos. Y esto es lo que intentaremos explicar de inmediato.

Ante todo, no perjudicar los sueños

Pero todavía debemos añadir algo más importante y es que, como decíamos en el capítulo tercero, los sueños tienen lugar durante los períodos de sueño paradójico, y para recordarlos debemos despertar en el momento adecuado; es decir, al finalizar uno de dichos períodos (especialmente el último) y hacer lo posible para superar la censura interna que tiende a archivar el sueño en el inconsciente sin dejarlo aflorar a la conciencia.

Uno de los factores más destructores de sueños es el despertador, que rompe el último período de sueño paradójico, el más importante de todos por su duración y contenido, y además, al sobresaltarnos, impide que nuestro primer pensamiento vaya dirigido a recordar y memorizar los sueños.

Es necesario saber despertar naturalmente, suavemente, y para ello existen medios no traumáticos; recordemos que si mientras nos adormecemos por la noche mantenemos en nuestra mente el deseo de despertar a una hora determinada y recordar lo soñado, no tardaremos en conseguir dos objetivos: despertar con naturalidad a la hora deseada, y llegar a suprimir la censura interna.

Tampoco se tiene en cuenta que muchos medicamentos, como los somníferos, barbitúricos, antidepresivos y tranquilizantes —para citar los verdaderamente perjudiciales— reducen la duración del sueño paradójico, por lo que si bien su empleo puede aceptarse en casos de extrema necesidad, su uso indiscriminado y abusivo es extremadamente perjudicial para la salud al llegar a anular casi totalmente las posibilidades de soñar, con lo cual el remedio es peor que la enfermedad.

Del mismo modo, se ha comprobado (por Johnson en 1970, Smith en 1971 y Adamson, en 1973) que los alcohólicos tienen el sueño paradójico notablemente disminuido y, lo que es peor, muy fragmentado (lo que incrementa el perjuicio), y que la normalización del soñar no se restablece hasta pasados dos años, como mínimo, de total abstinencia.

Pero incluso en los no alcohólicos, cuando se beben unas copas el efecto nocivo del alcohol sobre los sueños se mantiene durante unas cuatro horas, y ni que decir tiene que la mezcla del alcohol con los somníferos es particularmente grave; por lo cual, si queremos mejorar nuestros sueños debemos prescindir por completo de las bebidas alcohólicas y, si tomamos alguna copa, debemos hacerlo siempre cuatro o cinco horas antes de ir a dormir.

Cuidar las condiciones del sueño

Si es importante no perjudicar nuestra capacidad de soñar, también lo es el rodearla de un ambiente que la favorezca, entendiendo por ello la calidad y orientación de la cama, el aislamiento de los ruidos externos, el oscurecimiento de la habitación, el dormir con la menor cantidad posible de ropa (lo ideal es dormir desnudos), unos momentos de relajación antes de dormirse, y al adormecerse mantener —como ya hemos dicho— el deseo de recordar el sueño al despertar.

Por último, en caso de insomnio o de trastorno del sueño, es imprescindible un tratamiento adecuado para recuperar la normalidad.[1]

Dirigir los sueños

Con lo dicho ya estamos en condiciones de facilitar el normal desarrollo del sueño, pero también es importante conocer cómo debemos proceder cuando nos hallamos ante un problema cuya solución se nos escapa, pues existe la posibilidad de dirigir los sueños para que trabajen para nosotros y nos ayuden a solucionarlo.

Ante todo, no debemos confundir el sueño *dirigido* con el sueño *lúcido*, pues este último consiste en ser conscientes de que estamos soñando y mientras tanto irlo modificando suavemente para soñar lo deseado. Esta técnica, puramente lúdica, no nos interesa, pues la verdadera forma de extraer toda la utilidad de los sueños sin engañarnos a nosotros mismos consiste en sugerir a nuestro subconsciente el tema del sueño y luego dejarle que lo desarrolle libremente, sin interferencias que podrían falsearlo.

También sabemos que las sugerencias que se mandan al subconsciente mientras nos adormecemos son las que llegan más directamente y siempre se cumplen por poca práctica que tengamos en hacerlo. Pues bien, si nos adormecemos pensando claramente en el problema que nos acucia, es seguro que nuestro inconsciente seguirá trabajando en el

1. Aconsejamos al lector el libro *El insomnio*, editado por Ed. Martínez Roca en la colección «Cúrese usted mismo», en el que se hallará todo lo necesario para normalizar y mejorar el sueño.

mismo durante toda la noche, lo que se manifestará a través de los sueños.

La mejor forma de hacerlo consiste en analizar el problema en todos sus aspectos y posibilidades, incluso la de que inconscientemente no deseemos su solución (lo que ocurre con mayor frecuencia de lo que nos podemos imaginar), y luego estudiar la forma de expresar la pregunta en la forma más clara y concisa que nos sea posible.

Por último, si usamos una cassette para grabar los sueños al despertar, la grabaremos y, ya en la cama, iremos rememorando el problema hasta que nos quedemos dormidos, pero sin concentrarnos intensamente, ya que un exceso de interés nos desvelaría y echaría a perder todo el trabajo.

Esta técnica, que ya se conocía en todo el Antiguo Oriente hace más de 3000 años, y que es la que empleaba el propio Edison, es muy fácil de realizar y, por lo general, en un par de meses de practicarla ya se consiguen resultados francamente positivos. No obstante, debemos aconsejar que no se emplee cada noche, sino sólo cuando sea necesario, pues si lo que nos interesa es conocernos mejor y mejorar nuestra salud física y psíquica, debe dejarse que sea el propio inconsciente el que elija el material que compondrá los sueños.

Recordar los sueños

No nos cansaremos de repetir que el período que sirve de puente entre la vigilia y el sueño es el más propicio para influir en nuestro subconsciente, y una vez relajados y preparados para dormir es el que debemos utilizar para ordenarle que nos despierte por la mañana recordando lo soñado. Pero es muy importante hablar siempre en forma positiva al subconsciente, y nunca negativamente si queremos que resulte efectiva; así, no debemos pensar «No olvidaré lo soñado», sino «recordaré lo soñado»; nuestro mensaje sólo será comprendido y ejecutado por el subconsciente si es claro, directo y positivo.

También existe otro período igual, pero inverso; el que va del dormir al estar despierto, durante el cual el recuerdo de lo soñado todavía está fresco y la censura del consciente no ha tenido tiempo de actuar. De aquí la importancia de aprovechar estos primeros instantes para recordar conscientemente lo soñado.

Para conseguirlo es muy importante que mientras recuperamos la conciencia de vigilia intentemos recordar suavemente lo soñado, pero mientras lo hacemos permanezcamos inmóviles y relajados. Las primeras imágenes en aparecer a la conciencia serán las pertenecientes al final del último período de sueño, y a partir de estas imágenes hay que ir retrocediendo y remontando el hilo del recuerdo para que vayan saliendo otras imágenes y otros recuerdos oníricos; pero siempre procurando no movernos, no pensar en nada más, sino sólo en seguir la continuidad de lo soñado.

Llegará un momento en que no recordaremos nada más; entonces se debe cambiar de posición, muy poco y con suavidad, pues es posible que al hacerlo aparezca algún nuevo recuerdo. Si a pesar de ello no surge nada más, o si en los primeros días no conseguimos recordar los sueños, no por ello deberemos desesperarnos y considerar que perdemos el tiempo, pues casi nunca puede conseguirse a los primeros intentos.

Si disponemos de una cassette grabadora (a ser posible de las provistas de un micrófono con mecanismo de paro y arranque), y procurando movernos sólo lo imprescindible para accionarla, procederemos a registrar cuanto recordemos.

Recopilar los sueños

Todo este proceso no debe prolongarse más allá de unos quince minutos, que es lo máximo que puede alargarse el estado receptivo después del despertar. Más adelante, ya levantados, es importante recoger lo soñado por escrito, sin olvidar añadir los sentimientos e impresiones que el sueño ha despertado en nosotros y, cuando sea factible, no estará de más finalizar la descripción con algún boceto aclaratorio.

Lo más práctico es recopilar los sueños en lo que podríamos denominar cuaderno o agenda de sueños pues, como más adelante veremos, lo verdaderamente útil es el estudio de series de sueños, que además de facilitarnos la clave de nuestros símbolos personales, nos permitirá comprobar su evolución y la nuestra propia.

En esta agenda de sueños debemos registrar:
1. La fecha del sueño.
2. Título que lo identifique.
3. Relato del sueño.
4. Observaciones.

En estas observaciones deberemos anotar si se trata de un sueño dirigido o normal; si ha sido en blanco y negro o en color, y en este caso, los colores dominantes y si alguno nos ha impresionado en particular; los sentimientos e impresiones que nos ha producido el sueño; y finalmente, cualquier otro detalle que nos haya llamado la atención. Tengamos en cuenta que algunas veces, especialmente en los sueños dirigidos, un detalle insignificante puede ser la clave del sueño; a este particular es especialmente significativo el sueño que permitió a Howe inventar la máquina de coser, pues soñando que se hallaba rodeado de caníbales observó que el extremo de sus lanzas se hallaba agujereado, detalle que al recordarlo le dio la idea de pasar el hilo de coser a través de la punta de la aguja.

5. El reverso de la página debemos reservarlo al análisis del sueño, dejando un espacio para anotar, como conclusión, lo que podemos deducir del mismo, ya sea en aquel momento o posteriormente; así, por ejemplo, en el caso de sueños premonitorios, pasado algún tiempo es importante anotar si se cumplió, y en este caso en qué fecha y con qué detalles.

La interpretación de los sueños

Nunca debemos olvidar que un sueño es una proyección de nosotros mismos, de nuestros problemas, angustias, temores, frustraciones y deseos. Es por ello que sólo nosotros mismos podemos interpretarlos correctamente, pero para ello debemos tener en cuenta algunos hechos fundamentales:

1. Hemos hablado largamente de los símbolos y, además, el diccionario de sueños con que completamos nuestro trabajo nos ayudará a comprender muchos de ellos; pero no olvidemos que en él sólo hallaremos los símbolos universales y locales, mientras que los personales, que casi siempre son la mayoría de los que componen los sueños, deberemos descubrirlos nosotros mismos.

2. Dado el proceso de archivo de vivencias, que es una de las tareas fundamentales de los sueños, todos aquellos sueños que no despierten en nosotros ningún sentimiento ni emoción significativa deberemos interpretarlos en su sentido literal; es decir, que antes de darles una interpretación simbólica deberemos comprobar si no son más que manifestaciones fantasiosamente entremezcladas de dichas vivencias. No existe la menor duda de que en las personas normales (o sea, sin traumas ni complejos) la mayoría de los sueños son debidos a dicho proceso.

3. No partir de ninguna opinión ni actitud preconcebida sobre el sueño que vamos a analizar; de lo contrario ya orientaríamos más o menos voluntariamente dicha interpretación.

Éste es el defecto más extendido entre los analistas de sueños; es el que hacía que Freud siempre partiera de una interpretación sexual aunque tuviera que forzar la interpretación de los símbolos. Como dice Hall, hay que *leer el sueño* y no *aplicar al sueño* lo que hemos leído en los libros.

4. No asustarnos de los sueños por inmorales, crueles o espantosos que nos parezcan; cuando estudiemos los símbolos en el diccionario comprobaremos que el inconsciente exagera muchas veces, como si quisiera grabar más profundamente su mensaje. Y aparte de esto, el sueño nunca es moral ni inmoral; se limita a plasmar en imágenes todo aquello que reprimimos conscientemente; a compensar tendencias y deseos —conscientes o inconscientes— no satisfechos.

5. Cuando la comprensión de un sueño se hace difícil, no debemos empeñarnos en querer interpretarlo cueste lo que cueste, pues forzaríamos dicha interpretación; es mejor trabajar sobre series de sueños.

Con frecuencia, los sueños de varias noches se complementan, forman como una cadena que quiere decirnos lo mismo, pero con distintas imágenes, con distintos símbolos. Es lo mismo que sucede en la vida diaria cuando explicamos algo y no nos entienden; entonces rehacemos la explicación con distintas palabras, con otros ejemplos, hasta que logramos hacernos comprender.

Por ello, cuando se nos escapa el significado de un sueño, si lo analizamos junto con los siguientes o con otros similares, se nos hará evidente y fácil. Además, esto tiene dos ventajas adicionales: *a*) nos ayuda a identificar nuestros símbolos personales, lo que ayuda a completar y personalizar nuestro diccionario de símbolos; y *b*) cualquier error cometido en la interpretación de uno de dichos sueños aislados se hará evidente y nos permitirá mejorarla.

6. Podemos mejorar mucho la interpretación de los sueños si tenemos en cuenta que todo símbolo puede interpretarse y adaptarse a nuestros distintos niveles de la personalidad: físico, emocional, mental y espiritual. Por ello, al analizar un sueño veamos siempre lo que puede significar en cada uno de dichos niveles y comprobaremos que si bien puede interpretarse en todos ellos, siempre existe un nivel que es el realmente adecuado, sin que por ello debamos descartar del todo a los demás. Curiosamente, más de una vez comprobaremos que el nivel adecuado no era el que creímos en un primer momento.

7. Prestar mucha atención a los sueños que nos impresionen vivamente o se repitan con frecuencia. Siempre indican un mensaje urgente o importante; tanto puede ser que revelen la existencia de un trauma profundo, como que se refieran a un obstáculo que no logramos superar, una situación de la que no hallamos la salida, un peligro o una enfermedad que nos amenaza; o cualquier otra cosa que luego veremos que era realmente importante para nosotros.

Resumen final

Ahora ya tenemos todas las claves para analizar nuestros sueños y sacarles el máximo provecho; veamos, pues, cómo debemos proceder para hacerlo.

Ante todo, y una vez recopilado el sueño, procedamos a calibrar su importancia, que será evidente por la intensidad de la impresión que nos cause o por la intensidad de los sentimientos y emociones que despierte.

Incluso en el caso de un sueño indiferente que podamos considerar de archivo de vivencias, debemos preguntarnos por qué aparecen vivas en el sueño aquellas vivencias y no las restantes del día anterior, pues a pesar de su intrascendencia su mera aparición en el sueño ya revela que al archivarlas hemos removido alguna «ficha» algo más importante que las demás. Por ello, y aunque sólo sea por curiosidad, intentemos comprender el porqué y con qué puede relacionarse de nuestra vida actual o pasada. Esta tarea, en la que no hay que esforzarse demasiado, nos ayudará a irnos comprendiendo un poco mejor a nosotros mismos, día a día.

Cuando el sueño nos parezca importante por su intensidad y las emociones que despierta, no temamos dedicarle una atención preferente. Primero intentemos ver si desea revelarnos la existencia de alguna enfermedad latente o en período de incubación, o si nos informa de la existencia de algún peligro.

Pero una vez descartadas estas posibilidades, debemos comprender que algún hecho, palabra o pensamiento del día anterior ha removido algún trauma o represión íntima de importancia y, por lo tanto, debemos buscar de qué se trata, analizar nuestra vida pasada —especialmente en la infancia— para ver qué experiencia no pudimos digerir, se nos ha quedado clavada en el alma, y nos duele la menor alusión o referencia a la misma, especialmente en los sueños.

Cuando la localicemos no intentemos rechazarla de nuevo al fondo del inconsciente. Así no solucionaríamos nada y siempre seguiríamos a merced de su nociva influencia. Lo que importa es procurar comprenderla; muchas veces hemos sido heridos por hechos que nos parecieron crueles o irracionales y no pudimos llegar a comprender el porqué de los mismos, y ello nos ocasionó traumas y problemas psíquicos; muchas veces debimos reprimir impulsos y deseos por culpa de circunstancias, imposiciones y fórmulas sociales que acatamos por fuerza, pues no compartimos; y ello nos ocasiona represiones e inhibiciones, que no por inconscientes son menos traumáticas.

Por consiguiente, no escondamos la cabeza en la arena; hagámosles frente, veamos las circunstancias de aquel hecho, y si lo que creímos dirigido personalmente contra nosotros no lo fue en realidad; nuestra mayor experiencia y conocimientos actuales nos permiten —si realmente lo deseamos— darnos cuenta de que a lo mejor quienes obraron así en realidad no podían o no sabían hacer otra cosa; que a lo mejor también ellos se defendían de algo u obraban respondiendo a sus traumas y frustraciones.

En una palabra, procuremos revivir y comprender los hechos, pues si logramos digerirlos y asimilarlos, lograremos eliminar su perniciosa influencia, y eliminando poco a poco traumas, problemas y represiones internas, llegaremos a ser felices y junto a la plenitud de nuestra personalidad hallaremos la paz interna.

Pero si no somos capaces de efectuar sólos esta labor purificadora de nuestra psique, no vacilemos en acudir al psicoanalista para exponerle un problema o un trauma que ahora ya conocemos y deseamos eliminar. No olvidemos que se trata de una labor que no siempre puede realizarse por uno mismo sin peligro, sino que algunas veces puede entrañarlo realmente.

En cuanto a los símbolos, antes de consultar al diccionario hagamos nuestra propia interpretación, que muchas veces será correcta; luego, comprobemos lo que éste nos dice. De esta comprobación sacaremos conclusiones esclarecedoras, y cuando no sea así, aguardemos a realizar el análisis de otros sueños similares, de series de sueños, que nos aclararán los símbolos personales que no habíamos podido localizar. Recordemos siempre que el diccionario es una valiosa ayuda, pero que por sí solo no posee un valor real y decisorio; que los símbolos personales se superponen y modifican muchas veces a los locales y universales.

Además, debemos tener presente que en el diccionario lo verdaderamente valioso es el simbolismo que encierra, pues los ejemplos e interpretaciones de sueños lo son a modo de orientación, e igualmente hubiéramos podido poner otros similares, pero distintos; es el lector, al analizar sus sueños, quien debe saber extraer del simbolismo que le facilitamos la adaptación más adecuada a su caso, en lugar de tomar literalmente cuanto decimos.

También observará que en el diccionario aparecen palabras escritas en mayúsculas, y a pesar de que el lector ya lo habrá adivinado, debemos recordarle que lo hacemos para indicar que debe buscarse en el mismo diccionario dichas palabras que ayudarán a aclarar el tema de que tratamos, evitando así repeticiones inútiles que alargarían desmesuradamente nuestro trabajo.

Por último, no olvidemos las demás posibilidades de los sueños, especialmente las de los sueños dirigidos, y cuando tengamos un problema que resolver —pero sólo entonces— acudamos a consultar con la almohada, tal y como se dijo en su momento.

Segunda parte

Diccionario de sueños

Abad, abadesa

Los sueños en que intervienen personajes revestidos de carácter sacerdotal, como el abad o la abadesa, y sean de la religión que sean, revelan la necesidad de confiar nuestros problemas a alguien que sepa comprenderlos y nos ayude a solucionarlos.

Lo importante es recordar la actitud y los consejos del abad (o del personaje sacerdotal de que se trate), pues casi siempre encierran la solución o el consuelo buscado.

Abadía

De forma similar deben interpretarse los sueños en que aparecen edificios o templos religiosos, como la abadía, pero en este caso lo que revelan es la existencia de inquietudes o dudas intelectuales, morales o espirituales.

Lo importante del sueño es nuestra actitud ante la abadía, que reflejará la intensidad y la motivación de dichas inquietudes. Así, por ejemplo, si pasamos ante la abadía, pero sin entrar en ella, significa que nuestras inquietudes todavía no se hallan bien definidas ni encarriladas; pero si entramos en la abadía es indicio de que ya vislumbramos hacia dónde debemos dirigirlas. Pero si además nos vemos rezando en la abadía, no existe la menor duda de que la inquietud no tardará en convertirse en certeza y felicidad.

Abanderado

Soñar con un abanderado o serlo uno mismo significa que nos hallamos en vistas a una promoción profesional que será para bien o para mal según las circunstancias que concurren en el sueño.

Ser abanderado en un combate en el que la victoria se consigue de forma brillante y sin grandes bajas asegura que ya disponemos de la capacidad y conocimientos necesarios para desempeñar con éxito dicha promoción o responsabilidad.

Si la victoria se consigue en una lucha muy cruenta con grandes bajas por ambos lados quiere decir que todavía no estamos suficientemente preparados para asumir dicha responsabilidad y que —al menos en una primera etapa— podemos vernos tentados a emplear métodos poco éticos o correctos para afirmarnos en la nueva posición.

Pero si en la lucha nuestro bando es derrotado debemos considerar la conveniencia de rechazar una proposición o un empleo que está por encima de nuestras posibilidades reales y que a la larga puede resultar desastrosa bajo todos los conceptos.

Abandono, abandonar

Es un sueño bastante frecuente y con infinidad de matices. En primer lugar debemos distinguir entre el vernos abandonados y el ser nosotros los que abandonamos a alguien o a algo.

Cuando el abandonado es uno mismo, suele tratarse de un mal sueño, a menos que nos veamos abandonados por gente poderosa, en cuyo caso indica la posibilidad de liberarnos de su dominio, lo que abre la esperanza de una vida mejor. También cuando en sueños nos abandona el (o la) amante puede significar una liberación semejante.

En todos los demás casos siempre augura problemas y dificultades. Así, si quien nos abandona es la madre, se tratará de dificultades materiales; si es el padre, que faltará la voluntad necesaria para emprender y llevar a cabo lo que se desea; si es el cónyuge, son circunstancias materiales difíciles que se están produciendo a causa de nuestras propias acciones.

Cuando somos nosotros mismos quienes abandonamos algo o alguien, significa que estamos viviendo atados a unos principios o hábitos ya periclitados, o quizá que vivimos aprisionados por el medio ambiente, la familia o amistades que están coartando nuestras mejores posibilidades.

Lo que abandonemos en este sueño nos aclarará cuál de dichas causas nos retiene prisioneros, y por lo tanto, de lo que debemos liberarnos o al menos modificar sensiblemente.

Los sueños de abandono también pueden ser un aviso de que nuestra salud deja algo que desear en algún aspecto, por lo cual lo primero que debe hacerse ante semejante sueño es una revisión médica que aclarará si lo que falla es la salud o nuestra actitud ante la vida.

Abanico

El abanico es un signo de coquetería, de intriga y de ligeras perfidias. Un abanico tanto sirve para darse aire como para atizar el fuego, y es en este sentido de incrementar fuegos superficiales y efímeros, de coquetería e intriga, que debemos interpretar los sueños de abanicos.

En estos sueños quien maneja el abanico es quien lleva la iniciativa en el mundo real. Si somos nosotros, es que nos movemos y actuamos inmersos en la frivolidad; mientras que si nos limitamos a ver cómo lo maneja otra persona, es que son los demás quienes nos incitan y desean citas de amor clandestinas.

Abdicar

Todo sueño de abdicación equivale a reconocer que se está ejerciendo un exceso de autoritarismo sobre quienes dependen de nosotros, ya sea en el hogar o en el trabajo.

La consecuencia que debemos sacar de este sueño es la de aminorar este excesivo dominio y dar mayores libertades a los demás, pues de lo contrario llegaremos a perderlo todo.

Abejas

Pronostican el éxito y la prosperidad gracias a la laboriosidad y al trabajo en equipo.

Si las abejas fabrican la miel en nuestra casa, en nuestras propiedades, el éxito y la fortuna están asegurados.

Ser picado por una abeja representa la existencia de un peligro para nuestra reputación a causa de la maledicencia.

Ver abejas enfurecidas que nos atacan augura conflictos con los asociados, o que se está abandonando el trabajo a causa de la búsqueda de placeres, lo que puede acarrear desgracias y la ruina final.

Matar abejas es el peor sueño sobre las mismas, pues indica que la ruina es inevitable y está próxima.

Por último, verlas sobre una flor es símbolo de un amor naciente.

Abejorros

Soñar abejorros es indicio de que alguien intenta perjudicarnos, y a un agricultor le aconseja vigilar su cosecha y no olvidar el más nimio detalle si no quiere perderla.

Cuando en el sueño matamos a los abejorros es seguro que descubriremos a tiempo las trampas que nos han sido tendidas.

Abertura

Cuando soñamos que se nos aparece una abertura es una señal de esperanza: existe una salida a nuestras cuitas.

Abeto

Representa a un amigo sincero que debemos conservar, procurando no herirle jamás.

Abismo

Soñar que caemos en un abismo es el aviso de que está próximo el final catastrófico de una situación, debido a que las bases en que se asienta nuestra vida, ya sea moral, económica o profesionalmente, se están derrumbando por resultar falsas o inadecuadas, lo que hace necesario buscar con urgencia qué existe de malo en las mismas, para corregirlas y adecuarlas a la verdadera situación.

Sólo una vez despiertos, cuando hagamos un análisis lúcido de la situación actual, podremos conocer si el peligro es moral, económico o profesional, pues en muchos casos lo que el sueño nos revela es nuestro íntimo temor a ceder a lo que consideramos bajos instintos.

Si soñamos que caemos en un abismo pero logramos salir del mismo, o que nos vemos obligados a cruzarlo sobre una débil pasarela, es que existe una posibilidad de recomponer la situación y recobrar la felicidad, pero todo ello después de grandes dificultades.

Si vemos el abismo pero no llegamos a caer en él es que todavía estamos a tiempo de evitar los males que nos amenazan.

Abjurar

Nos espera una gran decepción.

Abismo. (*Dibujo de Gourmelin.*)
Soñar que caemos es un aviso de un final catastrófico. Superarlo o evitarlo significa la posibilidad de solucionar los males que nos amenazan.

Abluciones

Es signo de vitalidad, franqueza y sana alegría, en especial si las realizamos en un agua limpia y clara. Si el agua está turbia es que a pesar de tan buenas condiciones, algún ligero pesar o decepción nos está rondando.

Abogado

Un amigo necesita nuestra ayuda y protección.

Abordar, abordaje

Los sueños de abordaje presagian la necesidad de cambios profundos en nuestra vida o en nuestra moral, aun cuando para ello tengamos que recurrir a violencias más o menos manifiestas.

Si soñamos que somos víctimas de un abordaje es que en nuestro interior estamos ansiando un cambio profundo y no somos capaces de llevarlo a cabo a pesar de que nuestra vida actual no se corresponde a las verdaderas apetencias y ambiciones. Este sueño nos pronostica que no tardará en irrumpir en nuestra vida algo o alguien que sirviendo de detonante la transformará por completo.

Si los protagonistas del abordaje somos nosotros, para realizar un pronóstico es necesario ver cómo termina la operación, pues si triunfamos con relativa facilidad es que ha llegado el momento de emprender el cambio por nuestra cuenta, arrollando cuanto nos lo intente impedir.

Pero si el triunfo no alcanza a verse, o termina en fracaso, es que no ha llegado el momento de iniciar el cambio y aun cuando el sueño nos haga conscientes de su necesidad, conviene esperar a que la situación sea más propicia.

Aborto

Si nos atañe personalmente augura que algo no llegará a su feliz término y que nos veremos afligidos por crueles decepciones.

Si vemos abortar a una mujer y ayudamos a realizarlo es de temer que nos alcance una enfermedad aguda o suframos una herida o accidente.

Si nos limitamos a verlo, pero totalmente ajenos al mismo, limitándonos a ser espectadores, es que nuestros proyectos se verán retrasados por causas imprevistas.

Abrazo, abrazar

Por lo general, los abrazos en sueños —tanto si los damos como si los recibimos— suelen presagiar la partida de un amigo o son un aviso de que no todas las muestras de afecto son sinceras; que sólo debemos fiarnos de los amigos probados, y éstos son muy escasos.

Abrevadero

Soñar un abrevadero es signo de tranquilidad y reposo, y si además vemos como en el mismo apagan su sed caballos u otros animales, es un indicio de que recibiremos buenas noticias, una pequeña herencia o una donación.

Si el abrevadero lo soñamos vacío y seco pronostica pérdidas de poca importancia.

Pero un abrevadero no es el mejor lugar para apagar nuestra sed; por límpidas que sean sus aguas no debemos olvidar que ha sido creado para los animales, no para los hombres. Así pues, si lo que sueñas es que bebes en él, ten cuidado, estás equivocando el camino de tu felicidad. Medita sobre esto y busca otras fuentes más idóneas en que calmar la sed de tu espíritu o la necesidad de amor.

Abrigo

Dos son los papeles que el abrigo desempeña en nuestra sociedad; el de protección y el de esconder lo que hay debajo.

También en sueños el abrigo desempeña estas dos funciones, pero mientras que en la realidad una no prejuzga a la otra, en sueños van íntimamente unidas, de tal modo que soñar que llevamos un abrigo significa que estamos escondiendo nuestra verdadera personalidad bajo la capa protectora de unas falsas apariencias.

Si es otra persona quien lleva el abrigo es que existe a nuestro alrededor alguna persona que bajo agradables apariencias esconde intenciones egoístas.

Absceso

Si en sueños vemos a alguien padeciendo de un absceso significa que tenemos, o tendremos, problemas emocionales con otra persona, se trate o no de aquella con quien hemos soñado.

El grado de maduración en que veamos el absceso nos indicará la próxima evolución de dichos problemas. Si el absceso es duro y sin madurar, es que el problema no ha llegado a su punto álgido, mientras que si ya está maduro —o mejor todavía, abierto— este problema emocional está a punto de salir a flote y solucionarse definitivamente.

Si somos nosotros los que padecemos el absceso nos indicará la existencia de un problema o de un período desgraciado en nuestra vida que, según su estado de maduración, se hallará en sus inicios, culminando, o llegando a su fin.

Absolución

Cuando soñamos que nos absuelven, ya sea otra persona, un tribunal o cualquier otra institución humana o religiosa, es que se aproxima un cambio de actitud, siempre favorable, de los demás con respecto a nosotros.

Dentro de esta tónica, las demás circunstancias del sueño servirán para valorar la importancia del cambio, que puede oscilar de la simple aceptación por los demás de alguna cualidad que no se nos reconocía, hasta un cambio importante en la vida, ya sea social, profesional o espiritual.

Abuelos

Los sueños en los que intervienen nuestros abuelos o antepasados sólo son significativos cuando dichos abuelos ya han fallecido y el sueño no se retrotrae a escenas de nuestra vida pasada. Suelen ser la premonición de alguna desgracia, casi siempre por nuestra propia culpa, como si se tratara de un castigo a nuestras faltas, casi siempre morales o espirituales.

Revisemos, pues, nuestra conducta y la solidez de nuestros principios morales, que a lo mejor estamos a tiempo de evitar la desgracia.

Abuelos. (Abuelo y nieto, *de Domenico Ghirlandaio, Louvre.*)
Un sueño que nos devuelve al pasado, la premonición de alguna desgracia.

Abundancia

Este sueño nos hace saber que estamos viviendo en una engañosa seguridad y que se acerca una situación embrollada en la que nuestros recursos materiales pueden verse menguados.

Acantilado

Soñar con un acantilado quiere decir que se avecinan dificultades (o que ya existen) cuya importancia se verá reflejada por lo escarpado del acantilado, y su proximidad por lo más o menos cercanos que nos veamos del pie del mismo.

Si en nuestro sueño estamos escalando el acantilado, a pesar de todas las dificultades que puedan surgir, el éxito es seguro.

Accidente

En los sueños de accidentes lo primero que debemos analizar es si en nuestro interior existe cierta inseguridad respecto a nuestra capacidad de controlar nuestros reflejos y emociones, en cuyo caso este sueño refleja nuestro íntimo temor, que seguramente se ha visto actualizado por la proximidad de decisiones importantes, de viajes, o de causas similares.

En caso contrario, indica que en nuestro camino (personal, profesional o social) aparecerá un obstáculo importante, por lo cual debemos prestar una atención especial en los próximos días para descubrir cuál es el peligro que nos amenaza.

Si escapamos al accidente es que nuestro buen sentido nos sacará de una situación embarazosa. Si nos limitamos a verlo sin protagonizarlo es que nuestra existencia se verá turbada por alguna contrariedad o humillación, pero sin que existan consecuencias ulteriores.

Aceite

Excepto cuando se sueña la rotura de un vaso o de cualquier otro recipiente lleno de aceite, lo que augura desgracia, el aceite siempre promete éxito y prosperidad, incluso cuando el aceite está sucio o manchando papeles, ropas u otros objetos, en cuyo caso dicha prosperidad se conseguirá con malas artes.

El mejor sueño se dice que es el de que nos viertan aceite sobre la cabeza, lo que significa que nos veremos elevados por encima de nuestros semejantes.

Acelerador, acelerar

Debemos tener cuidado con nuestros arrebatos emocionales que pueden sernos perjudiciales.

Acera

Al igual que en la vida diaria, la acera es una zona de relativa seguridad, si bien en sueños esta seguridad siempre es provisional y depende de lo que nos veamos haciendo en ella.

Si soñamos que nos subimos a la acera es que hemos adquirido cierta seguridad en la vida o un cierto escalafón profesional que deberemos consolidar cuanto antes si no deseamos perderlo.

Si nos paseamos por la acera es que nos sentimos muy seguros en nuestra posición actual, sin tener en cuenta que todo puede venirse abajo en un momento de descuido. Pero si bajamos de la acera es que a pesar de que todo parece igual que siempre, estamos a punto de perder aquella posición que nos daba seguridad, y que debemos esforzarnos en buscar qué existe en nosotros, o qué hemos hecho o dejado de hacer que pueda ponernos en aprietos.

Acero

Si el acero es brillante, promete un éxito gracias a nuestras propias cualidades y trabajo, pero si el acero está empañado, asegura pérdidas.

Si el acero pertenece a un arma blanca, puña, espada o sable, es una invitación a la prudencia, pues nos ronda un peligro.

Achaques, achacoso

Si en sueños nos vemos achacosos y esto nos afecta vivamente es un aviso para que consultemos al médico, pues nuestra salud está en peligro. Pero si el mismo sueño no va acompañado de esta impresión desagradable, sino que más bien resulta placentero, es un anuncio de éxito económico.

Si soñamos con una o varias personas achacosas nos previene que se presentarán retrasos y contrariedades en nuestros proyectos o negocios.

Acicalarse

Cuando las personas que se nos aparecen en sueños van maquilladas o muy acicaladas es una advertencia de que entre nuestras amistades y relaciones existen algunas de falsas.

Si somos nosotros quienes nos acicalamos en sueños es que nos veremos forzados a ocultar nuestros verdaderos pensamientos y emociones, o que voluntariamente estamos deseando engañar o traicionar a alguien. El ambiente y el curso general del sueño nos aclarará cuál de estas dos versiones es la que corresponde a cada sueño en concreto.

Ácidos

Presagian querellas o engaños a corto plazo.

Aclamaciones

Cuando soñamos que somos aclamados y no podemos distinguir el rostro de quienes nos aclaman (o sus rostros no significan nada para nosotros) es señal de peligro, y casi siempre a causa de dejarnos arrastrar por nuestras bajas pasiones.

El solo hecho de oír aclamaciones en sueños —aun cuando no nos sean dirigidas— ya presagia peligro, y también en esta ocasión debemos buscar el origen de dicho peligro en nuestros sentimientos y deseos.

Si las aclamaciones son muy escasas o de poca duración, y además vemos con toda claridad los rostros de quienes nos aclaman, más que un peligro predicen un éxito fugaz e intrascendente que sólo servirá para halagar nuestra vanidad.

Aclarar

Un asunto sospechoso será muy evidente para nosotros.

Acogida

Ser acogidos favorablemente por un hombre nos augura que recibiremos la protección eficaz que necesitamos.

Si quien nos acoge es una mujer debemos esperar alguna infidelidad.

Si soñamos que somos mal acogidos debemos desconfiar de los consejos que recibamos en los próximos días, y antes de seguir alguno de los mismos, debemos analizarlo detenidamente.

Acompañar

Acompañar a alguien significa que recibiremos una visita imprevista que nos llenará de alegría y nos hará confidencias escabrosas, que deberemos guardar en secreto si no queremos lamentarlo en el futuro.

Acoplamiento

Ver animales acoplados presagia un nacimiento en la familia del soñador o noticias de un natalicio.

Acostarse

Verse acostado solo en sueños indica un período de incertidumbre, de espera, ante dificultades que no nos vemos capaces de superar sin ayuda, y en espera de la misma lo único que sabemos hacer es disimular nuestra tristeza e impotencia.

Si estamos acostados en la intemperie es que lo que nos hace sufrir en realidad no es más que una incomodidad transitoria, sin la gravedad que nos imaginamos.

Si estamos acostados con una persona del mismo sexo, o ésta se halla en la misma habitación, indica que además de la incertidumbre nos sentimos atormentados por lo que dirán los demás.

Si estamos acostados con una persona del otro sexo, o está se halla en la misma habitación, es que se acerca el fin de nuestros problemas.

Acróbata, acrobacia

Ver a un acróbata haciendo sus ejercicios o vernos a nosotros mismos haciendo acrobacias nos previene de que en la vida real estamos entrando en una situación inestable cuyo desenlace se corresponderá con el del sueño.

Cuando el soñar que realizamos acrobacias nos produce una sensación agradable y además las realizamos con éxito, augura que en la vida real saldremos fortalecidos de la actual situación que al mismo tiempo habrá servido para fortalecer nuestra independencia y seguridad.

Si por el contrario la sensación que nos produce es desagradable o fallamos en las mismas es de temer que no salgamos con bien de la actual situación de inestabilidad, y que lo que nos espera sea el fracaso o pérdidas económicas y de posición.

Actor, actriz

Si somos actores en sueños indica que sabremos maniobrar hábil-
mente para conseguir el éxito en una empresa en curso, ya sea de trabajo o amorosa. No obstante, si el sueño se repite más de una noche en
un corto espacio de tiempo es que no podemos resolver alguno de los
problemas que nos agobian.

Cuando, por el contrario, vemos el trabajo de actores y actrices, lo
que presagia es un simple juego de placer, distracciones frívolas junto a
amigos que no son tan seguros ni tan de fiar como desearíamos, y que
incluso a lo mejor se aprovechan de nosotros bajo la capa de la amistad.

No debemos olvidar que la vida real también es como una pieza
teatral, a veces cómica y a veces trágica, y que en el fondo este sueño
nos recuerda que a veces estamos fingiendo para conseguir lo que
deseamos, y que otras veces los que fingen son los demás.

Acuario

Ver un acuario con los peces nadando apaciblemente en el agua
clara es un signo de tranquila y duradera felicidad.

Acueducto

Presagia un largo viaje de negocios cuyo resultado dependerá de
como veamos el acueducto. Es decir, que si está en buen estado se lograrán la mayoría de los objetivos propuestos, mientras que si lo vemos
en mal estado es de prever que resultará económicamente decepcionante.

Acumular

Si lo que acumulamos es dinero debemos tener mucho cuidado,
pues amenaza una pérdida del mismo.

Si lo que acumulamos son objetos es un signo de incomodidades y
de que a lo mejor alguien nos prepara una zancadilla.

Acusar, acusado

Más vale ser acusado en sueños que acusar a los demás, o ver a un
acusado.

Ser acusado es un buen presagio, pues implica que se evitará alguna trampa y que el ambiente general será de alegría.

Si vemos a un acusado, o somos nosotros mismos quienes acusamos, augura problemas, penas e inquietudes de todas clases.

Adelgazar, delgadez

Vernos adelgazar en sueños es una advertencia de que hay que cuidar la salud pues nos ronda la enfermedad. Si soñamos que estamos muy delgados es que el peligro de enfermedad está muy próximo, y cuanto más delgados nos veamos mayor será la importancia de la misma.

Adiós.

Soñar que alguien se despide de nosotros indica que abandonaremos un hábito, una costumbre perniciosa, que nos hemos liberado de algo que nos obstaculizaba en nuestra vida, o simplemente que vamos a perder pronto de vista a alguien que nos resulta antipático.

Si somos nosotros los que decimos adiós a una persona indica que no tardaremos en volverla a ver, y si con el adiós se mezclan las lágrimas es que además nos espera una gran felicidad.

Adivinar, adivinación

Soñar que consultamos el horóscopo, las cartas o que acudimos a cualquier otro medio de adivinación, es presagio de angustias, inquietudes, retrasos e indecisiones.

Si somos nosotros los que predecimos la suerte a otras personas es que las mismas no tardarán en sernos de utilidad.

Admirar, admiración

Si en sueños sentimos admiración por algo o por alguien es que existe alguna persona que intenta ejercer sobre nosotros una influencia que quizá no sea tan buena como parece.

Si nos sentimos admirados, ¡cuidado! Quizá tengamos una opinión demasiado buena de nosotros mismos, y esto tampoco es bueno.

Adivinación. Vasija griega del siglo V antes de Cristo, con el rey egeo de Atenas consultando el oráculo de Delfos.

Soñar que consultamos algún medio para adivinar es un mal presagio, lleno de angustias e indecisiones.

Adolescentes

Cuando una persona soltera (especialmente si ya es de una cierta edad) sueña con adolescentes del sexo opuesto es que su soltería es debida a que en la realidad no podrá conseguir a su cónyuge ideal, pues sentimentalmente aspira a una perfección que no puede hallarse.

Así pues, es una llamada de atención para que seamos más realistas, que dejemos de soñar con ideales imposibles y nos conformemos con la pareja que podamos hallar, a menos que prefiramos quedarnos solteros durante toda la vida.

Adoptar, adopción

Ante este sueño hay que tener en cuenta si en la vida real no se tienen hijos a pesar de desearlos, con lo cual el sueño sería una expresión de este deseo no realizado, y aconseja pensar en la posibilidad de una adopción.

En caso contrario, significa que estamos aceptando cargar con responsabilidades que no nos corresponden, lo que tanto puede reportarnos la admiración de los demás como ser la causa de dificultades, obstáculos y penalidades, por lo que se impone meditar bien el alcance de nuestras verdaderas responsabilidades.

Adorar, adoración

Adorar en sueños a otra persona pronostica que sufriremos una traición sentimental sin gran importancia, que sin llegar a turbar nuestra felicidad se limitará a causarnos un despecho pasajero.

Si se trata de la adoración a una imagen religiosa, a Dios o a la Virgen, es un indicio de tranquilidad, alegría, contento y paz del alma.

Adormidera

Una decepción sentimental puede alterar vuestra salud.

Adornos

Buen sueño para las mujeres, a menos que dichos adornos parezcan muy pesados. No obstante, para una mejor interpretación del sueño debe consultarse el nombre del (o de los) adornos que se han visto en sueños.

Aduana, aduanero

Soñar que estamos en una aduana y el aduanero registra nuestras pertenencias es un sueño que suele aparecer cuando estamos en vísperas de cambiar de empleo, de casarnos o de cualquier otra ocasión en que se anuncia un cambio importante en la situación social, profesional, o simplemente de cambio de domicilio.

Su significado dependerá de las sensaciones que lo acompañen. Si son positivas y agradables presagian que el cambio será feliz y comportará una mejoría en todos los conceptos; pero si por el contrario son de angustia y malestar es que se nos hará bastante difícil el adaptarnos a la nueva situación.

Como en todos los sueños de este tipo, si la angustia y el temor llegan a ser excesivos, o si este sueño u otros similares se repiten en el curso de unos pocos días, quizá lo mejor sería evitar o posponer un cambio que ya inconscientemente tememos que resulte altamente perjudicial.

Adular

Soñar que adulamos por interés mundano y vanal indica que nos ocurrirá algo desagradable pero no realmente grave. Como máximo puede consistir en una humillación que nunca irá acompañada del desprecio de los demás; es decir, no pasará de ser una cura de humildad.

Pero si lo hacemos sinceramente, reconociendo méritos verdaderos (aunque sólo sean soñados), significa que obtendremos aquello que deseamos.

Por el contrario, sentirse adulado es de mal augurio y nos advierte que en la vida real debemos desconfiar de la persona que nos adula en sueños.

Adulterio

Cuando en sueños cometemos adulterio, en realidad estamos demostrando nuestra disconformidad o insatisfacción por algún rasgo del carácter o comportamiento de nuestra pareja.

Un estudio de la persona con la cual cometemos el adulterio y los detalles del mismo nos servirá para ver cuáles son las diferencias esenciales entre ella y nuestra pareja en la vida real y, con ello, los motivos o las carencias causantes de nuestra actual insatisfacción.

Adversario

Soñar que en una lucha vencemos a nuestro adversario significa que nos ocurrirá algún contratiempo, mientras que si quien vence es nuestro adversario seremos nosotros quienes conseguiremos un importante triunfo en la vida real, o cuanto menos lograremos acrecentar notablemente la confianza en nosotros mismos.

Adversidad

Soñar que nos hallamos sumidos en la adversidad significa la inminencia de un éxito inesperado.

Afectación

Un lío sin consecuencias turbará nuestro reposo durante algún tiempo.

Afilar

Si soñamos que estamos afilando un instrumento cortante, aun cuando se trate de una herramienta de trabajo, significa que en nuestro interior existen sentimientos agresivos que deberemos controlar antes de que lleguen a cristalizar contra determinada persona.

Si vemos a otra persona afilando un objeto es de temer que desee perjudicarnos.

Afinar

Soñar que afinamos un instrumento musical es indicio de que ha llegado el momento de reconciliarse con aquel amigo o familiar del que nos habíamos distanciado.

Afonía

Hallarnos afónicos en sueños es un aviso de que no tardará en verse amenazada nuestra independencia.

Afrenta

Sufrirla es que existen posibilidades de obtener un beneficio inesperado. Por el contrario, si somos nosotros quienes infligimos una afrenta a otra persona, se trata de un aviso de que debemos ser muy prudentes en cuestiones de dinero, y para que evitemos toda disputa que pudiera finalizar en pleito.

Ágata

Un obstáculo o una corta enfermedad podrían atravesarse en nuestro camino, pero además de superarlo fácilmente, es de esperar que una persona querida nos ofrezca un obsequio.

Esta interpretación sólo es válida si el ágata atrae con fuerza la atención del soñador; de no ser así, debe consultarse la palabra JOYAS.

Agenda

Se producirá una cita galante, o quizás alguna ligereza de conducta, o un gasto excesivo. Pero, sea lo que sea, deberemos evitarlo si deseamos preservar la paz de nuestro hogar.

Agonía, agonizar

Es un cambio penoso que en realidad augura un cambio radical en la vida del soñador.

Así, por ejemplo, si estamos enfermos y soñamos que agonizamos, lo que presagia es una pronta curación. Si ya estamos sanos, debemos vigilar nuestra salud, pues amenaza la enfermedad.

Si quien agoniza es otra persona es su actitud hacia nosotros la que sufrirá un cambio radical; es decir, que algún amigo se volverá contra nosotros, o al menos se distanciará, o será algún enemigo el que se arrepentirá de su actitud y deseará ganar nuestra amistad.

Agresión

Si somos nosotros los agredidos significa que recibiremos una ayuda inesperada que nos permitirá culminar nuestros proyectos; pero si la sensación del sueño llega a hacerse muy angustiosa es que el infortunio amenaza a alguno de nuestros amigos.

Si los agresores somos nosotros es que nuestros proyectos no se realizarán por un exceso de precipitación, pero no debemos lamentarnos ya que a lo mejor esto nos permite emprender algo mejor.

Agresión. (*Xilografía de Durero.*)
*Si nos agreden significa que recibiremos una ayuda inesperada; si somos los agresores
nuestros proyectos fracasarán por un exceso de precipitación.*

Agricultura, agricultor

Soñar que somos agricultores es signo de perfecta y apacible felicidad; no obstante, es muy importante tener en cuenta cómo aparece la tierra que cultivamos, ya que ella refleja nuestra actitud ante la vida.

Si el campo está bien cuidado y floreciente es que nuestra felicidad proviene de que estamos luchando y aprovechando a tope nuestras cualidades y posibilidades, mientras que si el campo lo vemos yermo y descuidado, es que nuestra felicidad es la del negligente o del conformista, que prefieren la tranquila comodidad al progreso por el trabajo.

Agua

El agua simboliza la vida, los sentimientos, la fecundidad y la abundancia. Por ello, todos los sueños en los que el agua tiene un papel preponderante deben ser interpretados sobre estas premisas, y pueden ser infinitamente variados. Veamos algunos de ellos.

Cuando el agua es clara y límpida, tanto anuncia una larga vida, feliz y apacible, como la pureza de nuestros sentimientos. En cambio, si es turbia, sucia, estancada o corrompida, pronostica males y desgracias, por lo general más de carácter moral o de salud que económicos.

Recibir agua en un vaso o en otro recipiente semejante indica salud, alivio y consuelo para un pobre, matrimonio para un soltero, preñez para una casada (especialmente si es el marido quien llena el vaso o se lo ofrece). Pero si el vaso cae y se rompe sin que las aguas se desparramen, es que el parto irá mal y si bien el hijo se salvará correrá peligro la vida de la madre. Por el contrario, si el agua se derrama y el vaso no se rompe, peligrará la vida del hijo y no la de la madre.

Si alguien nos lleva un recipiente con agua a nuestra casa y lo guardamos sin beber del mismo, indica avaricia; que los bienes que estamos acumulando serán disfrutados por otras personas.

Si somos nosotros quienes llevamos el agua a otra casa y aceptamos que nos sea pagada, lo que venderemos en la vida real será nuestra honradez, nuestra pureza. En cambio, si esta agua es para dar de beber a quien la llevamos, es signo de piedad y de religiosidad.

El agua de lluvia presagia abundante cosecha para la comarca si la vemos caer sobre un campo cultivado, y trabajo y bienestar si cae en la ciudad. Pero si el agua cae, se empapa en la tierra y desaparece de inmediato, pérdida de bienes, humillaciones y, quizás, indigencia.

Cuando vemos caer agua dentro de una casa (goteras) sin que llueva, anuncia duelo en dicha casa, pero si sólo cae de una gotera, se limitará a presagiar sufrimientos y peligros para el soñador.

Si el agua, ya sea de lluvia, de goteras, o de un grifo abierto, corre por la casa es un mal presagio, que muchas veces consiste en que no se tendrán más hijos; si inunda la casa, enfermedad grave o robo; si en la casa ya existía un enfermo, grave peligro para su vida. Si vemos que el agua mana de las humedades de las paredes, por poca que traspase, indica duelo por parientes o amigos.

Ver que mana una fuente de agua dentro de la casa o de una propiedad del soñador es anuncio de gran prosperidad material, acompañada de felicidad, alegría y buenos sentimientos.

Caminar sobre el agua indica que se está atravesando un período peligroso, pero si se llega a tocar tierra es que las cosas se consolidarán; en cambio, si nos hundimos, es grave peligro, que puede ir desde la supeditación a los demás al fracaso o incluso a la muerte.

Ver una gran extensión de agua agitada por fuerte oleaje presagia penas y sufrimientos, mientras que si el agua es tersa, apacible y agradable, es tranquila felicidad y bienestar. Si al mirarnos en el agua ésta nos refleja claramente, indica que se conseguirá la riqueza; si nos refleja más hermosos de lo que somos en la realidad, es que hallaremos gran ternura y amor en los demás.

Beber agua fría o fresca presagia salud y prosperidad, pero si es caliente anuncia enfermedad, mientras que si hierve es que nuestra cólera es tan violenta que nos perjudicará a nosotros mismos.

Bañarse en agua fría presagia incomprensión; en agua templada, felicidad y alegría; en agua muy caliente o hirviendo, separación o divorcio.

Ya hemos dicho que toda agua que no sea clara y límpida pronostica males; veamos cuáles son:

Amarga, turbia o amarillenta: enfermedad.

Corrompida: vivir con la rabia en el cuerpo.

Hedionda: bienes mal adquiridos.

Estancada: pérdida de libertad.

De un pozo salado (no la del mar): penas.

Negruzca: matrimonio desgraciado, hundimiento del hogar. En cambio, existen dos tipos de agua benéfica:

Agua mineral: convalecencia, mejoría de salud.

Agua bendita: salud física y espiritual.

Aguardiente

Véase LICOR.

Águila

El águila es uno de los símbolos más tradicionales y universales que existen, y para descifrar su significado en sueños debemos tener en cuenta algunos principios fundamentales.

El águila se corresponde al espíritu de conquista, de poder y de dominio y, como tal, es un símbolo de triunfo, triunfo que estará supeditado a la actitud y movimientos del águila. Pero el águila también es un ave rapaz, por lo que su aparición puede acarrear angustia, simbolizar todo aquello que nos causa temor; por ello, el sueño será positivo si nos identificamos con el águila, y negativo cuando nos inspira temor o dolor.

Pero el águila también puede representar el vuelo más exigente del espíritu, por lo que la aparición de un águila volando tranquila y solemne en lo alto del firmamento puede indicar que en la vida real estamos a punto de sacrificarlo todo por una idea, por un designio, por un único ideal, con todo lo que ello comporta de bueno y de malo.

El águila también representa la libertad con responsabilidad, y por ello, cuando en los sueños de un adolescente aparece un águila que les ataca y picotea —casi siempre en el corazón— el sueño simboliza los problemas emocionales a que les expone el despertar de los sentidos, con el deseo de amar y ser amados, pero sin verse capaces de asumir las responsabilidades que un verdadero y maduro amor lleva consigo.

El vuelo del águila que vemos en sueños debe interpretarse analógicamente con los asuntos del soñador; así, la altitud del vuelo es proporcional a la importancia de los acontecimientos que se preparan, del

Águila. (*Dios-Águila asirio.*)
El vuelo ascendente de un águila en nuestros sueños, por ejemplo, es un indicio de que conseguiremos nuestros objetivos.

mismo modo que la rapidez del vuelo lo es de la de los acontecimientos.

Así, ver volar a un águila ascendiendo en el cielo es un indicio de que se conseguirán los objetivos propuestos.

Si vuela lentamente y a veces interrumpe su vuelo quedando inmóvil en el cielo, anuncia lentitud y retrasos; si llega a inmovilizarse por completo, imposibilidad de alcanzar el fin propuesto. Su caída presagia la de nuestros proyectos.

Si la vemos volando con su presa es que debemos tener cuidado con nuestros enemigos, y si la vemos devorarla, tanto significa nuestro triunfo como nuestra desgracia; como hemos dicho anteriormente, ello depende de que el hecho nos cause alegría o temor.

Si soñamos que se abalanza pesadamente sobre nosotros, augura la desgracia. Si nos hiere, adversidad, cuya gravedad será paralela a la gravedad de las heridas recibidas; si éstas son en la cabeza o la cara, el peligro es grave, y si se posa en nuestra cabeza, según algunos autores, presagia una muerte en la familia.

Un águila encerrada en una jaula es una amenaza de humillación, de dominio o, quizás, hasta de expoliación.

Agujas

Las agujas reflejan aquellas amarguras reprimidas, pero de escasa importancia, que nos ocasionan las pequeñas intrigas, humillaciones y maledicencias que hallamos en nuestro camino.

Cuando las agujas soñadas son de ganchillo o de tricotar, se refieren a aquellas intrigas o maledicencias que se desarrollan a espaldas nuestras, pero que nos llegan.

Las agujas de coser, cuando están enhebradas son de buen augurio, y coser con ellas presagia una mejoría de la situación, o la reunión y consolidación de aquellos bienes que poseíamos dispersos o desordenados; mientras que si están sin hilo, rotas, o nos pinchamos con ellas, son de mal augurio por mantener el significado general de «pinchazos» de la vida.

Si se trata de alfileres, lo que presagian son las pequeñas decepciones, dificultades y preocupaciones que nos causan los amigos, pero que en realidad carecen de importancia.

Ahijado, ahijada

Una fiel amistad nos será de gran ayuda próximamente.

Ahogado, ahogarse

Ver a un ahogado, aun cuando no es un sueño agradable, indica un buen presagio, pues anuncia una herencia o la obtención de un buen cargo o empleo que estaba ocupado por alguien que ha muerto o que pronto morirá.

Ahogarse implica contrariedades en los negocios, en la amistad o en el amor. Pero si este sueño se produce cuando estamos inmersos en pesadas ocupaciones en la vida real, es un aviso de que debemos tomarnos un descanso o unas cortas vacaciones si queremos evitar graves pérdidas, pues hemos llegado al límite de nuestras posibilidades, físicas y mentales.

Ahorcado

Ver a uno o varios ahorcados presagia procesos, pérdida de dinero, herencia que se nos escapa, amistad traicionada.

Soñar que estamos ahorcados es indicio de próxima elevación y de recuperación de cosas perdidas.

Aire

El aire, como tal, raras veces aparece en los sueños, y cuando llega a ser visible es como una brisa temblorosa, tanto límpida y transparente, como teñida de diversos colores y aspectos.

Cuando es perfectamente límpido y apacible augura un período próspero, un viaje feliz o la recuperación de algo perdido. A veces, incluso parece perfumado, lo que todavía es mejor presagio, pues indica serenidad, relaciones con gente importante y éxito en los negocios.

Pero si este aire límpido y claro está agitado anuncia un peligro próximo, seguramente una enfermedad; y si se percibe como notablemente frío puede anunciar una pérdida, seguramente de un amigo sincero.

Si el aire es brumoso nos advierte para que seamos prudentes, ya que son de temer peligros por falta de circunspección.

Cuando el aire está teñido por una coloración rojiza es que son de esperar calamidades públicas, disturbios o revueltas en el lugar de nuestra residencia.

El aire oscuro, casi negro, que llega a ocultar el cielo, indica desavenencias y discordias con nuestros superiores, pero si posteriormente este aire se aclara es que estos problemas fueron debidos a malos entendidos y todo se solucionará finalmente.

Ajedrez

A pesar de que todos los sueños en que aparecen juegos de habilidad y de cálculo presagian alegría, placer y amistad, soñar que jugamos al ajedrez indica además que no debemos quebrarnos inútilmente la cabeza, pues todo saldrá de acuerdo con nuestros cálculos.

Ajuar

Preparar, mostrar o cuidar el ajuar es un excelente pronóstico de íntima felicidad.

Alabanzas

Si en sueños recibimos alabanzas es una advertencia de que en la vida real también recibiremos lisonjas, pero que no debemos confiar en las mismas, pues pueden ser interesadas.

Alas

Las alas son el signo de la victoria, el aviso de que ha llegado el momento de lanzarse a la acción, pues la obtención de un trabajo pro-

Alas. (*Xilografía de Durero.*)
Son el signo más claro de la victoria, un aviso para entrar en acción.

vechoso o una promoción en el actual iniciará un buen cambio en nuestra situación.

Albaricoque, albaricoquero

Soñar con un albaricoquero en flor es un buen augurio para nuestros proyectos y esperanzas. Si está lleno de albaricoques indica que aparecerán en nuestra vida nuevas oportunidades y amistades, que fructificarán nuestros proyectos; pero si están secos o echados a perder nos advierte para que prestemos mayor atención a los problemas materiales si queremos evitar engaños y decepciones.

Albornoz

El albornoz siempre indica indolencia o descanso.

Alcachofa, alcachofera

Del mismo modo que para alcanzar el corazón de la alcachofa es necesaria mucha paciencia e ir eliminando sus hojas una a una, para alcanzar el corazón (o el sexo) que deseamos, también debemos ser pacientes y persistir en nuestras pruebas de ternura.

Alcornoque, corcho

La corteza del alcornoque, el corcho, simboliza la ligereza; por ello, soñar con él indica que sentimos el corazón ligero como el de un adolescente, y si todavía lo somos, que nos embarga la alegría de vivir.

Alfombra

Soñar que caminamos sobre una alfombra indica que conseguiremos vivir con holgura gracias a nuestro trabajo, y como más gruesa y más extensa sea, mayor será nuestro bienestar.

Pero si la alfombra está extendida donde no debiera (en la calle, por ejemplo) indica que para conseguir este bienestar estaremos dispuestos a recurrir a cualquier medio.

Alforjas

Si vuestras alforjas aparecen vacías en el sueño, al igual que en la vida real, es un signo de pobreza y dificultades; en cambio, si están llenas es signo de riqueza.

Alianza

También, al igual que en la vida real, la alianza es una promesa de matrimonio, y lo que suceda en el sueño con la alianza será lo que ocurra a nuestras esperanzas de esposar a la persona amada. Para una mayor ampliación, véase ANILLO.

Almadía

Soñar que nos hallamos en una almadía a merced de las olas es una señal de peligro, de indecisión, de que nos hallamos enfrentados a acontecimientos que pueden cambiar el curso de nuestra vida, o que al menos nos lo parecerá.

Almendras, almendro

Soñar con uno o varios almendros en flor, especialmente si el sueño tiene lugar en primavera, pronostica la feliz realización de nuestros proyectos; pero si vemos caer la flor o las almendras antes de que maduren, es indicio de próximas decepciones.

Ver las almendras, sin tocarlas, presagia dificultades; si las recogemos, es que nos espera una felicidad algo pálida, algo sosa, pero sin nubarrones.

Si extraemos las almendras de su cáscara para comerlas nos promete ganancias y beneficios cuya facilidad o dificultad en obtener dependerá de la facilidad o dificultad con que las saquemos de la cáscara.

Si las almendras salen amargas anuncia desavenencias y disturbios familiares que, afortunadamente, no tendrán graves consecuencias.

Almizcle

El almizcle es el olor de la voluptuosidad y de las pasiones sensuales.

Alondra

Soñar con una alondra en pleno vuelo es un maravilloso presagio de próxima fortuna. Pero si la alondra desciende o le ocurre algo desagradable, lo que presagia es el fin de nuestras esperanzas actuales.

Si la vemos posada en el suelo, es una advertencia para que seamos prudentes en nuestras relaciones.

Altar

Los sueños en que aparece un altar sólo son válidos para el pronóstico cuando el soñador es íntimamente religioso (no socialmente religioso), y son de buen augurio siempre que el altar aparezca en buenas condiciones o se ore ante el mismo; en cuyo caso lo que suele presagiar es un matrimonio, ya sea el nuestro o el de alguna otra persona de la familia o intimidad.

Si el altar aparece derruido o abandonado, es un mal presagio, por lo general de pérdida de la consideración de los demás.

Altar. (*De una miniatura procedente de Sant Martí del Canigó.*)
En los soñadores íntimamente religiosos un altar en condiciones es un buen augurio; un altar derruido es un mal presagio.

Amamantar

Cuando en sueños nos vemos amamantando un niño, o vemos como lo hace otra persona, se trata de un sueño de prosperidad material, que en una mujer puede revelar, además, una posible maternidad, o si ya está embarazada, la confianza en un parto feliz.

Amanecer

Cuando amanece en sueños, es decir, cuando sentimos aproximarse el día y se hace la luz, anuncia el final de penas y adversidades; es el inicio de un período de mayor felicidad en el que afrontaremos la vida con renovado optimismo.

Amapola

Quizá por su parentesco con la adormidera, los sueños en que aparecen amapolas suelen presagiar un pronto consuelo del dolor, tanto del cuerpo como del alma.

Amarillo

El amarillo es el color de la intuición, de la inteligencia, del presentir y de penetrar hasta el fondo de las cosas y, como la luz del sol, todo lo aclara e ilumina. Pero el más ligero rastro de otro color (en especial del rojo) lo desvaloriza, lo hace desagradable y fuente de irritabilidad.

Es por ello que los sueños en los que el color dominante es el amarillo deben tenerse muy en cuenta, pues su mensaje reviste dichas cualidades; no obstante, si el color nos produce cierto desasosiego, es que el sueño contiene implícita la advertencia de que debemos controlarnos, ya que puede presentarse una situación en la que es de temer nos dejemos arrastrar por la cólera, lo que sería causa de problemas.

Amatista

La amatista es la piedra de la temperancia y de la humildad; pero por el mismo hecho de ser enemiga de toda embriaguez, incluso de la espiritual, también en sueños se la considera un presagio de suerte, aun cuando dicha suerte en realidad sea debida al buen sentido común del soñador.

Ambulancia

Soñar con una ambulancia es un buen augurio, ya que anuncia una próxima mejoría en nuestra situación.

Si la ambulancia contiene algún herido, al parecer inconsciente, es el anuncio que alguien a quien estimamos se halla amenazado de algún peligro o enfermedad; pero si el herido (o los heridos) está consciente, habla o se mueve, nos anuncia próximas noticias de alguien a quien ya habíamos olvidado o ignorábamos su paradero.

Cuando en la vida real nos hallamos desempeñando algún trabajo peligroso, este sueño carece de significado premonitorio, pues no es más que una forma de advertirnos la necesidad de trabajar con las máximas medidas de seguridad.

Ametralladora

Soñar que usamos una ametralladora o un fusil ametrallador predice el éxito si funciona bien; pero si la ametralladora se encasquilla o su fuego escapa a nuestro control, es que a pesar de todos nuestros esfuerzos nos será imposible conseguir lo que deseábamos.

Amigos

Los sueños en los que aparece algún amigo pueden pertenecer a dos grupos muy distintos, pues cuando en la vida real atravesamos una situación penosa, el soñar con un amigo querido, aun cuando muchas veces se trata de una persona desconocida o que no podemos reconocer, es un buen indicio, pues indica que la mala situación ya está finalizando y el porvenir no tardará en aclararse.

Si nuestra situación real es normal o buena, al soñar con un amigo al que reconocemos debemos recordar su aspecto, ya que el mismo nos revelará el estado real de nuestra amistad; es decir, cómo es el vínculo que nos une. Así, por ejemplo, si lo vemos mejor vestido y con mejor aspecto del que posee en la realidad, es que nuestra amistad es sólida y pujante; mientras que verlo desaliñado, sucio, o miserablemente vestido, es un indicio de que nuestra amistad se halla en franco declive y puede naufragar en cualquier momento.

Si lo vemos tal y como es en realidad, no sólo es el anuncio de que recibiremos noticias, sino que algunas veces puede anunciar su visita o un encuentro con el mismo.

Amor

En amor, sueño y realidad siempre van contrapuestos. Lo malo es soñar que somos amados y felices, y lo bueno el vernos desgraciados.

No obstante, y como en muchos otros casos, si el soñador está enamorado, dicho sueño no es más que una representación onírica de sus propios anhelos, ya sean vividos o reprimidos en la vida real.

Amputación

Existe gran diversidad de criterios a la hora de interpretar los sueños de amputación, siendo lo más frecuente asegurar que predicen injusticias, maledicencias, calumnias y disgustos —todo ello inmerecido— para la persona amputada.

No obstante, la tendencia actual es la de que dichos sueños revelan alteraciones de la personalidad o el temor de sufrir dichas alteraciones, siendo la más frecuente el temor a la pérdida de la potencia sexual, sea cual sea la parte amputada.

Por nuestra parte, y a pesar de aceptar esta interpretación, consideramos totalmente exagerada y fuera de razón la presunción de algunos autores de que cada mínima parte de nuestro cuerpo representa un defecto o una cualidad (el dedo meñique, la inteligencia práctica; el dedo pulgar, la capacidad de amar; la pierna izquierda, los malos instintos, etc.), y que la amputación en sueños de esta parte acarrea la pérdida de la cualidad o defecto representado.

Lo que sí ocurre es que cuando se trata de una parte muy importante de nuestra persona, su amputación significa también un estado psíquico de incapacitación de la función representada; así, cuando en sueños nos vemos con las manos amputadas, es que nuestra situación mental y psíquica nos impedirá en bastante tiempo hacer nada a derechas. Del mismo modo, la amputación de una pierna equivale al íntimo conocimiento de que nos es muy difícil «andar» como Dios manda.

Ancianos

Véase VEJEZ.

Ancla

En el proceloso mar de la vida somos como navíos en busca de un destino. El ancla es el único medio de que disponemos para hacer un alto en el camino, ya sea para decidir hacia dónde queremos dirigirnos, o para reposar algún tiempo de nuestras fatigas.

Así pues, soñar que echamos el ancla, o que alguien la echa, es un aviso de que debemos detenernos a meditar si nos hallamos en el buen camino o debemos corregir el rumbo.

Por el contrario, si soñamos que arriamos el ancla, es que ya es hora de que nos pongamos en acción, si es que queremos llegar a alguna parte.

Andamio

El pronóstico de este sueño depende del estado en que veamos al andamio. Si es sólido indica que nuestros proyectos se realizarán con éxito, mientras que si lo vemos tambaleante o hundiéndose, es que con él también se hundirán nuestros proyectos en curso.

Si nos hallamos subidos en el andamio se incrementan los efectos del presagio, tanto para bien como para mal.

Si alguien nos conduce al andamio o nos arrastra hacia el mismo, es que el éxito o el fracaso ya han dejado de depender de nuestra voluntad y son las circunstancias las que tienen la última palabra, y que ésta es la que indica el estado del andamio.

Andrajos

Son un mal presagio referido a pequeñas intrigas y disputas de mujeres (que a veces son protagonizadas por los hombres). Si los andrajos los llevamos nosotros, el augurio se personaliza y nos anuncia miserias morales y, a veces, materiales.

Ángeles

Soñar con ángeles u otros seres celestiales es uno de los mejores sueños que pueden presentarse, ya que pronostican salud a los enfermos, libertad a los presos, recuperación en los negocios ruinosos...; es decir, el fin de todos los problemas que en estos momentos atormentan al soñador.

Pero si los ángeles soñados están tristes, amenazadores o furiosos, entonces el cambio en nuestro destino es para mal, y nos veremos mezclados en asuntos turbios o sometidos a graves pérdidas.

En el fondo, este sueño nos descubre que en nuestra vida hemos llegado a un punto crucial en el que se nos abren nuevas posibilidades y

Ángel. Del ábside de la basílica de San Angelo en Formis, Capua. (*Siglo* XI.)
Los ángeles soñados nos descubren que hemos llegado a un punto crucial en nuestras vidas, en donde tenemos que decidir.

capacidades en todos los terrenos, y que si somos capaces de asumirlas, junto a las responsabilidades que comportan (ángeles amables), nos llevarán directamente al éxito, pero que si no lo somos y renunciamos a estas posibilidades (ángeles tristes), hacia donde nos dirigiremos es al fracaso.

Pero en esta disyuntiva de caminos también se abren —y con fuerza— los caminos del alma y, con ellos, la posibilidad de una vida espiritual cuya riqueza es infinitamente superior a la de las riquezas a las que deberemos renunciar. En este caso, los ángeles amables reflejan nuestra entrega al Supremo, y los ángeles tristes a nuestros temores e inseguridades.

Ángelus

Si en nuestro sueño oímos sonar el ángelus, es indicio de paz y de consuelo, de que todas las disputas y problemas cotidianos pueden solucionarse favorable y amicalmente si sabemos limitar en algo nuestros derechos y reconocer hasta dónde llegan los de los demás.

Anginas

Este sueño tanto puede referirse a un padecimiento real que se está iniciando, como simbolizar que existe algo que nos agobia y que no sabemos o no nos atrevemos a confesar, quizá ni a nosotros mismos.

Anguila

Soñar con anguilas vivas y escurridizas, aunque sea una sola, anuncia que se presentará una oportunidad con la que no contábamos, y como más clara sea el agua y más viva la anguila, mejor será dicha oportunidad.

Verlas fuera del agua, muertas o moribundas, posee el mismo significado de oportunidades, pero esta vez se trata de una oportunidad perdida a causa de que no hemos sabido aprovecharla o no nos hemos dado cuenta de sus posibilidades hasta que ya era demasiado tarde.

Anillo

Todas las figuras redondas y cerradas que se derivan de la CIRCUNFERENCIA, como el anillo, el BRAZALETE y el CINTURÓN, son un símbolo de continuidad y de totalidad, que al mismo tiempo que unen y atan, también aíslan y protegen.

El ejemplo más típico lo constituye la alianza matrimonial, que simboliza la voluntaria supeditación y unión con el cónyuge y que al intercambiarse en el acto del matrimonio implica la mutua supeditación del uno al otro, con lo que a la vez se es esclavo y señor de la pareja, además de simbolizar la mutua protección que debe existir en todo matrimonio.

Pero además de la alianza matrimonial existen otros tipos de anillos que podemos resumir en dos: el sello y el anillo engarzado con piedras preciosas.

El sello fue creado originariamente para precintar documentos con plomo, cera o lacre, y por su misión, que detallaremos más ampliamente en el párrafo dedicado al SELLO, es un símbolo de poder, siendo el más típico el sello pontificio, símbolo a la vez del poder temporal y de la sumisión espiritual.

El anillo portador de piedras preciosas mantiene el mismo significado genérico, pero ligado al de la piedra preciosa a la que sirve de soporte, con lo cual se unen ambos simbolismos, el de la piedra y el del anillo, en la misma forma en que Prometeo al ser liberado por Hércules lo fue con la condición de que llevara un anillo de hierro en el que se hallara engastado un pedacito de la roca a la que se hallaba encadenado, para que de algún modo siguiera atado a la misma.

Todos estos simbolismos se mantienen en los sueños, en los que debe interpretarse que lo que le sucede al anillo es lo que le sucede a la atadura que simboliza.

Así, soñar que se rompe una alianza revela o presagia la ruptura de unos lazos matrimoniales, ya sea por divorcio o por adulterio; y devolverla, la disolución de los mismos.

Perder un anillo augura disputas o discusiones con quien nos lo dio; y poner un anillo a otra persona revela nuestro deseo de ejercer sobre la misma algún tipo de dominio, ya sea afectivo, espiritual o simplemente material.

Animales

En términos generales, los animales que aparecen en nuestros sueños son representaciones de las cualidades o defectos con que la tradición los presenta; así, el perro representa la fidelidad, la paloma la paz y el amor, la tortuga la longevidad, el tigre los enemigos poderosos y perversos, etc.

También es importante tener en cuenta que los sueños de animales van acompañados de sentimientos y emociones, y que cuanto más fiero es el animal soñado, más primitiva es la emoción que despierta. Pero cada persona experimenta distintas emociones ante los animales, y aun éstas pueden variar según varíen las situaciones que está viviendo el soñador. Es por ello que estas sensaciones o emociones serán un claro indicio de si el presagio es favorable o desfavorable.

Son tantas las interpretaciones como animales pueden soñarse, por ello, y para una mejor interpretación del sueño, se debe acudir al nombre del animal soñado, donde hemos dado la interpretación adecuada al mismo.

Anteojos

Los anteojos, gemelos, lupas y demás artilugios de aproximación y aumento son símbolos de descubrimiento, de revelación, de secreto descubierto, y no debemos olvidar que la sabiduría popular ya dice: «Quien escucha, su mal oye»; y que lo que se dice de escuchar igualmente puede aplicarse al escudriñar.

Antepasados, abuelos

Ver vivos en sueños a los parientes ya fallecidos siempre anuncia algún acontecimiento, por lo general malo, pero esto depende de cómo los veamos. Así, si los soñamos irritados, violentos, furiosos o tristes, será presagio de peleas, de rupturas y desgracias, mientras que si los soñamos alegres, el acontecimiento también será alegre y beneficioso.

Si se trata de abuelos u otros antepasados que todavía se hallan vivos, se dice que este sueño les alarga la vida y la salud.

Cuando el soñador está pasando por una etapa difícil en su vida y se siente desgraciado, este sueño carece de valor profético, pues se trata de un reflejo de su añoranza por aquellos tiempos idos que fueron mejores.

Antesala

Soñar que debemos esperar en una antesala es un buen sueño, pues nos recuerda que la paciencia es una virtud excelente, y que si lo tenemos en cuenta nos evitaremos muchos disgustos.

Antigüedades

Soñar con antigüedades o con un anticuario nos advierte que recibiremos un legado o una donación lejana e inesperada, pero que alguien intenta arrebatárnosla.

Antorcha

Llevar una antorcha encendida en sueños es presagio de alegría, optimismo y felicidad material; pero si la antorcha está apagada, o se apaga mientras la llevamos, es que se aproxima alguna calamidad que turbará nuestra felicidad.

Anuncios

Soñar que estamos leyendo los anuncios de un periódico nos presagia que realizaremos un hallazgo importante e inesperado; pero si lo que soñamos es que insertamos un anuncio, lo que presagia es un cambio en nuestra situación actual.

Anzuelo

Los anzuelos vistos en sueños casi siempre son presagio de traición, tanto en amor como en amistad.

Aparición

Soñar que nos hallamos ante una aparición sobrenatural y desconocida nos indica que nos hallamos en el buen camino y que lograremos realizar nuestros deseos mientras sepamos conservar claro nuestro entendimiento.

Apartamento

Soñar que poseemos un lujoso apartamento significa que los gastos excesivos que estamos realizando con el único fin de aparentar pueden conducirnos a una peligrosa situación financiera.

Soñar que poseemos un apartamento modesto significa que la realización de nuestras esperanzas está en nuestras manos, y que sólo depende de una buena y sabia administración de nuestros ingresos.

Si el apartamento no es nuestro, sino que lo visitamos, presagia un cambio en nuestra posición actual, cambio que será para bien o para mal, según que este apartamento se halle en buen o en mal estado.

Aperitivo

Tomarse un aperitivo en sueños es un presagio de bienestar en general y de triunfo en la vida, todo ello gozando de buena salud.

Aplastar

Su significado es el mismo de ACCIDENTE, pero con una mayor contundencia.

Apoplejía

Si somos nosotros quienes padecemos en sueños un ataque de apoplejía, no debemos temer por nuestra salud, sino por nuestros intereses materiales o morales, que se hallarán gravemente amenazados.

Apoyarse

Un obstáculo imprevisto retrasará el éxito de nuestras empresas.

Aprisionar

Este sueño siempre pronostica inconvenientes y obstáculos. Véase PRISIÓN.

Apuesta, apostar

Apostar en sueños casi siempre es el anuncio de que se perderá o se dilapidará el dinero de una forma absurda.

Arado

Este sueño garantiza el éxito. Al soltero le anuncia que se casará; al comerciante, buenos negocios; al escritor, un bestseller; y a todos, en general, les promete una buena vejez.

Araña

Es un sueño cuyos presagios son tan desagradables como la misma araña. En efecto, la araña se distingue por la tela que elabora para atrapar a otros insectos, por lo que simboliza la trampa que el soñador prepara, o en la que se está precipitando; pero, a la vez, la posición aislada de la araña simboliza la soledad e incomunicación agresiva que propicia querellas y procesos.

Todo esto debe relacionarse con alguna indiscreción reciente, alguna tentación que se avecina, a una mala costumbre o vicio; a una mala operación comercial, a trampas, o a engaños. El escenario del sueño y los demás elementos presentes servirán para determinar la naturaleza exacta del aviso.

Arañar, arañazo

Estos sueños presagian mentiras y calumnias que hieren y mortifican, pero sin dañar gravemente. Quien araña en sueños, tanto si somos nosotros como si se trata de otra persona, es quien desea perjudicar, mientras que el arañado será el perjudicado en la vida real.

Arar

Trabajar la tierra, especialmente si ésta es la profesión del soñador, significa provecho y buena cosecha si vemos que la tierra es fértil y agradable; pero si la tierra la vemos árida y reseca, es presagio de infortunio y calamidades.

Si vemos arar a otra persona, el significado es el mismo, pero de carácter más general; se refiere más a la colectividad o al país, que a nosotros mismos.

Árbol

Por lo general, los árboles que aparecen en nuestros sueños son símbolos de protección material, cuya fuerza dependerá del aspecto y fortaleza con que los veamos.

Así, un árbol frondoso y robusto simbolizará esta protección, y cuantos más árboles semejantes veamos mayor será la cantidad de amigos fieles con los que podemos contar. Un árbol enclenque y delicado será indicio de que nos hallamos desvalidos y entregados a nuestras únicas fuerzas.

Soñar con árboles llenos de flores o frutos cuando nos hallamos en una estación en la que no deberían estarlo es indicio de pena, aflicción o enfermedad; mientras que si el mismo sueño se tiene cuando en la vida real los árboles también están floridos o cargados de fruta, presagia amistad, amor, o pasión, florecientes.

Ver a los árboles secos y deshojados es indicio de infortunio; si hay ramas rotas o se las rompemos, enfermedad o amputación; si el árbol está abatido, es que hay que perder las esperanzas, pues la desgracia caerá sobre nosotros.

Si al árbol lo vemos colmado de hojas verdes y lustrosas es indicio de ganancias o de aumento de la familia.

Subirnos a un árbol presagia honores y fortuna; caerse, pérdida del empleo, o al menos, del favor de nuestros jefes y superiores; pero si la caída es de muy poca altura, el peligro es de quedar en ridículo.

También cuando el árbol está habitado por los pájaros anuncia éxitos y fortuna, pero si los pájaros son negros, existirán muchos envidiosos que desearán perjudicarnos.

Árbol. El Árbol de la Vida alquímico. (*Salomón Trismosin: Splendor solis, British Museum.*)

En general los árboles soñados son símbolo de protección material; pero hay que tener en cuenta su aspecto y sus acompañantes en cada caso.

Archivo

Según el contexto del sueño, tanto puede presagiar una herencia disputada como el retorno de un ausente.

Arco

Nuestra vida amorosa todavía no está consolidada y nos hallamos presas de la indecisión. Si el arco lo vemos íntegro, quizá no tardemos en superar las dudas y ver clara la decisión a tomar, pero si el arco lo vemos roto, todavía nos falta mucho para estar en condiciones de decidir lo que más conviene.

Arco iris

El arco iris se relaciona con la promesa que Dios le hizo a Noé de
que la tierra no volvería a ser destruida por las aguas, así como con
aquella otra antigua fábula del oro escondido donde nace el arco iris.

De aquí que el arco iris simbolice el fin de los problemas y calamidades, así como el incremento de la riqueza. Por ello, si en nuestros
sueños aparece un arco iris, debemos considerarlo un buen presagio,
tanto mejor como más vívido y duradero se muestre.

Si lo vemos aparecer por oriente, augura un incremento de bienes y
de salud, mientras que si lo vemos aparecer por occidente, lo que
augura es la curación de los enfermos y la ayuda a los menesterosos.

En cambio, cuando aparece sobre nuestras cabezas, adquiere otra
dimensión más profunda y espiritual; es el sueño de quien ha ganado el
equilibrio y la paz interior, lo que equivale a la mayor de las riquezas.
Es un *PUENTE tendido entre el cielo y la tierra.

Ardilla

La ardilla es un símbolo de ligereza y superficialidad. Soñar con ardillas en libertad presagia un amorío sin consecuencias ni continuidad;
si la ardilla (o ardillas) la soñamos en una jaula, anuncia que lograremos la amistad o el afecto de una persona dulce, agradable y gra-
ciosa, pero superficial, a quien la curiosidad ya le ha proporcionado
más de un disgusto, y que muy probablemente el futuro le deparará algunos más.

Arena

Soñar con una playa de fina arena es un buen presagio, pues augura
placidez y sensualidad. Pero soñada en cualquier otra forma, la arena
anuncia problemas y fracasos por culpa de que nuestros planes y proyectos están poco estudiados y carecen de una sólida base.

Soñar que caminamos fatigosamente por la arena refleja el temor
que ya empezamos a sentir de que no alcanzaremos la meta propuesta, y soñar que hallamos arena en la comida o la ropa, el desasosiego
por la inestable situación en que nos hallamos.

Arenque

Soñar con arenques es un sueño más bien pobre: o debemos dinero o la herencia que esperamos se verá reducida a la nada. Si el arenque soñado es ahumado, el presagio todavía es peor, pues indica que viviremos algún tiempo en la indigencia.

Armadura

Soñar con una armadura —tanto si la vestimos como si nos limitamos a verla— nos da a entender que no somos tan indifensos como nos creemos, y que si nos lo proponemos somos capaces de superar cuantos obstáculos y contratiempos se interpongan en nuestro camino.

Armario de cocina

Soñar que nuestros armarios de cocina están llenos presagia un bienestar ganado gracias al propio trabajo. Si el armario lo soñamos vacío, es que no tardaremos en hallarnos en una situación embarazosa por culpa de nuestra incuria y falta de previsión.

Armario ropero

En los sueños, el armario ropero es un símbolo de nuestras posesiones íntimas, de nuestro bagaje cultural. Por ello, soñar con un armario desordenado es un aviso de que debemos reordenar y actualizar nuestros conocimientos. Si está vacío, indica que en estos momentos no estamos capacitados para asumir el nuevo empleo o situación que nos apetece, y que ante todo es necesario la adquisición de nuevos conocimientos.

Cuando el armario lo soñamos lleno y bien ordenado, lo que debemos contemplar es su contenido, ya que si éste es de mala calidad o en mal estado, lo que nos dice el sueño es que debemos actualizar nuestros conocimientos y deshacernos de todos aquellos prejuicios y falsos conceptos que son un impedimento para nuestro progreso.

En cambio, cuando contiene telas de buena calidad y en buen estado, si todo es ropa blanca, hay que temer una enfermedad o alguna herida, mientras que si está lleno de ropa diversamente coloreada, nos anuncia que sacaremos un buen provecho de nuestro bagaje cultural, o lo que es lo mismo, que llegaremos a conseguir riqueza y bienestar.

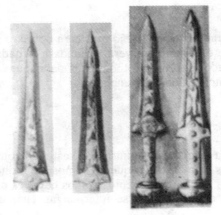

Armas. Puñales de bronce con incrustaciones de oro hallados
en la acrópolis de Micenas.
*Su sueño es presagio de litigios y enfrentamientos; en los adolescentes son un símbolo
del despertar sexual.*

Armas

Soñar con armas siempre es presagio de litigios, procesos y complots, y si son muchas la consecuencia final siempre será de daños más o menos graves.

Cuando se trata de armas de fuego y están en nuestras manos, el resultado de lo anteriormente dicho nos será favorable o desfavorable según acertemos o fallemos el blanco; si no llegamos a disparar, el litigio finalizará sin graves daños, ni físicos, ni económicos.

Las armas blancas indican separaciones y rupturas.

Debemos mencionar, sin embargo, que estos sueños son muy frecuentes en adolescentes, en cuyo caso son un símbolo del despertar de las fuerzas sexuales. El más frecuente de dichos sueños es el de jovencitas que se ven acosadas por individuos armados y malintencionados.

Armazón

Si soñamos con un armazón sólido y a punto para la realización de la obra, es indicio de que la empresa que empezamos está bien concebida y será un éxito. Si aparece débil y se desmorona u ocasiona algún accidente, lo que presagia es el fracaso de nuestros proyectos por estar mal estructurados.

Arrancar

Soñar que arrancamos (o vemos arrancar) plantas y hierbas perjudiciales es que el destino nos depara sus favores.

Arrastrar

Este sueño siempre presagia un peligro inminente para el que es arrastrado, tanto si somos nosotros u otra persona, y sea la que sea la forma en que somos arrastrados.

Arrecife

Los arrecifes vistos en sueños siempre simbolizan obstáculos imprevistos que se interpondrán en la realización de nuestros proyectos.

Arrendar

Todo sueño en el que se arrienda algo representa una atadura, algo que nos liga impidiéndonos actuar, o cambios que ocasionarán muchas molestias.

Arrepentirse

Soñar que nos arrepentimos de haber cometido una falta es una advertencia de que esta falta estamos a punto de cometerla en la vida real. Y esto es válido también aunque sea otra persona a la cual veamos arrepentirse.

Arriate

Soñar con un arriate florido —a menos que seáis jardinero— significa próximas confidencias amorosas.

Arrodillarse

Si en sueños vemos que alguien se arrodilla ante nosotros, debemos temer murmuraciones y calumnias, pero no debemos darles importancia, ya que no las creerá nadie.

Si somos nosotros quienes nos arrodillamos ante una mujer, es una advertencia de que nos espera un engaño, y si es delante de un hombre, lo que nos espera es una humillación o una herida en nuestro amor propio.

Arroyo

Soñar con un arroyo de aguas claras que fluyen apaciblemente significa alegría y provecho; si sus aguas aparecen turbias o está seco, pronostica pérdida o enfermedad.

Arroz

En sueños, el arroz pronostica el consuelo y el alivio de las penas, así como la posesión de bienes adquiridos tras duros trabajos, a costa de penas y sudores.

Arrugas

Aun cuando soñar que tenemos el rostro lleno de arrugas suele reflejar nuestro temor a envejecer, a dejar de gustar a la persona amada o, simplemente, la existencia de graves preocupaciones, no existe la menor duda de que conocer nuestros temores es el primer paso para eliminarlos, con lo que nos mantendremos jóvenes hasta una edad avanzada.

Artesa, amasadera

Llena, anuncia prosperidad, y vacía, pobreza.

As

Ver en sueños un as del juego de cartas indica que no tardaremos en recibir buenas noticias. Si vemos más de uno, es que vamos a iniciar un período de buena suerte; no la dejemos escapar.

Asa

Ver en sueños cualquier objeto provisto de asa, ya sea una jarra, un cesto, una maleta, o sea lo que sea, nos promete una protección especial en la vida.

Asador

Soñar que estamos dándole vueltas a un asador mientras vigilamos como se asa la carne nos presagia servidumbre si somos ricos, y provecho si somos pobres.

Si en el sueño nos limitamos a colocar la carne en el asador, sin hacer nada más, lo que nos augura es un trabajo fácil y bien retribuido.

Cuando nos limitamos a ver el asador, pero no somos nosotros los encargados de darle vueltas, es importante ver de qué material está construido. Si no es más que un palo de madera, indica que después de pasar una mala temporada volverá a sonreírnos la fortuna. Si el asador es de hierro, es que nos espera un trabajo penoso, aunque esté bien pagado.

Asalto, asaltar

Si soñamos que somos asaltados, es que nuestro confort material está asegurado, a menos que los asaltantes sean soldados, en cuyo caso lo que indica es que necesitaremos mucho valor y decisión para lograr lo que nos proponemos.

Si somos nosotros los asaltantes, es que los éxitos que hemos logrado hasta ahora se deben, casi siempre, a nuestra temeridad.

Ascensor

En los sueños, el ascensor indica las subidas y bajadas de categoría, en un empleo, o en la posición social; pero los ascensos siempre son debidos a relaciones o influencias más que a méritos propios. Como es natural, el descenso augurado tampoco lo será por culpa propia, sino tan sólo por cesar la influencia que nos había elevado, o porque lo que interesaba era colocar a otro en nuestro lugar.

Si el ascensor lo vemos vacío, indica que hemos perdido una ocasión de esta clase, mientras que si el ascensor está lleno de gente es que somos muchos los que aspiramos a la misma plaza si es para subir, y también muchos los que perderemos la posición si es para bajar.

Asco

Cuando en nuestros sueños aparece algo o alguien que nos produce asco, es una advertencia de que estamos obrando mal, de que hemos equivocado el camino y debemos detenernos a reflexionar detenidamente si no nos estamos desviando de la legalidad o de la decencia y veracidad en nuestros actos; o si la persona soñada no representará a aquel asociado, empleado o compañero de ocio que nos induce por el mal camino.

Asear

Es un sueño muy parecido al anterior, pero con la variante de que en este sueño sabemos íntimamente que seguimos un camino erróneo —casi siempre en lo moral— pero creemos que basta con guardar las apariencias, y que lavando el cuerpo también lavamos el alma.

Asediar

Soñar que nos vemos asediados o que nos hallamos en un lugar asediado siempre es un indicio de que hemos llegado a un momento crítico en nuestra vida, ya sea en lo social, lo profesional o incluso en la salud, y que se impone un cambio radical o al menos una temporada de reposo si no queremos sufrir una grave crisis que puede terminar con la salud, o hacernos perder gran parte de lo conseguido con un trabajo excesivamente agotador.

Asegurar

También en este sueño las circunstancias son muy similares al sueño anterior y su interpretación la misma cuando nos aseguramos a nosotros mismos; nuestra póliza de seguros no es más que el íntimo reconocimiento de nuestra crítica situación.

Si lo que aseguramos es un objeto, algo inanimado, este sueño nos advierte de que nos estamos apoyando demasiado en alguna cosa o en alguna costumbre, y que si queremos triunfar debemos hacer que «muera» dicha cosa o costumbre, única forma de no quedar atascados sin movernos de sitio.

Asesino, asesinato

Todos los sueños de violencia, y más todavía si son de una violencia extrema como el que interpretamos, implican graves conflictos internos entre nuestro deseo de independencia y las normas legales, morales o cívicas que nos atan.

Tras un sueño semejante, lo que se impone es un serio análisis para reconocer y asumir esta situación interna buscándole una salida pacífica (el deporte, por ejemplo), evitando así que la tensión inconsciente pueda llegar a exteriorizarse en actos violentos o en el quebrantamiento violento de las normas cívicas.

Asfixia, asfixiar

Muchos de los sueños en que nos asfixiamos son debidos a una indisposición real —todavía incipiente— de nuestro aparato respiratorio, y nos advierten para que atendamos a nuestra salud.

De no ser así, lo que nos anuncia es que evitaremos un peligro, que triunfaremos de una situación delicada y no demasiado clara.

Soñar con un asfixiado es indicio de graves problemas o de enfermedad de un amigo o familiar; algunas veces también puede presagiar una ganancia inesperada.

Dada esta variedad de posibles pronósticos, debe examinarse cuidadosamente el conjunto del sueño, para ver cuál es el adecuado a cada caso concreto.

Asidero

Siempre indica que en nuestra situación actual o inmediata existirá un peligro real del que nos salvaremos providencialmente.

Asiento

El asiento en que reposamos en sueños es un reflejo de nuestra situación actual. La solidez y estabilidad de dicho asiento nos informa de la solidez y estabilidad de nuestra situación.

Asilo

Cuando en sueños buscamos un asilo, es que en la vida real tenemos necesidad de ayuda, mientras que si lo hallamos es que también
nos ayudarán en la vida real.

Asma

Al igual que en todos los sueños de ASFIXIA (véase esta palabra),
este sueño refleja muchas veces una incomodidad real y la necesidad
de cuidar nuestro aparato respiratorio.

Cuando ello no es así, lo que hay que temer es que nos ronde la
traición.

Asno

Los animales que nos sirven para montarlos o para llevar cargas,
como es el caso del asno, simbolizan la parte animal o inferior de nuestra personalidad, la que sirve de vehículo a nuestro ser superior y permite manejar nuestras posesiones.

Por ello, en los sueños en que aparecen asnos es muy importante
que estén vivos, fuertes y hermosos, que es cuando pueden prestarnos
los mejores servicios y se convierten en símbolo de éxito y riqueza. En
cambio, un asno débil y enfermizo es de muy poca utilidad, por lo que
augura pérdidas y pobreza. Un asno muerto es el peor sueño de asnos,
pues simboliza que no tenemos nada material en que apoyarnos, es
decir, simboliza la ruina y la miseria.

También será un buen sueño aquel en el que adquirimos un asno,
sea cual sea el modo en que lo hagamos, ya que representa un incremento de nuestros medios o posibilidades, tanto para nosotros (medios
morales) como para nuestros intereses (medios materiales). No obstante, ver varios asnos es un mal presagio, pues lo es de querellas, disputas y altercados con los colaboradores o subordinados.

Las afrentas o violencias que se cometen en sueños contra el asno
son representaciones de las afrentas que recibimos o nos hacemos nosotros mismos, ya sea a nuestros intereses, a nuestro cuerpo o a nuestros instintos.

También es importante el color del asno soñado, ya sea un color
alegre y optimista (blanco), apasionado y colérico (rojo), triste y traicionero (gris), o fúnebre y pesimista (negro).

En sueños, nuestra relación con el asno puede ser muy variada.
Así, ver el asno cargado es símbolo de éxito y fortuna; ser perseguido

por el asno significa rebelión o traición de nuestros subordinados, o rebelión de nuestros instintos, lo que equivale a peligro de inmoralidad y bajos deseos. Si nos vemos montados o cargados como un asno, es que ya somos (o seremos muy pronto) víctimas de nuestra personalidad inferior, o estamos a punto de declararnos vencidos en nuestra lucha personal o profesional.

Por último, el mejor sueño de asnos es el de vernos montados sobre el mismo, ya que indica que estamos en el buen camino ya sea moral o material; que ya sabemos dominar correctamente a nuestros instintos o a nuestros subordinados, y al estar seguros de nuestro éxito y no tener prisa en alcanzarlo, no existe la menor duda en que lograremos cuanto nos proponemos.

Asociación

Si este sueño produce una sensación agradable, es que nos esperan beneficios; pero si la sensación es de inquietud o desagradable, presagia que nos hallaremos ante una competencia despiadada que nos resultará altamente perjudicial.

Aspersión

Cuando en sueños sufrimos una aspersión con agua bendita, o la presenciamos, augura el fin de las enemistades y la dispersión de los enemigos.

Astros

Los astros que nos observan desde el cielo siempre han simbolizado el destino, y en el mundo de los sueños mantienen este mismo significado.

Como más brillantes y esplendorosos los soñemos, mejor será el presagio, y mejor todavía si lo que soñamos es un único astro rutilante en mitad del firmamento, en cuyo caso podemos esperar el mayor de los éxitos en un futuro inmediato.

Por el contrario, si el astro soñado es débil, apagado y parpadeante, también nuestro destino inmediato será decepcionante, siendo de esperar enfermedades, reveses o duelos.

Por último, soñar con astros que caen, astros ennegrecidos, o sangrientos, son sueños que siempre han presagiado grandes desastres, unas veces personales y otras sociales.

Astros y destino. Astrólogos consultando los astros.
El sueño del destino individual y colectivo; nuestro futuro individual y colectivo dependerá del astro soñado.

Atajo

Soñar que tomamos un atajo suele ser una manifestación de nuestro anhelo de triunfar y de que no nos importa salirnos de los caminos trillados exponiéndonos a toda clase de peligros.

Este sueño tiene dos vertientes: a corto plazo nos anuncia la entrada en un período de inestabilidad y luchas, y a largo plazo nos asegura que en nosotros existe madera de luchador, y que seremos capaces de conseguir cuanto nos propongamos; lo único que nos falta es un poco más de experiencia y de autodominio.

Atalaya

Este sueño nos indica que vivimos a la defensiva por miedo a enfrentarnos a las dificultades y luchas de la vida diaria, ya sea con nuestros enemigos o con nuestros competidores.

Ya es hora de que abandonemos este refugio temeroso y nos lancemos con ímpetu y decisión a la lucha diaria, desterrando el miedo a lo que casi siempre no son más que enemigos o peligros imaginarios.

Atar

Soñarnos atados significa una dependencia que ya empieza a pesarnos demasiado y cuya solidez está en relación a la de los lazos que nos atan. En este sueño hay que tener en cuenta el lugar al que nos hallamos atados (si es una persona hay que reconocer de quién se trata) y la naturaleza de las ataduras, lo que completará la interpretación. Si durante el sueño rompemos las ataduras, significa liberación.

Soñar que atamos a alguien significa que cometeremos una injusticia o arbitrariedad, a menos que la persona a la que atamos sea alguien del sexo opuesto a quien reconozcamos, en cuyo caso lo que indica es el afecto o el deseo sexual que sentimos hacia la misma.

Atasco, atascarse

Tanto si soñamos con una tubería que se atasca, como si somos nosotros quienes estamos atascados, este sueño significa que en nuestra vida existe un hecho o un sentimiento que no hemos sido capaces de digerir, que se nos ha quedado clavado en el alma y está obstruyendo el libre fluir de sentimientos y emociones, impidiéndonos gozar plenamente de la vida.

Si lo que se atasca en sueños es nuestro coche, o el vehículo en el que estamos viajando, lo que descubre es que hemos errado el camino, ya sea en nuestra vida privada o en la profesional.

Ataúd

A pesar de ser lúgubre se trata de un buen sueño, pues significa el fin, la «muerte» de una dependencia moral o material. Por lo tanto, es un sueño que nos permite liberarnos de algo o alguien que limitaba nuestra autonomía, especialmente si nos soñamos a nosotros mismos dentro del ataúd, en cuyo caso dicha dependencia ya era abrumadora.

En cambio, și en el sueño nos vemos arrodillados ante el atáud, rezando y gimiendo, es signo de próximas penas, de enfermedad o de aflicción.

Aterrizaje

Cuando soñamos que viajamos en un avión y éste, después de desplomarse en el vacío, logra aterrizar, es que en la vida real nos hallamos ante un problema o sentimiento que no sabemos cómo solventar y salirnos de él. El aterrizaje presagia el feliz término de esta situación, y las condiciones del aterrizaje nos revelarán la mayor o menor facilidad con que la solucionamos.

Cuando el aterrizaje se realiza felizmente después de un vuelo normal, lo que augura es que el asunto que ahora tenemos entre manos está llegando felizmente a su término.

Atleta

Si soñamos con un atleta, o somos nosotros mismos quienes nos vemos convertidos en atletas, y poco después nos proponen un negocio, no lo aceptéis de inmediato, reflexionad antes con calma estudiándolo cuidadosamente, pues puede resultar mucho más problemático de lo que parece y estar lleno de trampas de las que difícilmente triunfaremos.

Atropello

Presagia que se cometerá una injusticia contra el atropellado en sueños, tanto si somos nosotros como si se trata de otra persona. Si el atropello lo cometemos nosotros, también seremos nosotros quienes cometamos la injusticia.

Aullido

Cuando en sueños oímos el aullido de un lobo o de un perro, se trata de una advertencia de que nos amenaza un grave peligro y debemos mantenernos alertas para evitarlo.

Aurora

Augura el fin de las penas y dificultades y la iniciación de un período de mayor felicidad en el que se realizarán nuestras esperanzas.

Ausencias, ausentes

Soñar con una persona ausente nos asegura el próximo retorno de una persona a la que nos une un sincero afecto.

Autobús

Los sueños en los que interviene un autobús, un metro, o cualquier otro medio de transporte colectivo, implican un próximo cambio en nuestra vida, cambio que se caracteriza por que no lo hacemos aislados, sino acompañados por todo el pequeño mundo que siempre nos rodea y condiciona: familia, amigos, posesiones, costumbres, etc., y lo que ocurre en el sueño, así como nuestras reacciones, nos revelarán cuál será nuestra actitud frente a los hechos que se avecinan y cómo afrontaremos el cambio.

Subir a un autobús repleto de gente refleja la necesidad de auténticos contactos humanos, ya sea para sentirnos «vivos», o para mejorar en nuestro nivel social y profesional.

Si el autobús está vacío y somos nosotros el único viajero, es una señal de timidez, introversión o egocentrismo.

Si cuando llega el autobús, y antes de que podamos subir al mismo, descienden algunos pasajeros, significa que este cambio de vida no es definitivo, que nuestros próximos éxitos serán pasajeros y deberemos hallar la forma de asegurar bien esta nueva situación, o decidirnos por un nuevo cambio.

Si en el sueño nos limitamos a ver el autobús, lo que indica es que recibiremos una proposición que puede cambiar nuestra vida, pero que todavía no está decidido si la aceptaremos o no, pues no debemos olvidar que el símbolo del autobús impone muchas limitaciones a nuestra autonomía personal.

Para más detalles, véase TREN.

Autómata

Soñar con juguetes o máquinas programadas para realizar una serie de movimientos o trabajos que siempre se repiten en idéntica sucesión indica que estamos renunciando a tomar nuevas iniciativas creadoras, que nos hemos estacionado en una rutina de vida o de trabajo que, de no romperla, nos impedirá seguir progresando y escalando posiciones.

Este sueño nos incita a reflexionar si realmente hemos llegado a la cima de nuestras posibilidades y aspiraciones —en cuyo caso todo va bien— o si es que nos estamos durmiendo en los laureles, en cuyo caso ha llegado el momento de romper rutinas y comodidades adormecedoras, y reiniciar la lucha por un superior nivel de vida y futuras posibilidades.

Automóvil

Cuando hablamos de los sueños en los que intervenía un autobús o cualquier otro *medio de transporte colectivo* (véase AUTOBÚS), decíamos que nos hallábamos ante un cambio de vida en el que nuestras iniciativas se hallaban coartadas por quienes compartían el viaje, y más especialmente por el hecho de que era otra persona quien conducía dicho medio de trasporte, y el viaje ya había sido programado anteriormente sin nuestro concurso.

Cuando nuestro sueño se refiere al automóvil, *medio personal de locomoción,* no iniciamos una nueva etapa en nuestra vida, es nuestra propia vida la que se halla representada, y aquí todo depende de nosotros (siempre y cuando seamos nosotros quienes conducimos el automóvil). Por lo tanto, cuando nos soñamos solos conduciendo el automóvil, lo que queda plasmado en el sueño es nuestro deseo de independencia; de ser nosotros quienes escojamos adónde vamos, cómo iremos y los lugares por los que pasaremos (es decir, el cómo y el porqué de nuestra vida).

Teniendo presente esto, interpretar un sueño en el que nos hallamos conduciendo un automóvil es muy fácil: el conjunto automóvil-nosotros, nos representa a nosotros mismos, en cuerpo (automóvil) y en alma (nosotros). Cada parte del automóvil tiene su correspondencia con algo fundamental de nuestra vida; así, la gasolina representa a nuestra capacidad energética; la carrocería, nuestro aspecto externo; el volante, nuestra capacidad de control; los frenos, la voluntad; el circuito eléctrico, la inteligencia; y los faros, nuestra capacidad de visión de los hechos y circunstancias.

Si el coche se encuentra en buen estado, es que tenemos confianza en nosotros mismos y en nuestra capacidad de enfrentarnos con la vida, que se halla representada por la carretera, el paisaje y los accidentes y problemas que se presentan en la misma. Si el coche se halla en mal estado, representa nuestros temores y el presentimiento de nuestras propias deficiencias, a menos que nos hallemos enfermos, en cuyo caso sólo se tratará del reconocimiento de nuestra enfermedad (que también es una deficiencia).

Si viajamos acompañados, la actuación de nuestros acompañantes y nuestra reacción ante su actuación, nos revelará cuál es nuestra actitud frente a los que nos rodean en la vida real. El tamaño del automóvil y nuestros acompañantes nos mostrará cuál es el límite de nuestras auténticas relaciones sobre los demás.

Por último, si el automóvil lo conduce otra persona, significa que no nos sentimos dueños de nuestro destino, y en muchas ocasiones, si reconocemos al conductor, seguramente reconoceremos en el mismo a quien influye decisivamente en nuestra vida.

Autopsia

Aun cuando se trate de un sueño macabro y a veces angustioso, este sueño nos descubre nuestra capacidad de análisis, de querer escudriñar las causas de cuanto nos ocurre en la vida. Y creemos que esta cualidad es fundamental para aprovechar al máximo las lecciones que la vida nos proporciona continuamente, que a pesar de que a veces sean dolorosas, si las sabemos analizar nos servirán para evitar futuros errores o para sacar un mejor provecho a las nuevas oportunidades.

Autoridad

Cuando en un sueño interviene la autoridad (o sus agentes, que en el fondo es lo mismo), se hace necesario un detallado repaso a los acontecimientos del día anterior, pues si durante el mismo ha existido algún contacto o referencia a los agentes de la autoridad, el sueño carecería de importancia y de contenido profético.

De no ser así, este sueño refleja la presencia de un grave conflicto en la intimidad del soñador, y la presencia de la autoridad indica la necesidad de tomar drásticas medidas para resolver este conflicto interno; ya sea por parte del soñador, que consciente de esta necesidad analice lo que sucede en su interior y haga frente a los instintos o pasiones que le atosigan, o incluso cuando sea necesario, acudiendo a la ayuda de un psicólogo o psicoanalista.

Avalancha

Los sueños en los que nos vemos sepultados por una avalancha son la premonición de la irrupción de algo imprevisto, y para su interpreta-

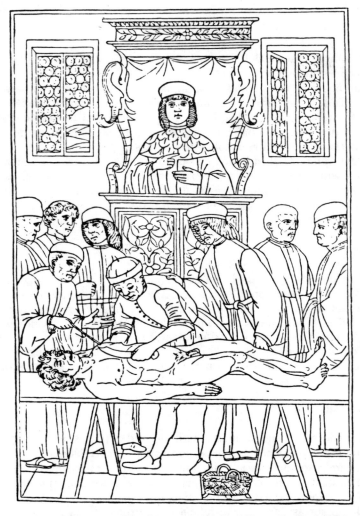

Autopsia. En una lección de anatomía. (*Xilografía de 1493*.)
Detrás de su aspecto macabro, su sueño nos descubre nuestra capacidad de análisis, de escudriñar en la vida.

ción debemos tener en cuenta la composición de la avalancha y el resultado final de la misma.

Cuando la avalancha cae sobre nosotros pero logramos salir indemnes de la misma y la avalancha es de tierra, piedras o cualquier otro elemento sólido, debemos esperar la próxima recepción de cierta cantidad de dinero o bienes materiales (una herencia, la recuperación de la salud, por ejemplo). Si la avalancha es de agua o de nieve, es que nos veremos sumergidos en una fuerte turbulencia de pasiones de la que saldremos vencedores y mucho más fuertes moral y emocionalmente que antes. En algunos casos muy raros en que la avalancha ha sido de fuego se ha tratado de la premonición de la inminente apertura a un nivel superior de conciencia; lo que se ha venido en llamar recepción de la gracia divina, o un importante paso hacia el Nirvana.

Cuando la avalancha cae sobre nosotros y perecemos bajo la misma, si es de materiales sólidos suele prevenir de la posibilidad de un accidente o de una grave enfermedad; mientras que si es de agua, nieve o fuego, la advertencia es de que estamos manejando sentimientos, pasiones o energías superiores que amenazan con destruirnos mental o físicamente.

Cuando la avalancha cae sobre otra u otras personas, tanto puede indicar que las consecuencias, buenas o malas, afectarán a alguien cercano a nosotros, como ser una advertencia mucho más suave de lo que nos puede acontecer en un futuro próximo.

Ave

Véase PÁJAROS.

Avellanas

Presagian que alcanzaremos el fin propuesto tras innumerables dificultades. También pueden presagiar desavenencias y problemas, pero todo ello de escasa importancia.

Avena

Soñar con avena significa relativa abundancia de bienes si la vemos en el campo o en grano; pero si la soñamos cortada, todavía verde, se refiere a pérdidas y engaños.

Avenida

Soñar con una avenida bordeada de hermosos árboles, verdes y espesos, es un indicio de que conseguiremos aquello que deseamos con relativa facilidad; mientras que si los árboles están esquilmados, débiles y con escaso follaje, lo que presagia es que muy difícilmente lograremos triunfar, y que de lograrlo será tras grandes esfuerzos y penalidades.

Este sueño también puede presagiar el reencuentro con la persona amada, también fácil o difícilmente, según veamos a los árboles.

Averías

En nuestra civilización supertecnificada, los sueños de averías cada vez son más frecuentes y, en términos generales, vienen a demostrar nuestra creciente dependencia de las máquinas.

Dichos sueños también expresan escasa confianza en nuestras propias posibilidades, y esto incluso en terrenos que nada tienen que ver con las máquinas, como lo demuestra el que en algunas ocasiones los sueños de averías se han relacionado con crisis de impotencia sexual del soñador, como si lo que estuviera *averiado* en la vida real fuera su potencia sexual.

Pero excepto en este caso, o en el de soñar con una avería del coche en pleno campo, que suele indicar necesidades sexuales (quizá por su analogía con los fingidos accidentes o desperfectos del coche para aprovecharse de una acompañante, tan frecuentes en el cine), por lo general el aparato averiado nos dará la clave de lo que «no funciona» en la vida real. Así, soñar con el televisor averiado denota la necesidad íntima de evadirse —aun cuando sólo sea por unas horas— del encierro que representa el hogar; una avería en el teléfono, la necesidad de aislamiento, de soledad; y así sucesivamente, de acuerdo con el aparato estropeado.

Avestruz

Al tratar de los sueños de animales, dijimos que cada uno de ellos representa la cualidad o el defecto que le atribuye la tradición; pues bien, en los sueños con avestruces, lo que pone de manifiesto es la negación de la realidad cuando ésta nos es desfavorable.

Se trata de un aviso para que seamos sinceros con nosotros mismos y reconozcamos la evidencia de lo que ocurre en nuestra vida, primer paso para solucionar los problemas, ya que si seguimos negándonos a reconocer la verdad no tardarán en alcanzarnos las desagradables consecuencias de nuestra ceguera voluntaria.

Avión

Todos los sueños en que aparecen aviones u otras naves que surcan el cielo (globos, dirigibles, naves espaciales, etc.), llevan implícitos las ideas de mentalidad, ambición, rapidez y medio de transporte.

Soñar con un avión revela nuestros deseos de rápida elevación, de alcanzar un superior nivel social, profesional o espiritual, y si lo que soñamos es que volamos en el avión debemos asimilarlo a los sueños en los que interviene un medio de transporte (véase AUTOBÚS y AUTO-MÓVIL), en este caso acompañado de una mayor ambición (material, mental o espiritual), y con la diferencia de que el avión puede caer y estrellarse, lo que implicaría un claro temor a que nuestros anhelos sean utópicos y nos conduzcan al fracaso y la desgracia.

Freud y sus seguidores atribuyen al avión una marcada simbología sexual masculina, pero la realidad es que pocas veces ocurre así, y cuando esto ocurre, volar en un avión implica excitación sexual y deseos de relación amorosa, mientras que impotencia y frigidez podrían relacionarse con los sueños en que el avión no puede despegar.

Avispas

Soñar que nos persiguen o nos pican estos insectos es el anuncio de pequeños problemas o penas, que no por carecer de importancia real dejan de sér profundamente dolorosas.

Si las matamos, significa la superación satisfactoria de peligros y maledicencias.

Ayuno

Soñar con la flaca imagen del asceta, del faquir o de cualquier persona o animal guardando ayuno, es una clara indicación de que debemos morigerar nuestras apetencias sensoriales, ya sean de alimento, de bebida, de placeres o de cualquier otra cosa de la que estamos abusando en estos momentos.

Se trata, pues, de un claro aviso de que con nuestra actitud actual estamos poniendo en peligro nuestra salud física, intelectual, moral o espiritual.

Azabache

Cuando en nuestros sueños aparece el azabache, suele anunciar un fallecimiento que quizá nos produzca sorpresa, aunque no verdadera pena.

Azafrán

Tradicionalmente se asocia el azafrán con los bienes y alegrías que van seguidos de dolor o pesadumbre. En Oriente, el azafrán es el símbolo de la sabiduría y como tal forma parte de la mayoría de los ritos budistas.

Por todo ello, cuando en nuestros sueños aparece el azafrán, es una advertencia para que vigilemos que nuestro bienestar y satisfacción actual no nos hagan olvidar cosas más importantes, como la sabiduría y el verdadero bien y, luego, terminemos llorando.

Azalea

Esta hermosa flor, vista en sueños, nos aconseja desconfiar de los aduladores que nos rodean.

Azufre

Ver u oler azufre en sueños debe disipar las celosas sospechas del durmiente, ya que el azufre es el símbolo de la purificación. Pero si el soñador ha sido adúltero, no debe olvidar que el azufre también simboliza el castigo purificador, por lo que dicho sueño le invita a la contrición y a la vuelta a la honestidad.

Azul

El azul es el más profundo e inmaterial de los colores, en el que la mirada se pierde hacia el infinito. La naturaleza lo presenta hecho de transparencias, es decir, de vacíos acumulados; vacío del aire, vacío del océano; es un vacío puro y frío.

Para los egipcios, el azul era el color de la verdad; para ellos el azul sagrado —el azur— era el umbral que separa al hombre del más allá, de los dioses, de su destino. Y, como decía Kandinsky, el azul atrae al hombre hacia el infinito y despierta en él el deseo de la pureza y la sed de lo sobrenatural.

Pero en un nivel más terrenal y a ras de suelo, no se cree demasiado en la sublimación de los deseos, y en lugar de un superior nivel de espiritualidad, se considera una pérdida, una carencia, una castración; por ello, muchas veces el azul toma un significado negativo, se convierte en un presagio amenazador.

Así pues, ya podemos decir que si el soñador es de naturaleza espiritual, los sueños en los que predomina el color azul presagian una mayor apertura hacia lo espiritual, un mayor dominio sobre los sentidos y la próxima consecución de la pureza. Para los más terrenales, los más materialistas, este mismo sueño representa una amenaza para sus esperanzas, muchas veces engañosas, y la proximidad de un peligro, que podrá evitar si tiene en cuenta esta advertencia.

Babosa

Este sueño nos advierte contra aquellas personas sinuosas y rastreras que merodean a nuestro alrededor, pues serán motivo de retrasos y dificultades en nuestra vida, aun cuando los inconvenientes que nos causan se deben más a su cobardía que a verdadera maldad.

Bagaje, equipaje

En la vida real, el equipaje nos sirve para llevar con nosotros todo aquello que consideramos indispensable para nuestras necesidades más acuciantes, así como para mejorar nuestra apariencia social, es decir, todo lo que usamos para mejorar o disimular nuestro verdadero aspecto.

Por ello, lo que en sueños le suceda a nuestro equipaje es una manifestación de nuestros temores sobre nuestra apariencia social; en una palabra, el temor de que se descubran nuestras flaquezas y defectos.

Cuanto más equipaje llevemos en sueños, mayor será el afán que nos tomamos en ocultar nuestra verdadera personalidad, y si lo perdemos o lo abandonamos, es que ha llegado el momento de sincerarnos y mostrarnos tal y como realmente somos.

Baile

Los sueños en que bailamos o vemos bailar siempre tienen un marcado sentido sentimental y erótico y, por ello, es muy importante recordar si el sueño ha sido agradable o desagradable.

En el primer caso es un buen presagio para nuestros éxitos amorosos. Si el baile es de disfraces, es que para incrementar nuestro éxito debemos evitar ser hipócritas con nuestra pareja; si bailamos con la persona que amamos, es indicio seguro de que nuestro amor es compartido y llegaremos a formar una sólida unión.

Pero si mientras bailamos nos caemos, es una advertencia para que desechemos actitudes altaneras que nos pueden perjudicar.

Si el sueño resulta desagradable, denota el temor de que nuestra actual relación amorosa no concluya como deseamos, o sea mal vista e interpretada por quienes nos rodean.

También aquellos sueños desagradables en que un hombre se ve bailando con otro hombre, o una mujer se ve bailando con un hombre que la fascina y al mismo tiempo la espanta, suelen ser un reflejo del temor a la homosexualidad. Pero si es una mujer la que sueña estar bailando con otra mujer, lo que ocurre es que disfraza así su deseo de estrechas relaciones con algún joven, lo que teme y desea a la vez.

Baile.
Agradable o desagradable el baile es un sueño sentimental y erótico que define nuestros sentimientos hacia las otras personas.

Bajar

Si soñamos que descendemos de un vehículo, o bajamos de un lugar elevado, y lo hacemos voluntariamente, ello implica que ha finalizado, o va a finalizar, un asunto que llevamos entre manos, una etapa de nuestra vida, o incluso de que ya hemos alcanzado cuanto nos era posible y ahora se impone el descanso.

Pero si el descenso es forzado o incontrolado y no sabemos si lograremos detenernos ni cuándo lo lograremos, este sueño refleja una situación, ya sea en la vida privada o en la profesión, que se está deteriorando y no sabemos cómo hacerle frente.

En ocasiones, el descenso no se realiza en lo físico y material, sino en lo moral, y entonces es una advertencia de que si no rectificamos nuestra conducta actual nos veremos abocados a un fin desastroso. Véase, también, CAER y ESCALAR.

Balanzas

Soñar con unas balanzas indica que existen sospechas sobre nosotros, pero que no debemos temer nada, nuestra honradez será reconocida. Utilizar las balanzas nos anuncia que nuestro testimonio será solicitado para aclarar un asunto confuso.

Balcón

Si nos soñamos solos en un balcón, nos presagia que nuestros méritos y trabajo nos serán reconocidos y premiados. Pero si en el balcón nos acompaña alguien del otro sexo, indica que lograremos mejorar nuestra actual situación, pero que deberemos estar alerta a la maledicencia, que nos creará muchos problemas.

Balido

Oír en sueños el balido de una o varias ovejas es un indicio de que los comadreos nos causarán problemas, afortunadamente sin gravedad.

Ballena

Cuando en sueños aparece una ballena, podemos temer que de nuestra alma surjan fuerzas arcaicas y temibles, pues no hallamos (o hallaremos) en una situación angustiosa que no lograremos dominar y nuestra reacción puede ser imprevisible.

Los sueños en que se es engullido por una ballena ya son clásicos, y debemos tener en cuenta que para ser engullidos por la ballena primero es necesario caer o ser arrojado de la nave, lo que implica el reconocimiento de un fracaso en la vida real que es el que nos conduce a una situación desesperada. En este sueño es muy importante darse cuenta de la actitud que se adopta dentro de la ballena, pues según la actitud sea pasiva o activa se escapará al peligro en forma muy distinta y la vida quedará marcada de muy distinta manera, así como si somos arrojados fuera del vientre de la ballena, lo que implica un renacimiento, y en este renacimiento a la vida, la actitud activa o pasiva de que hablamos alcanzará toda su importancia, pues supondrá si seremos capaces o no de enfrentarnos de nuevo a la lucha cotidiana por la supervivencia.

Ballesta

En general es el presagio de un importante avance en la situación, y si el soñador es un estudiante, le promete el éxito en los exámenes o pruebas de aptitud.

Balneario

Siempre implica la necesidad de una purificación, la mayoría de las veces en el terreno de los sentimientos y emociones.

Balsa

Los sueños en los que aparece una balsa, y muy especialmente si nos hallamos en la misma, indican un período de incertidumbre en el que debemos vigilar de no dejarnos arrastrar a proyectos o negocios inciertos.

Balsamina

Esta planta simboliza la impaciencia y el rechazo de nuestras pretensiones.

Banca

La finalidad primaria de la banca es la de guardar nuestro dinero o nuestros efectos de valor, para que estén seguros y nos sean devueltos cuando tengamos necesidad de los mismos. En el sueño, el dinero y los valores que encerramos en el banco son nuestras energías y capacidades.

Por ello, cuando soñamos que guardamos dinero en el banco, o joyas y valores en una caja fuerte, lo que manifiesta dicho sueño es una necesidad de protección, una falta de seguridad y de coraje para hacer frente a los problemas de la vida.

En cambio, cuando sacamos dinero del banco, o recuperamos nuestros valores, es que a pesar de nuestras necesidades actuales todavía nos queda una reserva de energía y de capacidades que nos permitirán hacer frente al problema que se nos presenta.

Si soñamos que el banco nos niega el dinero, ya sea por falta de fondos o por cualquier otra consideración, o si acudimos al banco a solicitar un crédito y se nos niega, es que hemos finalizado con todos nuestros recursos y debemos aceptar que nos hallamos en una situación comprometida.

Todos los sueños en que interviene la banca son sueños de mal augurio, y tan sólo son ligeramente favorables si nos vemos salir del banco con el dinero, las joyas o el crédito que íbamos a buscar.

Banco

En la vida real, los bancos sirven para sentarnos, descansar y meditar mientras tanto. En sueños, el banco nos sirve para esto último, para meditar y reflexionar sobre una proposición que hemos recibido.

Si el banco es de madera, es que la proposición que nos han hecho es engañosa, insegura, y debemos desconfiar de la misma. Si el banco es de piedra, la proposición puede ser realmente seria, y vale la pena tenerla en cuenta. Si el banco es de hierro, seguramente que dicha proposición irá acompañada de algún obsequio, pero también debemos desconfiar de la misma.

Si el banco es de una iglesia, la proposición será de matrimonio y se puede confiar en ella. Por último, si el banco es de una escuela o universidad, lo que este sueño nos indica es que todavía nos queda mucho que aprender en esta vida.

Bandera. Ramón Berenguer III plantando su bandera en el castillo de Foix.
(*Cuadro de Mariano Fortuny*.)

*En los sueños si la vemos ondear o la portamos nosotros, el éxito, la riqueza y el honor
nos son favorables; si nos la quitan o la extraviamos, perderemos poder y mando.*

Bandera

La bandera es un símbolo de autoridad y poder, pues sintetiza todo
aquello que anhelamos y por lo que luchamos. Cuando en sueños vemos ondear una bandera, es un presagio de que la riqueza, el honor y el
éxito están a nuestro alcance. Si somos nosotros quienes la portamos,
es un reconocimiento a nuestro valor y capacidad de mando, pero si la
bandera la perdemos o nos la quitan durante el sueño, también en la
realidad se tratará de una pérdida de poder y mando.

Cuando la bandera que portamos es la de nuestro país, es signo de que nuestro mérito y valía serán reconocidos; si es la de un país extranjero, presagia que deberemos partir a otras tierras para conseguir el éxito; y si es una bandera imaginaria, inexistente, es que nuestros sueños de grandeza y poder son sólo esto: sueños.

El color de la bandera también nos suministra aclaraciones sobre el motivo de nuestro mando o el terreno en que se desenvuelve nuestra lucha; así, si la bandera es negra, será la lucha contra la enfermedad y la miseria; si es roja, será la lucha por defender sentimientos vivos e impetuosos, o la lucha por apagar un incendio; si es violeta, será la lucha por la libertad; amarillo, por la inteligencia; marrón, por defender nuestros intereses materiales...

Por último, cuanto más rota, destrozada y perforada veamos la bandera en nuestras manos, mayor será el reconocimiento a nuestro valor y a nuestros méritos.

Banderín

No tardaréis en recibir una recompensa honorífica.

Bandidos

El bandido es un personaje de otro tiempo que vive y se desenvuelve a favor de la frondosidad de los bosques; y el bosque, en simbología, es nuestro subconsciente. Además, en la mente popular se asocia al bandido mítico con el benefactor, con el igualador de fortunas, que roba a los ricos en beneficio de los pobres.

En el simbolismo de los sueños, la presencia de bandidos se relaciona con la presencia de fuerzas que se mueven en el subconsciente y cuya afloración y control por nuestra voluntad significará una nueva riqueza para nuestra conciencia y una mayor capacidad para triunfar de los instintos y de los problemas de la vida diaria.

Por ello, se asigna a estos sueños un significado afortunado, de riqueza y éxito, cuando los bandidos nos atacan; y de herencia y fortuna perdidas, si se retiran sin atacarnos.

Banquete

Es un sueño cuyo significado es totalmente distinto según que el soñador sea profundamente religioso, o místico, o que se trate de una persona corriente.

En el primer caso, el banquete es un placer espiritual compartido, es un consejo al soñador para que comparta el placer y el beneficio de sus progresos espirituales con quienes sienten sus mismos ideales, en un mutuo intercambio de experiencias y beatitudes.

En el segundo caso, es un sueño normal que anuncia nuevas relaciones o reuniones agradables, de negocios, de amistad, o de familia.

Baño, bañera

El baño, o lo que es lo mismo, la inmersión en el agua, significa purificación y regeneración. Pero en sueños, este significado queda modificado por la sensación que dicho baño produzca al soñador.

Cuando el baño es agradable indica salud y prosperidad, tanto física como espiritualmente, en especial si el agua la percibimos clara y

Baño.
Un sueño de purificación si el agua es clara; si está turbia algo no marcha
en nuestra salud o conciencia.

transparente; si es turbia, demasiado caliente o demasiado fría, es que hay algo que no marcha en nuestra salud o en nuestra conciencia, y el beneficio prometido sólo lo obtendremos si a pesar de todo nos metemos en el baño y éste finaliza siendo agradable. De lo contrario, lo que el sueño presagia son ocasiones perdidas, lo mismo que si vemos la bañera vacía o si no llegamos ni siquiera a intentar meternos en la bañera.

En los casos anteriores, en que existen dificultades o cuesta un esfuerzo meterse en el baño, los significados de purificación y regeneración se mezclan y ligan con los de esfuerzo, de serenidad ante la realidad y de saber enfrentarse a las dificultades.

Baranda, barandilla

Es signo de suerte, de protección, de sostén, pero ello siempre que aparezca sólida y entera, y tanto si nos apoyamos en la misma como si nos limitamos a verla. Pero cuando la barandilla soñada forma parte de un teatro, cine, o cualquier otro local de espectáculo o diversión, lo que presagia son amores fáciles sin el menor porvenir.

Si la baranda o barandilla aparece rota o amenaza ruina, anuncia desilusiones y esperanzas frustradas.

Baratillo, saldo

Las ventas de baratillo o de saldos, en las que aparecen mezcladas toda clase de prendas sin orden ni concierto, cuando las soñamos, nos advierten de que también en nuestra mente existe una falta de coherencia en las ideas y razonamientos, lo que puede llegar a sernos muy perjudicial y se hace necesario que procuremos poner orden en las mismas.

Barba

Tradicionalmente, la barba ha sido el atributo de poetas, místicos y ancianos, es decir, de aquellas personas en las que la imaginación y la espiritualidad (o al menos el pensamiento y la cercanía a la muerte y el Más Allá) se manifiestan con mucha más fuerza que el ansia de poder y riquezas.

Los sueños en los que aparecen personas barbudas, o en los que nos vemos portando barba, siempre sirven para indicarnos si en la situación actual debemos echar mano de la voluntad y energía, o de la imaginación y la espiritualidad.

En efecto, cuando en sueños nos afeitamos la barba, es que ha llegado el momento de emprender la acción directa, voluntariosa y enérgica; mientras que si vemos afeitarse la barba a los demás, es la situación en la que nos hallamos implicados la que requiere medidas enérgicas y decididas, ya sea para sacarla a flote o para conseguir sacarle el máximo jugo a la situación.

Por el contrario, cuando en sueños nos dejamos crecer la barba, o nos vemos con barba, es un toque de atención para que moderemos nuestra excesiva ansia de poder y dinero para mostrarnos más humanos, más imaginativos (o también más místicos y espirituales). Del mismo modo, si en nuestros sueños aparecen personas barbudas o que se dejan crecer la barba, es que en la actual situación o empresa en la que nos hallamos involucrados, la imaginación y el ingenio deben primar sobre la fuerza y la rígida voluntad, si es que queremos alcanzar los objetivos propuestos.

En una mujer, estos sueños en los que se ve con barba o con pelo en la cara, además de lo ya expuesto pueden significar una pérdida o un incremento de la femineidad, según corresponda.

También el aspecto de la barba tiene su importancia en la interpretación del sueño. Así, cuanto más hermosa y oscura sea la barba, mayores son las posibilidades de éxito en lo que al sueño se refiere, del mismo modo que si la barba es blanca lo que se ganará es prestigio y dignidad más que bienes materiales; si es rala, escasa o débil, igualmente escasas serán las posibilidades de salir triunfante de la situación.

Teñirse la barba implica la tentación de usar del disimulo y de medios poco claros, y lavársela es un signo de ansiedad.

Por último, si en cualquier de todos estos menesteres relacionados con la barba interviene un barbero, esto revela la colaboración y ayuda de personas importantes en la realización de nuestros proyectos.

Barca, barco

La barca y el barco simbolizan al viaje, o a una ruta realizada a través del mundo de los vivos o del mundo de los muertos, y, por ello, su simbología forma parte de la simbología de los medios de transporte, aun cuando aquí las connotaciones son mucho más antiguas y profundas.

En su simbolismo se ha ido produciendo —y todavía se sigue ahondando— una separación entre los sueños de ambos medios de navegación; actualmente, los sueños de barcas guardan mayor relación con el peligro y la muerte, y los barcos con nuestra trayectoria por el mundo de los vivos.

La barca no sólo es el medio más primitivo de navegación y, por lo tanto, el más peligroso, sino que su tradicional emparejamiento con el

Barcos. (*Grabado del libro* Consolat de Mar *del año 1540.*)
*Símbolos del viaje, nuestras esperanzas y futuro dependerán de sus características
y su navegación.*

mundo de los muertos y la otra vida hace que mantenga la connotación
de culpa y castigo, así como que, incluso en los mejores sueños, siempre presagian situaciones y procesos en los que se produce una especie
de muerte y resurrección, de fin de una etapa e inicio de otra nueva.

También en los sueños de barcas (como en el del AUTOMÓVIL), el
soñador toma parte activa en la navegación o en los hechos, es, podríamos decir, el dueño de su propio destino, y si hace caso del presagio
casi siempre puede evitar o mejorarlo.

En los sueños de barcos, el sentido del peligro o de inseguridad
(siempre presentes en los de barcas) raras veces se hace evidente, pero
tampoco el soñador es quien dirige el destino del barco, y si bien goza
de mucha mayor libertad de movimientos dentro del mismo, es una libertad engañosa, ya que su destino es más inexorable e independiente
de su propia voluntad.

Por lo demás, y como en todos los medios de transporte (véase
AUTOBÚS, AUTOMÓVIL y AVIÓN), de lo que ocurra en el viaje se dedu-
cirá cuál es el mensaje del sueño. Así, si el viaje llega a buen puerto,
indicará que nuestros asuntos serán prósperos y rentables; si naufragamos, lo mismo les ocurrirá a nuestras esperanzas, y si existen penalidades, serán obstáculos y dificultades a superar, y así sucesivamente.

También existen algunos sueños en los que el barco (o la barca) en
vez de navegar por el mar lo hacen por tierra o por aire; su significado
es el de que se ha errado el camino a seguir, y de que los medios de que
disponemos para lograr nuestros propósitos son insuficientes e inade-
cuados a nuestras necesidades.

Barranco

Este sueño nos presagia que en nuestro camino nos hallaremos con peligros o trampas que nos tienden la vida o los enemigos. Si vemos el barranco a tiempo y lo franqueamos, quiere decir que también en la vida real sabremos sortear los peligros que se nos presentan; mientras que si caemos en él, es que difícilmente lograremos triunfar en nuestros actuales propósitos, y que de conseguirlo será gracias a grandes esfuerzos y después de vencer notables dificultades.

Barreras, barrotes

Los sueños en que aparecen barreras, muros o barrotes simbolizan la dificultad o la imposibilidad de alcanzar un fin (ya sea existencial o espiritual) o un propósito. A veces, la naturaleza de la barrera ya indica cuál será la dificultad a vencer, y cuando esta clase de sueños se repite más de una vez en pocos días es que será totalmente imposible conseguir lo que deseamos.

La modalidad más perniciosa de este sueño es cuando se nos aparecen barrotes cruzados, pues además de los obstáculos augura penas o enfermedades, mientras que si los barrotes aparecen rotos, o en la barrera existe alguna puerta o brecha que permita franquear el obstáculo, el pronóstico es mucho más favorable, pues si bien se presentarán problemas y dificultades, hallaremos las ayudas o los medios necesarios para solventarlos.

También debemos recordar si la barrera ya aparecía formada o si la construíamos nosotros, pues esto nos definirá si los obstáculos que hallamos en la vida real proceden de la evolución de los acontecimientos o si la causa de los problemas que nos impiden alcanzar nuestros objetivos reside en nosotros mismos y es necesario localizarla. En cambio, si el muro se derriba antes de finalizar el sueño, es que además de los problemas y dificultades es de temer un grave peligro tanto para el soñador como para sus seres queridos. Si logramos mantenernos sobre la barrera, ya sea sentados o de pie sobre la misma, es que nuestro esfuerzo y perseverancia nos asegurarán el éxito final.

Barril

La presencia de un barril en nuestros sueños nos anuncia prosperidad, y como más lleno de vino esté, mayor abundancia, éxito y prosperidad anuncia. Si en lugar de vino o licor, lo que el barril contiene es agua, alcohol, petróleo o aceite, hay que temer el fracaso debido a un exceso de ambición, o por cometer graves errores en el planteamiento de los proyectos.

Si en lugar de un barril de vino o licor, lo que soñamos es un barril de arenques, lo que presagia es que aun cuando no lleguemos a alcanzar una posición privilegiada en esta vida, al menos podremos tener la seguridad de que no nos faltará nunca lo más indispensable.

Barro

En los sueños el barro puede tener dos acepciones totalmente contradictorias, según que se trate del barro espeso y plástico que sirve para modelar, o del barro excesivamente líquido que sólo sirve para ensuciarnos.

En el primer caso, en el que se trabaja el barro o aparecen figuras modeladas en barro, equivale a un acto de creación y, por lo tanto, nos asegura que seremos capaces de crear excelentes proyectos para el futuro y, lo que es mejor, de que seremos capaces de llevarlos a la práctica con éxito. Las figuras que aparecen en el sueño y el que estén concluidas o no nos indicará la dirección en la que se proyecta nuestra capacidad creadora y hasta qué punto seremos capaces de convertir los proyectos en realidades.

En el segundo caso, en que el barro que aparece en sueños es aquel otro barro que ensucia las calles, los objetos o a nosotros mismos, lo que presagia es la caída en las bajas pasiones y en la inmoralidad, pero no debemos olvidar jamás que del mismo modo que en el fondo es el mismo barro que puede servir para modelar, también es posible, si nos lo proponemos, convertir otra vez este barro en el origen de un nuevo Adán; es decir, que siempre es posible regenerarse.

Báscula

Estos sueños tienen la misma interpretación de aquellos que se refieren a BALANZAS (véase esta palabra).

Bastión

Soñar que estamos en un bastión es un buen presagio que nos incita a ser prudentes y circunspectos en nuestras obras y deseos.

Si soñamos que lo construimos, es que deseamos garantizar nuestra seguridad y la de nuestros bienes, y para conseguirlo nada mejor que hacer gala de dichas cualidades. Si por el contrario presenciamos la demolición de un bastión, es el presagio de duelos y pérdidas a causa de nuestra falta de prudencia.

Bastón

Los bastones que aparecen en nuestros sueños pueden ser utilizados como armas o para apoyarnos en ellos; por dicho motivo, es necesario tener en cuenta el contexto del sueño para ver cuál de las dos acepciones corresponde en cada caso.

Como arma, siempre presagia separaciones y rupturas, la culpa de las cuales recaerá sobre quien figure como agresor. Por ello, el significado del sueño es el mismo de aquellos otros en los que intervienen armas blancas. (Véase ARMAS.)

Si el bastón soñado sirve de sostén, simboliza a nuestros amigos, colaboradores o asociados. Cuando más sólido soñemos al bastón, más dignos de confianza y competentes serán dichas personas y más sólidos los proyectos en curso. Si soñamos que el bastón está roto, o se rompe durante el sueño, es que la ayuda de nuestros amigos y colaboradores es insuficiente o ineficaz, y nuestros proyectos se verán abocados al fracaso.

Baúl

Para nuestras abuelas el baúl era una continuación del armario ropero, en el que se guardaba lo más selecto de sus pertenencias, aquello que sólo se usaba en contadas y solemnes ocasiones, o que únicamente servía de recuerdo o se guardaba por su valor o rareza.

Por dicho motivo, los sueños en que aparece un baúl, antes tan frecuentes, han ido desapareciendo de nuestras vidas paralelamente al desuso del baúl, y si alguna vez se producen tienen el mismo significado que los de ARMARIO ROPERO.

Bautismo

Al hablar del agua, dijimos que simbolizaba los sentimientos y emociones, y todo el mundo sabe que el bautismo es un sacramento de purificación y renovación.

Por ello, cuando en sueños presenciamos un bautizo, es el presagio de que está naciendo un nuevo amor o que nuestros sentimientos hacia otra persona se concretarán y purificarán, dando nacimiento a la necesidad de compartir nuestra vida con ella.

El bautismo del Señor. (*Del libro de horas de Fernando el Católico.*)
Presagio del nacimiento de un amor, o concreción de nuestros sentimientos hacia otra persona.

Si el bautismo soñado no es el de un niño, sino el de otras cosas, lo que nacerá o se iniciará dependerá de lo que se bautiza, pero siempre será algo emotivo y entrañable. Así, por ejemplo, si presenciamos en sueños el bautizo de un barco, lo que presagiará será un viaje por mar que nos dejará un entrañable recuerdo.

Bazar

Su significado es el mismo que el de BARATILLO.

Bebé

Soñar con un niño de corta edad es signo de felicidad en el hogar, especialmente si el bebé es hermoso y bien cuidado.

También en algunas ocasiones se ha dado el sueño de verse a uno mismo convertido en bebé, en cuyo caso se trataba de una demostración simbólica de que el soñador se sentía muy amado y atendido.

Beber

Soñar que bebemos en un lugar en el que reina la alegría, especialmente si bebemos vino, presagia que se aproximan tiempos felices. También el vaso en que se bebe tiene su importancia, pues si es de oro o plata es que además la fortuna nos será propicia. Pero si lo que bebemos nos resulta amargo, nos previene de una posible enfermedad.

Cuando la bebida es agua, también augura salud y prosperidad, a menos que esté caliente, en cuyo caso puede tratarse de enfermedad o cólera. (Véase AGUA.)

Si somos creyentes y lo que soñamos son animales bebiendo en una vasija o fuente, especialmente si van en parejas y se trata de palomas o pavos reales, este sueño pronostica que pronto seremos tocados por la gracia del Señor y seremos capaces de asimilar su verdadera doctrina.

Bellotas

Los sueños en que aparecen bellotas presagian éxito y fortuna arduamente adquiridos. Pero en un plano espiritual, las bellotas simbolizan el poder del espíritu y la virtud nutricia de la verdad, de esta verdad que procede de dos fuentes: la naturaleza y la revelación.

Berenjena

Ver o comer berenjenas en sueños se considera un mal augurio, especialmente si tiene lugar en una época del año en que no suelen estar en sazón, y casi siempre se tratará de penas y sufrimientos a causa de alguna pasión secreta.

Berros

En sueños los berros siempre pronostican mejoría, ya sea de la salud, de la economía, o de la situación profesional.

Besar

Besar en sueños a una persona del sexo opuesto presagia infidelidad, a menos que se trate de nuestra pareja, en cuyo caso es indicio de buena fortuna, que alcanzaremos de forma inesperada o cuando ya no la esperábamos.

Si besamos a otra persona que también goza de nuestro afecto, se trate de un familiar o de un amigo, equivale a despedirnos de la misma, que no tardará en partir de nuestro lado.

Si besamos a alguien de nuestro propio sexo, sin simpatía ni afecto, es que nos beneficiaremos materialmente de su amistad, y si lo hacemos con afecto, es ella quien se beneficiará y sacará provecho de nosotros.

Besar la tierra presagia penas, dolores y humillaciones; a un muerto, próxima herencia.

Biblioteca

Las bibliotecas que aparecen en sueños simbolizan nuestros conocimientos, tanto los adquiridos por el estudio como los que provienen de nuestra propia experiencia.

Si la biblioteca soñada está vacía, es una advertencia de que todavía carecemos de los suficientes conocimientos o experiencia práctica para llevar a buen término la tarea emprendida. Si la soñamos repleta de libros, nos garantiza el éxito en nuestro trabajo y propósitos, ya que poseemos todos los conocimientos teóricos y prácticos necesarios.

Bicicleta

Los sueños en que aparecen bicicletas pertenecen al grupo de los sueños sobre medios de transporte, de los cuales ya hemos estudiado algunos (véase AUTOBÚS, AUTOMÓVIL, AVIÓN y BARCO), pero en el caso de la bicicleta, la fuerza que la impulsa no es un motor —es decir, una fuerza ajena al soñador— sino que es la suya propia y, además, la bicicleta es un vehículo individual, es decir, personal.

Debido a que los medios de transporte en general simbolizan una evolución en marcha, una etapa dinámica de la vida, los sueños en que aparecen o se usan bicicletas nos indican que en estos momentos debemos actuar con plena autonomía, con toda independencia y contando únicamente con nuestros recursos, sin ayuda de nadie.

Las demás circunstancias del sueño nos indicarán el resultado de esta etapa autónoma de nuestra vida, es decir, si nos sonreirá el éxito o si debemos esperar dificultades o fracasos.

Bifurcación

Cuando en sueños nos hallamos ante una bifurcación de caminos, es que también en la vida real deberemos escoger entre dos o más empleos o decisiones.

Bigote

Las personas que aparecen en nuestros sueños adornadas con un bigote son personas que disimulan o engañan, especialmente si son personas conocidas que no lo llevan en la vida real. Así, cuando una mujer sueña que su marido se deja el bigote es casi seguro de que éste la está engañando, o al menos existen fundadas sospechas de que lo está haciendo.

Si somos nosotros los que nos vemos con bigote —y no lo llevamos en la vida real— es que existe algo falso en nuestra vida, e incluso es posible que nos estemos engañando a nosotros mismos, que exista algo que no queremos reconocer. Pero en este caso, si además soñamos que nos afeitamos el bigote, es que ha llegado el momento de sincerarnos, ya sea con nosotros mismos o con los demás.

Cuando en la vida real llevamos bigote, o soñamos con alguien que también lo lleva, el sueño carece de significado premonitorio (en lo que al bigote se refiere), pero si en él nos lo afeitamos, es que ha llegado el momento de preguntarnos si lo llevamos porque nos lo dejamos inconscientemente para disimular algo, y si no será hora de que lo reconozcamos y procedamos en consecuencia.

Billar

Si nos vemos jugando plácidamente al billar mientras charlamos con los amigos, significa que en nuestra vida diaria contamos más con el azar que con el trabajo y la responsabilidad; y esto siempre es peligroso.

Billetes

Los billetes salen muy a menudo en nuestros sueños, pero debemos reconocer que mucho menos de lo que deberían en proporción a lo mucho que los usamos en la vida real, en la que los billetes son de uso diario, desde el dinero (en billetes) hasta los de tren, pasando por los del autobús, del metro, de los espectáculos, de los tickets de compras, etcétera.

Pero lo curioso es que en sueños nos armamos unos líos impresionantes con los billetes: billetes que son falsos o que no valen; billetes que sirven para algo para lo que no fueron emitidos; billetes para un tren o espectáculo que luego no existe o no nos es permitido entrar; billetes de primera clase en un tren en el que sólo existen terceras, o que nos obligan a viajar en tercera...

Todos estos sueños tienen un mensaje similar: que en esta vida una cosa son las capacidades y cualidades que poseemos y otra muy distinta el papel que nos ha tocado desempeñar; es decir, que muchas veces nos vemos obligados a vivir muy por debajo o muy por encima de nuestras verdaderas capacidades.

Son tantas las diferentes combinaciones que pueden presentarse entre las capacidades de una persona y su situación en la vida, que las variantes de este sueño son infinitas, pero partiendo de esta base será fácil interpretar el sueño.

Así, si soñamos que hemos adquirido un billete de primera y el tren sólo lleva tercera clase, este sueño nos dice que nada lograremos revelándonos contra el destino, pues no podemos acceder a una posición que «no existe» para nosotros. Y por el contrario, si viajamos en primera con billete de tercera, procuremos pasar lo más desapercibidos que podamos, y procuremos hacer las cosas lo mejor que sepamos, no sea que por desear todavía más se descubra nuestro escaso valer.

Bisturí

Cuando en nuestros sueños aparece un bisturí es que existe algo, una situación, un problema, una enfermedad, o lo que sea, que ha llegado a un punto en el que es necesario tomar medidas drásticas para salir de la misma.

Sólo el desarrollo del sueño, así como el conocimiento que el soñador tiene de sus problemas acuciantes, permitirán la interpretación del sueño y, por lo tanto, qué es lo que debemos «cortar por lo sano».

Bizcochos

Este sueño es augurio de buena salud y de pequeños beneficios. Si lo comemos, anuncia noticias o visitas agradables, y si los preparamos, se trasluce nuestro deseo de conseguir nuevas amistades.

Blanco

En los sueños, aquel color blanco que proviene de la falta absoluta de color, y la palidez, el aspecto descolorido de objetos y personas, se relaciona con la muerte.

Hasta que España introdujo en Europa el negro como color del luto, el blanco había sido en todo el mundo, y lo sigue siendo en infinidad de lugares, el color de la muerte. Todavía hoy, en representaciones y carnavales, el blanco sudario y el blanco esqueleto son los representantes de la muerte. Es que en el simbolismo del insconsciente (que es el de los sueños), el único perdurable y universal, el blanco sigue siendo el color de la muerte.

Lo que ocurre es que con el concepto de pecado, el negro se ha reservado para el mal, mientras que el blanco se ha convertido en el color de lo que nace (o renace), de lo que llega del otro lado de la muerte, de lo que todavía no ha sido manchado por el pecado.

Por ello, si la muerte se considera como un mal, como el mayor de los males, su color será el negro, pero si se considera la muerte como el más allá de la vida, como la otra cara de la vida, su color será el blanco.

Así pues, temamos por la vida de aquellas personas que en sueños se nos aparecen desprovistas de color, y si se trata de objetos o cosas normalmente coloreados, también ellos se hallan en grave peligro de destrucción.

Pero si los objetos nos aparecen pintados de un blanco brillante e impoluto (no de un blanco apagado por falta de color), lo que nos augura es confianza no traicionada. Por el contrario, si los objetos blancos aparecen sucios, es casi seguro que seremos objeto de traiciones.

Blanquear

Si nos vemos blanqueando alguna pared o algún objeto sucio, el sueño tanto puede presagiar una reconciliación en la que se olvidarán y dejarán aparte pasados agravios, como revelar que en la vida real estamos usando falsos artificios para aparentar que somos buenos e inocentes. Sólo el soñador que conoce su intimidad puede saber cuál de las dos acepciones es la que corresponde a su sueño.

Blasfemia

Oír o proferir blasfemias o tacos en sueños revela que estamos sufriendo angustias y perplejidades en la vida real, y que estamos en franca rebelión contra las limitaciones que la vida o los demás nos imponen.

Blasón

Tanto en la vida como en los sueños el blasón es sinónimo de honores, dignidades y recompensas.

Boca

Una dimensión elemental del simbolismo anatómico de los sueños es la identificación del órgano con la función; por esta causa en los sueños existe una relación muy clara entre la boca y la facultad de expresarnos, de comunicar con los demás.

Por ello, los sueños en que hablamos con quien tenemos delante tienen este sentido de comunicación, mientras que si mantenemos la boca cerrada expresa el rechazo profundo a la otra persona, la negativa a comunicarnos, y lo mismo ocurre si quien mantiene la boca cerrada es la otra persona, ya sea con nosotros o con una tercera.

Bodega

Al igual que el SÓTANO, la bodega representa a nuestro inconsciente; pero del mismo modo que el sótano suele representar la parte seria y casi siempre angustiosa de nuestro mundo interior, la bodega simboliza aquella otra parte en la que se ocultan las falsas alegrías y espejismos; como las que procuran el vino y los licores, huéspedes habituales de las bodegas.

Por ello, soñar con una bodega bien surtida suele presagiar alegría y regocijo, pero del mismo modo que la que procuran vino y licores es ficticia y suele terminar en resaca, también las alegrías que presagia el sueño suelen ser de corta duración e ir seguidas de lamentaciones.

Bofetada

Dar una bofetada en sueños presagia que seremos víctimas de la injusticia; pero recibirla no es mucho mejor, ya que lo que presagia es que nosotros o uno de los nuestros recibirá el justo castigo a su maldad.

Bogavante

En sueños los bogavantes anuncian placeres delicados, pero que pueden ser peligrosos para la salud. A veces también presagian noticias y sorpresas agradables.

Boj

El boj es símbolo de duelo y de inmortalidad, por lo cual el soñarlo es un mal presagio, excepto cuando lo plantamos, que pronostica larga vida. Recogerlo es signo de aflicción; recibir un ramo, consuelo; pero en ambos casos la causa será un fallecimiento.

Bolos

Soñar que estamos jugando a bolos es presagio de alegría, placer y amistad, así como de reuniones de las que puede derivarse algún amorío o, quizás, algo más serio.

Bolsillos

Es un sueño engañoso, pues si lo soñamos cuando dábamos por finalizado algún asunto o problema enojoso, presagia que volverá a reaparecer. Y lo más curioso es que si el bolsillo lo vemos lleno, dicho problema nos producirá gastos, mientras que si lo vemos vacío es de esperar que terminemos ganando dinero.

Si el bolsillo está desgarrado o agujereado, siempre presagia pérdidas o disminución de beneficios.

Bolso

Si el bolso soñado está lleno, simboliza aquellos pequeños secretos que quien lo lleva desea guardar celosamente; el que esté cerrado o abierto nos indicará si lo consigue o no.

Si el bolso aparece vacío, tanto si está abierto como si está cerrado, indica que la persona que lo lleva es una chismosa incapaz de guardar el menor secreto.

Perder el bolso significa que alguien está al corriente de nuestros pequeños secretos; si nos lo roban, es que alguien nos los arrebatará violentamente. Por último, perder el bolso equivale a dejar los propios secretos al alcance del primero que llegue.

Bombona

Las bombonas de aire comprimido, oxígeno, butano o similares, representan nuestras reservas de energía y capacidad de trabajo. Lo llena o vacía que la soñemos nos informará sobre cuál es nuestra actual capacidad de trabajo, y si la bombona pertenece a otra persona es a ella a quien se refiere el sueño.

Bombones

Si nos soñamos comiendo bombones, sin conocer su procedencia o que nos hemos comprado nosotros, indica que debemos vigilar nuestros gastos inútiles, que son excesivos.

Si nos obsequian bombones, especialmente si están bellamente presentados, debemos estar alerta, ya que siempre conllevan miras interesadas o concupiscentes.

Bordados

Se han hecho muchas interpretaciones de los sueños en que aparecen bordados, unas benévolas y otras malévolas, pero ocurre que tanto en la vida real como en los sueños los bordados sirven para embellecernos, para mejorar nuestra apariencia externa, y ello no es bueno ni malo, sino que depende de la intención con que los luzcamos, y conocer esto depende del contexto general del sueño.

En líneas generales, podemos decir que bordar revela ambición, y verse con un vestido lleno de bordados es símbolo de falsedad y engaño.

Bosque

Los bosques que aparecen en nuestros sueños representan a nuestro inconsciente, y las fieras y peligros que en el mismo nos amenazan son la representación de nuestras ansiedades, instintos y pasiones ocultas.

Por ello, la interpretación de dichos sueños es tan personal y difícil, pero ante todo, debemos señalar que tan importante como lo que nos sucede en el sueño lo son las sensaciones que el bosque despierta en nosotros. Así, si nos paseamos plácidamente por el bosque, encontrándolo bello y hermoso, y sintiéndonos seguros en el mismo, es que somos dueños de nosotros mismos, lo que equivale a decir que podemos contar con nuestra razón y buen criterio.

Pero si nos perdemos en el bosque y sentimos miedo y angustia, tanto si rugen o si se nos aparecen fieras amenazadoras, o nos envuelve un lúgubre silencio, es que todavía no somos dueños de nosotros mismos, que todavía nos hallamos dominados por las fuerzas interiores; no obstante, si a pesar de todo llegamos a ver brillar el sol, si su luz, aunque sea esporádicamente, nos permite ver por dónde andamos, es señal de que tarde o temprano llegaremos a comprender el origen de nuestros problemas internos, de que no tardaremos en superar angustias y temores.

Botas

Véase CALZADO.

Botella

Soñar con botellas llenas de un líquido claro y transparente es augurio de alegría y prosperidad, mientras que si el líquido que contienen es turbio, presagian incidentes desagradables con la persona amada.

Las botellas vacías indican pesares o enfermedades y, algunas veces, oposición inesperada a nuestros planes actuales. Las botellas rotas presagian discusiones y peleas.

Botones

Si soñamos que perdemos un botón es de esperar que suframos ansiedad por la pérdida de dinero o de alguna propiedad. Si lo cosemos o vemos cómo lo cosen, augura felicidad en el hogar.

También el material de que están hechos los botones soñados tiene su significado; así, si son metálicos presagian invitaciones, excepto cuando son de oro o plata, en cuyo caso nos advierten contra nuestra excesiva tendencia al gasto. Si son de madera, éxito tras mucho trabajo; de nácar, viajes o placeres inesperados; si el botón está forrado de tela es un aviso para que vigilemos nuestra salud.

Bóveda

La bóveda vista en sueños representa nuestra posición social, financiera o personal, y si la soñamos sólida y bien iluminada, nuestra posición también será sólida y relevante, mientras que si se halla sumida en la oscuridad, nuestra posición también será oscura, sin relieve. Si está en ruinas, nos amenaza con la ruina de nuestros actuales proyectos, sino es que está en peligro nuestra propia posición.

Brazalete

El simbolismo del brazalete es el mismo del ANILLO, y siempre augura o revela dependencia de otras personas, que será mayor cuantos más brazaletes se lleven puestos.

Brazos

En sueños, los brazos simbolizan la acción, la amistad y la fuerza.

Unos brazos fuertes y bien dibujados son indicio de que seremos bien acogidos donde vayamos, mientras que si son débiles y desdibujados, es que a pesar de que la recepción que se nos hará sea afable, la hallaremos falsa y ampulosa, lo que no nos causará el menor placer.

Vernos sin brazos es una amenaza de próxima ruina; si nos falta un brazo, anuncia una enfermedad grave o una muerte entre familiares o amigos; de un hombre si el brazo que falta es el derecho, o de una mujer si se trata del izquierdo.

Si en sueños nos rompemos un brazo o nos lo vemos mucho más delgado que el otro, significa enfermedad o penuria; si los brazos los vemos más largos o robustos de lo que en realidad los tenemos, augura que veremos acrecentados nuestros medios de acción o, lo que es lo mismo, tendremos más posibilidades de conseguir éxito y riqueza.

Bronce

Cuando en sueños nos llama la atención un objeto de bronce, es un buen presagio para la continuación de nuestro bienestar y para la estabilidad de nuestro porvenir.

Brujo, bruja

Es un sueño bastante frecuente en los niños e incluso entre algunos adolescentes, pero que conforme avanza la edad se va haciendo menos frecuente, y ello es debido a que las brujas de nuestras pesadillas son una manifestación irracional de nuestros deseos no cumplidos, una manera de manifestar nuestro deseo de lograr lo que queremos aunque sea empleando medios que podríamos definir como deshonestos o desleales.

Brujas levantando el vuelo. (*Goya.*)
*Las brujas de nuestras pesadillas son una manifestación irracional de nuestros
deseos no cumplidos.*

Bruma

Los sueños en que el paisaje o los personajes aparecen envueltos en brumas son una advertencia para que seamos muy prudentes antes de tomar la próxima decisión.

Buey

El buey, por su destino, simboliza el sacrificio, la paciencia y el trabajo, y por sus cuernos, la fuerza.

Por ello, soñar con un buey lustroso y de buena cornamenta predice abundancia de bienes materiales, mientras que si lo soñamos sin cuernos augura pobreza. Un buey furioso que nos ataque presagia enfermedad; durmiendo o muy delgado, penuria y pobreza; muerto, miseria y toda clase de desgracias.

Búho y lechuza

El búho y la lechuza están considerados como los mensajeros de la noche y, como tales, augurio de toda clase de males.

Soñar con un búho o una lechuza presagia chismorreos y murmuraciones contra nosotros, y si le matamos, indica que por más que las

Búho. (*Vaso proto-corintio.*)
Soñar con ellos es un presagio de murmuraciones y desgracias.

malas lenguas se esfuercen en perjudicarnos, no lo lograrán. Si vemos cómo matan o apedrean a un búho o una lechuza, es que somos nosotros quienes debemos ser más comedidos en nuestros comentarios sobre los demás.

Lo peor es oír el grito de búhos y lechuzas, pues siempre anuncia desgracia, enfermedad o fallecimiento de alguien muy allegado a nosotros.

Buitre

Los buitres que aparecen en nuestros sueños representan enemigos peligrosos de los que no podemos esperar clemencia, circunstancias temibles, o un período de gran adversidad.

Si el buitre nos ataca debemos considerar a este presagio como inevitable, a menos que durante el sueño matemos al buitre o al menos lo ahuyentemos; si no nos ataca y permanece como ajeno a nosotros, sólo se trata de una advertencia para que estemos muy alertas, único modo de evitar que se cumpla el presagio.

Buscar

Soñar que buscamos algo presagia que nos hallaremos ante dificultades inesperadas pero fácilmente superables.

Cuando buscamos a alguien en sueños suele ser un reflejo de nuestra inquietud por dicha persona, ya se trate de que en el fondo presintamos que pueda ocurrirle algo (bueno o malo), como tratarse de una simple añoranza por ella.

Cabalgar, cabalgadura

En sueños, el hecho de cabalgar representa simbólicamente la dualidad entre nuestra personalidad superior (el que cabalga) y los instintos y pasiones (la cabalgadura). Es por ello que en sueños la cabalgadura puede ser muy diversa, pues dependerá del instinto o pasión que represente; lo más frecuente es que se trate del caballo, que en estos casos representa a nuestra sexualidad.

Lo que suceda en el sueño será una representación de lo que nos sucederá o de lo que desearíamos que nos sucediera en la vida real en relación con el sexo; así, galopar a rienda suelta equivale a dejar sueltos los sentidos, a la manifestación de fuertes deseos de sexualidad activa, y según que dominemos al caballo o éste se nos desboque, equivaldrá a si somos capaces o no de dominar a nuestros propios sentidos y pasiones.

Conocido este significado primario, todos los sueños en que cabalguemos son de muy fácil interpretación, y sólo debemos dejar aparte aquellos que se tienen en la infancia, en que el significado sexual debe ser sustituido por el de acción y aventura.

También debemos tener presente que aquellos otros sueños en los que observamos la acción, o en los que montamos pasivamente a caballo no son sueños de CABALGADURA, sino de CABALLO.

Cabalgar. (*De un vaso griego.*)
*Un sueño dual que simboliza nuestra personalidad superior (el que cabalga)
y los instintos y pasiones (la cabalgadura).*

Caballerizas

Soñar unas caballerizas con hermosos caballos presagia riquezas, mientras que si las vemos vacías, son próximas penurias. Si soñamos que nos hallamos dentro de las mismas, la riqueza prometida será estable y duradera.

Caballo

Aun cuando los sueños en los que aparecen caballos van disminuyendo paulatinamente a medida que el simbolismo del caballo se va trasladando a otras cosas, debido a su desaparición de la vida diaria, en sueños todavía posee innumerables significados. Veamos algunos de los más corrientes:

Si un enfermo sueña que galopa en un caballo a través de bosques, presagia la agravación de su enfermedad; pero si galopa por una ciudad, pronto se curará. Montar a caballo es indicio de éxito y prosperidad, del mismo modo que caer del mismo durante el sueño implica pérdidas y fracaso. Si el caballo está ensillado pero no lo monta nadie, augura reunión de mujeres para festejar una boda o velar un muerto; vender el caballo amenaza pérdida de bienes; venderlo, pérdida de amistades; castigarlo, falsas acusaciones; verlo herrar, que debemos prepararnos para un viaje; darle pienso, riqueza; si tiene la cola muy larga, es que podemos contar con los amigos...

En cuanto al color del caballo: blanco augura buenas noticias, alegría y fortuna; negro, problemas e inquietudes; bayo, elevación y dignidades; alazán dificultades; gris, obstáculos...

Cabaña

Ver en sueños una rústica cabaña nos predice un período de tranquilo trabajo, de vida contemplativa y serena. Si nos vemos viviendo en ella, y todavía más si nos acompañan niños, significa felicidad humilde pero duradera.

Si este sueño se tiene en la adolescencia puede indicar el peligro de negarse a aceptar las responsabilidades que deparará la vida adulta, prefiriendo vegetar bajo la tutela paterna.

Cabellos

En el simbolismo de los sueños, el pelo es una manifestación de energía y de fuerza. De fuerza superior, controlada por la voluntad y el conocimiento cuando se trata del cabello, y de fuerza inferior, primitiva e instintiva, cuando se trata del vello que cubre el resto del cuerpo.

Por ello, los sueños en que nos vemos con un cabello largo y sedoso son sueños benéficos, que indican buenas capacidades para lograr éxito y dinero, mientras que la escasez de cabello, que nos corten el cabello, o que se nos caiga, augura enfermedades, pérdidas y desgracias, proporcionales a la cantidad de cabello que perdamos en dichas circunstancias. Si el pelo cae o nos es cortado por completo, la ruina puede ser total, perdiendo incluso la reputación.

Muy distinto es el caso en que el cabello nos lo cortemos o nos lo hagamos cortar voluntariamente, ya sea total o parcialmente, pues es un indicio de elevación espiritual, de renuncia y sacrificio. La calvicie es algo aparte, pues soñarnos calvos cuando todavía gozamos de buena cabellera, si bien presagia pérdida de amistades, no va acompañada por ningún otro de los males anteriores.

También el aspecto y color del pelo es importante, pues los cabellos muy rizados (siempre y cuando no los tengamos así en la vida real, y lo mismo puede decirse de las demás contingencias, pues soñarnos tal y como somos en la realidad carece de valor predictivo) hacen temer dificultades y dolores; encrespados y desordenados presagian malversación o pérdida de bienes; muy cuidados y perfumados indican superficialidad, que se cuenta demasiado con la belleza física.

En cuanto a su color, los cabellos negros o muy oscuros indican gran capacidad de amar y voluptuosidad; rubios, más que amor anuncian amistad; castaños, sinceridad en el amor; rojizos, celos; y blancos, dignidad y sabiduría.

No debe confundirse el cabello blanco con la salida de cabellos blancos (que indica preocupaciones), pues en este caso lo más significativo es si soñamos que nos los arrancamos, lo que presagia discusiones y peleas familiares.

Cabestro

Este sueño constituye una advertencia de que nos estamos dejando dominar por otra persona.

Cabeza

En sueños, la cabeza simboliza al alma, a la inteligencia; es por ello que los sueños en los que nos vemos con la cabeza cortada o separada del cuerpo son sueños benéficos que auguran la curación a los enfermos, consuelo a los afligidos, libertad a los prisioneros, ayuda a los pobres y acrecentamiento de fortuna a los que ya la poseen. Y todo ello porque esta separación de cabeza y cuerpo presagia la separación del soñador de su actual situación, o lo que es lo mismo, la pérdida de una posición para ocupar otra de mejor.

También como en sueños similares, vernos la cabeza más grande o que crece presagia suerte y aumento de bienes, y si es más pequeña o débil, pérdidas y desgracias. Si nos soñamos feos o repulsivos es preocupación por la opinión de los demás.

Cabra

Dos son los significados más importantes de los sueños en que intervienen cabras: los de libertad, agilidad y capricho, cuando se trata de cabras salvajes, y los de riqueza y provecho si se trata de cabras domésticas. Por ello, soñar con muchas cabras y bien alimentadas se considera un presagio de riqueza y bienestar, mientras que hacerlo con pocas y flacas presagiará pobreza y penalidades.

Los mejores presagios son cuando las cabras soñadas son blancas y lustrosas, mientras que si son negras, el presagio no es tan bueno, y si nos limitamos a ver de negras incluso puede presagiar infortunio por este solo hecho.

Cabrestante

Este sueño nos anuncia que deberemos realizar un esfuerzo lento y sostenido si queremos lograr nuestros propósitos.

Cabrito

Cuando una mujer sueña con un cabrito recién nacido se considera un presagio de próxima preñez, y si ya está embarazada, de que el parto será feliz.

Cabrón, macho cabrío

Siempre simboliza el papel de la sexualidad en nuestra vida, pero en su acepción de excesos. Por ello, los sueños en que vemos machos cabríos presagian lujuria y amores deshonestos.

Cadáver

El significado de un cadáver, tanto en la vida real como en los sueños, es el de algo que se acaba, que muere. Por ello, para el hombre de negocios soñar con un cadáver equivale a anunciarle su fracaso o la aparición de obstáculos que pueden arruinar sus proyectos; para un (o una) joven, presagia el fin de un amor o una pasión, y así en todas las demás circunstancias.

Si soñamos que el cadáver lo somos nosotros, simboliza nuestro deseo de finalizar con una situación o un problema huyendo del mismo en vez de solucionarlo.

Cadenas

Los sueños de cadenas evocan el encadenamiento mágico de los acontecimientos, ya que cuanto nos sucede ahora es la consecuencia de nuestros actos pasados, y lo que hacemos ahora condicionará nuestro futuro, formando los eslabones de una cadena de causas y efectos; es la clásica relación entre castigo y pecado, entre premio y buenas acciones.

Este sueño nos invita a mirar hacia atrás, hacia el pasado, buscando los pasados errores para asumirlos y corregirlos en el futuro, e ir rompiendo así uno a uno los eslabones de la cadena de la vida.

Así pues, soñar una cadena o soñarnos encadenados indica que las penas (o alegrías) actuales fueron generadas en el pasado; romper una cadena simboliza el próximo fin de las penalidades gracias a nuestra perseverancia por el buen camino.

Sueño de caída. (*Jean Bruller*.)
*Caer en sueños siempre es un mal presagio, la manifestación
de nuestra inseguridad y miedo.*

Caer, caída

Caer en sueños siempre indica la existencia de temor, desgracia, vergüenza o desespero. Puede ser por no estar preparado para el próximo trabajo; para afronar una nueva situación; por haber violado un código moral; o por cualquier otra cosa, pero la sensación de vértigo y de caída se produce siempre por el sentimiento de inseguridad, de miedo a no saber estar al nivel que exigen las circunstancias, de ser incapaz de mantener por más tiempo una situación falsa, inmoral o vergonzante.

No obstante, si soñamos que al caer nos levantamos de inmediato, es que el peligro no es tan grave como temíamos, de que lograremos recuperar muy pronto la confianza en nosotros mismos, de que ha sido un desfallecimiento momentáneo.

Pero si no nos levantamos durante el sueño, es que en realidad el peligro de perjuicios materiales es serio, ya sean en el hogar, en el trabajo o en la salud. Hacia dónde se derivarán éstos sólo puede aclararlo el contexto global del sueño o el conocimento de nuestros propios problemas.

También es un hecho que la gravedad del presagio es proporcional a la altura o la profundidad de la caída; así, resbalar o tropezar cayendo al suelo no prejuzga grandes males, sino que frecuentemente se limita a advertirnos de que nuestro descuido puede ser peligroso para nosotros o para quienes nos rodean. Caer en el barro son decepciones, promesas no realizadas, haber faltado a la palabra dada. Caer en el agua es verdadero peligro, a veces de enfermedad e incluso también de muerte.

Caer de un lugar elevado, un árbol, un muro, significa evidentemente la llegada de la adversidad; pero si la caída se produce en un lugar profundo, un pozo, una zanja, un abismo, el presagio se convierte en trágico.

Si vemos caer a otra persona, tanto puede significar que seremos testigos de su ruina, como que nos estamos beneficiando de la misma, que incluso es posible que la hayamos propiciado nosotros mismos, consciente o inconscientemente.

Café

Ver o tomar café en sueños es un buen presagio, que tanto puede augurar el éxito en unas oposiciones o exámenes, como anunciar éxitos en trabajos intelectuales. No obstante, si se nos derrama el café, son de temer próximas contrariedades.

Caja

En el simbolismo de los sueños, las cajas, como todos los objetos que sirven para guardar o contener algo, presagian abundancia, riqueza, felicidad y armonía cuando están llenas, mientras que si están vacías anuncian pobreza y desgracia.

También el material con que están construidas y la apariencia externa sirven para ampliar su significado. Si son de madera anuncian un próximo viaje (feliz o desgraciado según esté llena o vacía); de colores, una sorpresa (también agradable o desagradable); de metales nobles (oro, plata o platino), o adornada con piedras preciosas, riqueza, que se mantendrá e incrementará si está llena, o disminuirá hasta desaparecer si está vacía. Con un espejito adosado, nos advierte sobre la coquetería, que tanto puede ayudar a la felicidad (llena) como acarrear la desgracia (vacía).

El contenido de la caja carece de importancia, a menos que concuerde con el de la caja y amplíe su significado (dinero = riqueza; perfumes = amor, etc.).

Cuando nos limitamos a ver la caja sin ver si está llena o vacía, el presagio será el mismo, pero indeterminado; es decir, una caja de madera seguirá anunciando un viaje, pero sin aclarar si será feliz o desgraciado.

Cajón

Cuando en sueños abrimos el cajón de un mueble para buscar algún objeto o prenda y lo hallamos vacío, significa que pronto nos hallaremos en una situación difícil y embarazosa, pero no debemos preocuparnos, ya que será una situación pasajera y de poca importancia.

Calabaza, calabacera

En el simbolismo de los sueños (que es el simbolismo universal), la calabacera representa la abundancia, y la calabaza la sabiduría, pero aquella sabiduría que está en contacto inmediato con la vida, la que procura salud y riqueza, lo que parecerá contrario a su significado más popular de la vida diaria.

Lo que ha convertido a la calabaza en un premio a la ignorancia fue el haberse divulgado que muchas sociedades africanas y asiáticas creen que la sabiduría reside en las semillas de la calabaza, y se las comen para adquirirla; como es natural, al perder sus semillas la calabaza pierde su sabiduría y se convierte en ignorante.

Pero volvamos a los sueños. En ellos, la calabaza *entera* anuncia la curación si se está enfermo, o la posibilidad de beneficios afortunados e inesperados (una herencia o una ganancia al juego, por ejemplo), si se está sano.

La calabaza seca y vacía, especialmente aquellas que se estrechan por su mitad, simbolizan un viaje a pie, largo, penoso y difícil.

La calabacera vista en sueños presagia abundancia y riquezas, y si nos vemos recolectando sus frutos presagia además éxito en las disputas y litigios.

Cálculos

Los cálculos que efectuamos en sueños representan el estado de nuestra economía. Si los solucionamos, sean fáciles o difíciles, presagia que será floreciente y que conseguiremos buenos beneficios; pero si no logramos solucionarlos, o los abandonamos sin terminar, debemos esperar problemas financieros que desembocarán en una situación difícil y embarazosa para nosotros.

Calendario

El calendario es un medio de adquirir seguridad, de organizar y controlar nuestro tiempo al igual que construimos diques o consolidamos el curso de los ríos para regularizarlos y evitar las inundaciones. Es adquirir la sensación de dominar y reglamentar algo de lo que no podemos escapar. También es un medio de comprobar las etapas de nuestra evolución, física o espiritual.

En sueños, ver un calendario en forma ocasional carece de sentido premonitorio; sólo lo tiene si lo consultamos o prestamos atención a quien lo consulta y, en ambos casos, es una advertencia al soñador de que todo requiere su tiempo, y que si intenta precipitar (o retrasar) los acontecimientos, lo único que conseguirá es obstaculizar la normal evolución de dichos acontecimientos empeorando las cosas.

Calle

Normalmente, en los sueños no nos fijamos en la calle, sino que sólo vemos lo que sucede en la misma o el paisaje que la rodea. Sin embargo, existen sueños en los que la calle adquiere el papel de protagonista; en que la vemos recta, amplia, vacía, que se pierde en el horizonte. Y éste es un magnífico sueño que evidencia deseos de mejora, de éxito, así como el que nuestras esperanzas están más que fundadas.

Otras veces, la calle sigue siendo la protagonista del sueño, pero en la misma ocurren cosas. El significado es el mismo, pero se le añaden advertencias o aclaraciones que descifraremos según las palabras que correspondan, pero sin olvidar nunca que lo que domina y preside el significado del sueño es la calle y su magnífico presagio.

Callejón

El significado de este sueño es el contrario al de calle. Soñar con un callejón es indicio de que estamos metidos en algo que no tiene solución; puede tratarse de nuestra vida profesional, social o personal; de nuestros ideales o esperanzas, pero, se trate de lo que se trate, no nos queda más remedio que analizar cuidadosamente la situación, hacer marcha atrás, y tomar otra dirección.

Callos y callosidades

En la vida real, los callos y callosidades son el resultado de penosos esfuerzos y molestias; en sueños, tanto puede simbolizar que hemos terminado una etapa de grandes esfuerzos y dificultades, como presagiar la proximidad de dicha etapa. El soñador, que conoce sus circunstancias personales, ya sabrá cuál de ambas interpretaciones es la adecuada a su caso.

Por otra parte, en aquellas personas de evidente vocación espiritual o mística, los callos o callosidades que perciben en sueños les indican simbólicamente qué es lo que molesta a su alma. En los pies, es que todavía no está preparada, todavía debe extirpar mucha piel muerta para poder seguir la senda de la perfección. En las manos, es que todavía se halla demasiado aferrado a cosas y personas...

Calzado

Véase ZAPATO.

Cama

Cuando soñamos con una cama tétrica, de color oscuro, en mal estado, o situada en una habitación lóbrega y oscura, suele tratarse de una advertencia acerca de una posible enfermedad actual o próxima que afectará a quien soñemos acostado en la misma; si la cama está vacía, el peligro será para alguna de las personas que conviven con nosotros o con la que nos una algún vínculo afectivo, aun cuando el sueño no nos aclara de quién se trata.

En los demás casos —por no decir la mayoría de las veces— el sueño suele referirse a las relaciones íntimas, siendo lo primero a destacar el tamaño de la cama, que acostumbra a ser proporcional a la importancia que otorgamos a nuestra propia sexualidad. Así, una cama grande, desproporcionada, que ocupe casi todo el dormitorio, trasluce

Cama.
Un sueño lleno de presagios donde el aspecto de la cama soñada explica nuestra vida
y nuestras relaciones íntimas.

obsesión por los temas sexuales, mientras que si es muy pequeña o estrecha, indicará desinterés por las cuestiones sexuales, o al menos que en nuestra vida son algo secundario.

También el aspecto de la cama aporta nuevas precisiones. Una cama limpia y bien arreglada indica un buen acuerdo íntimo con nuestra pareja; una cama sucia y desordenada, desacuerdo y disconformidad; una cama rota presagia divorcio o viudedad; una cama muy adornada y ricamente completada, refinamiento en el amor; una cama nueva, distinta de la nuestra, anuncia nuevos amores; ver a personas desconocidas en nuestra cama (sin que nosotros nos hallemos en la misma), peligro de riñas o de discusiones violentas.

Camello

El camello es la montura ideal para cruzar el desierto y conducirnos de oasis en oasis, pudiendo resistir largo tiempo sin comida ni bebida. Por ello, simboliza la perseverancia, la frugalidad y la resistencia.

Aun cuando no sea frecuente soñar con un camello, cuando esto sucede anuncia la lenta y paciente consecución de la fortuna y la posición gracias a la perseverancia en el trabajo y la sobriedad y morigeración de nuestras costumbres.

Camilla

Soñar con una camilla presagia enfermedad o accidente.

Camino, carretera

Los caminos y carreteras que aparecen en nuestros sueños, desde el más sinuoso camino de montaña a la más amplia autopista, simbolizan el destino, el camino de nuestra vida, y todos los símbolos que aparecen en el sueño son de fácil interpretación, ya que son la representación de cómo nuestro inconsciente presiente o anticipa nuestro destino. Veamos algunos ejemplos.

Las encrucijadas nos recuerdan que debemos escoger entre varias opciones que se nos presentarán; si el camino es recto y amplio nos presagia éxito y fortuna; si es estrecho, que el margen de acción de que disponemos es relativamente limitado; si discurre por un terreno llano es que no hallaremos graves problemas, sino más bien facilidades; si hay muchas curvas es que nuestra empresa será ardua y complicada.

Camión

Es otro de los sueños relacionados con los medios de transporte (véase AUTOMÓVIL) que simbolizan que nos hallamos ante un cambio o una nueva etapa de nuestra vida. Pero los sueños de camiones se diferencian por tratarse de un vehículo de carga, por lo cual este cambio, esta nueva etapa, no la comenzamos con las manos vacías, sino que ya contamos con una carga inicial, o al menos, con la posibilidad de llevar dicha carga.

Es por ello que en las claves tradicionales de sueños se interpreta a éste como un presagio de herencia, es decir, de una carga (buena o mala) con la que debemos contar en el futuro.

Camisa, camiseta

En la medida en que para un hombre la camisa o la camiseta constituyen como una segunda piel, estas prendas vistas en sueños dejan traslucir nuestra intimidad y fortuna si somos hombres, y si es una mujer quien se sueña con ellas puestas, es que pronto hallará con quien compartir felizmente su intimidad.

Soñarnos con la camisa limpia y bien ajustada-indica prosperidad y fortuna, pero si no tiene mangas lo que presagia es una condición humilde pero feliz, o quizás una cierta mejoría de la situación, sin que llegue a representar riqueza.

Sí la camisa está rota o desgarrada presagia pobreza y a veces hasta miseria; si está sucia, situaciones comprometidas; si es demasiado corta, lujuria.

Soñarnos lavando una camisa significa que perdonamos el mal o las injurias que nos han sido hechas.

Campana, campanilla

El simbolismo onírico de la campana se centra en su sonido, que tradicionalmente se asocia a la llamada de Dios o a una urgente petición de auxilio. Por ello, cuando en sueños oímos el repicar de las campanas, suele ser el anuncio de una muerte o de una gran desgracia; pero también, en otro nivel, puede significar que sea la llamada de Dios para que llevemos una vida más espiritual.

Antiguamente —y todavía hoy en algunos ambientes rurales— las campanas tenían un lenguaje propio y los fieles sabían cuál era el mensaje que correspondía a cada repique de campanas. Si usted, amigo lector, es de los que conocen este lenguaje, aplíquelo a sus sueños de campanas y tendrá una interpretación mejor de la que aquí podemos proporcionarle.

En cambio, soñar con una campanilla anuncia la llegada de buenas noticias, excepto cuando suena cascada, en cuyo caso lo que anuncia son desarreglos en la salud.

Campanario

Soñar con un campanario o ver sus campanas es presagio de éxito y elevación, aun cuando suele referirse más a lo moral que a lo material.

Campana.

El repicar de campanas en el sueño es un aviso de desgracias o muerte, pero también puede ser la llamada de Dios.

Campeón

Soñar que uno es un campeón revela el íntimo deseo de emplear toda nuestra energía y capacidades para triunfar en la vida y conseguir una posición.

Campesino

El campesino que algunas veces aparece en nuestros sueños es una advertencia de que nos estamos apartando demasiado de la vida y las leyes naturales, y como el campesino solemos soñarlo entregado a sus tareas, o somos nosotros quienes las estamos realizando, son estas tareas las que nos matizan el mensaje.

Si el campesino soñado está sembrando nos indica que también nosotros debemos sembrar si luego queremos recoger, o sea que debemos prepararnos y adquirir los conocimientos y aptitudes que más adelante harán próspero y rentable nuestro trabajo. Si está podando es que también en nosotros existe mucho de superfluo, que necesita ser eliminado. Si está recolectando es que pronto recolectaremos el fruto de nuestro trabajo.

Pero además de ver lo que hace el campesino también debemos observar el CAMPO donde soñamos al campesino, especialmente si nosotros ya somos campesinos en la vida real.

Campo, campiña

Si el campo soñado es fértil y bien cultivado, o si la campiña es amplia, verde y soleada, nos presagia un período de prosperidad, éxito y felicidad, y como más extenso sea, mayores serán las posibilidades que se abren ante nosotros. Pero si el campo o la campiña son yermos, secos o descuidados, lo que nos espera es la desgracia y la pobreza.

No obstante, viendo lo que le falta al campo para hacerlo productivo, podremos conocer qué es lo que falla en nosotros y nos conduce al fracaso y la pobreza. Si lo vemos reseco y falto de agua es que debemos poner más amor y sentimiento en cuanto hacemos, debemos hacernos más sensibles y receptivos hacia los demás. Si el campo está improductivo a pesar de existir suficientes medios de irrigación es que debemos ser más activos, más trabajadores, más entusiastas y con más fe en nosotros mismos.

Canal

Ya dijimos en su lugar (véase AGUA) que el agua simboliza la vida y los sentimientos; por ello, cuando en nuestros sueños aparece un canal o una canalización lo que anuncia es que debemos encauzar, o que ya estamos encauzando, nuestra vida y sentimientos en una determinada dirección, que en la mayoría de los casos es hacia otra persona, hacia la vida en común.

Lo que le ocurra al canal soñado será lo que puede ocurrirle a nuestros sentimientos así dirigidos. Si el agua corre mansa y plácida por el canal podemos esperar que la felicidad acompañe nuestro amor; si el canal está roto o agrietado es que no hemos escogido adecuadamente el destino de nuestros sentimientos. Si el canal es muy largo y se pierde en la lejanía se tratará de un matrimonio en un país lejano.

Canastilla

Siempre anuncia o recuerda un embarazo o nacimiento.

Candado

Este sueño nos advierte para que seamos más discretos.

Candelabro, candelero

Aun cuando el simbolismo del candelabro es muy complejo y esotérico, en los sueños se le confunde y asimila con el candelero, considerando como tal a cualquier objeto en el que se coloque una o varias velas con el fin de alumbrarnos.

Este sueño promete bienestar y riquezas que se adquirirán honesta pero penosamente, riqueza que será mayor cuantas más velas aparezcan encendidas o cuanto más alumbre el candelabro. Si durante el sueño se apaga el candelabro sin que lo hagamos nosotros, presagia que todo el trabajo habrá sido en vano, perdiéndose lo conseguido.

Cangrejo

Para interpretar los sueños de cangrejos debemos tener en cuenta el simbolismo de dicho animal, que se caracteriza por ser acuático (predominio de las emociones y sentimientos) y por andar hacia atrás (movimiento retrógrado del alma: indecisión, vacilación).

Por ello, estos sueños suelen tener lugar en momentos de indecisión emotiva, en cuyo caso son un reflejo de nuestras dudas ante la decisión a tomar, y casi siempre indican la conveniencia de detenernos y controlar nuestras emociones, pues antes de seguir más adelante debemos reflexionar en lugar de dejarnos llevar alocadamente por los sentimientos.

Si el cangrejo lo soñamos situado entre nosotros y una persona del otro sexo, la dirección en que se mueva el cangrejo nos orientará si tras detenernos a reflexionar debemos seguir el impulso de nuestros sentimientos (si se dirige hacia la otra persona) o si debemos hacer marcha atrás y en lo sucesivo proceder con mucha más cautela (si viene hacia nosotros).

Si el cangrejo lo soñamos entre nosotros y una persona de nuestro sexo, en lugar de cuestiones sentimentales se referirá a cuestiones personales, profesionales o sociales, y lo que nos anuncia es la existencia de maniobras dilatorias utilizadas por otras personas para retrasar o impedir lo que deseamos, aun cuando para ello deban recurrir a pleitos, litigios o acuerdos difíciles.

Caníbal

Este sueño nos advierte de la próxima visita de amigos o parientes interesados. No obstante, también nos invita a meditar si nuestras lecturas y otros medios de adquirir conocimientos «enlatados» están bien seleccionadas y son el alimento adecuado a nuestras necesidades mentales y espirituales.

Canoa

Aun cuando los sueños en que aparecen canoas y lanchas deportivas pueden asimilarse a los sueños de BARCAS (véase esta palabra), se diferencian de estos últimos en que aquí no existe el sentido de culpa y de muerte. Debemos interpretar que se refieren a una breve etapa de nuestra vida, y cómo manejemos la canoa y hallemos las aguas, nos indicará cómo será este período.

Así, por ejemplo, si navegamos plácidamente por aguas tranquilas, indica que estamos capacitados para manejar nuestros negocios, o que nos espera un breve período de felicidad, mientras que si nos hallamos ante aguas agitadas o perdemos el control de la canoa, son dificultades y problemas lo que nos espera, tanto en el hogar como en el trabajo.

Cantar, canción

Los sueños en que cantamos revelan la existencia de alguna pena secreta que, incluso en sueños, nos impulsa a cantar aires tiernos y nostálgicos o la canción más adecuada a nuestra pena. Por el contrario, oír cantar en sueños anuncia felicidad, a menos que a quien canta se le escape un gallo, en cuyo caso podemos decir que en el aire se perciben motivos de discordia.

Cántaro

En sueños, el cántaro simboliza a una mujer, y según bebamos de su agua o lo llenemos, recibiremos su afecto o le entregaremos el nuestro. En los sueños más sugestivos, el cántaro lo lleva una mujer, y si la reconocemos será ella la verdadera protagonista del sueño.

Canción. Carpaccio: Historias de Santa Úrsula.
(*Galería de la Academia de Venecia*.)
Cantar en sueños nos revela una pena secreta; oír cantar presagia felicidad o,
a veces, discordia.

Caña

Este sueño nos advierte que nuestros proyectos todavía no están lo bastante meditados y que nuestros medios de acción tampoco son suficientes para lograr lo que deseamos. Por otra parte, también nos advierte de que no podemos contar con la mayoría de nuestras amistades, pues son amistades demasiado frágiles e incapaces de soportar la adversidad.

Capa, capote

Cuando en el contexto de un sueño una capa o capote atraen nuestra atención, nos indican que estamos bien preparados para hacer frente a los acontecimientos presagiados por el resto del sueño; por lo demás, estos sueños deben interpretarse de igual forma que los de ABRIGO.

Capucha, capuchón

Tanto la capucha como el capuchón, tocados cónicos que envuelven la cabeza ocultándola, tienen un significado de invisibilidad y represión; de querer «invisibilizar» nuestro pensamiento, nuestras intenciones o nuestra personalidad, ya sea para nosotros mismos (represión) o para los demás (ocultación), y el mismo significado se atribuye al tocado de las monjas.

El contexto general del sueño nos aclarará cuál de ambos significados es el más adecuado a nuestro sueño, y en caso de ser el de ocultación, el personaje que aparece encapuchado, tanto si somos nosotros como si es otra persona, en la vida real será quien intenta ocultar sus intenciones o verdadera personalidad.

Cara

Suele decirse que la cara es el espejo del alma y donde esto es más cierto es en los sueños, pues cuando en ellos las caras son normales carecen de significado profético, pero cuando en sus rasgos o expresiones existe algo anormal, cada deformación en un área determinada del rostro constituye una advertencia acerca de una posible deformación en las cualidades representadas por dicha zona, o la posibilidad de una enfermedad de la misma.

Así, cuando en sueños nos vemos la boca muy grande, quiere simbolizar que hablamos demasiado, que somos unos «bocazas», como suele decirse. En cambio, una deformación de la boca será una advertencia de posible enfermedad de la misma. Un rostro hinchado puede referirse a egoísmo o a mala salud. Soñarnos con la cabeza puesta al revés, mirando hacia atrás, es señal de ideas preconcebidas, de prejuicios... Y así sucesivamente.

Carbón

En el simbolismo de los sueños, el carbón aparece como un poder energético reconcentrado, oculto, que sólo se hace evidente en las brasas, en el carbón encendido.

Por este motivo, soñar con carbón siempre nos incita a temer ataques ocultos, trampas y envidias que se llevarán a cabo contra nosotros si el carbón lo soñamos encendido, y que nos alcanzarán o las descubriremos a tiempo según que nos quememos o no con las brasas. Si el carbón está apagado, se limita a anunciarnos celos y envidias sin fundamento real y que, de hecho, no podrán perjudicarnos.

Cárcel

Los sueños de cárceles son el anuncio de un cambio en nuestra forma de vida, pero de aquellos cambios que requieren un período de espera, como por ejemplo la espera que precede a la resolución de un divorcio, o a conocer el resultado de unas oposiciones. Como es natural, la dirección del cambio que debemos esperar depende de nuestra actual situación material, y ésta sólo nosotros podemos conocerla.

La interpretación variará según el contexto del sueño. Lo que tardará en llegar la solución y con ella el cambio dependerá del trato que recibamos en la cárcel. Si el carcelero es amable y sonriente, o si la puerta está abierta, es que el cambio es inminente; si la actitud del carcelero es hosca y la cárcel oscura, es que todavía debemos esperar, pero mientras debemos reflexionar sobre nuestra conducta pasada y la que deberemos seguir a partir de ahora.

También los sentimientos que despierta el vernos encarcelados son importantes, especialmente cuando son violentos o desesperados, pues indican que el cambio ha sido contra nuestra voluntad consciente (aun cuando quizá la culpa haya sido nuestra), o no nos sentimos preparados para afrontarlo; por ello es más necesario el aislamiento (simbolizado por la cárcel) y una reflexión profunda sobre los auténticos motivos de nuestros actos y resoluciones.

Cardo

El cardo se considera como áspero, desagradable y alimento de asnos; además, como todas las plantas con pinchos, también simboliza la línea de defensa más externa del corazón.

Así pues, soñar con un cardo refleja que el soñador está pasando una temporada de mal humor en la que se muestra desagradable y

Cardo.
*Signo de mal humor del soñador, si al cogerlo se pincha es un estímulo para que
recupere el optimismo.*

huraño, ya sea porque las cosas le van mal o para que los demás le
dejen tranquilo con sus problemas. Si en el sueño arrancamos el cardo, estas características se acentúan, pero si al cogerlo nos pinchamos,
es un estímulo para que combatamos nuestra abulia y pereza, y volvamos a reemprender nuestras obligaciones con entereza y optimismo.

Careta

El personaje soñado con careta, tanto si somos nosotros como si se
trata de otra persona, es alguien que en estos momentos demuestra fal-

ta de sinceridad, que desea ocultar alguna faceta de su vida o carácter de los que no se siente muy orgulloso.

Carnaval

El carnaval precede a la cuaresma, es por ello que soñar con las fiestas y el desenfado del carnaval es una advertencia de que si nos dejamos arrastrar por los placeres fáciles luego deberemos ayunar y rendir cuentas de nuestros desmanes.

Carpa

En nuestros sueños este pescado significa ignorancia, discreción y longevidad. Si este sueño lo tenemos cuando estamos dudando entre desahogar nuestro corazón contando a alguien nuestros problemas o guardarlos para nosotros, es para que adoptemos la solución de callarnos. Pero si cuando soñamos con la carpa no existe ninguna circunstancia que justifique dicha interpretación, entonces se trata de un excelente presagio de salud y larga vida.

Carpintero, carpintería

Si soñamos que vemos trabajar a un carpintero es que recibiremos consejos útiles y provechosos. Si somos nosotros quienes realizamos tareas de carpintería, es una invitación a que nos dediquemos a nuestro trabajo con más empeño. Si lo que soñamos es que el carpintero nos obsequia con algún objeto de los que está trabajando, o se lo compramos, presagia una reorganización en nuestra vida íntima cotidiana.

Carraca, matraca

Recibiremos noticias de un amigo de la infancia.

Carro

El simbolismo del carro es uno de los más antiguos y universales que existen y, en él, el carro representa la naturaleza física del hombre, sus deseos, sus instintos y cuanto de material existe en él; los caballos o animales que tiran del carro son las fuerzas vitales; las riendas, la inteligencia y la voluntad; y el conductor, la naturaleza espiritual del hombre.

El aspecto, materiales y color de cada uno de los componentes del carro y animales de tiro nos describirán aquella parte de nuestro ser que simbolizan, y el significado global del sueño será el mismo que hemos analizado en AUTOMÓVIL, que es la nueva versión del carro y el que cada vez lo está sustituyendo con mayor frecuencia en nuestros sueños.

Carta

Es un sueño bastante frecuente. En ocasiones se trata de una premonición y la carta se recibe pocos días después del sueño.

Pero la mayoría de las veces lo que este sueño trasluce es el íntimo deseo de recibir noticias que de alguna manera sean capaces de cambiar nuestra forma de vivir y situación actual.

El temor a que dichas noticias no sean lo buenas que desearíamos se manifiesta a través del sobre soñado, que puede estar orlado de luto, que no se puede abrir, que una vez abierto contiene algo desagradable o, simplemente, que está vacío, sin ningún mensaje.

Cuando soñamos que la carta la escribimos nosotros, expresa el mismo deseo de recibir esta clase de noticias, pero si al hacerlo nos sentimos incómodos o nos cuesta mucho el escribir, también refleja nuestro temor de que las noticias no sean las que esperamos.

Otros significados del sueño son los siguientes: romper o quemar una carta, rotura con una amistad o pariente; recibir una carta anónima, hay algo que perturba nuestra conciencia; es ilegible, desacuerdos o citas incumplidas.

Cartel

Soñar que nos fijamos en un cartel presagia una información inesperada que guarda relación con el contenido del cartel.

Cartera

Si soñamos que llevamos la cartera llena indica peligro de pérdidas económicas, pero si la soñamos vacía nos presagia suerte en el juego.

Casa

La gran cantidad de sueños que se desarrollan en una casa es debido a que la casa simboliza nuestro ser y personalidad, y por ello, cada parte de la casa tiene su significado, conocido el cual la interpretación del sueño resulta fácil y directa.

En primer lugar, la fachada simboliza lo externo del soñador, su apariencia, mientras que es en el interior de la casa donde se desenvuelve la vida familiar, nuestra vida íntima. Por esto, en la casa de nuestros sueños, cada pieza adquiere el significado que se corresponde con su función en la vida real: el comedor y la cocina son los alimentos y nuestra digestión; el dormitorio, el descanso y el sexo; el cuarto de baño, cuanto se refiere a la limpieza, física y moral.

Por otra parte, los pisos altos representan la cabeza, la mente y las facultades superiores, y la bodega el subconsciente. También existen escaleras, que son los medios de enlace entre unas y otras plantas del edificio (y, por lo tanto, de nuestra personalidad). Por último, a veces nos sorprende el número de puertas que hallamos, algunas abiertas, otras cerradas, u otras que a veces ni tan sólo sabemos adónde conducen, si es que conducen a alguna parte. Estas puertas representan en acceso a facultades y departamentos de nuestra alma, a veces bien desarrolladas y otras que no hemos usado jamás.

Una evaluación adecuada de todos estos elementos, junto al contexto del sueño nos permitirá su interpretación. Por ejemplo, una casa vieja y destartalada simboliza una anticuada condición de vida y pensamiento, o lo que es más probable, un mal estado del organismo. Un piso o un techo que se hunden, simboliza el derrumbamiento de los propios ideales y principios; o si vemos en qué habitación ocurre el derrumbamiento, veremos qué es lo que se hunde; si es la cocina o el comedor señalará deficientes hábitos alimenticios; si es el dormitorio, inmoralidad o desconocimiento de nuestra verdadera sexualidad, etc.

Casco

En los sueños, el casco que envuelve y protege la cabeza se interpreta en forma muy similar a la CAPUCHA (véase esta palabra), pues a la vez que protege los pensamientos, los oculta y torna invisibles, especialmente si el casco se sueña con la visera calada. El casco siempre denota protección y oculta ambición de poder.

Especial interés posee la cimera y la decoración del casco soñado, que suelen traicionar el tipo de pensamientos que se trata de ocultar o reprimir. En efecto, soñar un casco de líneas anatómicas y color homogéneo, sobrio y sin decoraciones, traiciona que los pensamientos que se ocultan son eminentemente prácticos y relacionados con la acción directa, y su color nos dará una idea de su tendencia dominante. En cambio, un casco bellamente decorado, o con una cimera espectacular y coloreada, puede interpretarse como exaltación imaginativa o perturbada, que lo que se oculta son pensamientos de grandeza y aventuras, fuera de la realidad objetiva y cotidiana.

Caserío

Soñar con un caserío es signo de felicidad apacible y, si se tercia, de un feliz matrimonio.

Castañas, castaño

En sueños, el castaño simboliza protección y las castañas previsión. Cuando soñamos que nos comemos las castañas crudas nos presagia fuerza de carácter y previsión, lo que equivale a buenas posibilidades de triunfo, mientras que si soñamos que las comemos cocidas se limita a anunciarnos una alegre reunión de amigos para saborear una buena comida.

Castillo

El castillo es un símbolo muy complejo derivado a la vez de CASA, MURALLA y ELEVACIÓN; por ello, los sueños en que aparece un castillo tienen los significados básicos de protección y de trascendencia, siendo el aspecto del castillo tanto o más importante que lo que ocurre en su interior.

Así, soñar un castillo bien iluminado, resplandeciente, simboliza el ansia por encerrarnos en nosotros mismos en busca del sendero de la espiritualidad, y si el castillo soñado contiene un tesoro se referirá a las riquezas del espíritu, a las esperanzas de salvación.

Si el castillo soñado es blanco (que no es lo mismo que iluminado) se refiere al deseo de llevar a la práctica una vida de tranquila y recogida espiritualidad; lo que se desea es la tranquilidad del alma. Podríamos decir que el castillo iluminado simboliza la lucha por conseguir la perfección espiritual, mientras que el castillo blanco trasluce la tranquilidad interior.

Si el castillo soñado es oscuro simboliza el deseo de algo indeterminado, que más bien es el deseo y la lucha por salir de las tinieblas y no una meta elevada; lo que importa es salir de la confusión espiritual.

Castillo. (*Grabado de 1528*)

Soñar un castillo resplandeciente, por ejemplo, simboliza nuestras ansias por encerrarnos en nosotros y buscar un sendero de espiritualidad.

Si el castillo soñado es negro refleja el temor al destino inapelable, el miedo a no alcanzar la salvación. En sueños, el castillo negro es la morada de Plutón.

En cuanto a lo que sucede en el castillo, puede aplicarse lo descrito para la CASA, pero referido exclusivamente al alma del soñador.

En niveles más normales y corrientes, en la vida cotidiana y sin relación con la espiritualidad, se mantienen los mismos significados pero en un nivel más material que espiritual, por ello suele decirse que el castillo indica grandes ambiciones. Si vemos al castillo se obtendrán las riquezas, dependiendo su cuantía del estado del castillo. Si se sueña ruinoso, pero todavía bello, en el camino a la riqueza se opondrán frustraciones y desilusiones, aun cuando al fin se consiga. Si se vive en el castillo, la riqueza es segura.

Cataclismo, catástrofe

Tanto en la vida real como en los sueños, cataclismo y catástrofe representan un cambio violento, ya sea sufrido o buscado, que si bien por una parte acarrea la destrucción, la ruptura o la muerte, por otra parte abre la posibilidad de rehacer lo destruido en forma más armónica, más adecuada a la realidad actual.

La catástrofe soñada revelará este sentido de muerte y resurrección, presagiará una transformación, ya sea personal o social, cuyo nivel sólo puede conocer el soñador y que puede oscilar desde una simple pelea conyugal que sirva para aclarar conceptos de convivencia, hasta el presagio de una revolución nacional. El contexto del sueño también aclarará si el cambio o transformación augurado será para bien o para mal.

Caverna

El mundo de las cavernas que aparecen en nuestros sueños se refiere a nuestro mundo interior, el mundo de lo subjetivo, aquel mundo en el que tomamos conciencia de nosotros mismos y de nuestra relación con el mundo externo, el mundo que nos rodea, lo que nos permite alcanzar la madurez. Ésta es la causa de que los sueños de cavernas sean muy frecuentes en la infancia e incluso en la adolescencia y muy raros en personas adultas y seguras de sí mismas.

Lo único a retener de la caverna soñada es este concepto de interiorización y maduración; lo verdaderamente importante será lo que suceda en la caverna, que nos indicará qué es lo que realmente madura y se consolida en nosotros.

Cataclismo. El fin del mundo. (*Alberto Durero.*)

El cataclismo implica una ruptura, una destrucción, pero también la posibilidad de rehacer lo destruido.

Caza

Los sueños de caza son muy frecuentes en la juventud y reflejan la natural inquietud y el afán de evasión y aventuras propios de la edad. En los adultos estos sueños reflejan problemas internos, muchas veces de orden moral, así como insatisfacción, ya sea por la vida que nos ha tocado vivir (con lo cual este sueño lleva connotaciones de venganza) o de insatisfacción sexual.

Cebada

Es un excelente sueño de abundancia y prosperidad que debe interpretarse en la misma forma que los sueños de TRIGO (véase dicha palabra).

Cebollas

Soñar las cebollas todavía plantadas en el huerto indica que hallaremos oposición a nuestros planes, mientras que si las soñamos ya recolectadas y colocadas en un montón pero sin percibir su molesto olor, lo que presagia es falsa alarma.

Si en el sueño las estamos pelando o cortando y su olor nos irrita los ojos, es que nos amenaza el fracaso y deberemos trabajar con el máximo ardor y entusiasmo si queremos evitarlo.

Cebra

Soñar con una cebra presagia enemistades y querellas por cuestión de intereses, y si la soñamos corriendo o en manada, incluso nuestros amores y sentimientos pueden verse implicados en el problema.

Cedro

Este árbol, visto en sueños, presagia larga vida.

Cejas

Los movimientos de las cejas simbolizan los preludios del juego amoroso siempre que sean hermosas y espesas; pero si soñamos que nos las afeitamos o soñamos a alguien con las cejas afeitadas, lo que predice es el duelo por algún familiar o conocido.

Cementerio

A menos que estos sueños se hagan muy repetitivos, en cuyo caso pueden revelar una neurosis que requiere un tratamiento adecuado, o sean la consecuencia de un reciente duelo por alguien con quien nuestras relaciones no terminaron con su muerte, los sueños en que aparece un cementerio suelen producirse en períodos de duda, de incertidumbre, durante los cuales sentimos la necesidad de vigorizar nuestras propias convicciones a la vez que nos sentimos ligados con el pasado, ya sea por una añoranza del mismo, en cuyo caso existe el grave peligro de que al atarnos a lo que fue nos impida avanzar hacia el futuro, o por el sentimiento de continuidad con una tradición, con un pasado del que estamos orgullosos y que tememos que la superficialidad y el frenesí de la vida cotidiana nos haga perder.

Si este sueño nos hace ver claro el peligro de caer en la estéril añoranza del pasado y sabemos tomar a dicho pasado como base y punto de partida para seguir adelante, entonces se trata de un buen sueño que hará posible que seamos capaces de continuar en el futuro lo que tuvo su inicio en el pasado.

Cenizas

Es un sueño que nos invita a realizar una cura de humildad, pues nos recuerda que todo nuestro orgullo, toda nuestra fatuidad han de terminar en cenizas, y que si algo queda después de nuestra muerte es un posible renacer de entre estas cenizas, pero entonces de nada servirán nuestras actuales riquezas y, mucho menos, nuestras pretensiones.

Centeno

Otro excelente sueño de abundancia y prosperidad que debe interpretarse en la misma forma que los sueños de TRIGO (véase dicha palabra).

Centinela

Si soñamos con un centinela firme y vigilante, es que nuestros intereses están bien guardados y a salvo de toda contingencia. Si lo soñamos durmiendo, nos amenaza pérdidas financieras.

En cambio, soñar que sorprendemos y dominamos al centinela presagia que tomaremos una osada iniciativa que nos conducirá al éxito.

Cepillo

El cepillo siempre indica sujeción y supeditación para el que lo usa en sueños, pero en las mujeres además suele indicar su dependencia del sexo masculino, así como deseos insatisfechos en los cuales los hombres tienen gran parte de culpa.

Cerdo

El cerdo es el símbolo más conocido de los deseos impuros y la depravación, mientras que la cerda simboliza la fecundidad.

Cerezas

Las cerezas siempre auguran buena suerte, tanto verlas como comerlas, pero en este último caso el presagio es más completo, pues presagia que nuestros deseos se verán realizados.

Cerradura

Soñar con una cerradura siempre significa que nos hallamos ante un problema, un cambio de situación, un dilema. En todos estos casos el sueño nos proporciona la solución buscada, la afirmativa, el seguir adelante, cuando abrimos la cerradura; la negativa, cuando la cerramos o no se abre.

En cambio, cuando en el sueño forzamos la cerradura para abrir la puerta, el cofre, o el mueble soñado, indica que seremos capaces de todo, lícito o ilícito, para conseguir nuestros propósitos. En muchas ocasiones el nombre del mueble en que se halla la cerradura nos ayudará a completar el significado del sueño.

No obstante, no hay que confundir los verdaderos sueños de cerraduras con los sueños de umbral, en los que el sueño se limita a traducir al lenguaje de los sueños el esfuerzo que realizamos para despertarnos. La diferencia entre ambas clases de sueño consiste en que en los sueños de umbral el soñador siempre se despierta en el momento preciso de abrir la cerradura.

Cerrojo

En el lenguaje de los sueños, el cerrojo representa la voluntad de fijar definitivamente un estado de cosas sin posibilidad de rectificación, aun cuando este «definitivamente» no lo sea tanto, ya que en el fondo no descartamos la posibilidad de una salida de emergencia.

Cerveza

Beber cerveza en sueños presagia que realizaremos un esfuerzo o un trabajo pesado que luego no resultará rentable.

Césped

Ver en sueños un cuidado y hermoso césped promete una rápida realización de nuestras ambiciones; pero si al andar o correr sobre el mismo lo aplastamos rompiendo la homogeneidad de su aspecto, nos indica que antes de verlas realizadas deberemos superar muchas dificultades. Si el soñador está enamorado, el verde césped le augura que será correspondido.

Cesta, cesto

Existen tantas interpretaciones de estos sueños como clases de cestos, cestas y recipientes de paja o mimbre existen, pero en conjunto puede resumirse que se trata de un buen sueño que implica seguridad material cuando está lleno, mientras que cuando está vacío será todo lo contrario.

Así, soñar con un cesto lleno de flores nos anuncia escarceos amorosos; de frutos, placeres variados; de manjares, seguridad material; bonito, buenas noticias; feo, es una advertencia para que tengamos cuidado con lo que vamos a hacer.

También se considera que un cesto lleno augura un incremento de la familia, y dicen que con fortuna.

Chopo

El chopo simboliza las fuerzas regresivas de la naturaleza, el pasado y el recuerdo, por lo cual si bien su aparición en los sueños no es propiamente un mal augurio, en cambio es indicativo de añoranza y melancolía.

Cicatrices

Cuando en sueños vemos a alguien —o a nosotros mismos— con cicatrices que no le afean en absoluto, es que dicha persona posee imperfecciones morales o está sufriendo en silencio.

Ciego

Soñar que ayudamos a un ciego de aspecto honesto es que nos ocurrirá algo agradable, pero si observamos en el ciego algo raro o equívoco es que debemos desconfiar de los consejos que recibamos en los próximos días.

Si somos nosotros quienes estamos ciegos en el sueño, y muy especialmente si en estos momentos estamos preparando algún proyecto, significa que a pesar de que creamos estar obrando bien, nos amenaza alguna catástrofe, por lo cual debemos volver a estudiar detenidamente nuestros proyectos y relaciones, pues lo más probable es que hayamos pasado por alto algún detalle que puede echarlo todo a rodar, o que estamos confiando en quien no debemos.

Cuando este sueño se produce durante un viaje, presagia que tendremos dificultades en el regreso, o que sufriremos alguna enfermedad antes de llegar a casa.

Cielo

El cielo simboliza nuestras aspiraciones y deseos, tanto materiales como espirituales; por ello, el aspecto que presenta el cielo soñado será un fiel reflejo de cómo se realizarán dichas esperanzas y deseos.

Si el cielo soñado es un cielo nocturno es que nos hallamos en una etapa de proyectos y preparación, pero si es de día es que ya ha llegado el momento de las realización y debemos ponernos en acción si todavía no lo hemos hecho.

Si el cielo se presenta claro y sereno es que los próximos días serán buenos y apacibles; si está nublado es que se acercan preocupaciones; si muy nublado, los presagios son serios y amenazadores; si está tormentoso, la situación se presenta realmente crítica.

El cielo.

El cielo simboliza nuestras aspiraciones y deseos, que se realizarán según cómo sea en el sueño.

Cieno, ciénaga

Son sueños penosos que indican que nos hemos dejado arrastrar a una vida demasiado relajada, por no decir degradante, y que de seguir así quedaremos atrapados en la misma y sin posibilidades de superación, tanto moral como material.

Así pues, se trata de una advertencia y de una conminación para que cambiemos radicalmente de vida.

Ciervo, cierva

En el lenguaje de los sueños, el ciervo es un símbolo de elevación, un intermediario entre el cielo y la tierra; por ello, soñar con ciervos siempre pronostica beneficios y elevación, tanto moral como profesional y social.

Y si soñar con un ciervo ya es un excelente presagio, soñar con una manada de los mismos lo es de grandes ganancias y triunfos, y si es con una cierva y sus pequeños es augurio de fertilidad y felicidad.

Pero si por el contrario lo que soñamos es tan sólo la cornamenta del ciervo abandonada en el bosque lo que nos anuncia es una herencia procedente de una persona de edad avanzada.

Cigarra

Soñar con la cigarra, o escuchar su canto, es un mal presagio, tanto para sanos como para enfermos, pues a los primeros les presagia penurias económicas por falta de previsión, y a los segundos una recaída en su enfermedad cuando ya se hallarán en plena convalecencia.

Cigüeña

A pesar de que la cigüeña ha simbolizado siempre la piedad filial y los viajes, en sueños sólo simboliza matrimonio o aumento de familia cuando las vemos volar en parejas; si vuelan solas y se dirigen hacia nosotros es que nos advierten contra los ladrones que, de seguro, andan cerca.

Cine

Véase TEATRO.

Cintas

Las cintas representan un momento fugitivo en la vida del soñador; es más bien un ligero descanso, un placer furtivo, un amorío sin porve-

nir. El color de las cintas nos ayudará a comprender algo más del
sueño.

Cinto, cinturón

Son un símbolo de sujeción y dependencia moral de otra persona,
así como de protección del propio cuerpo (también desde un punto de
vista moral), lo que muchas veces es sinónimo de virginidad. Si se trata de un cinturón ancho y de cuero, revela además autoridad y mando.

De todas estas premisas se desprende el significado de estos sueños: desatar el cinto de una persona del otro sexo presagia que obtendremos sus favores, y lo mismo presagia si somos nosotros quienes nos
quitamos el cinto y se lo entregamos. Pero si ambas personas son del
mismo sexo, o nos limitamos a quitarnos el cinto sin darlo a nadie, significa que renunciamos a seguir guardando fidelidad o dependencia, o
que hemos decidido pasar al otro nuestras responsabilidades.

Si se nos rompe el cinturón presagia una pérdida de autoridad y
mando, siendo relegados a una posición inferior, y lo mismo ocurre si
el cinturón nos es arrancado de la cintura, pero con mayor violencia y
descenso de categoría.

Ciprés

El ciprés y las coníferas son árboles que por su resina incorruptible
y follaje perenne simbolizan la inmortalidad y resurrección. No obstante, el ciprés, considerado por los antiguos como un árbol fúnebre, fue
colocado bajo el dominio de Plutón, por lo que no veo muy clara su
presencia en los cementerios, a menos que ello implique la sospecha de
que todos los allí enterrados irán a parar a los infiernos, o se quiera hacer prevalecer su otro significado de fidelidad hasta más allá de la
muerte; pero en este caso, donde el ciprés debería estar es en casa del
difunto, junto a su retrato.

En sueños, el ciprés mantiene este mismo significado, por lo cual
soñar con cipreses presagia muerte, infortunio, aflicción y fracaso (o al
menos retraso) en los negocios y proyectos del soñador.

Círculo, circunferencia

El círculo o disco simboliza la perfección y la eternidad, y la circunferencia o línea que lo limita, la determinación y la protección. Por
ello, soñar que estamos dentro de un círculo y nos dirigimos a su cen-

tro revela nuestro deseo de perfección; pero si estamos en su interior en busca de protección, no existirá nada que pueda vencer nuestra resistencia y determinación, y si su circunferencia fuese de fuego nos aseguraría que lograremos la victoria en todo aquello que nos propongamos.

Cirio

En los sueños, el cirio tiene el mismo significado que las VELAS.

Ciruelas

Soñar con ciruelas expresa deseos sexuales, que serán gozosos y compartidos si las ciruelas están maduras, o no se realizarán, convirtiéndose en desilusiones si están verdes.

La excepción a este significado sexual es cuando soñamos con ciruelas pasas, en cuyo caso nos indican que antes de tomar la decisión que meditamos debemos dejar pasar algún tiempo, como medida de precaución.

Cirujano

Soñar con un cirujano presagia una enfermedad o accidente, pero si lo soñamos en plena operación nos indica que en nosotros existe algo que debe ser extirpado, generalmente desde un punto de vista moral, y el nombre del órgano extirpado nos dará la clave de lo que debemos eliminar o corregir.

Cisne

Soñar con cisnes presagia gloria y fortuna, a menos que sean cisnes negros, en cuyo caso el sueño es una advertencia contra el vicio y la inmoralidad.

Cisterna

Este sueño es una advertencia de peligro, para los niños si está llena, y para nosotros si está vacía; en este último caso, el peligro es el de perder alguna amistad.

Cisne.

Presagio de gloria y fortuna, si el cisne soñado es negro es una advertencia contra el vicio y la inmoralidad.

Cita

Acudir en sueños a una cita y que ésta tenga buen fin es el presagio de un nuevo afecto.

La mayoría de las veces este sueño suele terminar con una decepción, pues o la persona que llega no es la que esperamos, o bien cuando llega ya no nos importa, o no acude nadie. En estos casos el sueño simboliza deseos irrealizables, aspiraciones decepcionadas e indecisiones. Por ello, el sueño nos aconseja que no nos abandonemos a fantasías absurdas, que tengamos más confianza en nuestras propias fuerzas y reforcemos nuestra voluntad.

Claridad

Indiferentemente de lo que presagie un sueño, siempre debemos tener en cuenta su grado de claridad, ya que a mayor claridad mayor será la seguridad en el presagio, y a menor claridad menor será la confianza que debemos depositar en el presagio.

No obstante, no hay que confundir la claridad y el detalle con que se percibe un sueño con la cantidad de luz que reciben los objetos soñados, pues en este último caso los sueños iluminados por la luz del sol suelen ser más benéficos y realizadores que aquellos otros en que la ac-

ción transcurre en la noche, la penumbra o a oscuras, cuyo presagio
suele ser de escasa realización, cuando no de fracaso.

Clavel

El clavel es una flor que en sueños simboliza amor y pasión, cuya
calidad dependerá del color del mismo (véase el nombre del color); así,
por ejemplo, si los claveles son rojos se tratará de un amor apasionado; si son blancos podremos confiar en el amor que prometen, y si son
amarillos ¡cuidado!, que este amor vendrá acompañado de celos.

Clavos

Si los clavos soñados son nuevos y bien acabados presagian que
nuestros medios de trabajo se verán incrementados; mientras que si
están en mal estado o torcidos nos presagian muchas dificultades. Si
vemos a otra persona clavando clavos debemos temer un ataque a
nuestra reputación.

Cocina, cocinar

Al interpretar los sueños de CASAS dijimos que la cocina representaba todo lo relacionado con la alimentación del soñador, o sea, a su
base material. Cuando el sueño se centra en la cocina el significado es
fundamentalmente el mismo, y se referirá a cómo se «cocina», se prepara el futuro material, sentimental o anímico del soñador.

Lo primero que debemos tener presente es si la cocina soñada está
bien provista o faltada de alimentos y enseres, pues esto nos indicará
con qué medios cuenta el soñador en estos momentos; si a la cocina le
falta lo más imprescindible es que estamos mal preparados para el futuro, por lo que el pronóstico es desfavorable y serán de esperar penurias y dificultades, a menos que el soñador se incline por la vida espiritual, en cuyo caso el sueño le advierte que su despego de lo material es
excesivo, que aun cuando lo primordial sea el alma, no por ello hay
que abandonar el cuidado de las mínimas necesidades materiales.

Si la cocina está bien repleta es que se está en buenas condiciones
materiales para hacer frente al futuro, por lo que el pronóstico es excelente, excepto en caso de inclinarse por la vida espiritual, en cuyo caso
el sueño advierte que se está demasiado ligado a los goces terrenales y
se debe pensar menos en el cuerpo y más en el alma.

Pero, además, todo lo que ocurre en la cocina soñada tiene su traducción en la vida real; así, por ejemplo, si se quema la comida o no se cuece bien nos advierte de que a pesar de disponer de los medios necesarios nos falta mucho que aprender si queremos triunfar en la vida.

Aplicando estos criterios de interpretación a todos los demás detalles del sueño será relativamente fácil descifrar su mensaje.

Cocodrilo

En sueños, el cocodrilo representa las cualidades sombrías y agresivas del subconsciente; aquellos impulsos primitivos y destructores que, a imagen del cocodrilo, se desarrollan y medran en el cieno: al vicio, la traición y el uso de la fuerza bruta.

Pero aparte de estos significados profundos, soñar con un cocodrilo nos presagia la acechanza de un hombre traidor y rapaz que mediante la fuerza o el engaño pretende despojarnos de lo que nos pertenece. Si vemos a tiempo al cocodrilo y logramos escapar es que podremos evitar un robo o una traición.

Codorniz

En el simbolismo tradicional de los sueños, la codorniz representa el ardor amoroso, impulsivo e inconstante, por lo que soñar con codornices se considera un mal presagio, un augurio de infidelidades sentimentales, perfidias y ruptura de amistades por cuestiones de tipo amoroso.

Cofre

En los cofres de nuestros sueños es donde se guardan los tesoros y los secretos, y soñar que vemos un cofre, si está cerrado, presagia éxito y riquezas, y el descubrimiento de un secreto si está abierto.

Si quienes hallamos el cofre abierto, o lo abrimos, somos nosotros, seremos nosotros quienes descubramos el secreto, pero si lo hace otra persona, entonces será un secreto nuestro el que será descubierto y divulgado.

Cohete

Alegría que dura poco.

Cojo, cojera

En sueños, la cojera tanto puede representar un defecto o herida del alma, como algo que nos impida desenvolvernos en lo material; pero esta herida, este impedimento, no siempre consiste en un defecto moral o material (recordemos que en la Biblia Jacob queda cojo por haber visto a Dios), sino que puede ser cualquier circunstancia o impedimento externo.

Así pues, soñarnos cojos augura retrasos, impedimentos, imposibilidad de conseguir aquello por lo que luchamos. Si soñamos coja a otra persona y la reconocemos, es a ella a quien hay que aplicar el significado del sueño.

Cólera

Si soñamos con alguien encolerizado debemos prevenir la traición de un amigo; o problemas, tanto en la salud como en los negocios.

Colinas

La colina simboliza una altura, una elevación por encima de lo que la rodea. Así pues, subir ágilmente en sueños a una colina presagia que nuestras ambiciones serán colmadas mientras no sean excesivas, que conseguiremos aquello por lo que luchamos. Si ya nos vemos en la cima de la colina es que ya estamos a la vista de nuestra meta, y si nos soñamos recostados en la ladera de una colina significa que nos apoyaremos en alguien cuya influencia será decisiva y beneficiosa para nosotros. Por el contrario, si resbalamos y nos caemos rodando por la colina antes de alcanzar su cima es que no lograremos realizar nuestros objetivos, de que el fracaso nos amenaza.

Colmena

En sueños no es lo mismo ver ABEJAS que ver una colmena, pues a pesar de que lo que hagan las abejas es muy significativo, como colmena adquieren un nuevo significado: el de colectividad, de sociedad organizada y sometida a reglas que aseguran su continuidad.

Por ello, en los sueños en los que aparecen colmenas, además del significado que entrañe la actitud de las abejas, también significa el apoyo de la colectividad y la familia si las abejas son amistosas, o el rechazo de dicha colectividad y familia si se muestran amenazadoras.

Colores

Existen pocos temas tan apasionantes como el simbolismo de los colores, pero aquí nos limitaremos a dejar constancia de lo imprescindible de su inclusión en la interpretación de los sueños.

Los colores siempre han ido asociados a determinados reinos, elementos o sustancias de la naturaleza, y su constante presencia ha impresionado vivamente la mente humana, llegando a adquirir una representación y simbolismo que se ha hecho universal y primario, y, por tanto, imprescindible en la interpretación onírica.

Así pues, los colores de los sueños traducen nuestras tendencias e impulsos íntimos, aquellos estados del alma que predominan en el sueño, con lo que aportan valiosos complementos sobre su significado.

Aquí no podemos analizar todos los colores (lo que haremos, también limitadamente, en el nombre de cada color) y nos limitaremos a dar alguna de sus analogías más usuales. En primer lugar, los colores básicos para los sueños son:

AZUL. Atributo de Júpiter, el dios del cielo; de los sentimientos y pensamientos religiosos, de la inocencia. Es básicamente el color de la DEVOCIÓN.

VERDE. Color de Venus y de la naturaleza, de la fertilidad, de la simpatía, de la adaptabilidad. Es básicamente el color de la SENSACIÓN y la PERCEPCIÓN.

AMARILLO. Atributo de Apolo, dios del Sol; del oro, la generosidad, la luz. Es básicamente el color del INTELECTO.

ROJO. Atributo de Marte, dios de la guerra; de la sangre burbujeante, del fuego, de la pasión. Es básicamente el color del SENTIMIENTO.

Psicológicamente, todos los demás colores se consideran resultantes de la combinación de los cuatro, a los que a veces se unen el blanco y el negro. Veamos unos ejemplos:

VIOLETA. Simboliza el recuerdo, la nostalgia, el límite con el más allá. Es una mezcla de devoción (azul) y sentimiento (rojo).

GRIS. Es el color del abatimiento, la inercia, la indiferencia, de las cenizas. Es la neutralización de los colores.

ANARANJADO. Es el color del orgullo, de la ambición. Es la intelectualización (amarillo) de la pasión (rojo).

ROSA. Es el color de la carne, de la sensualidad, de los afectos. Es la mezcla de blanco (límite, nacimiento) y rojo (pasión, sentimiento).

ORO. Es el aspecto místico del Sol.

PLATA. Es el aspecto místico de la Luna.

La lista se haría interminable.

Columna

En sueños, las columnas simbolizan a quienes sirven de apoyo, de sostén a los demás. Por ello, cuando se sueñan dos columnas simbolizan a la pareja, ya sea como hombre y mujer, como matrimonio, o como padre y madre; es decir, el sostén y la estabilidad de la familia. En los sueños espirituales, las columnas simbolizan la eterna estabilidad y su hueco la entrada a la eternidad.

Así pues, soñar que vemos derrumbarse una columna suele significar desastre o enfermedad de quien consideremos como sostén de la familia, ya sea el padre, la madre, o nosotros mismos. Si las columnas que se derrumban son dos, presagian la ruina de la familia, y si son muchas, la de la colectividad en que vivimos.

Columpio

El simbolismo del columpio está íntimamente ligado a los conceptos de tiempo, equilibrio y fertilidad. En los sueños, el columpiarse es signo de feliz matrimonio, y si la cuerda se rompe es que el matrimonio será fértil.

Collar

En sueños el collar significa un lazo, una dependencia entre quien lo lleva y quien se lo da o coloca; por ello, estos sueños nos previenen para que vigilemos nuestra libertad e independencia. Si en el sueño reconocemos a quien nos coloca o regala el collar, será de dicha persona de quien provendrá el peligro, y en caso contrario el peligro proviene de nosotros mismos, de nuestra vanidad o sensualidad.

Cuando somos nosotros mismos quienes colocamos o regalamos el collar, el sueño nos revela que deseamos a aquella persona, ya sea para atarnos a ella como pareja o por mera sensualidad.

Por último, sólo nos queda remitir al lector al epígrafe dedicado a las PERLAS, en el que ampliamos el estudio de los sueños de collares.

Comer, comida

Ante todo debemos comprobar que el sueño no sea debido a causas fisiológicas, pues tanto el hambre como los trastornos digestivos suelen originar sueños de esta clase. Pero cuando ello no es así, el sue-

Columna.
El sueño de la estabilidad y el apoyo; su derrumbamiento es signo de desastre.

ño revela una insatisfacción que puede ser debida a causas psíquicas, emocionales o profesionales.

Cuando soñamos que comemos algo que no nos gusta o resulta desagradable, nos presagia que en la vida debemos (o deberemos) enfrentarnos a algo que nos es desagradable o difícil de aceptar, y es que la vida a nadie le ahorra las asperezas. Y lo mismo sucede cuando nos obligan a comer contra nuestra voluntad.

Este aspecto de los sueños de comer es extensivo a la comida, pues el desagrado puede producirse al verla o comprarla y no necesariamente al comerla. Así, es frecuente el caso de jovencitas (o jovencitos) introvertidas y educadas con recelos excesivamente moralizantes que en sueños entran en una tienda (casi siempre una carnicería) y se horrorizan ante la cantidad de carne sanguinolenta allí expuesta, terminando casi siempre por huir. Es que en la vida real ya empiezan a aparecer situaciones y necesidades carnales que chocan con los principios que les han inculcado.

En otras ocasiones la dificultad soñada se centra en el masticar o engullir, lo que también indica que en la vida real deberemos realizar algo que no es de nuestro agrado. O que nos quitan la comida antes de terminarla, lo que siempre presagia complicaciones y problemas que deberemos solucionar.

Otras veces soñamos que nos hallamos en la mesa con otros comensales, ya sean conocidos, familiares o desconocidos y ello es un buen presagio, pues es como un acto de comunión con todos ellos. En cambio, comer solos revela tristeza y depresión.

También es importante lo que comemos, pues los alimentos naturales y sencillos indican que estamos aprovechando bien las experiencias de la vida y ésta será sana y agradable. Otras veces soñamos que comemos dulces, pastelería o cualquier otra clase de golosinas, y en este caso lo que el sueño revela son vivencias sentimentales, que a veces son positivas y agradables, tanto en los sueños como en la realidad, pero otras veces vemos una etiqueta que nos informa del «precio» que deberemos pagar si disfrutamos de dichas vivencias sentimentales. O robamos las golosinas, lo que revela un exceso de sentimentalismo por nuestra parte, lo que tampoco es bueno.

Por último, siempre conviene analizar cuándo comimos en la vida real los manjares soñados, y con quién lo hicimos, pues es muy frecuente que con la comida vayan mezcladas vivencias existenciales anteriores, incluso de la infancia, que si sabemos analizar correctamente, el sueño nos permitirá asimilar y asentar definitivamente en nuestra personalidad.

Cometa

Dos son las cosas que define la misma palabra: *un* cometa, que es un astro errante en el cielo, y *una* cometa, que es un juguete compuesto por un armazón ligero que se hace volar al extremo de una cuerda.

En el primer caso, es un sueño de muy mal agüero que siempre presagia grandes males y calamidades. En el segundo, todo depende de cómo vuele. Si lo hace bien es que la situación se presenta favorable para el soñador; si está rota o desgarrada denota preocupaciones por algo que de momento no podemos resolver; si está en el suelo sin volar suele ser presagio de mala salud.

Si lo que soñamos es que estamos construyendo una cometa es una advertencia para que no nos arriesguemos en especulaciones, pues en estos momentos son peligrosas y podemos perderlo todo.

Cometa.
El sueño del cometa siempre es un mal presagio.

Concha

Evocando su origen marino, la concha participa del concepto de fecundidad; por ello, la mitología hace nacer de una concha a la diosa Afrodita, y son innumerables los nacimientos de Venus (la Afrodita romana) que como los de Botticcelli y Tiziano representan este mismo concepto. Añadamos a esto que el nombre de *Concepción*, tan común entre nosotros, suele reemplazarse familiarmente por el de *Concha*, o su diminutivo, *Conchita*.

De todas estas «casualidades» se deriva el que en los sueños se atribuya a las conchas los significados de fecundidad y erotismo, conceptos que tradicionalmente también van ligados a los de placer sexual, prosperidad, suerte y viaje por mar.

Así pues, siempre que en nuestros sueños aparezcan conchas, tanto si son de almeja, de ostra o de cualquier otra especie, significarán, según el resto del sueño, **el anuncio de** un viaje, o una promesa de riqueza y placeres.

Conejo

Debido a su fecundidad, el subconsciente lo asocia a la sexualidad, por cuyo motivo soñar con conejos es indicio de deseos sexuales, y si el (o los) conejos pertenecen a otra persona conocida del sexo opuesto, es hacia dicha persona que se dirigen los deseos del soñador. Para más detalles, véase LIEBRE.

Consejos

Dar o recibir consejos en sueños es un mal presagio, pues anuncia discusiones e incluso rupturas con las amistades; en cambio, si soñamos que pedimos, o nos piden, consejo, presagia el éxito en lo que estemos haciendo.

Contabilidad

Los sueños de contabilidad siempre anuncian problemas financieros o fiscales.

Convalecencia

Si en la vida real entrar en la convalecencia equivale a una mejoría, en sueños el presagio todavía es mejor, pues anuncia el fin de las preocupaciones y el inicio de una nueva etapa en la que las posibilidades de éxito son mayores. Según el contexto del sueño y las condiciones del soñador, también puede pronosticar un buen matrimonio o una herencia.

Convento

Este sueño refleja el deseo de huir de los conflictos y responsabilidades de la vida, lo que trasluce un estado de desilusión y contrariedades para el cual no se está suficientemente preparado. A menos que en la vida real existan deseos de emprender una vida religiosa, este sueño revela la inmadurez del soñador.

Copa

La copa, especialmente en su forma de cáliz, siempre se ha asimilado al corazón humano y, con él, comparte el simbolismo más profundo y perenne de todas las civilizaciones: amor (humano y divino), revelación (o destino) y vida (o inmortalidad).

Desde la más remota antigüedad (el jeroglífico egipcio que representaba al corazón era una copa) hasta el cristianismo, con el Graal medieval y el cáliz eucarístico, estos significados además de mantenerse se han grabado tan profundamente en el subconsciente colectivo de la humanidad que siguen presentes tanto en nuestros sueños como en la vida real.

Por ello, el mismo simbolismo que otorgamos a las copas en la vida real es el que debemos otorgar a las copas que aparecen en nuestros sueños. Así, brindar con una persona es desear compartir con ella placer y felicidad; beber en la misma copa es el deseo de fundir dos vidas en una sola por toda la eternidad; romper una copa después de brindar con ella equivale a renunciar a la posibilidad de gozar ningún otro amor que no sea el que terminamos de jurar con nuestro brindis...

Corazón

En el simbolismo del cuerpo humano, los centros más importantes son tres: cerebro, corazón y sexo, siendo el corazón el que se halla en el centro, y como centro los resume a todos. Para el simbolismo, en el corazón se crea y concentra la vida, el sentimiento y la inteligencia; luego, el sexo transmitirá la vida y el cerebro transmitirá la inteligencia.

En el lenguaje de los sueños, que es el lenguaje del simbolismo, el corazón es la vida y el sentimiento, ya sea nuestra o la de nuestro afecto más profundo (entre los enamorados suele llamarse «mi vida» al ser amado). De aquí se derivan los significados de los sueños en que interviene el corazón que publican las claves de los sueños:

Corazón enfermo o dolorido, próxima enfermedad, cuyo peligro dependerá de la intensidad del sufrimiento. Corazón herido, enfermedad que recae en la persona más querida del sexo contrario, es decir, sobre el padre si la soñadora es una muchacha joven, o sobre el amante o el marido, si ya está casada.

Cordero

Soñar con corderos es una forma de conocer lo que el destino nos depara en cuanto se refiere a fortuna y posesiones.

Así, soñar con un rebaño de corderos lustrosos o paciendo tranquilamente presagia que llegaremos a gozar de considerables fortunas y posesiones. Coger a un cordero equivale a obtener un beneficio inmediato, pero si además lo llevamos encima de los hombros es que el éxito será muy importante.

Oír el balar de los corderos augura que podremos contar con protección y ayudas eficaces. Soñar que un rebaño viene hacia nosotros y los corderos se nos meten entre las piernas indica que antes de conseguir el éxito deberemos enfrentarnos a numerosas dificultades y obstáculos. Soñar con corderos muertos presagia malas noticias, y ver a un cordero perdido, dudas e incertidumbre acerca de cómo debemos encauzar nuestros asuntos.

Corona

El simbolismo de la corona es de los más complejos, pues además de que su posición —encima de la cabeza— simboliza superación y triunfo (se habla de «coronar una empresa» para indicar que se ha llevado a sus máximas posibilidades), el material de la corona también posee un significado preciso: de flores, placer; de azahar, compromiso matrimonial; de laurel, triunfo; de pámpanos, popularidad o placer sensual; de hiedra, segura amistad; de oro, dignidad; de roble, amor a la patria; de olivo, dulzura de carácter; de espinas, sufrimiento; etcétera.

En la actualidad, del mismo modo que la realeza y la nobleza parecen ir perdiendo importancia social, los sueños en que aparecen coronas también van siendo más escasos, y su significado va limitándose a los de superación y dignidad, pues las coronas soñadas suelen ser de oro y pedrería.

Corral

Es otro de los típicos sueños de riqueza, que dependerá de cómo se cuide al corral. Si se hace bien, augura incremento de bienes, mientras que un corral sucio y abandonado presagia pérdidas y pobreza.

Coronas.

*El material de la corona soñada posee un significado preciso: de flores, placer;
de azahar, compromiso matrimonial, etcétera.*

Correr

Un sueño bastante corriente es el que consiste en correr, ya sea para prevenir alguna desgracia o para huir de un peligro, pero o no logramos avanzar, o el camino se halla cortado, o aparecen abismos, charcas u otros obstáculos que hay que superar. Estos sueños suelen ir acompañados de una sensación angustiosa y reflejan estados de incertidumbre, miedos exagerados o estados de agotamiento nervioso, por lo que de presentarse uno de estos sueños lo más prudente es vigilar la salud, tanto física como emocional.

Pero nomalmente suele tratarse de un sueño más bien agradable en el que vencemos a otros competidores, unas veces humanos y otras animales; en el primer caso promete beneficios materiales y éxitos personales, profesionales o sociales; en el segundo también significa victoria, pero sobre lo que simbolice el animal con el que competimos.

Si vemos correr a otra persona presagia acontecimientos imprevistos, pero si son varias, lo que presagia son disputas y querellas, y en caso de ir armados, aunque sólo sea con garrotes, son de esperar insurrecciones, revueltas o guerras.

Por último, si vemos correr a una mujer desnuda que conocemos es que se hallará en una situación deshonrosa o comprometida, y si somos nosotros quienes corremos desnudos presagia que seremos culpables de infidelidad.

Cortaplumas

En sueños, ver un cortaplumas siempre presagia desavenencias y peleas debidas a chismes y habladurías. Si el cortaplumas nos lo dan es que seremos víctimas de un engaño, y si somos nosotros quienes lo entregamos también presagia una ruptura o disensiones con familiares o amigos.

Cortar

La acción de cortar va íntimamente ligada a miedos emocionales, al deseo de poner fin a alguna situación que se hace insostenible para el soñador, en especial si nos cortamos a nosotros mismos. Cortar a otra persona significa el deseo de romper la amistad o los lazos que nos unen con la misma.

Cortinas

Las cortinas son elementos de separación, por lo que generalmente suele tratarse de un mal sueño relacionado con la enfermedad, especialmente si están sucias, en cuyo caso adquiere un sentido moral, desgraciado y de acuerdo con lo que simbolice el color de las mismas (véase COLORES).

Apartar o desgarrar las cortinas equivale a profundizar en el conocimiento de uno mismo o, lo que es más frecuente, la evitación o el fin de los problemas augurados antes de que lleguen a perjudicarnos.

Cosecha

Casi parece superfluo recordar que cosechar es tan bueno en sueños como en la vida real, y que siempre contiene el significado de riqueza y, cómo no, de recoger los frutos de lo que hemos sembrado.

Lo único que debemos destacar es que cuando el cosechar se hace fuera de la estación, siempre presagia enfermedad o muerte; lo mismo para los jóvenes si la cosecha todavía está verde, o para los mayores, si la cosecha ya amarillea, pero no está madura.

Crecer

Cuando en sueños vemos a un objeto o a un animal que crecen desmesuradamente nos presagia un futuro incremento de las cualidades o defectos simbolizados por dicho objeto o animal. Si lo que vemos crecer es otra persona nos pronostica una ayuda o una agresión a nuestros intereses, según que su actitud hacia nosotros sea amigable o agresiva. Si nos vemos crecer a nosotros mismos es que nuestra situación actual pronto mejorará y se verá engrandecida en proporción a nuestro aumento de talla.

Crepúsculo

Tanto el crepúsculo matutino como el vespertino pertenecen a un tiempo de transición en el que se pasa de la oscuridad a la luz, o de la luz a la oscuridad. Por lo general, el crepúsculo matutino se emparenta con el nacimiento, y el crepúsculo vespertino con la muerte.

También en los sueños el crepúsculo adopta ambos significados, pues también pronostica un cambio de situación, para bien en el matutino y para mal en el vespertino.

Pero en la práctica, tan importante como esta división lo es la sensación que despierta en el soñador la vista del crepúsculo, pues si es de paz, bienestar o felicidad, presagia el fin de los problemas, de las dificultades o de la enfermedad y el paso a una etapa mejor. Por el contrario, si la sensación es de inquietud, de frío o de malestar, el sueño adquiere el significado opuesto; es lo bueno lo que se termina, o por lo menos, es el paso a una etapa menos buena o de mala suerte.

Por último, hay que advertir que a veces este sueño se produce en épocas de melancolía y añoranza, y en este caso el sueño se limita a dejar constancia de este tiempo ido que no volverá; de una etapa de nuestra vida que, mejor o peor, ha pasado a convertirse en un recuerdo.

Criados

Vernos rodeados de criados presagia que recibiremos una visita de alguien que nos halagará; pero debemos tener presente que hay muchas clases de amigos, y los aduladores no suelen ser precisamente de los mejores.

Crimen, criminal

Si en sueños nos vemos como criminales o cometiendo un crimen es que en la vida real nos sentimos culpables de haber cometido alguna falta, de haber infringido los derechos de los demás. Si quien comete el crimen es otra persona suele ser presagio de escándalos y discusiones que siempre constituyen una amenaza para la honra del soñador.

Cristal

Como las piedras preciosas, el cristal representa al espíritu y el intelecto, siendo precisamente su transparencia lo que completa el símbolo, pues en los cuerpos transparentes, por sólidos y reales que sean, es posible ver a través de los mismos.

Esta transparencia que hace que el cristal exista pero no se vea, dejando ver, lo convierte en un intermediario entre lo visible y lo invisible; lo que equivale a convertirlo en intermediario entre el mundo visible y el invisible y, por lo tanto, en una base simbólica de la sabiduría, la adivinación, la intuición, y todas las facultades y poderes misteriosos del hombre, que nos permiten saber y conocer hechos, acontecimientos y verdades, como si pudiéramos ver a través del tiempo, del espacio y de las cosas.

De aquí proviene el profundo simbolismo de los palacios de cristal que los héroes de mitos, leyendas y cuentos, tanto de Oriente como de Occidente hallan en los claros de los bosques sombríos que atraviesan en su búsqueda del talismán o de la doncella soñada.

Y de aquí también el valor mágico atribuido a todas las piedras preciosas transparentes, desde el diamante al cristal de roca (e incluso al vulgar vidrio en aquellos pueblos que nunca lo habían visto). Y de aquí también que en muchos de estos pueblos se utilice un trozo de cristal de roca para facilitar el trance en el cual pueden acceder al conocimiento de lo oculto; y de la bola de cristal en nuestros videntes.

Pensemos que, incluso en la cristiandad, la luz que atraviesa el cristal es una imagen tradicional de la Inmaculada Concepción; pues, como se dice, María es un cristal y su hijo la luz celeste, de esta forma la atravesó a toda ella sin romperla ni mancillarla.

Cristal. Copas venecianas de finales del siglo XVI o principios del XVII.
El sueño del cristal transparente es el mejor presagio de honradez y honestidad.

Así pues, soñar con un cristal transparente significa que nuestro espíritu e intelecto son claros y límpidos, nada ocultan ni nada desean ocultar, lo que equivale al mejor presagio de honradez y honestidad.

Y en un nivel más elevado, para quienes trabajan en el perfeccionamiento de su alma, este sueño puede anunciarles la posibilidad de acceder a conocimientos, experiencias y niveles del mundo invisible.

Crucero

Un crucero por el mar contiene el simbolismo del mar y el de los medios de transporte. Por ello, soñar que realizamos un crucero refleja el deseo de iniciar una nueva etapa de la vida (BARCO) e iniciarla con un nuevo amor (AGUA).

Este sueño equivale a reconocer nuestra inconstancia e infidelidad, tanto si esta última es real como si todavía se mantiene en el mundo de los deseos inconscientes; es también un sueño de sensualidad y ansia de nuevos placeres.

Cruz

Cuatro son los símbolos fundamentales de la humanidad: el punto (como centro), el círculo, la cruz y el cuadrado. Y de todos ellos es la cruz de brazos iguales el que engloba y da origen a todos los demás, convirtiéndose en el símbolo máximo, compendio de la vida y destino del hombre, al que el cristianismo añadió los significados de redención y sacrificio.

Es imposible resumir en unas líneas todo lo que la cruz representa, recordemos que René Guénon necesitó todo un libro para intentarlo. Nosotros nos limitaremos a añadir que su presencia en los sueños suele advertir al soñador la necesidad de recuperar sus creencias primitivas de las que se está alejando; pero si en lugar de soñarla en nuestro pecho la vemos en el suelo, es que ha llegado el momento en que debemos escoger definitivamente hacia dónde dirigimos nuestra vida, pues los cuatro brazos de la cruz nos indican que es nuestro último cruce de caminos y que todavía nos queda la posibilidad de escoger cualquier dirección, cualquier punto cardinal de la vida, tanto para subir hacia

Cruz. Crucifijo de marfil de D. Fernando y D.ª Sancha. (*Siglo* XI.)
Símbolo máximo del destino y la vida, su sueño nos presagia que debemos escoger definitivamente nuestro camino.

arriba (Norte = Cielo), como para bajar hacia abajo (Sur = Infierno); para volver a las fuentes (Este = Principio) o para resignarnos con nuestro destino (Oeste = Fin).

Cruzar

En sueños la acción de cruzar significa que en un futuro próximo deberemos acceder a un nivel o situación distintos de los actuales, pero que para ello deberemos sortear un obstáculo, una barrera que se cruzará en nuestro camino, dificultándonos el paso.

Si lo que debemos cruzar en el sueño es una calle o cualquier otro paso señalizado es que la barrera es de orden social, y en dicho cruce hallaremos un semáforo que simboliza las normas civilizadas de convivencia. Según veamos el semáforo, sabremos el significado del sueño; es decir, si ya debemos realizar el cambio (semáforo en verde), o si debemos esperar a que cambien las circunstancias (semáforo en rojo), pues en estos momentos realizar el cambio sería peligroso y mal visto socialmente.

Si el cruce soñado se realiza a campo abierto, sin semáforos, la naturaleza del obstáculo nos indicará el tipo de peligro a sortear, que en esta ocasión será de orden interno y no social como la vez anterior.

Así, por ejemplo, si se trata de un río, el obstáculo es el AGUA, es decir, los sentimientos y emociones, que deberemos vencer con nuestras únicas fuerzas, o con ayuda externa, si vemos un puente o cualquier otro medio de cruzar. Pero en este caso la solidez del puente (si es sólido o si amenaza ruina) nos dirá si podemos fiarnos de la ayuda que se nos ofrece o si será preferible prescindir de la misma.

A veces podemos hallarnos ante un túnel, pero un túnel siempre implica que el paso al otro lado debe realizarse sin conocer los peligros que puedan acechar en su interior; es decir, que sólo debemos aventurarnos en el mismo si tenemos confianza en que está libre; si no tenemos plena confianza en nosotros mismos y en los demás más vale que no crucemos, que no realicemos el cambio, pues a lo mejor no seremos capaces de asumir los peligros y responsabilidades que el mismo comporta.

Y del mismo modo debemos analizar los distintos obstáculos y medios que se nos presenten para realizar el cruce; el nombre de cada uno de ellos nos servirá para descifrar el significado total del sueño.

Cuadernos

A veces aparecen en nuestros sueños aquellos cuadernos escolares o aquel diario íntimo de nuestra infancia que registrábamos en un cuaderno y luego guardábamos celosamente. Estos sueños representan la nostalgia o el recuerdo de nuestra infancia, y la emoción que sintamos a la vista de los mismos nos informará de cómo la recuerda nuestro subconsciente tras los años transcurridos.

Unas veces ni tan sólo llegamos a abrirlos, o al abrirlos los vemos como si terminásemos de escribirlos; este sueño suele ir acompañado de un sentimiento de nostalgia y nos dice que añoramos aquellos años que seguramente fueron mejores que los actuales. Pero, a la vez, este sueño nos descubre que nuestro carácter no es tan firme como debiera, que flaquea ante la dureza de la vida, y que es hacia delante donde dedemos mirar, pues, como dice el adagio, «agua pasada no mueve molino».

Otras veces, al abrirlos vemos que están en blanco, como si nunca hubiéramos escrito en ellos; este sueño indica que en nuestro interior desearíamos poder borrar el pasado, que nunca hubiera existido; y ello por haber tenido una infancia demasiado triste, o por haber desaprovechado muchas oportunidades, o por haber escogido un camino equivocado... Todo ello nos lo revelará la emoción dominante en el sueño.

Todavía nos aportan más información en el mismo sentido aquellos otros sueños en que los cuadernos aparecen sucios, manchados o emborronados. El recordar cuál de los cuadernos, o qué parte de los mismos era la ilegible o emborronada, nos aclarará qué parte de nuestra vida pasada desearíamos borrar, o qué fue lo que no supimos aprovechar y ahora nos pesa.

Lo importante de estos sueños es que nos procuran indicios muy valiosos para conocer el origen de aspectos negativos de nuestra personalidad actual y, con ello, la posibilidad de asimilarlos y corregirlos.

Cuadros

Siempre que soñamos que pintamos o contemplamos un cuadro, el sueño nos revela que nos gusta huir de la realidad y gozar de la fantasía; pero el verdadero significado del sueño debemos buscarlo en el contenido del cuadro soñado.

Si es un cuadro bello, seductor o alegre, nos asegura la felicidad, aunque ésta se apoye más en nuestras fantasías que en la realidad. Si es un cuadro triste o apagado o desdibujado, es que a pesar de que a veces la fantasía nos ayude a sobreponernos a la realidad, no por ello dejamos de reconocer su irrealidad. En una palabra, que la fantasía nos hace sentir con mayor fuerza la cruda realidad.

Cubo

Soñar con un cubo es un buen presagio, especialmente si lo soñamos lleno de agua limpia, pues anuncia felicidad familiar. Si el cubo soñado está lleno de agua sucia lo que presagia son problemas y disgustos familiares, generalmente de orden emocional.

Cuchara

Por lo general este sueño es una promesa de felicidad conyugal, pero si la cuchara es de palo será felicidad a pesar de la pobreza. Si en sueños perdemos una cuchara es que seremos víctimas inocentes de una sospecha.

Cuchillo

El cuchillo siempre va asociado a ideas de venganza, de muerte y de sacrificio, y lo corto de su hoja refleja lo primario de los instintos y emociones que mueven a manejarlo.

Por todo ello, los sueños en que aparecen cuchillos siempre reflejan odio o temor que puede llegar a la violencia. Por lo general, en estos sueños hay que distinguir el cuchillo de mesa o de cocina, que augura disputas conyugales o entre amantes que pueden llegar a la violencia, y el puñal, que se refiere a una amenaza de agresión más generalizada, pero también más traicionera.

Cuco o cuclillo

El cuclillo simboliza la envidia, la pereza y el parasitismo, significados que se derivan de su costumbre de poner los huevos en el nido de otros pájaros para que se los incuben. Su canto anuncia la primavera.

Por ello, oír cantar en sueños al cuclillo anuncia riqueza, la llegada de una época mejor; pero si vemos al cuclillo, entonces se convierte en presagio de infortunio conyugal a causa de la pereza y los celos.

Cuerda, cordel

En sueños la cuerda puede adquirir dos significados muy distintos según que la veamos colgando de arriba o en el suelo.

En el primer caso la cuerda simboliza un medio de ascensión, de escalar posiciones en la vida, y por ello, soñarnos suspendidos de una cuerda presagia que no tardaremos en alcanzar una posición más elevada que la actual. Si en lugar de soñarnos suspendidos o elevados por la cuerda somos nosotros los que queremos subir por ella, indica nuestro deseo de escalar posiciones, aunque sea a riesgo de perder de golpe todo lo alcanzado laboriosamente. Si estamos descendiendo de la cuerda o nos caemos, presagia un descenso de posición o la frustración de nuestras esperanzas.

Cuando la cuerda (o un cordel, o un cordón) la vemos en el suelo, sobre un mueble o la tenemos en la mano, se trata de una advertencia sobre el estado de nuestros negocios, en los que deberemos poner más orden si queremos que prosperen; y lo mismo significa si la cuerda nos la dan o la adquirimos.

Cuernos

A pesar que los cuernos de toro y vaca simbolizan fuerza, fertilidad y paciencia, o agresividad si son de carnero, cuando los soñamos en la cabeza de alguien es que la paciencia se hace excesiva y toma el mismo significado insultante que en el lenguaje coloquial, es decir, el de traición amorosa consentida.

Cuernos. El dios cornudo, dios de la fertilidad.
Soñar unos cuernos toma el mismo significado que en el lenguaje coloquial.

Cuerpo

Soñar con nuestro cuerpo o con el de otra persona es algo frecuente, pero a veces lo soñamos en condiciones, deformaciones o proporciones que no se corresponden a las que tiene en la realidad; en este caso, dichas deformaciones tienen su valor profético que puede resumirse como sigue:

Vernos con el cuerpo sucio presagia problemas morales o económicos; hinchado o engrandecido, incremento de bienes o de poder; enflaquecido o disminuido, pérdidas de salud o de dinero; soñarnos en dos lugares a la vez, matrimonio o relación carnal con dos personas del otro sexo a la vez, lo que nos ocasionará pérdidas y problemas; vernos con el cuerpo partido en dos, separación de nuestros bienes o profesión.

Otras veces la atención del soñador se ve atraída por una determinada parte del cuerpo, y en este caso se atribuye a dicha parte el mismo significado que hemos descrito para el cuerpo en general; es decir, si la vemos hinchada o engrandecida significará incremento de bienes; enflaquecida, pérdida de salud (en dicha parte) o de bienes, etc.

Pero en muchas ocasiones dicha parte del cuerpo puede adquirir un significado especial que interesa detallar. Cuando esto ocurre exponemos dicho significado particular en la palabra que define dicha parte del cuerpo; quedando sobreentendido que cuando dicha palabra no figura en este diccionario es que el sueño sólo posee el significado general.

Cuervo

El simbolismo del cuervo es un ejemplo de cómo también el simbolismo tradicional puede evolucionar con el paso del tiempo. Así, en la antigüedad el cuervo era considerado como un mensajero de los dioses, signo de prosperidad y sabiduría, conductor de los ejércitos y capaz de conjurar la mala suerte.

Pero en el transcurso de los siglos dichas cualidades únicamente se han mantenido en los pueblos nómadas, mientras que en los sedentarios y más especialmente en los habitantes de las ciudades, el cuervo se ha convertido en un pájaro de mal agüero, en mensajero de la muerte, ya que dicho animal pasaba más tiempo cerca de los cadalsos y cementerios, al olor de la carroña, que volando sobre los campos.

Así pues, en la actualidad soñar con cuervos sólo anuncia males y calamidades, a menos que nos hablen, en cuyo caso nos anuncia el fin de los males, enfermedades o pesares; pero si en lugar de hablar graznan, anuncian un entierro.

Cueva

El significado de estos sueños es el mismo que el de los sueños de CAVERNAS.

Cuidar

Es un buen sueño, ya que tanto si cuidamos a otra persona como si somos nosotros quienes recibimos los cuidados, este sueño presagia el fin de enemistades y querellas.

Cumbre

En sueños, la cumbre de una montaña representa una meta cuya importancia es proporcional a su altura. Si llegamos a alcanzarla, es que en la vida real alcanzaremos nuestros objetivos, pues este sueño demuestra que poseemos suficiente fuerza de voluntad para ello. Pero si apenas llegados a la cumbre nos precipitamos hacia abajo, o no llegamos a alcanzarla, es que no lograremos triunfar por alguna debilidad de nuestro carácter.

Cuna

Soñar con una cuna vacía es un típico sueño de regresión, pues refleja un estado interno de inseguridad y de insatisfacción con uno mismo.

En cambio, soñar que estamos meciendo un niño en su cuna presagia felicidad conyugal; si en la cuna soñamos más de un niño es un magnífico presagio de que nuestros bienes se verán incrementados día a día.

Cura

Como ocurre en otros casos, la interpretación de este sueño depende de las creencias del soñador. En efecto, para un creyente, soñar con un cura presagia una ayuda providencial, un consuelo en la dificultad y un incremento de bienes, materiales y espirituales.

En cambio, para los no creyentes, el cura ha sido asimilado al cuervo, no sólo por su color, sino también porque acompaña a los muertos a su última morada. En este caso, su significado es tan nefasto como el de CUERVO.

Dado

Los dados son un símbolo del azar, de la fatalidad ante la cual la voluntad se cree impotente. En sueños, son una advertencia de que nos estamos dejando arrastrar por los acontecimientos sin hacer nada por dominarlos, y que de seguir así poco conseguiremos en esta vida.

Daga

Además del significado que le corresponde a la daga como arma blanca, que es el de separaciones y rupturas, se la considera un arma traicionera ya que siempre se lleva oculta.

Si el soñador es un hombre, este sueño le amenaza con rupturas y separaciones violentas que le herirán física o moralmente, ya sea de inmediato o más tarde, a traición.

Pero si quien sueña es una mujer, de dichas separaciones y rupturas hay que esperar se deriven chismes y calumnias que amenazarán su honor y su reputación.

Damas, damero

Toda combinación de cuadros alternantes como el damero (tablero que se usa para jugar al ajedrez y a las damas) simboliza a las fuerzas contrarias que en la vida se oponen entre sí, y a aquellas situaciones conflictivas en las que se intenta dominar al azar y el destino.

Así pues, soñar que nos hallamos ante un damero jugando al ajedrez o a las damas suele ser un reflejo de nuestra actitud ante la vida. en la que intentamos luchar para vencer al azar y el destino, pero sin que ello nos quite el sueño ni nos amargue la vida.

Dedos

Simbólicamente, los dedos se asocian a los parientes, y por ello todavía hoy en algunos pueblos primitivos se cortan un dedo cuando se muere el cónyuge.

A título de curiosidad mencionaremos que en los tratados onirománticos se dice que si en sueños nos duele un dedo o está llagado es que alguien de la familia caerá enfermo; un dedo con cortes o incisiones presagia discusiones y peleas familiares; si nos soñamos con un dedo quemado, presagia problemas de celos; si nos falta un dedo o nos lo cortamos, lo que anuncia es la muerte de un familiar.

Deformidad

En sueños, la vista de cualquier deformidad o anomalía física comporta un sentimiento de repulsión o atracción, lo que la convertirá en maléfica o benéfica. De hecho, las deformidades más comunes, como es el caso de los jorobados, se consideran de buen presagio e indicio de suerte.

Pero si la persona deforme somos nosotros, deberemos ver cuál es la parte deforme de nuestro cuerpo y aplicar el simbolismo que le corresponda, lo que indicará qué hay de «deforme» en nosotros.

Degollar, decapitado

En sueños es algo muy distinto ver a una persona decapitada que ver cómo la degüellan o degollamos; pues en el primer caso es un buen presagio (véase CABEZA), y en el segundo depende de quién sea el degollado.

Si soñamos que degollamos un animal, pronostica un acontecimiento feliz, que tanto puede ser una victoria como un nacimiento o cualquier otra celebración.

Si el degollado somos nosotros o una persona de nuestro sexo, presagia delaciones, violencias o problemas graves; pero si es una persona del otro sexo, puede revelar el deseo de mantener relaciones culpables con la misma.

Delantal

En los sueños, el delantal simboliza el trabajo y la protección contra los peligros que puedan derivarse del mismo, pero a condición de que el delantal esté limpio, pues si está sucio o manchado lo que anuncia son discusiones y desorden en el trabajo.

Delfín

Los delfines simbolizan la salvación y la rapidez, por lo que se consideran un buen indicio de que nos hallamos en el buen camino y que no tardaremos en alcanzar nuestros objetivos, ya sean materiales o espirituales.

Delgadez

Siempre que soñamos a alguien o a nosotros mismos mucho más delgado de como se es en realidad es una advertencia sobre el mal estado de la salud.

Depósito

Es un sueño de abundancia y seguridad, mayor o menor según lo lleno que se halle el depósito soñado. Pero si en el sueño nos caemos en el depósito, es una ocasión perdida.

Derribar, derrumbar

Lo que se derrumba o es derribado en sueños es algo que desaparece de nuestra vida, por lo cual este sueño es una amenaza a nuestra salud y posesiones si lo derribado es nuestro, y el nombre de los derribado nos informará de cuál es nuestra pérdida.

Desafío

Si en sueños desafiamos a alguien es que existen obstáculos imprevistos, pero si los desafiados somos nosotros es que deberemos tomar una resolución valerosa.

Desaparición

En sueños, la brusca desaparición de un objeto o de una persona siempre presagia represión, desilusiones o el temor a desilusionarnos. Si lo que desaparece posee un simbolismo sexual, lo que el sueño revela es miedo, timidez, vergüenza o sentimientos de inferioridad.

Desconocidos

En nuestros sueños pueden aparecer desconocidos; a veces se trata de personas de nuestro mismo sexo y edad, en cuyo caso el desconocido es un reflejo de nosotros mismos, no de tal como somos, sino de cómo íntimamente desearíamos ser. Por ello es muy importante recordar todos los detalles del sueño, que nos servirán para comprender cuál es el ideal al que aspiramos y conocernos así un poco mejor.

En otras ocasiones el desconocido (o desconocida) es de nuestro mismo sexo, joven y más bien violento y enérgico, en cuyo caso nos advierte de que nos amenazan contrariedades y peleas; otras veces también es joven, pero del sexo contrario, y nos sentimos vivamente atraídos hacia él. En este caso es un reflejo de deseos sexuales insatisfechos. Pero si no sentimos dicha atracción es un buen augurio que nos anuncia que conoceremos a una persona que nos prestará ayuda y amistad.

Cuando el desconocido, sea cual sea su sexo, es de edad madura o un anciano, también simboliza ayuda, pero acompañada de protección y de éxito en nuestras empresas.

Descuartizamiento

Es una pesadilla que refleja una situación moral o material que se ha hecho insostenible, ya sea por mantener más de un amor a la vez, por pluriempleo, o por la existencia de deseos contradictorios.

No importa si el descuartizado somos nosotros, otra persona o simplemente un animal, su significado es el mismo: una llamada urgente de nuestro subconsciente para que pongamos fin a esta situación insos-

Descuartizamiento. Descuartizamiento ritual de un cadáver entre los indios de América del siglo XVIII.

Una pesadilla que nos alerta para que terminemos con una situación insostenible.

tenible si no queremos perder la salud física o mental de forma irreme-diable.

Desembalar

Soñar que estamos desembalando algún objeto presagia preocupa-ciones y problemas que se resolverán de acuerdo a la naturaleza del objeto desembalado (ver su nombre) y del ambiente general del sueño.

Desembarcar

Este sueño simboliza el final de una prueba, de una dolencia, de un trabajo, de un negocio, de cualquier cosa que estemos realizando; es, por así decir, el final de una etapa de nuestra vida, final que, según la tónica general del sueño, será feliz o desgraciado.

Desfiladero

En el simbolismo de los sueños, los desfiladeros corresponden a las zonas inferiores de la conciencia y simbolizan esas fisuras de la misma a través de las cuales puede adivinarse el proceloso mar del subconsciente. Pero también simbolizan un sentimiento de inferioridad ante fuerzas aplastantes que nos envuelven. Pero si en el desfiladero vemos discurrir un cauce de agua, al significado del desfiladero se añade el de purificación y regeneración.

Por todo ello, es un sueño que nos advierte de la existencia de un peligro, externo o interno, tanto mayor como más profundo sea el desfiladero, peligro que sortearemos felizmente si en el fondo del desfiladero vemos las aguas de un manantial o de un riachuelo.

Desfile

Cuando en sueños presenciamos un desfile es un buen presagio que nos dice que podemos contar con muchos amigos fieles.

Desgarrar

Desgarrar ropas o tejidos en sueños hace temer que sufra la reputación de la persona a quien pertenezca el tejido, y si desconocemos a quién pertenece o son prendas nuestras, es nuestra reputación la que puede ser atacada.

Cuando lo que desgarramos son papeles o documentos, este sueño augura el olvido, el perdón de faltas cometidas.

Desierto

Un sueño más frecuente de lo que cabría suponer es aquel en que nos vemos abandonados en el desierto, sin agua, pidiendo ayuda y tratando de salir de él.

Lo más destacado de estos sueños es la falta de agua y la fuerza abrasadora del sol, lo que traducido del símbolo al lenguaje de la vida diaria equivale a hacernos sentir la soledad y el sentimiento de que nadie se acuerda de nosotros, la carencia de amor en que vivimos. Pero esta falta de amor tiene otra vertiente, pues para recibir amor es necesario darlo, y es así, poniendo sentimiento y amor en nuestro trato con los demás, que también lo recibiremos y llegaremos a ver colmada esta sed de amor que ahora nos desespera y se traduce en este sueño.

En personas profundamente místicas, este sueño adquiere otra proporción, pues simboliza el camino que deben seguir: la consunción del amor terreno en beneficio del fulgor divino de la Gracia.

Desmayo

Es una amenaza de peligro, casi siempre a causa de haber olvidado los deberes morales. Es una promesa de placeres de corta duración que resultarán peligrosos para la salud o la reputación.

Desnudo, desnudez

En todo sueño de desnudez lo primero que debemos observar es si existen implicaciones sexuales, pues en caso afirmativo su significado no puede ser más evidente.

Pero en caso contrario, vernos desnudos equivale a vernos como somos, libres de toda hipocresía. Entonces, el sentimiento que predomine en el sueño nos dará la clave de su interpretación.

Si nos sentimos felices, este sueño refleja el cansancio que nos produce el fingimiento continuo que nos imponen las consideraciones sociales, el deseo de liberarnos del mismo, e incluso, en casos extremos, puede revelar el deseo de abandonar todo tipo de vida social.

Si la desnudez soñada nos resulta embarazosa o incómoda, refleja el desamparo, la impotencia que experimentamos social o profesionalmente. También puede representar insatisfacción por nuestra apariencia física; que nos avergonzamos de nuestro propio cuerpo.

Si en el sueño vemos desnudas a otras personas, o las desnudamos, también puede tratarse de un sueño de apetitos sexuales, o simplemente del deseo de conocer las intenciones y pensamientos de los demás respecto a nosotros.

Desván

En las casas hay unos lugares, como el desván o el sótano, donde sólo se guardan cosas desechadas que algún día comprobaremos que todavía existen, aun cuando ya ni nos acordábamos de las mismas. Pues bien, dichos lugares se refieren al subconsciente, en el que se almacenan recuerdos de la infancia, de los primeros escarceos amorosos, de momentos felices o desgraciados...

Soñar con el desván significa que en nuestro interior se remueven sensaciones, recuerdos, generalmente de la niñez, y cuando esto ocurre es que algo no marcha bien en nuestra vida actual y por ello surgen los viejos fantasmas del pasado, aun cuando lo hagan simbólicamente.

Diablo

Ante todo debemos aclarar que entendemos por diablo tanto a su imagen cristiana como a la de cualquier ente maligno que podamos imaginar; pero con cuernos, garras y cola, o sin ellos, el diablo que aparece en los sueños infantiles encarna todos los terrores irracionales que se les inculcan y los remordimientos que les asaltan sin que ellos mismos sepan el porqué, y que están originados en una educación en la que impera una dureza excesiva o una represión basada en normas ya caducas e irracionales.

Pero también a los adultos se nos puede aparecer el diablo en sueños, y lo hace en las formas más diversas y adecuadas al modo de pensar de cada cual. Puede tratarse del diablo aterrador que nos revela que todavía seguimos atados a los terrores infantiles, a complejos de culpabilidad que indican que hemos crecido en años pero no en conocimiento real y humano; el diablo tentador, cuya presencia en sueños refleja desconfianza en uno mismo y temor ante las propias debilidades; el diablo conciliador y amistoso, que revela nuestra tendencia o nuestro deseo de disminuir la culpabilidad de nuestras faltas...

Podemos decir que el diablo de nuestros sueños es un reflejo distorsionado de nuestra conciencia que nos acusa de alguna falta, real o imaginaria, que nos roe por dentro y pugna por aflorar a la conciencia.

Diamante

El diamante es la más preciada de las piedras preciosas y simboliza la soberanía, la incorruptibilidad, la realidad absoluta, el valor ante la adversidad y la integridad de carácter.

Con semejante carga simbólica, no es de extrañar que soñar con

El Diablo. (*Según Eliphas Levi.*)
El diablo de nuestros sueños es un reflejo distorsionado de nuestra conciencia que nos acusa de alguna falta.

diamantes constituya un augurio de buena suerte y prosperidad ayudada por nuestras cualidades, y que además de todo ello, a las mujeres les prometa amor y matrimonio.

Diario íntimo

Véase CUADERNOS.

Dibujo

Del mismo modo que en la vida real muchas veces estamos dibujando inconscientemente sobre un papel mientras meditamos, también a veces nos vemos dibujando en sueños o vemos los dibujos ya realizados. Se trata de un sueño que revela que estamos proyectando algo cuya realización se efectuará de acuerdo con la belleza y perfección del dibujo soñado.

Diccionario

Siempre que en nuestros sueños aparezca un diccionario o cualquier otro libro de estudio o consulta, es una advertencia de que necesitamos ampliar nuestros conocimientos antes de llevar a la práctica nuestros proyectos.

Dientes

Ante cualquier sueño relacionado con los dientes lo primero que debemos hacer es visitar al dentista, pues el sueño puede ser la anticipación de un daño real (caries), cuyo dolor, todavía muy leve y reprimido inconscientemente durante el día, aflora a la conciencia a través del sueño.

De no ser así, debe tenerse en cuenta que perder los dientes equivale a perder la fuerza agresiva, vital, de ataque y defensa característica de la juventud, pues es bien sabido que con la edad disminuyen nuestras fuerzas vitales y se pierden los dientes paralelamente a nuestra agresividad. Por ello, soñar que se pierden los dientes es un símbolo de frustración, de castración y de fracaso; en una palabra, refleja el temor a la pérdida de la virilidad o la derrota en la vida. Pero para la mujer significa además su temor a envejecer, a dejar de ser atractiva, o en el caso de estar embarazada, el temor a un parto difícil.

También hay que tener en cuenta si en el sueño puede apreciarse cuál es el diente que se pierde, pues cada tipo de diente posee una simbología derivada de su función natural.

Así, los incisivos son dientes figurativos, pues su función natural de cortar los alimentos está en nosotros muy disminuida desde que nos civilizamos; pero en cambio, al sonreír y al hablar, al entreabrir la boca, son los dientes que mostramos a los demás, y si bien cuando perdemos un molar, por ejemplo, muchas veces no lo sustituimos, de perder un incisivo lo hacemos de inmediato. Es por ello que los incisivos simbolizan la apariencia externa, el renombre, la celebridad y la belleza.

La función de los caninos es la de desgarrar, por lo cual su simbolismo es el de encarnizamiento y agresividad, e incluso en ocasiones de odio, pues en los animales agresivos son los caninos los que muestran cuando amenazan o se deciden a atacar.

La de los molares, en cambio, es la lenta y paciente masticación, lo que los convierte en símbolo de la obstinación y la perseverancia. Tanto es así que se considera que las personas con fuertes molares —lo que se traduce por fuertes mandíbulas— son personas tenaces y obstinadas, mientras que las mandíbulas débiles también traducen una cierta debilidad e inconstancia.

Dificultades

Toda dificultad que se presenta en sueños, ya sea al andar, al correr o al realizar cualquier otra cosa, presagia la presencia de obstáculos que se interpondrán en la realización de nuestras esperanzas y proyectos.

Diluvio

El diluvio simboliza una catástrofe que nunca es definitiva a causa del carácter regenerador de las aguas. Destruye las formas pero no las fuerzas, posibilitando el resurgimiento de una nueva vida.

Por ello, soñar con un diluvio es el presagio de una época de desastres y mala suerte que, no por ello, significará la ruina total, sino que muchas veces permitirá empezar de nuevo y con mayores posibilidades de éxito.

Dimisión, renuncia

Dimitir en sueños de un cargo o de un empleo presagia una separación o ruptura que no será dolorosa, sino que una vez pasada la tensión del momento se convertirá en una liberación.

Dinero

El valor dinero es el que mejor refleja la importancia relativa de las cosas y esto hace que se convierta en el símbolo onírico de aquellas cosas íntimamente deseadas en el momento de soñar y de las cuales no nos atrevemos a mencionar su nombre.

Dinero.
*Símbolo onírico de aquellas cosas íntimamente deseadas y que no
nos atrevemos a mencionar.*

Así, al analizar un sueño de dinero no es extraño que terminemos
por darnos cuenta de que el dinero que deseábamos apropiarnos era
una representación simbólica de aquella mujer casada que ayer cono-
cimos y nos atrajo vivamente. O cuando en sueños hallábamos un
pequeño tesoro y teníamos miedo a ser sorprendidos cogiéndolo, este
sueño se refería a unas relaciones ilícitas. Pero además, este último
sueño es muy frecuente entre los muchachos que se inician en el amor.

Pero el dinero también puede traducirse por una energía disponible,
un rendimiento, un valor de la personalidad que puede aumentar, disminuir o ser simplemente potencial. Y esto aparece en aquellos sueños
en que adquirimos algo y al devolvernos el cambio nos dan más dinero
del que habíamos dado; o nos encontramos dinero en un libro o cualquier objeto. Esto significa que lo adquirido o lo que contenía el dinero tiene un valor potencial superior al que nos imaginábamos, ya sea
material, moral o sentimental.

Del mismo modo podemos soñar que nuestra amada nos roba una
importante cantidad de dinero, y en este caso la intención del sueño no

es revelarnos que ella nos engaña, sino el hacernos comprender que somos nosotros los que exageramos nuestro amor y nos dedicamos al mismo demasiado exclusivamente, con lo cual sacrificamos otras cosas que también son valiosas. Son sueños que nos hacen meditar en la necesidad de mantener un equilibrio razonable en el empleo de nuestras energías para no gastarlas en un objetivo único, lo que a la larga puede acarrear incluso la pérdida de lo que nos acapara.

También es bastante corriente perder dinero en sueños y que esta pérdida vaya acompañada de una sensación angustiosa, lo que delata nuestro temor a perder algo muy querido, una persona, un afecto, un objeto apreciado...

Dios

Como muy bien dice Kolosimo, se trata de un sueño rarísimo que tanto puede denotar una espantosa seguridad en sí mismo, como una gran paz interior.

Y es que no hay que confundir este sueño con el de estar rogando, ya sea a Dios o a los santos.

Dirección

Ver una dirección en sueños significa que pronto recibiremos noticias o la visita de un amigo, seguramente de aquel cuya dirección hemos soñado. En cambio, dar nuestra dirección nos advierte de que hemos cometido una imprudencia.

Disfraz

Soñar que vamos disfrazados revela la intención de ocultar nuestros sentimientos, emociones y deseos de engañar a los demás. Pero si este sueño se repite con cierta frecuencia, es que nuestra máscara mundana, el fingir diario a que nos vemos obligados por la vida en sociedad, está empezando a sustituir a nuestra verdadera personalidad, lo cual es muy peligroso. El verdadero problema reside en que a pesar de darnos cuenta no sabemos cómo evitarlo.

Si en el sueño vemos a otra gente disfrazada, debemos intentar recordar quiénes eran los disfrazados y desconfiar de ellos en la vida real, ya que se trata de gente que quiere engañarnos, aprovecharse de nosotros.

Disminución

Si soñamos que las cosas disminuyen de tamaño es que nos amenaza un descenso de posición social o profesional. Si somos nosotros los que nos vemos disminuir, especialmente si nos vemos retornar a la infancia, lo que el sueño revela es nuestra necesidad de afecto, de sentirnos cuidados amorosamente.

Disparo

Aun cuando algunos autores pretenden que oír un disparo advierte al soñador para que se prevenga contra maniobras adversas, la realidad es que los disparos que oímos en sueños no son más que la representación onírica de un ruido real y, por lo tanto, carecen de significado profético.

Divorcio

Soñar con el divorcio suele ser el reflejo onírico de unas relaciones matrimoniales que se han hecho difíciles; es necesario que ambos cónyuges pongan algo de su parte para mejorar la situación.

Doble

A veces se sueña con un doble que nos acompaña, es como una sombra, como un reflejo de nosotros mismos que parece realizar o copiar cuanto nosotros hacemos, y a pesar de que muchas veces no podríamos decir si es real o incorpóreo, lo cierto es que nunca llegamos a ver su rostro.

Este sueño revela una falta de integración de la personalidad, una incapacidad en hacer frente a los problemas reales de importancia, situación que la mayoría de las veces suele ser pasajera, pero si el sueño se repite puede ser conveniente la visita a un psicólogo. Y si llega a hacerse muy repetitivo, la gravedad del caso es mucho mayor e incluso se conocen algunos casos en que se trataba de un presagio de una próxima muerte.

Domar, domador

Este sueño presagia éxito y triunfo, pero de poca duración y siempre que en la doma no ocurra ningún accidente, en cuyo caso auguraría un fracaso proporcional a la gravedad del accidente sufrido por el domador.

Este sueño suele ser bastante frecuente en la infancia y adolescencia, en cuyo caso se limita a reflejar la natural inquietud y afán de aventuras de dicha edad. Cuando el sueño se produce en momentos difíciles de la vida del soñador, puede tratarse de un reflejo de la tensión anterior, de la necesidad de dominar pasiones internas de carácter contradictorio.

Domesticar

Es un sueño muy parecido al anterior, pero el éxito que asegura es más duradero, del mismo modo que cuando refleja estados interiores lo que significa es el final de las dudas e incertidumbres.

Dominó

Es un sueño de placeres inocentes, pero si en el sueño se pone excesiva pasión en el juego y éste se pierde, predice indiscreciones, mientras que si se gana revela el deseo de ser adulado.

Donativo, donación

Cuando en sueños realizamos un donativo, nos augura la ingratitud de quienes nos deben favores. Recibir un donativo o una donación presagia un cambio favorable en nuestra posición; si el donativo lo recibimos de un hombre, es que dicha mejoría se producirá gracias a los buenos consejos recibidos; si procede de una mujer, las que nos ayudarán y harán más feliz nuestra vida serán las buenas amistades.

Dormir

Si en sueños nos vemos dormidos, o que vamos a acostarnos, el sueño revela nuestra falta de atención en lo que hacemos, que somos demasiado negligentes en la vida real.

Dosel, palio, parasol

Son tres símbolos de protección y dignidad, y a pesar de que el parasol se ha popularizado en los países civilizados perdiendo mucho de su significado de dignidad, en los sueños sigue teniéndolo.

La forma y el color son muy importantes, pues cuando son cuadrados o rectangulares se relacionan con los bienes terrenales y si son redondos con los celestiales; y en cuanto al color, nos aclara la naturaleza de dichos bienes.

Por ello, cuando en sueños nos vemos bajo un dosel, un palio o un parasol, presagia que gozaremos de una especial protección, de un incremento de dignidad, todo ello de acuerdo con la forma y el color de dicha protección.

Dragón

Si examinamos los dragones que aparecen en los sueños o los representados por el arte, veremos que el dragón es un resumen de todos los animales peligrosos que conocemos, tanto actuales (en especial la serpiente y el cocodrilo), como prehistóricos, a los que se añaden algunos detalles que los hacen más espantosos.

Por ello, el dragón es el «animal» por excelencia, el guardián del tesoro o de la doncella (el alma), el enemigo primordial, y combatir contra él es la gran prueba, la gran iniciación. Puede decirse que la lucha contra el dragón simboliza la lucha del YO contra las tendencias e instintos regresivos, para liberar el alma.

Duelo

Es un mal presagio que augura desunión y peleas. Si somos nosotros los que nos batimos, será una discusión con el cónyuge o los amigos; si lo presenciamos, son nuestros amigos o parientes los que disputarán entre sí.

Dragón. (*Xilografía de Durero.*)
*Luchar contra él simboliza la lucha contra las tendencias e instintos agresivos
para liberar el alma.*

Echarpe

Pasearse con un echarpe augura bienestar y una holgada posición, siempre que sea amplio y hermoso; pero si es ridículo, agujereado o en mal estado, lo que augura son dificultades y problemas en el trabajo diario.

Eclipse

Siempre es un mal sueño que presagia desgracias y enfermedades. Si es de Luna, la cosa no reviste demasiada gravedad, pero si es de Sol la cosa es más seria y puede llegar a anunciar algún duelo en la familia.

Eco

El eco simboliza aquello que no puede hablar como no sea repitiendo lo que otros dicen. Percibirlo en nuestros sueños presagia mentiras e indiscreciones cuando repite la voz de los demás, pero si repite la nuestra es un indicio de pasividad, de falta de iniciativa.

Edificar, edificio

Edificar es sinónimo de construir, y esto siempre es bueno, incluso en sueños, en los que presagia que en nuestra vida entrarán nuevos elementos y conocimientos que nos permitirán reestructurarla sobre nuevas y más sólidas bases.

Según sea el edificio que edifiquemos o veamos edificar, así será el porvenir que nos prepararemos en la vida real; si la construcción es amplia y sólida, es que sentiremos la necesidad de expandir nuestra vida e intereses; si los edificios son pequeños, nuestra empresa será más modesta, pero siempre mejor que nuestra situación actual. Sólo debe preocuparnos si lo que edificamos se cae o está mal construido. En este caso, valdrá la pena que revisemos nuestros planes y los pongamos de acuerdo con la nueva situación que se presiente.

Ejecución

No es un sueño muy corriente, ni como víctima ni como verdugo, pero en el primer caso es que existe un grave complejo de culpabilidad que no se sabe cómo eliminar y que crea una situación angustiosa.

Muy distinto es el caso en que soñamos que somos el verdugo, que denota el deseo de sacudirnos de encima la autoridad de otra persona.

Ejército

Todos los sueños en que interviene la violencia o el ejército son augurios de discordia, de problemas con los demás, y el ejército soñado simboliza a los amigos o colaboradores con que contamos, y del aspecto de este ejército prodremos deducir hasta qué punto merecen nuesta confianza y hasta qué punto podremos contar con ellos en los problemas que se avecinan.

Elefante

El elefante simboliza la fuerza, la prosperidad, la longevidad y la memoria. Soñar que montamos o conducimos un elefante es signo de éxito gracias a las cualidades que simboliza el elefante o gracias al apoyo de personas poderosas e influyentes que no olvidan los favores que les hicimos en el pasado.

Para un enfermo es un buen sueño, pues le pronostica no sólo la curación, sino además larga vida.

Ejército. (*Xilografía de Durero*.)
Sueños que auguran discordia y problemas con los demás.

Elevación

Hay una serie de sueños (CUMBRE, MONTAÑA, SUBIR, etc.) cuyo significado es muy parecido por existir en todos ellos una circunstancia común: la elevación, es decir, el hallarse o alcanzar un nivel de altura superior al normal.

En el sueño, la elevación siempre equivale a un ideal, una meta cuya importancia es proporcional a su altura, y esta meta tanto puede ser material, moral o espiritual. La clave de estos sueños reside en la facilidad o dificultad que entrañe la subida, que indicará las facilidades u obstáculos que hallaremos en la lucha por subir, por alcanzar la meta soñada; así como los sentimientos que despierte el conseguirla o no.

Embarazo

Si se está embarazada, este sueño no es más que un reflejo de la situación actual y carece de carácter premonitorio; pero de no ser así suele reflejar el deseo de casarse o de una existencia más tranquila y sosegada que la actual. Sin embargo, cuando el sueño es angustioso revela el miedo a las relaciones sexuales o a sus consecuencias; y si llega a convertirse en una pesadilla que culmina en un parto espantoso, revela la obsesión por las enfermedades venéreas o por las malformaciones físicas.

Embarcarse

Puede ser la traducción onírica del deseo de conocer nuevos horizontes, de un cambio de vida, o también el presagio de que pronto nos «embarcaremos» en un nuevo proyecto o negocio.

Embriaguez

Este sueño, que se da muy pocas veces, casi siempre es debido a la acción de ciertos medicamentos, y en este caso se trata de una embriaguez agradable, pero sin el menor simbolismo.

Cuando el sueño se produce sin la existencia de dicha circunstancia motivadora, puede tratarse de una embriaguez triste o alegre, al igual que ocurre en la vida real; si es triste, revela insatisfacción por la vida actual y un íntimo deseo de evasión, si la embriaguez soñada es alegre, se considera un buen presagio, de incremento de salud y de fortuna.

Embudo

El embudo sirve para trasegar líquidos, y en sueños carece de un significado propio, significado que recaerá en el que posee el líquido trasegado. No obstante, cuando el embudo lo soñamos sin usarlo, indica despreocupación.

Embutido

Como muchas otras cosas pequeñas sin significado propio, lo que debemos tener en cuenta es su color. Así, un embutido blanquecino indica alegría; si es negro, penas; rojizo, pasión, etc.

Enanos. (*Detalle de* Las meninas, *de Velázquez*.)
Detrás de su aspecto y sus palabras, los enanos guardan la verdadera sabiduría o un mensaje provechoso.

Enanos

En la mitología y en los sueños, los enanos unas veces se nos aparecen como pequeños seres de inocente carácter maléfico y rasgos infantiles, y otras veces, deformes y desagradables.

En el primer caso simbolizan aquellas manifestaciones del inconsciente que si a primera vista resultan molestas, en el fondo traslucen verdades y sentimientos ocultos a los que se añade una sabiduría ancestral, casi telúrica. Las palabras y la conducta de esos seres encierran un mensaje provechoso y revelador.

En el segundo caso, estos enanos deformes podemos considerarlos como diablos diminutos que reflejan nuestra ignorancia y pequeñez, dos «pequeños» defectos que, coaligados, pueden ser más malignos que los pecados «mayores». En este caso, la lucha contra lo que significan estos enanos malignos de nuestros sueños puede significar uno de los medios de alcanzar la verdadera sabiduría.

Encajes

Realizaciones felices en amor y posición.

Encallar

Véase BARCO.

Encantamiento

El encantamiento es una reducción a un estadio inferior de existencia, que suele representarse simbólicamente como la conversión en animal, planta o piedra.

En sueños, el que un mago o una bruja nos haga víctimas de un encantamiento es una advertencia para que nos demos cuenta de que acabamos de cometer una falta que deberemos reparar si no queremos exponernos a un justo castigo, ya sea en esta vida o en la otra.

Encina

La encina simboliza la fuerza moral y física y la sabiduría, y sirve de comunicación entre el Cielo y la Tierra. Es el árbol que más atrae la descarga del rayo.

Por ello, ver a una encina en sueños nos promete una gran protección y éxito en nuestras empresas, felicidad y fortuna pero siempre a condición de que la encina luzca todo su follaje, pues si le vemos perderlo, la protección prometida puede verse comprometida, e incluso no llegar a convertirse en realidad.

Encrucijada

En la encrucijada concurre gran parte del simbolismo de la cruz —de ahí el carácter mágico que siempre se les ha atribuido—, desde los griegos, cuya diosa Hécate era la diosa de las encrucijadas y la reina de los tres mundos (Cielos, Tierra e Infiernos), hasta nuestros días, en que el mundo cristiano ha multiplicado las cruces, los calvarios y las estatuas de la Virgen en las encrucijadas, que al mismo tiempo, siguen siendo uno de los lugares preferidos por brujas y magos para la celebración del sábbat.

En sueños, la encrucijada debe interpretarse como CRUZ en el suelo.

Enemigos

Los sueños en que aparecen nuestros enemigos son los más fáciles de interpretar pues su traducción es literal. Así, por ejemplo, soñar que los vencemos significa que realmente estamos decididos a vencerlos en la vida real. Hablar con ellos, el deseo de solucionar pacíficamente nuestras diferencias; y así en todos los demás casos.

Enfermedad

Soñar que estamos enfermos no sólo indica una preocupación por nuestra salud, sino que muchas veces revela la existencia de problemas emotivos, así como la añoranza de la infancia; o sea, el deseo y la necesidad de sentirnos cariñosamente cuidados y mimados como en la infancia, libres de trabajos y responsabilidades.

Algunos autores opinan que cuando soñamos que el enfermo es un pariente, el sueño más que revelar nuestra preocupación por el mismo establece una relación entre el pariente enfermo y nuestro cuerpo, según la cual, si el enfermo es el padre, existe la posibilidad de que nosotros enfermemos de la cabeza; si es la madre, del vientre, si es un hijo, del corazón; y si es un hermano o hermana, de los brazos o las piernas.

Enfermero, enfermera

En los sueños de enfermedad, muchas veces aparece un enfermero o enfermera, lo que nos pronostica la próxima presencia de una persona de la que recibiremos consejos, afecto e incluso amor, lo que a su vez presupone que en la vida real también tenemos problemas afectivos, es decir, que no existe un perfecto entendimiento con el cónyuge, o al menos que en estos días han existido roces y discusiones matrimoniales.

Engordar, gordura

Cuando en sueños nos vemos engordar o mucho más gordos de lo que somos en la realidad, este sueño nos presagia un incremento de bienes y de salud.

Ensalada

Soñar con ensaladas es una de las múltiples formas con que nuestro cuerpo nos advierte de la necesidad de seguir una dieta, de controlar nuestro peso. Si el sueño se repite varias veces es que estamos abusando realmente de la buena mesa.

Entarimado, parquet

Como todos los sueños relacionados con la limpieza y el trabajo doméstico, traducen la preocupación por el orden y la economía, ya sea porque realmente nos preocupa (y quizá demasiado) o porque los descuidamos. Para saber cuál de las dos acepciones es la adecuada, el soñador, una vez despierto, sólo tiene que hacer un ligero examen de conciencia.

Enterrador

Soñar con uno o varios enterradores que en aquel momento no se estén ocupando de un entierro, casi siempre presagia la muerte de algún pariente lejano o amigo que nos legará sus bienes; es decir, nos promete una herencia inesperada, tanto mayor como más enterradores soñemos.

Enterrar

Si soñamos que enterramos un animal o un objeto, el presagio se halla contenido en el nombre de lo que enterramos o veamos enterrar; pero si en el sueño no distinguimos de qué se trata, su mensaje será de carácter psicológico y se refiere a un cambio radical de vida, a la muerte de una tendencia interior, cuyas consecuencias serán buenas o malas para nosotros según el sentimiento dominante en el sueño. También el estado del tiempo será indicador, según sea claro y soleado o nublado y tenebroso.

Entierro

Aun cuando todos los sueños de entierros pueden parecer iguales a primera vista, en realidad debemos realizar varias distinciones para poderlos interpretar correctamente, cada una de las cuales estudiamos en el nombre que le corresponde:

1. Sueños de ENTERRADOR, en los cuales sólo vemos al enterrador, pero no al muerto ni al funeral.
2. Sueños de ENTERRAR, que se realizan fuera del cementerio y en

Entierro. El descenso a la fosa, *de Botticelli*. (*Pinacoteca de Munich*.)
Si soñamos el entierro de otra persona, por ejemplo, nos presagia el triunfo sobre nuestros enemigos, exteriores e interiores.

los cuales se entierra a un animal, un objeto, o no sabemos el qué, pero nunca una persona.

3. Sueños de ENTIERRO, en los que vemos enterrar a alguien, y que son los que estudiaremos aquí.

4. Sueños de FUNERALES, en los que presenciaremos la ceremonia religiosa del entierro.

Veamos ahora los sueños de ENTIERRO.

Si soñamos el entierro de otra persona, nos presagia el triunfo sobre nuestros enemigos, ya sean externos, es decir, personas que desean perjudicarnos, o internos, o sea sentimientos e instintos, en cuyo caso su significado es el mismo de ENTERRAR.

Si nos entierran a nosotros, debemos distinguir entre el que nos entierren vivos o que nos entierren muertos.

En el primer caso, nos revela que alguien desea nuestro mal y hace lo posible por perjudicarnos, ya sea de palabra (calumniándonos) o de obra; quien así procede suele ser aquel o aquellos que soñamos que nos entierran vivos.

Si nos entierran muertos, nos presagia una vida larga y feliz, así como el incremento de nuestros bienes o la mejoría de nuestra situación, ya sea en lo económico, en lo moral o en la salud. Pero si además nos entierran en una tumba (no en un nicho), es que llegaremos a ser propietarios de una casa o una finca.

Entrañas

Soñar con las entrañas de animales, en especial las de aves, es un buen presagio de alegría y placeres. Pero si las entrañas las cocemos nosotros mismos puede augurar el fracaso de nuestros deseos por nuestra propia culpa.

Entrelazar, entrelazado

Los entrelazados son unos elementos ornamentales que a veces aparecen en los sueños atrayendo nuestra atención, ya sea como cordones entrelazados en forma de un ocho acostado o como redes. Su simbolismo es el de unión, de una unión que se mantenga hasta la muerte, y a ser posible, más allá. En estos sueños, más que la mera contemplación de los entrelazados o el hecho de entrelazarlos, se trasluce el íntimo deseo de entrar dentro del entrelazado, lo que revela el deseo de participar en esta unión simbólica.

Por todo ello, el significado de los sueños en que contemplamos, construimos o nos fundimos en un entrelazado, es el de revelar, de descubrirnos nuestro íntimo deseo de formar una unión imperecedera con alguien o con algo, pues tanto puede tratarse de un matrimonio como de unos votos religiosos o meramente místicos.

No obstante, es muy importante no confundir este sueño con los de ENVOLVER, en que muchas veces lo que envuelve también es una trama entrelazada.

Envolver

Desde un punto de vista psicológico, lo envuelto es lo inconsciente, lo reprimido, lo olvidado, lo anterior, y en el plano de la evolución cósmica, es el sueño colectivo que separa dos ciclos.

En el simbolismo de los sueños hay mucho de los dos conceptos. Lo fundamental es que lo que se envuelve desaparece, muere. Y como en muchos otros casos, la acción —en este caso el envolver— es la base del sueño, pero la clave la proporciona el nombre de lo que se envuelve, que será lo que muera, lo que desaparezca.

Pero también es importante el grado de «muerte», el grado de profundidad en que se entierra en el inconsciente, y esto nos lo dirá el grado de opacidad o transparencia de la envoltura. En este enfoque de la cuestión es muy importante la presencia de envolturas en forma de red, ENTRELAZADAS, que siempre indican que lo que se quiere envolver, es decir, hacer desaparecer en el olvido, es de carácter afectivo, y que aun hundiéndolo en las profundidades del inconsciente, seguiremos íntimamente fundidos con él.

Equipaje

Cuando debemos emprender un viaje la primera cosa que hacemos es preparar nuestro equipaje, pues éste debe contener todo aquello que consideramos imprescindible para desenvolvernos con normalidad en el lugar al que vamos. Así pues, los sueños de equipajes siempre se relacionan con un viaje, o lo que es lo mismo, presagian un cambio, una evolución para el dueño del mismo, ya seamos nosotros u otra persona. Pero si el equipaje soñado no parece tener dueño o nadie lo reclama, es que en vez de un viaje se trata de la llegada de alguien que, en una u otra forma, motivará que se produzca un cambio, una evolución en nuestra vida.

Por lo tanto, el equipaje soñado simboliza cuanto disponemos: bienes, posibilidades, capacidades, signos externos e internos de riqueza, instintos, costumbres, protecciones, perjuicios, etc.

Cuando en el sueño perdemos o nos olvidamos nuestro equipaje

—lo que siempre se acompaña de sentimientos de inseguridad y frustración— es una manifestación de nuestra impotencia para poder realizar la tarea, la función o la evolución que deseábamos, ya sea por falta de medios, de capacidades o de cualquiera de las cosas que simboliza el equipaje.

Otras veces, es tanto lo que intentamos cargar dentro de nuestro equipaje que éste se convierte en un pesado lastre que nos impide movernos, que nos imposibilita el viaje. Lo cual nos indica que todavía estamos demasiado atados a las cosas materiales, a los afectos, a los hábitos adquiridos, a los prejuicios, por lo que el cambio o la evolución deseada es totalmente imposible de llevar a término.

Y es que para progresar es necesario saber prescindir de lo que ya no sirve, dejar atrás falsos valores y posesiones; y no olvidemos que en último término, siempre llegará un momento en que deberemos abandonarlo todo si queremos ser realmente libres y espiritualmente logrados.

Por último, no debemos confundir los sueños de equipajes con los de MALETAS, pues en estos últimos no se sube al tren, no se viaja, sino que como máximo se carga con la maleta, pues se trata de huir.

Era

Si la era soñada está vacía, pronostica problemas y dificultades, y a veces, penuria. Pero si contiene paja o grano, o ambas cosas a la vez, augura bienestar y provecho, tanto mayor como más repleta se halle. Cuando las circunstancias personales del soñador lo permitan, puede anunciar el cobro de una herencia que ya se esperaba.

Ermitaño

Es un sueño con dos vertientes que dependen del ambiente general del sueño. Si dicho ambiente es claro, soleado y tranquilo, significa tradición, estudio, reserva, trabajo paciente y profundo. Pero si el ambiente es nocturno, nublado o tenebroso, también es presagio de estudio y trabajo, pero taciturno, pesado y meticuloso hasta el aburrimiento.

Erizo

Soñar con un erizo es un mal presagio de luchas, persecuciones y decepciones, pero ante todo es nefasto cuando necesitamos pedir dinero, pues es seguro que caeremos bajo las manos de un usurero.

Escalar

Tanto en los sueños como en la vida real, escalar equivale a subir a un lugar elevado venciendo una serie de obstáculos, resolviendo una serie de problemas que se nos presentan a cada paso, a cada palmo de terreno que subimos. También son muchas las cosas que pueden escalarse: una cima, una montaña, una colina, un muro, una casa, un castillo..., pero si nos fijamos bien veremos que cada una de estas cosas desde el punto de vista de la escalada no son más que grados de dificultad, distinta clase de obstáculos y de problemas que resolver.

Así pues, el significado general de estos sueños será siempre el mismo: el de subir, de escalar una posición, de conseguir un éxito, pero siempre venciendo numerosos obstáculos y solucionando múltiples problemas.

No obstante, en estos sueños existe algo que conviene destacar y que casi siempre se olvida, quizá debido al sentido cristiano de la vida y al erróneo concepto occidental de la superación, que sólo impulsan a subir, a escalar, ya sea al cielo o al éxito, pues bajar es el descenso a los Infiernos, es perder categoría, dinero y posición.

Pero en la vida no todo es subir y triunfar, también es importante detenerse a consolidar y saber que bajar —que no es lo mismo que caer (que significa fracaso)— puede ser tan meritorio como subir. Y esto, donde mejor se comprende es en la escalada, pues no es posible quedarse a vivir en las altas cimas, sino que es necesario volver a bajar, desafiando más peligros y solucionando nuevos problemas.

Así pues, en los sueños de escalada y en todos aquellos en que pueda subirse y bajarse, cuando se baja bien y sin caer no presagia un fracaso o una pérdida de categoría; es finalizar lo empezado, un negocio o una empresa; es el logro y la consolidación final de una etapa o un proyecto.

Escalera

Simbólicamente, la escalera es el medio para pasar de un nivel a otro, pudiendo ser este último superior o inferior.

En cuanto a la interpretación de los sueños de escaleras puede considerarse que es la misma que hemos descrito para ESCALAR, si bien aquí las dificultades vienen simbolizadas por el tipo de escalera (de mano, fija o de caracol), por la forma de los peldaños, la posición de la escalera, y si se ve, si se sube o se baja.

La diferencia entre una escalera de mano y una de fija consiste en que la primera es relativamente liviana, puede ponerse, quitarse o dejarse tumbada en el suelo, y jamás permanece largo tiempo en el mis-

Escalera. El sueño de Jacob. (*Según un grabado antiguo.*)
Subir una escalera presagia éxito y triunfo; caer de ella, fracaso y pérdida de la posición.

mo sitio. La fija, como su nombre indica, está construida para permanecer siempre en el mismo lugar, y su solidez y duración es mucho mayor.

En la interpretación de los sueños, esto se traduce porque cuando la escalera de mano predice un éxito o una mejoría de posición, será temporal y relativa, mientras que en la escalera fija el mismo éxito posee una duración y trascendencia mucho mayor, de tal modo que no se tratará de un éxito transitorio, sino de un éxito que marcará toda una etapa de la vida del soñador.

Otra diferencia entre una y otra escalera lo constituyen los peldaños, que en la escalera de mano son independientes, con lo cual las dificultades que representa se presentan «sueltas», independientes entre sí, mientras que en la escalera fija los peldaños suelen tener una continuidad entre ellos y, por lo tanto, también las dificultades y obstáculos que representan poseen esta misma continuidad.

En cuanto a la escalera de caracol, simboliza un círculo vicioso, y suele manifestar la sospecha o la confirmación de que se están gastando las energías para algo que no merece tal despilfarro de fuerzas y por ello, cuando aperece en sueños suele ir acompañada por una sensación de angustia y temor.

Pero la escalera, además de estos significados materiales, puede adquirir un significado altamente espiritual, lo que se conocerá (además de la condición mística del soñador) por el número de escalones que siempre totalizarán un número sagrado, preferentemente el siete; pero ante todo, por la atmósfera del sueño, que es indefinible y a la vez inconfundible.

En estos casos, el sueño tanto puede representar la subida del alma hacia Dios, como el descenso de Dios hasta el alma para otorgarle su gracia. También en este caso, la escalera de caracol, al desarrollarse sobre un eje vertical, simboliza el deseo del alma de ascender más rápidamente sin perder el contacto; esta línea directa que le une a Dios se halla representada por dicho eje.

Para finalizar, resumamos los significados más corrientes de los sueños de escaleras:

Subir: éxito y triunfo, tanto mayores cuanto sea la altura alcanzada. Caer: fracaso, pérdida de posición. Pasar por debajo: humillación, afrenta. Ver una escalera en el suelo: enfermedad. Levantarla: curación. Verla apoyada en un muro: peligro.

Escamas

Es un sueño bastante raro en el que las escamas simbolizan los restos de animalidad que perduran en quien las lleve. Generalmente se suele soñar a seres, como las sirenas o los tritones, cuya parte inferior está recubierta de escamas, lo que todavía resalta más la inferioridad moral (por ser la parte inferior) que trata de revelar el sueño.

Naturalmente, cuando nos vemos a nosotros mismos provistos de escamas, nos revela nuestra propia animalidad, el peligro de que nos dejemos arrastrar por los bajos instintos.

Escapar

Tanto en los sueños como en la vida real, escapar de un peligro siempre es una suerte, una indicación favorable. La clase de peligro de que escapamos ya viene implícita en el sueño y en aquello de que escapamos.

Escaparate

El escaparate sirve para mostrarnos una cierta cantidad de objetos, que en sueños supondrán una cierta cantidad de alternativas, de opciones entre las que deberemos escoger. El objeto que más atraiga nuestra atención de entre los expuestos simbolizará (véase su nombre y color) la opción que debemos escoger.

Esclusa

El significado de este sueño es muy fácil de descifrar, ya que el agua se refiere a los sentimientos y la esclusa sirve para regular o detener su salida. Así pues, este sueño nos advierte que debemos controlar nuestras emociones y sentimientos, pues de lo contrario nos esperan muchos disgustos.

Escoba

Las escobas que aparecen en nuestros sueños pueden constituir el reflejo de una insatisfacción por las labores caseras o, por el contrario, que las tenemos demasiado olvidadas (cosa que al soñador no le será difícil de distinguir), o revelar el deseo de apartar de nuestra vida a cosas o personas que nos son desagradables.

Pero a veces soñamos que la escoba se transforma en bastón, lo que presagia problemas conyugales; o que estamos barriendo en mitad de la calle ante la mirada divertida de los vecinos, lo que revela timidez o el temor a ser menospreciado.

Escorpión

En sueños, el escorpión simboliza las traiciones y los males traicioneros. Donde soñemos al escorpión nos revelará dónde se esconde la traición. Así, ver un escorpión en nuestra cama indica infidelidad. Si es

en el lugar de trabajo, debemos esperar un complot o un compañero traicionero que desea perjudicarnos. Hallarlo entre nuestros vestidos es alguien íntimo que nos traiciona. Si nos pica es la amenaza de una enfermedad, por lo general venérea. Verlo muerto o matarlo será una traición descubierta a tiempo.

Escribir

Buenas noticias relacionadas con lo que soñamos escribir. Si lo que
escribimos es una carta, es muy posible que las noticias las recibamos
de aquella persona a la que escribimos.

Escuela

Es un sueño que suele presentarse cuando debemos afrontar cualquier clase de prueba, aun cuando no se trate de un examen, y refleja la
tensión que siempre precede a estas ocasiones.

De no ser así, indica nuestra frustración ante las actuales circunstancias, de cómo se desarrolla nuestra vida actual. Es como si nuestro
subconsciente quisiera recordarnos que la vida es una escuela que no
podemos rehuir; que no es más que una continua lección que debemos
aprender, y que si no la asumimos o no la aprendemos, habremos vivi-
do en vano.

Escultura

Soñar que contemplamos unas esculturas presagia que no tardaremos en crear unas relaciones útiles y agradables a la vez. Si somos nosotros quienes nos vemos realizando una escultura y reconocemos a la
persona que estamos modelando, indica nuestro deseo (o la posibilidad) de educarla, de contribuir a modelar su carácter.

Esmeralda

La esmeralda es la piedra del conocimiento secreto, que tano puede tratarse de la ciencia de la vida y la fertilidad; ser, como la primavera, la expresión de la vida manifestada, como tratarse de la ciencia
maldita, la sabiduría abisal del dragón y la serpiente.

Por ello, si el sueño se acompaña de sentimientos placenteros, será
la manifestación del íntimo deseo de adquirir el Conocimiento, de go-

zar de los dones de la clarividencia; pero si la vista de la esmeralda produce una sensación de angustia o terror, refleja el temor al resurgir de nuestros instintos abisales, especialmente si junto a la esmeralda puede vislumbrarse un zafiro.

En un nivel más material, este sueño puede presagiar el goce de una vista perfecta hasta la vejez, o la proximidad de una enfermedad de la vista, según las sensaciones que acompañen al sueño.

Espada

La espada simboliza el valor y el poder en todas sus acepciones (civil, militar y legislativo) y en la tradición cristiana es el arma noble que sólo puede ser usada por los caballeros y los héroes. De aquí se deducen tantos simbolismos derivados que es imposible resumirlos en unas líneas, por lo que nos limitaremos a reseñar las formas en que más frecuentemente aparece en los sueños.

Cuando la vemos en su totalidad, tanto si la empuñamos como si la llevamos al cinto, confirma nuestro valor y nos promete que lograremos el poder, o que lo incrementaremos si ya lo poseemos, y junto al poder, el éxito y la posición social.

Si junto a la espada aparecen unas balanzas, o el conjunto del sueño se inclina por este significado, simboliza la justicia y, como tal, nos llama a cumplir con la función de separar el bien del mal y castigar a los culpables, lo que realizaremos con actos y palabras si gracias a nuestra posición social o profesional somos llamados a juzgar la conducta de alguien.

Si lo que resalta en el sueño es la empuñadura, entonces la espada se convierte en una CRUZ, adquiriendo todo el simbolismo que ya hemos definido para la misma.

Pero si lo que destaca es la hoja con su doble filo, lo que el sueño quiere poner de relieve es la fuerza y el dualismo de la palabra, por lo que si la hoja es reluciente y afilada también nuestras palabras serán convincentes; pero si la hoja es defectuosa o corta, lo que revelará es falta de elocuencia; y si es pesada y difícil de manejar, que prometeremos lo que luego difícilmente cumpliremos.

Por último, existen sueños que por su propio contexto revelan connotaciones sexuales, en cuyo caso la hoja representa al hombre y la vaina a la mujer.

Espada. El valet de espadas. (*Del tarot llamado de Charles VI.*)
*Cuando soñamos la totalidad de la espada confirma nuestro valor y nos promete
la consecución del poder.*

Espalda

La espalda simboliza la fuerza física y la resistencia, y según como sintamos en el sueño a nuestras espaldas, fuertes o débiles, nos pronosticará salud o enfermedad.

Cuando soñamos una espalda curvada, pronostica desgracias e impotencia para quien veamos con ella; si somos nosotros nos pronostica penas y vejez prematura; si es un amigo las desgracias pronosticadas serán para él; si es un enemigo es que se verá impotente para perjudicarnos.

Espárragos

Son un buen presagio de éxito, curación o liberación, de acuerdo con las circunstancias del soñador o el contexto del sueño.

Espejo

En sueños, el espejo tiene una especial ambivalencia, pues tanto puede reflejar como somos, como desearíamos ser, o darnos una imagen distorsionada de la realidad en la que nuestras cualidades o defectos aparecen muy exagerados.

Unas veces, la sola visión del espejo produce gran desasosiego, por lo que evitamos mirarnos en él, y si nos miramos no refleja nuestra

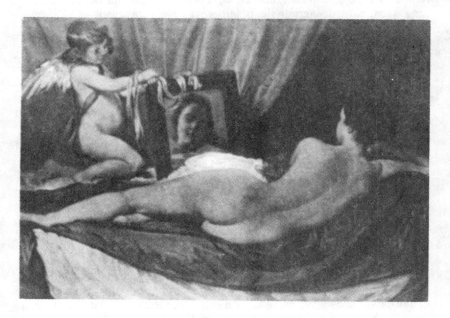

Espejo. Venus ante el espejo. (*Velázquez, National Galery, Londres.*)
Un sueño que puede reflejar cómo somos, cómo quisiéramos ser, o darnos una imagen distorsionada de la realidad.

imagen. Este sueño revela nuestro miedo a vernos como en aquellos momentos tememos ser, de que se descubran miedos y deseos inconfesables. Este sueño hace necesario un buen examen de conciencia para saber qué es lo que no nos gusta de nosotros y luego proceder a ponerle remedio.

Otras veces, la imagen que se refleja en el espejo es mucho mejor de como somos en la realidad, lo que revela que existe en nosotros un mucho de autocomplacencia y quizás algo de narcisismo y que, por lo tanto, una cura de humildad nos sería muy beneficiosa.

Otras, la imagen es francamente desagradable, pero no debemos dejarnos impresionar, pues es el mismo sueño de cuando no queremos vernos en el espejo, pero con un poco más de sinceridad.

También se trata de un mal sueño aquel en que el espejo aparece roto, o se rompe, en cuyo caso siempre hay que esperar alguna desgracia, y lo mismo ocurre si en lugar de reflejar nuestra imagen refleja el rostro de otra persona, pues nos presagia que romperemos con ella, que se irá lejos, o quizá que perecerá; en resumen, que desaparecerá de nuestra vida.

Por último, los sueños menos nefastos son aquellos en que sólo vemos el espejo, sin mirarnos en él, y sin que ello sea debido a ninguna sensación desagradable o temerosa. En este caso, el presagio depende de cómo aparezca la superficie del espejo, pues si está empañada o sucia también presagia desgracias, pero de escasa importancia. Si la superficie del espejo la soñamos limpia y brillante, es el único caso en que no se trata de un mal sueño, pues significa que lo malo que temíamos en la vida real no llegará a producirse.

Espiga

En todas las civilizaciones la espiga, ya sea de trigo, de arroz o de cualquier otro cereal, es el símbolo del crecimiento, la fertilidad y la madurez, a causa de que su grano una vez maduro muere para dar vida, ya sea como semilla o como alimento. Y esta madurez equivale también a la máxima expansión de todas las posibilidades, tanto en la vida vegetal, como en la animal o en el desarrollo psíquico del hombre.

Por ello, en sueños simbolizan la máxima riqueza cuando están llenas y maduras, o la máxima pobreza cuando secas y vacías. Y cuanto acontezca a las espigas de nuestro sueño les ocurrirá también a nuestros bienes y riquezas en la vida real.

Espinas

La espina siempre evoca el sentido del obstáculo, de dificultad, de primera línea de defensa, tanto en plantas como en animales y, por lógica extensión, en el hombre.

En los pueblos semíticos evocaba la idea de la tierra árida no cultivada, cuya vegetación es fuertemente espinosa, de lo que se deriva el sentido virginal. Pero para ellos la corona de espinas era ante todo el símbolo cósmico de la maldad (por su forma circular y la multiplicidad de espinas).

Actualmente asociamos a la espina con la rosa, que tras de su belleza esconde el dolor traicionero si no se la maneja con gran cuidado.

Pero sea como sea, la espina, que en sueños ha perdido el significado virginal (y lo ha cedido a la corona de azahar), sólo conserva el de obstáculos, dificultades, amenazas y peligros, que se verán agravados si no pinchamos, o superados si logramos arrancarlas sin clavárnoslas.

Espinacas

Soñar con espinacas augura salud floreciente y fuerza muscular, pero también nos aconseja que la conservemos, que no la despilfarremos inútilmente.

Espino albar

Es un presagio de esperanza y amor, especialmente si lo vemos florido y en su propia mata; pero si lo que soñamos es tan sólo un ramillete de sus flores, lo que presagia es un amorío sin importancia ni porvenir.

Espliego

Siempre que en sueños vemos al espliego, o sentimos su delicioso aroma, es una promesa de una unión económicamente ventajosa, pero también nos advierte de que antes seamos desconfiados y prudentes.

Esponsales

Si soñamos que nos prometemos con una persona desconocida presagia graves peligros; pero si es con alguien conocido y de nuestro agrado, es un augurio de prosperidad.

Estacada

Soñar que estamos andando y de pronto nos hallamos ante una estacada significa que alguien se interpondrá en nuestro camino dispuesto a impedirnos realizar nuestros proyectos. Si logramos subirnos a la misma y saltar al otro lado, es que pese a quien pese conseguiremos nuestros propósitos; pero si la estacada nos detiene y no logramos pasar, es que en la vida real tampoco lograremos vencer a nuestros adversarios o competidores.

Estación, aeropuerto

Hemos citado repetidamente que los medios de transporte (véase AUTOMÓVIL) figuraban etapas de nuestra vida, y al hablar del CAMINO también dijimos que una BIFURCACIÓN indicaba que deberíamos elegir entre dos caminos, o entre varias opciones si se trataba de una ENCRUCIJADA. Pues bien, las estaciones y los aeropuertos poseen un significado muy similar, pero mucho más amplio, ya que son muchos los trenes o autobuses que parten de una estación, y aviones en el aeropuerto, cada uno de ellos con distinto destino.

Antes de emprender el viaje siempre quedan unos instantes para volver a pensar si finalmente lo emprenderemos o nos volveremos atrás, así como para despedirnos de aquellos a quienes abandonamos. Estos instantes de espera simbolizan las últimas dudas; la gente que abandonamos y el dolor de la separación, son el adiós al pasado y la incertidumbre del futuro.

Todo lo que sucede en la estación o el aeropuerto será una premonición de lo que nos espera. Si el tren se retrasa o no llega, serán impedimentos o la imposibilidad de tomar un nuevo rumbo; si todo transcurre felizmente, es que los presagios no pueden ser mejores. De esta forma, cada detalle del sueño tiene su mensaje y su traducción. Véase también TREN.

Estado de conservación

Los objetos que aparecen en nuestros sueños no siempre son nuevos y perfectos, sino que la mayoría de las veces los soñamos en distintos estados de conservación, lo que añade un suplemento de información al mensaje de dichos objetos; es decir, lo roto expresa fragmentación, disgregación, mutilación; lo desgastado cansancio, invalidez, vejez; lo corroído, destrucción, enfermedad y sufrimiento.

Pero además, debe tenerse en cuenta que la acción de los elementos añade un fuerte componente de su misma naturaleza simbólica; por ello es bueno observar cuál ha sido el elemento causante de los desperfectos, que nos aclarará la causa o la consecuencia de los mismos.

El Fuego destruye y sublima, pero también espiritualiza, y muchos de los desperfectos que causa son debidos al abandono de lo físico para dedicarse a lo espiritual. El Aire mentaliza, es decir, que si desgasta y envejece, también proporciona conocimiento y sabiduría. El Agua pudre y corroe, pero es a causa de los sentimientos y emociones negativas. La Tierra corroe y destruye, pero también materializa y, por lo tanto, cuando destruye es a causa del apego a lo material, al egoísmo.

Veamos un ejemplo: Soñar con un dedal es un anuncio de felicidad conyugal, pero si este dedal lo soñamos corroído por el agua, dicha felicidad se hallará deteriorada o turbada a veces por sentimientos y emociones negativas.

Estandarte

Su significado es el mismo de BANDERA, pero más personalizado pues coloca a quien la porta bajo la protección de la entidad moral o física que representa, ya sea un señor, de un general, de un santo, de una congregación, o de lo que sea.

Estantes

Cuando soñamos estantes llenos de cosas nos predice buenas oportunidades de incrementar nuestros bienes materiales, mentales o espirituales, de acuerdo con lo que simbolicen los objetos que contengan; si están vacíos, lo que auguran son pérdidas o frustraciones.

Estatua

Contemplar en sueños una bella estatua presagia la feliz consecución de nuestros deseos —generalmente amorosos—; pero si nos abrazamos a la estatua, el sueño nos advierte que difícilmente conseguiremos lograr nuestros deseos, por ser desmesurados o irrealizables.

También puede presentarse una angustiosa pesadilla que consiste en verse transformado en estatua, y revela el temor de hallarnos en una situación irremediable, casi siempre de carácter sexual; por ello es un sueño que suele presentarse cuando se teme la frigidez o la impotencia.

Este

Véase. ORIENTACIÓN.

Estiércol

Soñar con estiércol promete suerte y dinero, muchas veces procedente de loterías, donaciones o herencias.

Estómago

Cuando en sueños sufrimos del estómago puede ser debido a molestias causadas por la digestión; pero de no ser así siempre presagia contrariedades y problemas; podríamos decir que es como si no terminásemos de «digerir» ciertos hechos o acontecimientos, lo que está perturbando el curso normal de los acontecimientos.

Estornudar

Cuando el sueño no es la transposición onírica de un verdadero estornudo, el estornudar en sueños siempre augura que recibiremos una sorpresa, algunas veces acompañada de buena suerte.

Estrellas

Las estrellas siempre se han considerado como un factor providencial del destino, por lo cual soñar que las vemos brillar en el cielo es un

La Estrella. (*Arcano XVII del Tarot de Marsella*.)
*Un factor providencial del destino, presagio de riqueza y felicidad. Si cae en tierra
hay que temer desgracias y cambios.*

excelente presagio de riqueza y felicidad; pero si su aspecto es pálido y oscurecido, o peor aún, si las vemos caer hacia la tierra, hay que temer desgracias y cambios perjudiciales.

En la adolescencia y en personas románticas, es frecuente que el sueño del cielo estrellado vaya acompañado por una sensación de dulce melancolía, y en este caso refleja el anhelo de amor y ternura.

Examen

Es un sueño relativamente frecuente en personas que han realizado estudios y se han examinado repetidamente; cuando en la vida debe hacerse frente a algún problema o situación difícil es cuando tiene lugar este sueño que traduce la angustia del momento y el afán de salir airoso de la prueba.

La importancia de este sueño es que revela cierta debilidad y falta de confianza en las propias fuerzas, por lo cual, una indagación psicológica realizada cuando este sueño se repita más de una vez nos permitirá identificar el lado débil de nuestra personalidad.

Excrementos

Si existe un tema en el que haya unanimidad universal es en los sueños de excrementos, pues todo el mundo los asocia con el dinero y la riqueza. No obstante existen numerosas variantes del sueño que podemos dividir en tres apartados: 1.º, ver excrementos; 2.º, manipularlos; y 3.º, realizar la defecación. Y siempre dejando aparte aquellos casos en que sea el reflejo de problemas digestivos reales.

En el primer caso, en el que vemos los excrementos, siempre presagia algún beneficio inesperado, cuya importancia se hallará en relación con la cantidad de excrementos que veamos.

En el segundo caso, la interpretación depende de cómo se manipulen, pues si se utilizan como si fuera barro y se modela con ellos, tanto puede tratarse del reflejo onírico de una afición por las artes plásticas, como reflejar el deseo de modelar la propia personalidad. Pero si el sueño va acompañado de reacciones de sadismo o miedo, puede indicar un desarreglo de la personalidad de tipo regresivo, lo que aconseja la visita al psicólogo.

En el tercer caso, si se sueña que existen dificultades para defecar, refleja avaricia, testarudez y voluntad de dominio. Si por el contrario en el sueño se defeca con diarrea, el sueño revela tendencia al despilfarro y a la inconstancia. Y por último, cuando la defecación es normal se trata de un buen sueño, que además de presagiar beneficios económicos, refleja la liberación de cuanto pudiera existir de íntimamente perjudicial (sentimientos de culpabilidad, inhibiciones, represiones, etc.) y la normalización de nuestra vida psíquica. (Véase también RETRETE.)

Extranjero

Estos sueños siempre presagian cambios en nuestra situación y trabajo, tanto si vamos o venimos del extrajero. Si en el sueño ya estamos en el extranjero y no nos movemos de allí, lo que el sueño revela es que tanto nuestra mente como nuestra forma de pensar son inestables y se hace necesario que aprendamos a controlarla.

Si vamos o volvemos del extranjero, en realidad es un sueño de VIAJE, y como tal debemos interpretarlo.

Si soñamos que son otros quienes van al extranjero, se trata de un buen sueño, pues presagia que nuestros enemigos o competidores se dan por vencidos y abandonan la lucha.

Fábrica

Si soñamos con una fábrica en plena actividad, es una promesa de que nuestro trabajo será rentable; pero si soñamos que la fábrica está inactiva, es que nuestras posibilidades de trabajo se hallan en peligro y, con ellas, nuestra economía.

Faisán

El faisán simboliza la luz del día y la vigilancia, pero por su origen oriental y su exquisitez, también simboliza a la mujer, en especial a la oriental, extendiéndose su simbolismo a las extranjeras y a las desconocidas en general.

Fango, lodo

En los sueños, el fango simboliza todas aquellas circunstancias impuras, disolventes y desgraciadas, tanto en lo moral como en lo material.

Pero aparte de presagiar desgracias, si al andar por el barro sentimos un temor excesivo a mancharnos con el mismo, el sueño pone de manifiesto nuestro temor a que se descubra alguno de nuestros pequeños secretos, que aun cuando pueda parecer insignificante a los demás, para nosotros es realmente importante.

Pero si al marchar por el lodo se nos hace difícil andar, hasta el punto de que temamos quedar atrapados en él, además del significado de desgracia pone al descubierto nuestra excesiva timidez, que de no lograr superarla será un grave obstáculo en nuestra promoción social y profesional.

Fantasma

Cuando en nuestros sueños aparece un fantasma envuelto en la clásica sábana blanca, contrariamente a lo que cabría pensar no se trata de un mal sueño, sino que nos promete salud, felicidad y bienestar, a menos que reconozcamos en él a algún antecesor (padres o abuelos), en cuyo caso nos advierte de algún peligro cercano. Pero si el fantasma aparece vestido de negro es que debemos temer alguna traición, engaño o superchería de alguna persona en la que confiamos.

Fardo

Soñar que cargamos un fardo significa que deberemos realizar un trabajo penoso que seguramente no nos será recompensado. Pero si en el sueño nos limitamos a contemplar como los demás trabajan, es que somos unos egoístas que huimos de las responsabilidades.

Faro

Si nos hallamos en dificultades y soñamos con un faro encendido, es un presagio de que muy pronto finalizarán nuestros problemas; pero si lo soñamos apagado, es que todavía falta bastante para que concluyan nuestras dificultades.

Fecha

Siempre que en los sueños nuestra atención se vea atraída por alguna fecha debemos tomar nota de la misma, pues suele relacionarse con algún hecho que revestirá cierta importancia en nuestra vida.

Festín, fiesta

Soñar que asistimos a una fiesta especialmente si culmina con un festín, siempre anuncia problemas y muchas veces el inicio de una época difícil.

Fiebre

Cuando este sueño no es la consecuencia de un exceso de calor en la cama, es indicio de que estamos atravesando una situación anormal, ya sea física, moral o profesional, y por lo tanto, debemos ser muy prudentes en todo, ya que de lo contrario es posible que hagamos algo o que nos comprometamos en cosas que luego pueden resultar desastrosas.

Figuras

Muchas veces en nuestros sueños aparecen figuras de animales o de cosas, ya sean dibujadas, pintadas o esculpidas, y su interpretación debe hacerse como si se tratara de la cosa o animal reproducido.

Finca

Soñar con una finca revela deseos de seguridad, o la necesidad de una temporada de aislamiento y tranquilidad para descansar y reflexionar sin prisas ni intromisiones sobre los problemas que nos acucian.

Flagelación

Simbólicamente la flagelación es una forma de destruir las causas de desorden, tanto en la sociedad como en la familia o en la persona; es decir, todo aquello que perturba o inhibe el normal funcionamiento de las cosas.

Por ello, soñar que nos flagelamos o flagelamos a otra persona es una advertencia de que en nosotros o en el otro existe algo perjudicial, ya sea para nosotros, para nuestra familia o para nuestro trabajo, y que es necesario averiguar de qué se trata y ponerle remedio o extirparlo.

Flecha

Lanzar una flecha, o ver como una de ellas se alza hacia el cielo, revela que nuestras ambiciones son muchas y que somos capaces de discernir con rapidez cuáles son los objetivos a los que podemos aspirar con la seguridad de alcanzarlos. Si en el sueño somos heridos por una flecha, presagia penas y dolores, casi siempre de origen sentimental.

Flores

Cada clase de flor tiene su significado propio, pero en sueños no siempre podemos identificarlas, ya sea porque en el sueño no existe una clara identificación, por no reconocerlas, por soñarlas en la amplitud del campo, o mezcladas formando ramilletes o adornos florales. En estos casos es suficiente guiarnos por el simbolismo de las flores en general.

Por su esencia las flores son el símbolo de lo fugaz y transitorio, de la primavera y de la belleza. Por su forma, el cáliz de la flor es, como la copa, el receptáculo de la actividad celeste (a su vez simbolizada también por la lluvia y el rocío), por lo que la flor también se convierte en una representación del alma, en un símbolo de amor y armonía. Por último, el color añade un nuevo simbolismo a los anteriores. Es en base a todo esto que se desarrolla la interpretación de los sueños de flores.

Si nos limitamos a verlas, el sueño expresa nuestra necesidad de encontrar otra alma que colme nuestras necesidades afectivas, y es por ello que casi siempre anunciará el inicio de una relación sentimental. Si además cogemos las flores, es que dicha relación sentimental será intensa y correspondida; y si las recibimos de otra persona, son una garantía del amor de quien nos las entrega.

Si nos limitamos a oler las flores, el sueño nos revela que hemos dejado pasar una buena oportunidad, y si las vemos marchitar, tanto puede ser una indicación de que la relación amorosa está llegando a su fin, como reflejar desilusiones y desengaños.

Por otra parte, junto a su mensaje de amor, las flores nos advierten de que la pasión siempre es fugaz y que el amor debe fundamentarse en algo más elevado, pues de lo contrario desaparecerá al apagarse la pasión.

Y a quienes creen que ya han hecho tarde para el amor, este sueño les recuerda que cada año nacen y se marchitan muchas flores, que ningún año es el último, pues el verdadero amor posee suficientes matices de expresión que no tienen que limitarse a los más físicos y externos.

Flores. (*Lámina pintada por Ishikawa Toyomasa en 1770.*)
*Las flores de nuestros sueños nos advierten de que la pasión siempre es fugaz,
pero que el amor, como la flor, se renueva cada año.*

Por su color dominante, las flores anaranjadas y amarillas reflejan
un simbolismo solar, de vida y energía creadoras; las rojas, la pasión y
los sentimientos ardientes; las azules, la irrealidad soñadora.

Foca

La foca simboliza la virginidad, pero no la debida a una voluntad de sublimación por una entrega a algo superior, sino de la que proviene del temor, de la incapacidad de entregarse, de la falta de verdadero amor.

Fogón

El fogón es el descendiente del hogar tradicional, de la lar de fuego, en la que además de cocinar los alimentos se reunía la familia y se consolidaban los lazos entre los miembros de la misma. Por dicho motivo, soñar con un fogón es una llamada a la simplificación, a la vuelta a las costumbres y sentimientos sencillos, a las ambiciones moderadas, a la unión familiar.

Fortaleza

Es el símbolo del refugio interior, del castillo del alma y, por extensión, de cuanto represente seguridad, protección y resolución de los problemas. Así pues, soñar que vemos una fortaleza significa que pronto hallaremos la solución a un problema o trabajo pendiente. Si entramos en la fortaleza, que pronto adquiriremos seguridad en nosotros mismos y en nuestras posibilidades, con lo que nuestra vida realizará un cambio notable que nos permitirá alcanzar una posición sólida y desahogada.

Fosa

La fosa, el foso y la zanja simbolizan problemas y dificultades, muchas de ellas creadas por nosotros mismos y por nuestra conducta.

Cuando en el sueño vemos la fosa a tiempo es que todavía estamos en condiciones de evitar el peligro que se avecina. Si la saltamos por encima es que lograremos salvar todas las dificultades; pero si nos caemos en su interior es que fracasaremos en nuestra empresa.

Pero la fosa también sirve para enterrar a los muertos, y cuando la fosa que aparece en nuestro sueño es una de esta clase de fosas, es que nuestros deseos y esperanzas corren el peligro de verse enterrados en esta fosa. Y si la fosa mortuoria soñada lleva inscrito nuestro nombre o el de nuestra empresa, es que debemos abandonar una lucha perdida y emprender un nuevo rumbo, cambiando nuestra actitud y forma de actuar, que hasta ahora han demostrado ser erróneas.

Fotografías

Soñar que contemplamos con nostalgia viejas fotografías revela que nos estamos anclando en el pasado, que empezamos a añorar tiempos idos, y que si no reaccionamos a tiempo y volvemos al presente, esta actitud negativa ante la vida sólo puede conducirnos al fracaso y a la derrota.

Otras veces lo que soñamos es el acto de fotografiar; en tales casos debemos tener en cuenta que un retrato es una forma de retener algo que deseamos poseer para siempre, lo que indica que si retratamos a otra persona es que tiene para nosotros un significado e interés particular.

También podemos soñar que contemplamos una fotografía nuestra, y cómo nos veamos en ella nos revelará mucho de cómo somos o cómo desearíamos ser y no cómo conscientemente creemos que somos. Y es que a través de las fotos de nuestros sueños podemos llegar a conocer cosas de nosotros mismos que antes ignorábamos o deseábamos ignorar.

Frente

La frente simboliza el carácter y el valor, y cuando en sueños vemos a algún conocido (o a nosotros mismos) con una frente distinta a la que posee en realidad, lo que estamos viendo es un reflejo de su verdadero carácter.

Así, si su frente la soñamos elevada, es que se trata de una persona seria, inteligente y en quien podemos confiar. Si huidiza, se trata de un pérfido que intentará despojarnos. Si la tiene cubierta de manchas, es que tratará de traicionarnos vergonzosamente.

Fresas

En sueños, las fresas revelan que las mujeres juegan un gran papel en nuestro destino, y más especialmente que gracias a una mujer obtendremos amor, amistad y beneficios.

Frío

Soñar que hace frío cuando en realidad no lo hace presagia longevidad, pero con salud deficiente, así como anhelos de soledad y elevación, ya que el frío espiritualiza pero deshumaniza. Si el sueño se tiene en invierno, además pronostica un buen año, pero si es en otra estación del año son de temer la desgracia o la enfermedad.

Frontera

La frontera, como el UMBRAL, simboliza la separación entre dos mundos, entre dos etapas de una vida, entre dos situaciones. Es por ello que cuando este sueño tiene lugar en el momento del despertar debe analizarse cuidadosamente qué es lo que pueda haber influido en el mismo el paso del mundo de los sueños al de la realidad. Pero hecha esta salvedad, el sueño presagia que nos acercamos a un punto crucial de nuestra vida en el que cambiará la orientación de nuestros deseos y ambiciones, ya sea por un cambio de estado, de situación o de trabajo.

Fruta

Aun cuando muchas frutas tienen su simbolismo particular, cuando las soñamos simplemente como «fruta» revelan la existencia del deseo, ya sea sensual, económico o espiritual (esto último raras veces), a la vez que son un signo de abundancia, prosperidad y placer. Pero del

Fruta.
Soñar con fruta nos augura una buena salud, buenos beneficios y abundantes placeres.

mismo modo que la fruta no constituye, por lo general, el alimento fundamental del hombre, sino un sabroso e indispensable complemento, también los placeres y beneficios que augura no son los indispensables para la normal existencia, sino aquellos que sobrepasan las necesidades naturales; es decir, el placer y el lujo.

Así pues, soñar con fruta significa que disfrutaremos de buena salud, buenos beneficios y abundantes placeres, sin que para conseguirlos hayamos realizado ningún mérito o esfuerzo especial.

No obstante, si la fruta soñada es ácida o 'verde, es que todavía no estamos preparados para disfrutar de todos estos beneficios, y si está agusanada o podrida, los placeres se alcanzarán cuando ya no podamos disfrutarlos.

También es importante tener en cuenta si el sueño tiene lugar en la época del año en que la fruta está en sazón, en cuyo caso los beneficios son máximos; pero si es en otra época del año, de los placeres podrán derivarse escándalos, rupturas, enfermedades y problemas.

Fucsia

En sueños, la fucsia amenaza con traiciones.

Fuego

Junto al Aire, el Agua y la Tierra, el Fuego es uno de los Elementos arquetípicos del universo y simboliza al espíritu y a lo espiritual.

Su llama, fusión de Fuego y Aire, simboliza el intelecto. Así, la llama sin humo que ilumina y sube recta hacia el cielo simboliza el impulso espiritual, el intelecto que ilumina al servicio del espíritu. Pero la llama vacilante que se mueve a impulsos del más ligero movimiento del aire es el intelecto que se olvida del espíritu y no sabe adónde se dirige. Y el fuego humeante y devorador, todo lo contrario de la llama iluminadora, simboliza la pasión exaltada, el fuego infernal y todas las formas de regresión psíquica.

Junto al Agua, representa las pasiones, especialmente el amor y el odio, es decir, las más constructivas y las más destructoras y, al igual que el Agua, es un símbolo de purificación; pero mientras que la purificación por el Agua es la purificación del deseo hasta alcanzar su forma más sublime, la bondad, la purificación por el Fuego lo es por la comprensión hasta su forma más sublime: la luz de la verdad, la Iluminación.

Sentadas las bases de la interpretación simbólica, pasemos al estudio práctico de los sueños de fuego.

Si soñamos con un fuego pequeño o moderado, pero bien encendido y sin humos, representa el deseo y la ternura, de calor humano, a la vez que presagia salud, éxito y una felicidad apacible. Los fines últimos del soñador serán puros y espirituales si las llamas suben rectas al cielo, o materiales y humanos si éstas vacilan al menor impulso del viento.

Si el fuego es demasiado fuerte y vivo, existe el peligro de disputas, pasiones y cóleras que pueden desencadenar pérdida de bienes y de felicidad. El fuego que quema mal y produce mucho humo, lo que anuncia son traiciones, tristezas, problemas y enfermedades, tanto del cuerpo como de la mente y espíritu.

Sentirnos amenazados por las llamas denota el miedo a afrontar una empresa que sabemos que no es conducida con plena honradez y lealtad. Avanzar impunemente entre las llamas refleja la firme decisión de superar todos los obstáculos, así como el ardiente deseo de alcanzar la meta propuesta.

En cuanto al significado sexual atribuido a los sueños de fuego, debemos reconocer que es real en lo que se refiere a sexualidad, mayor o menor según lo sea el fuego, pero no como revelación de deseos sexuales. Únicamente en aquellos sueños en que atizamos el fuego tienen relación directa con los deseos sexuales o los deseos de venganza.

Fuente

En el mismo centro del mítico paraíso terrenal, del pie del Árbol de la Vida, surge una fuente que se convierte en el símbolo de dicho centro. Y de esta fuente se originan cuatro ríos que se dirigen hacia cada uno de los cuatro puntos cardinales. Esta fuente —según la tradición— es la fuente de la inmortalidad y por su propio significado (agua que surge) simboliza la fuerza vital del hombre y de todos los seres. Por otra parte, el agua que mana de la fuente no es el agua salvaje y destructora (el agua de las pasiones), sino el agua apacible y canalizada (el agua de los sentimientos), un agua que siempre vitaliza y purifica.

Así pues, los sueños en que aparece una fuente ponen de relieve nuestras esperanzas de regeneración, de purificación o de iniciación en los misterios de la vida. Si la fuente soñada está seca, es que todas estas esperanzas son vanas, y si se nos impide beber en ella, es que todavía debemos esperar algún tiempo antes de que se conviertan en realidad.

Si podemos beber de la fuente y sus aguas son frescas y límpidas, es que nuestras necesidades físicas, emocionales o espirituales serán satisfechas; pero si el agua mana turbia e impropia como bebida, es una amenaza de ruina, moral o material. Por último, si la fuente mana en

Fuente. (*Xilografía de 1520.*)
*La fuente soñada simboliza nuestras esperanzas de regeneración o de iniciación
en el misterio de la vida.*

nuestro jardín, es el mejor símbolo de prosperidad en todos los sentidos.

Funerales

Al estudiar el ENTIERRO definíamos a los funerales como el servicio religioso que acompaña el entierro; y es que si en el entierro lo que cuesta es lo que se hace con el cuerpo del difunto, en los funerales lo que cuenta es su alma. Por ello, los funerales soñados nos recuerdan que la muerte no es más que el paso a otra realidad y que lo que debemos tener en cuenta es la perduración de la vida más allá de la muerte: la vida eterna o nuestra unión, nuestro matrimonio con la divinidad.

Así pues, los funerales siempre tienen un sentido de matrimonio o nacimiento (o lo que es lo mismo, de bautizo), ya sea de aquel a cuyos funerales asistimos o de algún recién nacido en la familia.

Caso aparte es cuando no sabemos —o no queremos saber— por quién son los funerales, o cuando son por algún pariente muy íntimo: padre, madre, cónyuge o hijo, en cuyo caso el problema es mucho más serio, pues en él intervienen toda una serie de complejos psíquicos cuya base es la de «enterrar», querer eliminar situaciones y problemas personales o complejos de culpabilidad. En todos estos casos sólo el soñador o su psicoanalista pueden conocer la respuesta al sueño, que nunca será optimista.

Gacela

Vivacidad, velocidad, belleza y agudeza visual son las cualidades que han convertido a la gacela en un símbolo universal, que muchas veces se representa agredida por un león u otra fiera. En dicha forma simboliza desde el alma y la sensibilidad humana agredida a veces por las pasiones y el aspecto autodestructor del inconsciente, hasta la mujer, especialmente a la mujer exótica, de ojos rasgados y expresivos.

En el lenguaje de los sueños, si bien algunas veces puede simbolizar al alma, lo más frecuente es que represente a la mujer, y es en esto en lo que se basan todas las interpretaciones oníricas de los sueños de gacela.

Así, soñar con una gacela equivale a ver a una hermosa y exótica mujer; si nos lanzamos a cazarla es que intentaremos seducirla, y si conseguimos atraparla es que la conseguiremos. Tirar piedras a una gacela augura que pegaremos a nuestra mujer, o la repudiaremos, o la abandonaremos por otra. Si una gacela nos ataca es que nuestra mujer se revelará contra nuestro dominio...

Como puede verse, todas estas interpretaciones de los tratados tradicionales no hacen más que interpretar la acción y desarrollo del sueño, sustituyendo a la gacela por una mujer.

Gachas

Hasta que se inventó la dentadura postiza las gachas eran el alimento de quienes ya no tenían dientes para masticar. De aquí proviene que el soñar gachas represente la satisfacción tardía de los deseos.

Gafas

Si en la vida real no usamos gafas y nos vemos con ellas en el sueño, es evidente que el sueño intenta decirnos que nuestra visión de las cosas y los acontecimientos se halla deformada, ya sea por prejuicios, por pasiones, o por intereses personales; y lo mismo puede decirse de cualquier persona a la que veamos con gafas en nuestros sueños.

Pero a veces las gafas soñadas no son incoloras, sino coloreadas, lo que reafirma el significado descrito, y la interpretación de su color (véase COLOR) nos pone sobre las causas últimas de nuestra visión deformada.

Los significados más corrientes podemos resumirlos así: perder las gafas es una advertencia sobre nuestra falta de atención hacia los bienes, las personas o la conducta de los demás. Llevarlas ya hemos dicho que equivale a una visión deformada de las cosas y personas. Verlas, que nuestras palabras y consejos serán mal interpretados, lo que puede resultar en nuestro perjuicio. Romperlas augura un perjuicio, generalmente económico.

Gallina

Los sueños de gallinas se refieren a cosas pequeñas, ya sea en bien o en mal, y cuando las soñamos en grupo o en su corral toman el significado de comadreos, murmuraciones y chismes, que aunque sean de escasa importancia son capaces de hacer bastante daño.

Si la gallina soñada se halla poniendo huevos nos anuncia beneficios, pero también de escasa importancia. Si está empollando huevos y es de color blanco, nos pronostica pequeños pero múltiples beneficios, y si es negra, todo un cúmulo de pequeños problemas que ensombrecerán nuestra vida.

Gallo

En el gallo existen dos simbolismos contrapuestos: por una parte el de vigilancia y resurrección, pues es él quien vigila y anuncia la salida del sol, que renace cada día de entre las sombras de la noche. Y por el otro, del coraje, la violencia y el deseo desmesurado.

Por ello, soñar con un gallo anuncia buenas noticias; oírle cantar presagia la realización de nuestros deseos. Pero si nos ataca o lo vemos pelear presagia disputas domésticas debidas a infidelidad o celos.

Ganado

Soñar con ganado de cualquier clase, ya sean cabras, ovejas, cerdos, vacas, caballos, o lo que sea, siempre anuncia riqueza, tanto mayor cuanto más grande sea el rebaño y más gordas y lustrosas sean las cabezas de ganado.

Ganso

En sueños los gansos simbolizan la tontería y la estupidez.

Garganta

Cuando en sueños nos duele la garganta y no se trata del reflejo de una dolencia real, siempre se debe a problemas de dinero. Así, soñar que perdemos la voz suele presagiar el peligro de perder dinero. Si en sueños no podemos tragar, o se nos hace muy difícil, indica dificultad o imposibilidad de disponer de nuestros bienes. Y si en sueños nos extirpan las amígdalas nos augura que pronto desaparecerán nuestras dificultades económicas.

Gas

Soñar que nos iluminamos o cocinamos con gas es signo de que todo irá bien; pero si el gas está apagado es que no lograremos realizar nuestros proyectos por falta de previsión y preparación. Si existe un escape o se produce una explosión es una advertencia para que revisemos cuidadosamente nuestros planes pues nos amenaza un desastre por poco que nos descuidemos.

Gato.

Símbolo femenino bajo su aspecto sensual e instintivo, el soñarlo revela nuestros miedos
y problemas en el amor.

Gato

El gato siempre es considerado como un símbolo de la mujer (o de
lo femenino), tanto en lo bueno como en lo malo, pero casi siempre
bajo un aspecto sensual e instintivo, por lo cual es un sueño frecuente
en los casos de fetichismo, en los cuales el temor a ser arañado revela
el temor a que su perversión llegue a ser conocida.

Pero cuando no es así, soñar que un gato nos hace sus arrumacos
significa que una mujer utilizará todas sus mañas seductoras para conseguir de nosotros cuanto pueda; pero si en el sueño hacemos huir al
gato es que no logrará sus egoístas deseos.

Dar de comer al gato augura problemas y rivalidades amorosas. Si
nos araña, infidelidad conyugal o peleas entre amantes. El solo hecho
de ver a un gato o de oír sus maullidos en sueños presagia traiciones y
engaños; si el gato es blanco el traidor será un falso amigo, pero, si es
negro, es perfidia de mujer, celos y toda clase de problemas amorosos,
acompañados además por la mala suerte.

Gavilán

En sueños, el gavilán tiene el mismo significado que el HALCÓN.

Gente, gentío

Soñar que nos hallamos sumergidos entre la gente, imposibilitados de movernos y de salirnos, revela nuestra incapacidad de dominar los acontecimientos, debilidad de carácter y un pánico enfermizo ante la vida. En una palabra, de gran timidez.

Pero si a quien vemos engullido por la gente es a otra persona y a pesar de todos nuestros esfuerzos por acercarnos a ella no lo conseguimos, lo que el sueño denota es nuestro deseo de conquistar o reconquistar su afecto y amistad y el temor de no lograrlo.

Por último, ver a la multitud sin mezclarnos con ella siempre anuncia alguna desgracia o malas noticias, especialmente si la gente va vestida de negro. A veces este sueño presagia la llegada de un cambio social, político o económico de carácter general, que nos afectará en bien o en mal según el contexto general del sueño y las emociones que despierte en nosotros.

Germinar

Ver en sueños cómo germina una planta, sea la que sea, es el más claro indicio de que aquel proyecto o aquel deseo tan esperado no tardará en empezar a convertirse en realidad.

Gigante

En su aspecto más ancestral, el simbolismo del gigante se remonta al mito de la existencia de un ser inmenso, primordial, de cuyo sacrificio surgió la creación. Por ello, el gigante de nuestros sueños puede ser una imagen del «padre terrible» o de la «madre castradora» de nuestra infancia. Representa todo aquello que debemos vencer para liberarnos y expandir nuestra personalidad.

Pero sea lo que sea, lo más importante del mito de los gigantes es que se trata de unos seres enormes que sólo pueden ser vencidos por la unión de un hombre y un dios; y en este combate de gigantes contra las tendencias involutivas y regresivas que nos acechan desde el interior de nuestra personalidad no basta con nuestras propias fuerzas, necesitamos la ayuda de un ser superior para alcanzar la espiritualidad.

Un caso muy distinto es cuando a quien vemos convertido en gigante es alguien a quien amamos o reverenciamos, en cuyo caso lo que el sueño revela es el «gigantismo» que a nuestros ojos adquiere su figura.

Gimnasia, gimnasio

En su sentido más amplio la gimnasia consiste en ejercitar y desarrollar unos músculos, fuerzas o facultades para que adquieran todo su desarrollo y posibilidades. Y, en sueños, la gimnasia amplía este concepto a todos los niveles de la personalidad; es decir, tanto al cuerpo como al espíritu, la mente y las emociones.

Por ello, soñar que practicamos la gimnasia es un augurio de larga vida, sana y agradable siempre que procuremos mantener en forma cuerpo, mente y espíritu. Si lo que soñamos es un gimnasio, es una invitación en el mismo sentido.

Girasol

Todos conocemos al girasol, que se caracteriza por ir girando de tal modo que su flor no pierde de vista al sol. Pues bien, el girasol de nuestros sueños nos pide lo mismo, que no perdamos de vista nuestro sol, nuestro objetivo primordial, que es la única manera de triunfar en la vida; pues del mismo modo que sólo podemos mirar a un sol, también en la vida no se puede encarar más de un objetivo a la vez si realmente se desea alcanzarlo.

Gitanos

Los gitanos que aparecen en nuestros sueños casi siempre corresponden al prejuicio que tenemos sobre los mismos, es decir, furtivos y amenazadores; y esto se incrementa por las emociones negativas que acompañan al sueño, que revela nuestro temor a ser engañados o robados.

Pero no siempre es así, y otras veces lo que soñamos es la caravana gitana, que simboliza una actitud inquieta y un deseo de evasión. Del mismo modo, si soñamos que una gitana nos dice la buenaventura también revela que no estamos satisfechos con nuestra situación actual y desearíamos que cambiara.

Por último, soñar que un zíngaro violinista nos regala los oídos con sus melodías delata que somos demasiado románticos e inclinados a huir de la realidad.

Globo

Por su forma esférica el globo es un símbolo de totalidad, y si a esta idea se añade la de la Tierra, los sueños en que aparece un globo terrestre tanto pueden revelar el ansia desmesurada de poder y dominio, como tratarse del anuncio de un largo viaje; ello dependerá del conjunto del sueño y de las circunstancias del soñador.

Pero pueden soñarse otras clases de globos, como por ejemplo los aerostáticos y los de juguete, que en el fondo revelan lo mismo: la inconstancia y versatilidad de nuestros pensamientos y deseos, causa principal de nuestros fracasos y frustraciones.

Otro globo que puede aparecer en nuestros sueños es la bola de cristal de las pitonisas, sueño que revela el deseo de recibir noticias o la visita de una persona a quien añoramos; o también el íntimo deseo de que cambien para mejorar nuestras circunstancias actuales.

Gloria

Cuando soñamos con la gloria es que no estamos muy satisfechos con nuestra vida actual; también puede ser que no hayamos abandonado la juventud con su ansia de aventuras y maravillas. En una palabra, o somos muy jóvenes o no hemos madurado.

Golondrina

La golondrina, consagrada a Isis y a Venus por los antiguos, es el más popular símbolo de la llegada de la primavera, pero también de la pureza (la golondrina jamás se posa en el suelo, por lo que nunca se ensucia), de la fecundidad, de la soledad y de la separación (por sus costumbres migratorias).

Es por todo ello que soñar con golondrinas se considera un excelente presagio de paz y felicidad, pero con un substrato de añoranza y melancolía. El mejor presagio es cuando soñamos que las golondrinas anidan en nuestra casa, en cuyo caso la felicidad se hará extensiva a cuantos habitan en la misma, y en la casa nunca faltarán los niños o los enamorados.

Ver llegar a una golondrina presagia noticias de seres queridos; y verla partir, la marcha por algún tiempo de un miembro de la familia.

Golpear. Combate entre Ezzard Charles y Joe Walcott.
Darlos o recibirlos en el sueño son augurio de problemas o prosperidad.

Golpes, golpear

Los golpes que damos o recibimos en sueños representan problemas y penas pasajeras, excepto cuando los recibimos sin saber de dónde provienen, en cuyo caso tras los problemas nos llegará la prosperidad. Si los golpes los damos y recibimos en una pelea, según ganemos o perdamos en la misma, triunfaremos o no de las dificultades que nos esperan.

Finalmente, si soñamos que golpeamos contra algo sólido, como una mesa o una pared, nos pronostica querellas y conflictos.

Gorila

El gorila es uno de los animales que con mayor frecuencia simboliza los instintos primitivos, especialmente los sexuales. Las luchas que

sostenemos en sueños contra los gorilas son un reflejo de la lucha necesaria para dominar dichos instintos, y lo que ocurra en el sueño nos indicará el resultado de esta lucha.

Gorrión

Si bien por una parte soñar con gorriones nos advierte contra nuestra inconsciencia y futilidad, por otra parte también nos advierte contra
aquellas personas, también fútiles e inconscientes, que nos rodean buscando beneficiarse a nuestra costa sin preocuparse lo más mínimo por
si nos perjudican o molestan, e incluso a veces haciéndolo simplemente por ganas de divertirse. Del contexto del sueño se desprenderá
cuál de las dos acepciones es la adecuada en cada caso concreto.

Goteras

Aun cuando al hablar del AGUA ya nos extendimos sobre las goteras, debemos resaltar una vez más el contenido emocional que siempre
conlleva el agua y, por lo tanto, que cuando en sueños el agua rezuma
por donde no debe hay que tener en cuenta la posibilidad de emociones mal controladas, o que en el fondo de los problemas existan connotaciones sentimentales.

Grabado, grabar

Realizar o ver un grabado en sueños significa que durante mucho
tiempo guardaremos un vivo recuerdo de los acontecimientos que nos
presagia el dibujo o imagen reproducida.

Grama

En sueños, la grama es un presagio de dificultades, problemas y molestias, tanto en la salud como en los demás ámbitos de la vida; molestias que se reproducen una y otra vez, pero todo ello no será de gravedad a pesar de ser molesto. El resto del sueño nos aclarará la clase de
dificultades y sobre qué materias tendrán lugar.

Granada

El fruto del granado es un símbolo de fecundidad y de numerosa descendencia a causa de la multiplicidad de sus semillas; pero por el color y dulzura de sus granos también revela sensualidad y placer.

Así pues, soñar con una granada —y más todavía si está entreabierta mostrando sus granos— equivale a anunciarnos que en nuestra vida aparecerá alguien que colmará nuestros deseos concupiscentes.

Granizo

El granizo, tanto en la vida real como en los sueños, sólo anuncia pérdidas y calamidades, que serán proporcionales a los destrozos que ocasione.

Granja

Soñar que habitamos en una granja es un reflejo de nuestros negocios y, de cómo administremos y nos cunda la granja, así, mejor o peor, nos cundirán las cosas en la vida real.

Si sólo estamos de visita en la granja, el sueño nos advierte para que revisemos la administración de nuestros bienes, para lo cual nos será de ayuda cuanto hayamos visto en la granja soñada.

Grieta

Siempre anuncian pérdidas de todas clases, cuya gravedad dependerá de su amplitud y de dónde se produzcan (véanse CANAL, CASA, etcétera).

Grillo

Los grillos que aparecen en nuestros sueños, o a los que oímos cantar, son una promesa de felidad doméstica, de paz y tranquilidad.

Gris

Es el color de la ceniza y de la bruma. Revela miedo, angustia, abatimiento, inercia, indiferencia y dolor. Tanto es así que los hebreos se cubrían la cabeza con ceniza para expresar el más profundo dolor, y algunos artistas medievales pintaron a Cristo con un manto gris para presidir el Juicio Final.

En cuanto al análisis psicológico de los sueños, además de los significados ya anunciados, todos aquellos que aparecen envueltos en una niebla grisácea pertenecen a las capas profundas del inconsciente y revelan todo aquello que se resiste a salir a la luz y que forma el substrato de nuestros temores y angustias vitales.

Gritar

Oír gritar en sueños siempre es una advertencia de peligro, que puede oscilar de la simple posibilidad de que nos calumnien —si los oímos débiles y distantes— hasta adquirir verdadera importancia y gravedad si los oímos fuertes y cercanos.

El peor sueño es aquel en que queremos gritar y no podemos, en cuyo caso el peligro además de ser grave es personal y próximo.

Grosella, grosellero

Visto en sueños el grosellero se refiere al amor, pero son sus frutos los que definen cómo será este amor. Las grosellas rojas anuncian un amor fiel y constante; las blancas, las satisfacciones puras del amor; y las negras, los placeres carnales amorosos. Pero sea cual sea la clase de grosellas que soñemos, si lo hacemos fuera de la época en que normalmente maduran, su presagio es el de la infidelidad.

Grulla

Entre nosotros la grulla simboliza la fidelidad y la longevidad. Pero quienes mejor han sabido captar todos los matices simbólicos de la grulla son los japoneses, para quienes, junto al pino y la tortuga, simbolizan la máxima longevidad, y por su color blanco la pureza, pero una pureza que conserva toda su potencia vital, como lo atestigua el rojo cinabrio de su cabeza.

En los sueños, las grullas adquieren el mismo significado que las CIGÜEÑAS.

Gruta

Desde la gruta délfica, en la que la Pitia desvelaba sus oráculos, hasta la de Lourdes, en que se apareció la Virgen, todas las grutas tienen un sentido adivinatorio o terapéutico, gracias a su íntimo contacto con las entrañas de la Tierra y las fuerza telúricas. Por ello su significado casi siempre es benéfico y ya lo hemos expuesto en CAVERNA.

Guadaña

La guadaña, instrumento de Saturno para amputar los genitales a su padre Urano y terminar así con una creación intempestiva, y del agricultor para cortar las espigas y cosecharlas, es el símbolo de la decisión tajante y resolutiva. Es a la vez símbolo de muerte y de cosecha. Pero la cosecha sólo se obtiene cortando el tallo que ata a la espiga a la

Guadaña. Las correspondencias simbólicas de Saturno.
En los sueños augura la muerte, que para unos es un final y para otros un renacimiento.

tierra; la cosecha es el grano condenado a muerte, ya sea como semilla o como alimento.

Por todo ello, en los sueños la guadaña siempre augura la muerte, que si para unos es un final, para otros es una fase más de la necesidad evolutiva de muertes y renacimientos.

Guantes

En los sueños, los guantes tienen dos sentidos contradictorios que se caracterizan por las emociones que los acompañan. Por una parte, el guante es el vestido de la mano y, como tal, la interpretación debe realizarse según su estado y manejo. Por otra parte, el guante también sirve para ocultar las manos, y entonces el sueño se acompaña de emociones negativas (temor, vergüenza, angustia, etc.). Veamos unos ejemplos de interpretación:

Soñar que vemos unos guantes nuevos, que los compramos o que los llevamos puestos, augura alegría y felicidad, así como una invitación o visita agradable. Si los guantes están en mal estado o rotos, anuncia contrariedades; si nos caen al suelo, querellas y discusiones; y si los perdemos es que hemos dejado pasar una buena oportunidad de ser felices.

Pero si llevamos los guantes puestos cuando no deberíamos (por ejemplo en la cama) y nos sentimos desasosegados o angustiados con ellos, revela nuestra preocupación por ocultar defectos o imperfecciones. ya sean físicas o morales, o el temor de que se descubra alguna irregularidad en la marcha de nuestros negocios.

También es corriente soñar que debemos realizar algún trabajo delicado o minucioso llevando puestos unos guantes pesados e incómodos, lo que denota la existencia de complejos de inferioridad.

En este tipo de sueños es importante recordar el color de los guantes soñados, lo que nos ayudará a comprender el origen de lo que se desea ocultar, o la causa de sentirnos acomplejados.

Guardia, policía

Un guardia es alguien que vela por nosotros a la vez que nos obliga a cumplir con unas normas de convivencia y nos dice dónde podemos o no podemos ir. Por lo tanto, si este sueño se produce en la juventud, cuando todavía nuestro carácter no se halla completamente formado, revela un íntimo deseo de que alguien nos ayude a dirigir nuestra vida, que se responsabilice por nosotros e incluso que tome decisiones por nosotros. Pero si el sueño tiene lugar en nuestra edad madura siempre se trata de una advertencia para que seamos más prudentes, en especial en la selección de nuestras amistades y diversiones.

Si soñamos que la policía nos detiene indica un sentimiento de culpabilidad, excepto si somos inocentes, en cuyo caso indica que lograremos desembarazarnos de un desagradable asunto que nos tiene preocupados.

Por último, en los sueños de automoción (véase AUTOMÓVIL) suele ser frecuente que aparezca algún guardia, y su actuación en el sueño puede traducirse casi literalmente al interpretar el sueño.

Guerra

Soñar con una guerra suele ser una manifestación de inseguridad, de miedo ante el peligro, o el presentimiento de una calamidad. Es un sueño cuya finalidad es la de hacernos conscientes de este peligro, ya sea real o psíquico, y en este caso no logramos conocer el resultado del combate.

Pero otras veces refleja el ansia de liberarnos a toda costa de opresiones que ya no nos sentimos capaces de seguir soportando; o cuando en el combate se llega al cuerpo a cuerpo se trata de conflictos internos.

También en este caso hay veces en que no logramos ver el fin de la lucha, y esto ocurre cuando nuestro conflicto interno no tiene solución a corto plazo. Otras, se soluciona de una forma absurda, sin vencedores ni vencidos; aquí se trata del deseo de solucionar nuestros conflictos internos sea como sea. Y en otras ocasiones la victoria se inclina por uno u otro bando, lo que también indica si ganamos o abandonamos la lucha con nuestras pasiones y problemas internos.

Guía

Si en sueños nos vemos conducidos por un guía que nos ayuda a superar los obstáculos, nos muestra todo aquello que deseamos o necesitamos ver y nos dice por dónde podemos o no podemos pasar, es que en nuestro interior existe algo que nos impulsa a escalar nuevas metas, a adquirir nuevos conocimientos, elevándonos así a un superior dominio sobre nuestros instintos.

Carece de importancia la forma que adopte este guía en nuestro sueño (amigo, maestro, sacerdote, guía turístico, etc.), lo que importa es su existencia y por dónde nos conduce.

Guirnalda

La guirnalda, como la corona de flores, puede ser una señal de bienvenida, de homenaje o incluso de simple adorno. En nuestro sueño lo que importa es el contenido global del mismo, pues la guirnalda, de por sí, sólo simboliza lo efímero, la corta duración de lo que simbolice el sueño, ya que las flores que la comportan no tardan en marchitarse, en perder su valor.

Guisantes

Si los soñamos frescos y todavía en sus vainas suelen presagiar un próximo matrimonio, pero si están desgranados y en cantidad nos anuncian beneficios, más o menos abundantes según sea la cantidad de guisantes que integra el montón. Pero si los guisantes ya están secos el presagio es de herencia.

Cuando los guisantes los soñamos cocidos, el presagio es totalmente contrario, ya que anuncia aflicción y pesares que, si los comemos, pueden ser la causa de una enfermedad.

Guitarra

Como en las películas, tocar la guitarra es la forma más segura de ganar el amor o los favores de la persona a quien deseamos.

Gusano

En sueños, todo gusano (oruga) capaz de transformarse en mariposa, como ocurre con los gusanos de seda, simboliza la transición o elevación desde un estado inferior, rastrero, a otro superior, hermoso, ingrávido y capaz de elevarse hacia el cielo; por lo tanto, siempre presagia satisfacciones, cambios favorables y elevación; y ello en todos los planos, desde el más material al más espiritual.

Por el contrario, aquellos otros gusanos que aparecen en las cosas corruptas, o en el interior de las frutas, son indicio de corrupción oculta, de que en nuestra vida o en nuestras posesiones existe algo que bajo una sólida e inmejorable presencia está podrido por dentro.

No obstante, cuando en el sueño sólo aparece uno o muy pocos de estos últimos gusanos, también puede revelar la existencia de algún intruso indeseable que aparentando amistad y buenas maneras en realidad lo que desea es robarnos o destruir un afecto o algo muy querido.

Habas

Las habas son la primera ofrenda primaveral que nos hace la tierra, y por su estructura simbolizan el embrión de los niños varones que han de nacer.

Por ello, soñar con habas es el mejor presagio que pueden recibir quienes anhelan tener un hijo, pues les garantiza su próxima llegada.

Habitación

Cuando soñamos con una habitación lo importante es el ambiente que se respira, pues si es agradable y acogedor simboliza la aspiración y el anhelo al bienestar y la serenidad, y si la habitación es un dormitorio, el buen entendimiento familiar y con la pareja.

Pero si el ambiente es desagradable y opresivo refleja los temores y frustraciones de un pasado desgraciado, muchas veces sembrado de angustias y miserias. Si además se añade la presencia de humedades o goteras todo ello será debido a la falta de cariño o a la presencia de emociones incontroladas en el hogar infantil, con lo que se añade el temor de volver a ser desgraciado en el futuro.

Una habitación carente de puertas y ventanas es un símbolo de incomunicación, de temor y de falta de voluntad. No importa si durante el sueño se abren puertas y ventanas, o si las paredes desaparecen y nos sentimos libres y felices; en este caso se trata de una promesa lejana, del deseo de liberarnos de temores e inhibiciones, pero este deseo sólo se realizará cuando lleguemos a poseer suficiente fuerza de voluntad.

Hablar

Cuando en sueños nos oímos hablar en un idioma extranjero se trata de un típico sueño de entrenamiento, cuya misión es la de animarnos a estudiar o ampliar nuestro conocimiento de idiomas en la vida real.

Pero si en sueños oímos hablar sin entender lo que dicen, o somos nosotros quienes hablamos —también ininteligiblemente— el sueño refleja el temor a calumnias y habladurías.

Hacha

Si quisiéramos resumir en unas pocas palabras la acción del hacha podríamos decir: golpea y corta rápida como el rayo, con ruido y a veces echando chispas. Es bajo este concepto que el hacha ha sido asimilada al rayo de Júpiter y convertida en símbolo de poder y fuerza.

Y esto es lo que significa en nuestros sueños la presencia de un hacha: el poder, la fuerza y la autoridad, pero no para guerrear (que con los siglos ya ha perdido esta atribución), sino para cortar por lo sano cualquier problema, cualquier obstáculo, y ello con autoridad, de una manera directa, contundente, con nobleza y justicia, pero sin rodeos ni vacilaciones.

Hada

Las hadas simbolizan los poderes paranormales del espíritu y las prodigiosas capacidades de la imaginación; son capaces de operar las más prodigiosas transformaciones y en un instante colman o destruyen los más ambiciosos y extraordinarios deseos. En una palabra, simbolizan la capacidad humana de imaginar realizados aquellos proyectos imposibles de realizar en la vida real.

Por ello, soñar con las hadas es una forma de compensar las aspiraciones frustradas, de dejar salir por unos instantes al niño que todos llevamos dentro, y hacer así más llevadera la opresora materialidad de la vida real.

Según los tratados onirománticos tradicionales, este sueño promete la realización de un deseo que se creía irrealizable.

Halcón

El halcón es un símbolo ascensional en todos los planos de la existencia: físico, intelectual, moral y espiritual. Indica una victoria, una superioridad que ya se está realizando o no tardará en hacerse realidad.

A veces soñamos al halcón despedazando una liebre, y dado que la liebre es un símbolo de lascivia, este sueño anuncia la victoria sobre los deseos concupiscentes, con el consiguiente desgarro que ello conlleva.

Otras veces lo soñamos volando, en cuyo caso simboliza una idea, un proyecto de altos vuelos que puede transformar nuestra vida. En este sueño es muy importante ver en qué dirección vuela el halcón,

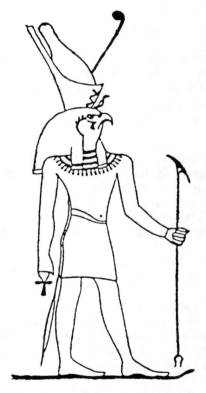

Halcón. Horus, el dios halcón egipcio.
Como todas las aves sus acciones y su vuelo explican su significado onírico: victoria, superioridad, triunfo.

pues si lo hace de izquierda a derecha indica que esta idea, este proyecto, son positivos y se realizarán en el futuro; mientras que si vuela de derecha a izquierda, su carácter es negativo y puede significar una notable regresión en nuestra situación, incluso el final de una posición elevada.

Pero en personas de aspiraciones espirituales también es frecuente soñar al halcón encapuchado, en cuyo caso simboliza al alma encadenada, al ardor espiritual ansiando recibir la luz de la Iluminación.

En sueños, tanto el gavilán como el halcón simbolizan indistintamente todo esto, y la única diferencia entre ambos es que el halcón simboliza el triunfo del principio masculino, mientras que el gavilán, cuya hembra es más fuerte y hábil que el macho, simboliza el predominio de lo femenino y, con ello, a aquellas parejas en las cuales domina la mujer.

Hallazgo

Cuando en sueños hallamos algo nos anuncia que tendremos una sorpresa; pero en qué consistirá la sorpresa, o qué la provocará, nos lo revelará el nombre de la cosa que hemos hallado.

Hamaca, litera

Tanto la hamaca como la litera se usan para descansar en situaciones o lugares distintos de los habituales, como, por ejemplo, durante unas vacaciones; en sueños simbolizan indolencia y pasividad, y la lección que debemos sacar del sueño es la de darnos cuenta de nuestra actitud negativa ante la vida y decidirnos a participar activamente en la misma, en lugar de seguir comportándonos pasivamente.

Hambre

Muchas veces este sueño es el reflejo de un hambre real, pero cuando no es así revela que en el pasado hemos sufrido alguna época de penuria económica y el temor de que esto nos pueda volver a suceder. Pero si en el sueño satisfacemos el hambre nos indica que nuestros temores son infundados y que lo que se avecina es una época afortunada.

Cuando este sueño se repite con alguna frecuencia y nunca se satisface el hambre puede revelar la existencia de otra hambre de características sexuales.

Harapos

Como en muchos otros sueños, la clave nos la facilitan los sentimientos y emociones que lo acompañan, pues si éstos son negativos simbolizan las angustias e incertidumbres por el futuro de los cortos de espíritu, temores que son independientes de la verdadera situación económica del soñador.

Pero con sentimientos y emociones positivas o indiferentes, los harapos soñados son una forma de demostrar la superioridad del yo profundo sobre el yo superficial; de que cuando el espíritu es fuerte no importan las apariencias. Entonces el sueño es como una variante personal de aquel cuento de la camisa del hombre feliz.

Harén

Para un hombre soñar con un harén le presagia que se presentarán circunstancias externas que le distraerán de sus verdaderos objetivos, lo cual puede ser causa de pérdidas y contrariedades.

Para una mujer, el mismo sueño puede indicar la tentación o el deseo de una posición económicamente ventajosa aun cuando entrañe la pérdida o la renuncia al amor.

Algunas veces este sueño delata celos o inclinaciones sexuales no muy bien definidas.

Harina

La harina es uno de los más conocidos símbolos de riqueza, por lo cual soñar en ella es una garantía de que no nos faltará lo más indispensable para vivir con una cierta comodidad, y cuanto mayor sea la cantidad de harina soñada mayor será el nivel de vida que alcanzaremos.

Pero del mismo modo que la harina pura se obtiene cribándola para separarla del salvado, tampoco basta con trabajar para alcanzar la riqueza, sino que nuestros actos deben estar gobernados por el discernimiento y la selección si queremos que sean realmente productivos.

Y en un nivel más elevado, la harina puede simbolizar aquel alimento espiritual que se obtiene mediante la ascesis y la purificación, y que nos permite alcanzar los niveles de conciencia más elevados; pues de lo contrario, nuestra riqueza material, intelectual, afectiva o espiritual, por grande que sea no dejará de ser impura, elemental y de escasa calidad.

Helada

Si al hablar del FRÍO decíamos que denotaba una salud deficiente, es mucho peor soñar con una helada, que casi siempre revela la existencia de alguna enfermedad.

Helecho

Simboliza las protecciones ocultas. Por lo general se trata de aquella protección que ejercen sobre nosotros —sin que nos demos cuenta— quienes nos aman, vivos o muertos.

Hélice

Es un sueño de éxito, de impulso; pues cuanto más rápida gire la hélice, más rápidamente avanzaremos en la vida.

Hemorragia

Es otro sueño premonitorio de enfermedad, de pérdida de fuerza vital.

Herencia

Tanto en la vida real como en sueños una herencia es algo que nos llega sin que hayamos hecho nada por merecerlo; pero lo que se hereda puede ser bueno o malo, puede heredarse dinero o deudas; predisposición a la salud o a la enfermedad... Sólo la totalidad del sueño y las circunstancias del soñador nos explicarán en qué consiste la herencia.

Herida

Por lo general, las heridas que aparecen en sueños se corresponden con heridas psíquicas, al temor a las mismas, o a que sus consecuencias puedan llegar a ser conocidas; casi siempre se trata de «heridas» a nuestra dignidad, orgullo o susceptibilidad, y lo importante es descubrir la causa de las mismas y ponerles remedio. Incluso a veces se manifiestan como heridas en los sueños los temores a la enfermedad y a los accidentes.

Por todo ello es importante conocer las circunstancias personales del soñador antes de interpretar el sueño. Así, por ejemplo, cuando éste tiene lugar al iniciarse las primeras relaciones sentimentales, puede indicar el temor ante las consecuencias de las mismas; en el hombre puede tratarse del temor de no estar a la altura de las circunstancias, y en la mujer el temor a la desfloración, el embarazo o a la frigidez.

Hermanos

Cuando en sueños hacen su aparición los hermanos o hermanas suele tratarse de una transposición de personalidad en la que al hermano (que casi nunca existe) se le adjudican los temores y deseos, los celos, amores morbosos, envidias, nostalgias y demás tendencias negativas del propio soñador. Es como si se viera reflejado en un espejo, aun cuando nunca sea capaz de reconocerse.

Pero si llegamos a asumir este hecho, si llegamos a reconocer que el hermano somos nosotros mismos, la interpretación del sueño suele ser facilísima y de gran ayuda en la corrección de los fallos de la personalidad.

Herramientas

Casi siempre que soñamos herramientas pertenecen a las necesarias para un trabajo o afición que ya poseemos, e indican nuestro deseo de dedicarnos a la misma o de completar algún trabajo que tenemos en curso.

Herrero

La figura del herrero es de gran importancia en el simbolismo de todos los pueblos y épocas y tanto en lo sagrado como en lo profano. Pero en sueños lo realmente importante es su trabajo modelador del hierro mediante el fuego.

En el sueño simboliza la acción espiritual de las energías creadoras (el fuego) para dar forma a la materia que constituye nuestra personalidad (el hierro), forjando así nuestra propia vida y destino.

Se trata pues de un sueño de victoria, de lucha contra nuestros defectos y limitaciones, y si tiene lugar mientras estamos empeñados en un conflicto, nos anuncia que lograremos triunfar y salir todavía más robustecidos de dicha experiencia.

Herrero. La fragua de Vulcano. (*Velázquez*.)
Símbolo onírico de la acción espiritual de las energías creadoras
para dar forma a la materia que constituye nuestra propia vida y destino.

Hiedra

Simboliza la amistad, los afectos duraderos y sinceros, pero también la fuerza vegetativa y la persistencia del deseo.

Hielo

Siendo el hielo la petrificación del agua por el frio, equivale a la petrificación de sus posibilidades, lo que si bien por un lado equivale a un incremento de la resistencia ante lo inferior (o sea a una mayor espiritualidad), por el otro también equivale a una pérdida de la emotividad y la vitalidad.

Como el FRIO y la HELADA, siempre anuncia la existencia de la enfermedad, o al menos de una deficiente vitalidad.

Hiena

La hiena, animal carroñero y nocturno, se caracteriza por su voracidad, su olfato y la potencia de sus mandíbulas, capaces de quebrantar los huesos más duros. Simbólicamente, se opone y complementa al halcón.

Por ello, en sueños la hiena representa a las bajas pasiones y a la cobardía, y en los antiguos tratados oniromá nticos se la traduce como a una mujer vieja y malvada cuyos manejos hay que temer. En realidad simboliza el temor de traiciones y maniobras subterráneas; pero si en el sueño hacemos frente a la hiena, y mejor todavía si logramos vencerla y hacerla huir, es que saldremos indemnes de todos estos manejos.

Hierba

Soñar que estamos tendidos sobre la hierba, disfrutando de su fresco contacto, es una advertencia de que estamos malgastando nuestra vida encorsetados en unas normas de vida antinaturales, y que vale la pena que recuperemos nuestra libertad e ilusiones mientras podamos hacerlo. Es una promesa de esperanza y libertad.

Pero si la hierba sobre la que nos hallamos ya está seca es que hemos hecho tarde; es el sueño de los vencidos, de los resignados que ya han renunciado a los goces de una vida natural y sencilla.

El mejor sueño es aquel en que, tendidos sobre la hierba fresca y olorosa, nos damos cuenta de que son hierbas medicinales, en cuyo caso al significado de esperanza en una vida más libre y natural se añade el de conocimiento y sabiduría, así como una exhortación a revitalizar lo mejor que hay en nosotros.

Hierro

El hierro simboliza la fortaleza, la dureza, la inflexibilidad y el rigor excesivo; es también una fuerza sombría, impura y maléfica.

En la tradición, el hierro es el metal vulgar en oposición a los metales nobles y durante siglos ha sido la base de las armas; y esta unión entre el hierro y la violencia es algo que permanece vivo en el subconsciente colectivo de la humanidad.

En los sueños, el hierro simboliza ante todo el poder adquirido mediante la fuerza.

Hígado

El hígado se refiere al valor y la riqueza, a las alegrías y a los dolores, y lo que le sucede al hígado en sueños se interpreta como si le sucediera al coraje o a la riqueza del soñador.

Higuera, higos

La higuera simboliza la abundancia y la fertilidad, lo mismo que los higos, pero si la higuera está seca se convierte en el símbolo contrario, de pobreza y esterilidad. Además de estos significados, los higos, como la mayoría de las frutas, predicen pérdidas o beneficios según la época del año en que se sueñan (véase FRUTA).

Hilo

El hilo simboliza a todo aquello que liga entre sí a todos los estados de la existencia y al origen de la misma; por ello se suele hablar de «los hilos del destino».

En sueños se mantiene este mismo simbolismo, pero por lo general se asocian los hilos a las intrigas y embrollos; así, enredar, desenmarañar, cortar..., cuanto se haga, en fin, con los hilos equivale a hacerlo con algún problema o asunto complicado que exista en la vida del soñador. Aparte de esto, los hilos de metales nobles, como el oro y la plata, anuncian éxitos gracias al empleo de la sutileza y la diplomacia.

Hinojo

Simbólicamente el hinojo se relaciona con la vista y el rejuvenecimiento; así es que soñar con dicha planta promete la mejoría a quienes sufren de los ojos y a los anémicos, y a los demás les augura un incremento de sus fuerzas físicas y espirituales, así como gran «vista» para los negocios.

Hipopótamo

El hipopótamo simboliza la fuerza bruta y aquellos impulsos y vicios que el hombre —herido por el pecado original— no puede dominar por sí solo y que exigen la ayuda de la gracia divina para conseguirlo, y lograr así espiritualizarse y elevarse por encima de la materia.

Hipoteca

Los sueños sobre hipotecas siempre se relacionan con la economía y los temores del soñador sobre la misma. Por lo tanto, soñar que hipotecamos algo denota una mala administración de los bienes; e hipotecar los bienes de otra persona, gran ambición y deseos de prosperidad.

Hogar

Los sueños sobre el hogar son una llamada a la unión familiar, a la vuelta a las costumbres y sentimientos tradicionales, a una mayor comunicación entre todos los miembros de la familia.

Hoguera

Aparte del sentido tradicional del fuego (véase esta palabra), la hoguera que se enciende en fiestas tradicionales simboliza la liquidación y eliminación por el fuego (es decir, por el intelecto) de cuanto ha perdido su valor y ya sólo sirve de estorbo: recuerdos, prejuicios, y todo aquello que si bien tuvo su utilidad en su momento ahora ya sólo es un lastre que nos dificulta el seguir adelante en la vida.

Si este sueño lo entendemos así y limpiamos nuestra mente y sentimientos, será uno de los mejores sueños que podemos tener por cuanto significa de renovación e incremento de posibilidades.

Hojas

Soñar con hojas verdes siempre es un sueño de prosperidad, pero si las hojas se secan y caen es indicio de enfermedad y problemas.

Hollín

Es un presagio de felicidad, si bien tardará en conseguirse y será tras penas y trabajos.

La hoguera de San Juan.
*Sueño de la eliminación de lo caduco, la liquidación del lastre que nos dificulta
el seguir adelante.*

Hombre

Los sueños que giran alrededor de un hombre son de muy difícil interpretación, a menos que el hombre soñado sea alguien conocido con
quien nos unan lazos de amistad, conveniencia o afecto, en cuyo caso
más que al hombre el sueño hará referencia a dichos lazos comunes.

Pero en líneas generales podemos decir que soñar con un hombre
joven casi siempre refleja envidias, rivalidades y problemas, sea cual

sea el sexo del soñador; mientras que los hombres maduros, y todavía más los ancianos, suelen simbolizar protecciones a veces providenciales e inesperadas.

Hombros

Los hombros simbolizan la potencia y la capacidad de realización. Por ello, si en sueños nos vemos con unos hombros anchos y fuertes es un presagio de salud, éxito y seguridad en nosotros mismos; mientras que si nos vemos con unos hombros más estrechos y débiles de como los tenemos en la realidad es que peligra nuestra salud, nuestra confianza en nosotros mismos y nuestras posibilidades de éxito.

Homicidio

En sueños, raras veces se mata por odio o venganza; casi siempre se mata a alguien querido o a algún amigo. En realidad lo que se intenta matar o eliminar de dicha persona es alguna faceta de su carácter y comportamiento que nos desagrada, e incluso a veces, cuando no reconocemos a la víctima, lo que nos disgusta y desagrada es algo de nosotros mismos.

Pero si en lugar de pesar lo que se siente durante el sueño son otros sentimientos negativos, puede tratarse de la manifestación de un sentimiento de inferioridad o culpabilidad.

Honda

Simboliza la fuerza del débil, el deseo de vencer a quien es más poderoso que nosotros. De hecho, soñar con una honda equivale a reconocer nuestra impotencia frente al destino y el deseo de tomarnos la revancha.

Hormigas

Las hormigas simbolizan el trabajo organizado y previsor, y ésta es la lección que debemos retener siempre que soñemos con ellas. Pero si las hormigas invaden nuestra casa, el presagio deja de ser favorable para anunciarnos que nos acontecerán una multitud de pequeñas molestias que a pesar de su escasa importancia nos harán la vida imposible. Pero todavía es peor si nos invaden el cuerpo, especialmente si llegan a nuestra cara, en cuyo caso suelen presagiar un accidente o grave enfermedad.

Horno

En realidad, y a pesar de su elevado simbolismo, el horno que puede aparecer en nuestros sueños es algo accesorio; lo que realmente cuenta es para qué usamos este horno, pues tanto puede servir para cocinar (véase COCINA), como para fundir o ayudar a moldear metales (véase HERRERO).

Hortensia

Simboliza la belleza fría, la frigidez.

Hospicio, hospital

Normalmente son sueños cuyo origen se encuentra en verdaderos padecimientos, al temor a las enfermedades, al confinamiento e incluso al temor a la muerte o a verse desatendido en circunstancias graves.

Pero a veces este sueño se presenta sin que exista ninguna de estas circunstancias, y entonces pronostica dificultades y obstáculos debidos a la maldad de los demás. Cuando en el sueño se visita un hospicio o hospital sin hallarse internado en el mismo nos revela que nos hemos dejado envolver en un asunto o un negocio del que debemos apartarnos cuanto antes.

Hotel

Soñar que nos hallamos viviendo en un hotel revela el deseo de una vida más lujosa y brillante, y si nos vemos como dueños o administradores del hotel refleja el deseo de tener poder sobre los demás o de manejarles.

Pero la mayoría de las veces es un sueño teñido de inquietud y que se desarrolla en circunstancias extrañas, como por ejemplo el soñarnos extraviados dentro de un hotel; en estos casos indican que en la vida real nos sentimos atemorizados ante unas circunstancias que se apartan por completo de aquellas a que estamos acostumbrados, o quizá también el temor a una relación sexual decepcionante, o el remordimiento tras un infidelidad proyectada o realizada.

Hoz

En los sueños, y como siguiendo la evolución de los instrumentos agrícolas, la hoz ha ido sustituyendo a la guadaña como símbolo de muerte, como instrumento que corta indiscriminadamente cuanto se le pone por delante. Por dicho motivo, la hoz posee en nuestros sueños el mismo significado que la GUADAÑA.

Huerto

El huerto, con sus frutos y beneficios, siempre es un presagio de riqueza y bienestar, aun cuando si la tierra es improductiva augura un duro camino antes de lograr el éxito deseado.

Pero ante todo, los sueños en que aparece el huerto y sus trabajos suele ser el reflejo de los deseos e inquietudes sexuales, y basta acudir a las identificaciones sexuales de frutas y hortalizas para traducir ampliamente el tipo de deseos y represiones que aparecen aludidas en el sueño.

Huesos

Siempre que se sueñan huesos, ya sean de hombre o de animales, excepto si están trabajados (en cuyo caso dejan de ser huesos para convertirse en un objeto con distinto significado), se trata de un sueño de muerte, penas y contratiempos de todas clases. Pero lo peor de todo es que este sueño revela que se ha perdido la esperanza y las ilusiones, que se está atravesando un período de pesimismo y abatimiento, y si en un corto período de tiempo este sueño se repite o se tienen otros sueños depresivos suele ser indicio de una crisis depresiva que aconseja cuidados médicos.

Huevos

Desde el huevo cósmico, origen del universo, hasta el huevo de Pascua, símbolo de la renovación periódica de la naturaleza, en todas las civilizaciones y razas del planeta, el huevo es el símbolo preferente de lo potencial, de la generación, del misterio de la vida y de la multiplicación de los seres y las cosas.

También en los sueños los huevos mantienen este mismo simbolismo de fecundidad y de cuanto se relacione con la misma, es decir, de esperanzas matrimoniales, de feliz maternidad, de riqueza y prosperi-

Huevos de Pascua.
Sueño de la fecundidad, de la multiplicación y las esperanzas.

dad. Pero si los huevos se sueñan rotos, revelan el temor de que todas estas esperanzas y riquezas también queden truncadas, no lleguen a realizarse: es el miedo a la esterilidad, a la pérdida de un embarazo, al fracaso sexual; o, en el extremo opuesto, a una paternidad no deseada.

Humedad

Ya hemos hablado suficientemente de la humedad al tratar del AGUA y de las GOTERAS; aquí nos limitaremos a resaltar que si la humedad corresponde a las emociones y sentimientos, siempre se refiere a las mismas desde un punto de vista pasivo y disolvente, es decir, negativo.

Humo, humareda

El humo simboliza las relaciones de la tierra con el cielo, pues es él quien eleva al cielo el homenaje del incienso y de los sacrificios, e incluso el humo que sale de la chimenea de los creyentes es como la respiración de la casa, una forma de comunicar a sus moradores con el infinito.

Este simbolismo espiritual del humo muy raras veces se revela en los sueños y cuando lo hace es en forma de una humareda blanca que se eleva directa al cielo.

Pero junto a este simbolismo espiritualizado existe también otro mucho más material y que es al que casi siempre se refieren los sueños: el humo que impide la visión y oculta a cuanto se halla envuelto en el mismo. En los sueños siempre es un humo oscuro que revela un estado de confusión mental que impide resolver los problemas en que se halla envuelto el soñador, o le anuncia la existencia de enemigos ocultos.

Huracán

Aun cuando el huracán posee un simbolismo muy complejo en el cual tres de los cuatro Elementos tradicionales: el Fuego (los rayos), el Aire (el viento) y el Agua (la lluvia) se desencadenan y arremeten contra el cuarto, la Tierra, en los sueños su simbolismo se limita al de una gran prueba a la que hay que afrontar y de cuyo resultado saldremos robustecidos o desarbolados.

Si el sueño va acompañado de emociones positivas (confianza, serenidad, tranquilidad...) o termina bien, se tratará de una prueba a la que lograremos superar y de la que saldremos anímicamente más fuertes. Si las emociones son negativas (temor, angustia, culpabilidad...) o el sueño termina mal, entonces refleja el temor ante acontecimientos que nos vemos incapaces de superar y que pueden acarrearnos pérdidas de bienes, de amistades, e incluso algún accidente.

Ídolo

Aun cuando este sueño suele ser más frecuente en la adolescencia, en la que puede atribuirse en gran parte a la influencia de las lecturas y ansias de aventuras que se corresponde con la edad, se trata de un sueño que también aparece en gente cuya edad y formación hace que resulte sorprendente.

Por lo general, el ídolo aparece en el contexto de un sueño que hace referencia a alguna cosa, situación o persona por las que el soñador se siente atraído en la vida real. Dentro de este contexto, el papel del ídolo es el de resaltar la afinidad o atracción del soñador hacia lo soñado.

No obstante, cuando el ídolo es soñado con cierta frecuencia revela la existencia de timidez o complejos de inferioridad.

Iglesia

Soñar con una iglesia augura la realización de esperanzas o deseos, excepto si la iglesia la vemos en la lejanía y no llegamos a acercarnos a ella, en cuyo caso anuncia desilusiones. Otras veces, ya en la iglesia, nos vemos hablando con otras personas y sin prestar atención a lo que allí sucede; en este caso el sueño es una advertencia de que nuestra actitud descuidada ante la vida nos impulsará a cometer alguna imprudencia que luego lamentaremos.

También en algunos casos en que el contexto del sueño así permite deducirlo, puede referirse a una mujer, por lo general la madre, la abuela o una protectora o cuidadora del soñador.

Incendio

Es más frecuente de lo que parece despertar asustado y jadeante en mitad de un sueño en el que nos hallamos envueltos en un incendio y encontrarnos con la existencia de un peligro real, pero totalmente distinto. En este caso ha existido un presentimiento semiconsciente de peligro, que es el que ha desencadenado el sueño como si se tratara de un timbre de alarma; lo más impresionante de este sueño suele ser su realismo, que es el que provoca el despertar.

Pero cuando el sueño no tiene este carácter de aviso se trata de un típico sueño de FUEGO, en el que este elemento desatado simboliza pasiones violentas que siempre finalizan causando pérdidas y conflictos.

Lo esencial es descubrir dónde se sitúa, dentro del sueño, el inicio del fuego destructor y, de ser posible, su causa, pues esto proporcionará indicios de gran valor desde el punto de vista psicoanalítico, ya que tanto puede tratarse de una pasión pasajera como revelar problemas de incomunicación e incluso instintos de destrucción.

Incesto

Es un sueño poco frecuente, pues su misma atrocidad hace que el subconsciente utilice símbolos más simples en sus mensajes oníricos.

Según algunos autores se trata de un sueño que se da en personas muy mimadas que, en opinión de su inconsciente, todavía desearían serlo más, y que con este sueño manifiestan su resentimiento. Según otros es la expresión del famoso «complejo de Edipo».

Incienso

El simbolismo del incienso es una fusión de los simbolismos del HUMO y del PERFUME, en el que la combustión y el humo del incienso se encargan de elevar la plegaria al cielo.

Pero, por analogía, además del amor a Dios, el incienso también simboliza toda clase de amores puros y delicados, y es en este sentido en el que se suele interpretar el sueño.

Infidelidad

Cuando en sueños soñamos ser infieles a nuestra pareja lo que hacemos en realidad es demostrar nuestra disconformidad o insatisfacción por algún rasgo de su carácter o comportamiento.

Un estudio de la persona con la cual hemos soñado ser infieles nos ayudará a conocer cuáles son las diferencias esenciales entre ella y nuestra pareja en la vida real y, con ello, los motivos de nuestra actual insatisfacción.

Infierno

Al estudiar el DIABLO terminábamos diciendo que era un reflejo distorsionado de nuestra conciencia, y ahora al tratar del infierno debemos decir que este último simboliza al mundo subterráneo del inconsciente arcaico y colectivo.

En el conflicto humano entre el impulso evolutivo y los instintos primarios —es decir, el impulso regresivo—, soñar con el infierno resultaría del temor al resultado de esta lucha, tanto si hemos logrado volver a rechazarlos al fondo del inconsciente como si hemos aceptado identificarnos con ellos bajo la forma de una perversión consciente.

Por último, mientras que del infierno cristiano es imposible escapar, de los infiernos soñados logra salirse muchas veces, lo que en todos los tratados tradicionales se considera como un presagio de larga vida, y esto nos recuerda el carácter purificador del fuego, y que el propio Cristo bajó a los infiernos antes de resucitar; lo que de alguna forma equivale a reconocer que quien habiendo bajado a los infiernos logra salir de los mismos una vez purificado por el fuego se convierte en portador de un conocimiento y de una energía de la que carece el hombre normal.

Inmovilidad

Cuando soñamos que a pesar de la necesidad de realizar algo no podemos movernos, pues nos sentimos paralizados e incapaces del menor movimiento, e incluso de despertarnos a pesar de la angustia que ello produce, tras este sueño siempre se oculta un complejo de inferioridad, el temor a no saber comportarnos como requiere la ocasión; de no saber realizar el movimiento preciso; de no saber decir la palabra adecuada; de no alcanzar el objetivo propuesto.

Otras veces no existe contraposición entre la inmovilidad y el deseo de moverse, y tampoco existe angustia, sino pasividad, laxitud. En

Infierno. Una visión del Infierno. (*Grabado de 1510*.)
Su sueño revela el temor ante la lucha entre el impulso evolutivo y los instintos primarios.

este caso el sueño refleja un estado de agotamiento físico o nervioso, la necesidad de un descanso y, quizá, de un tratamiento revitalizador.

Insectos

Para efectos de interpretación consideramos insectos a todos aquellos animales insignificantes que nos molestan y atormentan a pesar de su pequeñez. A estos efectos carece de importancia saber a qué especie zoológica pertenecen, y únicamente cuando son de una sola clase que podemos reconocer claramente en el sueño buscaremos su nombre; de lo contrario, es suficiente con considerarlos insectos e interpretar el sueño como sigue.

Lo primero que estos sueños nos revelan es que en la vida real estamos acumulando resentimiento, temor y desprecio contra los demás. Es una forma de decirnos a nosotros mismos que despreciamos y consideramos inferiores a quienes nos rodean, pero que a la vez les tememos.

Así, cuando soñamos nuestra casa invadida de insectos, revela nuestro temor a los juicios y murmuraciones de los demás. Los insectos que nos atacan son aquellas personas a las que no logramos dominar, a pesar de considerarlas inferiores a nosotros, tanto en capacidades como en inteligencia y sentimientos. Los insectos que se agigantan y nos acorralan son adversarios o jefes temidos y despreciados a la vez.

A veces, estos mismos sueños pueden referirse a instintos o impulsos que bullen en nuestro interior y que apesar de dominarlos y reprimirlos porque chocan contra nuestra moral, o porque somos incapaces de asumirlos libremente (casi siempre por timidez), se revuelven en sueños contra nosotros.

Por último, también existen ocasiones en las que percibimos en sueños las molestias de los insectos, pero sin ir acompañadas de los sentimientos de rechazo, temor o repulsión; entonces no son más que el reflejo de las pequeñas molestias, pérdidas o preocupaciones que acompañan a cualquier tarea que se nos ha hecho tediosa.

Inspección

Soñar que se presenta un inspector a revisar nuestro trabajo o nuestras cuentas denota el miedo a que se descubra un secreto o un punto débil de nuestra personalidad.

Muchas veces un buen análisis de este sueño resulta inapreciable para descubrir cuál es este punto débil, este fallo de nuestra personalidad.

Intestinos

A efectos de interpretación, los intestinos son la cuna donde se forman los EXCREMENTOS, y por ello simbolizan dónde y cómo se origina la riqueza del soñador. El estado de los intestinos, de la función intestinal y de cuanto les ocurra en el sueño, debe trasladarse a la riqueza y bienes del soñador.

Inundación

Ya hemos dicho que el agua es el símbolo de los sentimientos y emociones; es por ello que cuando los sentimientos se desbordan suelen aparecer sueños de inundaciones, en los que la amplitud de la misma y los destrozos causados son una advertencia del daño que puede causar en nuestra convivencia el dejarnos arrastrar por los excesos pasionales.

Invierno

En la naturaleza el invierno es una etapa en la que bajo una apariencia de esterilidad e inmovilidad, la tierra descansa, se recupera y se prepara para la próxima primavera.

Invierno.
Augurio de escasez o aviso para que paremos a reflexionar y reorganizar ideas.

Estas dos acepciones, esterilidad y recuperación, caracterizan a los sueños cuya acción sucede en invierno. Unas veces es el augurio de una temporada de vacas flacas; otras, nos recomienda que nos paremos a reflexionar, a meditar y reorganizar ideas, fuerzas y capacidades si queremos seguir adelante; de lo contrario, sólo lograremos agotarnos y nuestra excesiva ambición nos conducirá a la esterilidad, mental y física.

Invisibilidad

En sueños, que algo o alguien desaparezca, se vuelva invisible sin por ello dejar de existir, se corresponde psicológicamente con la represión, con lo reprimido. Simbólicamente, equivale a razonar que lo que para nosotros no se ve no existe, simplemente porque no queremos que exista.

Por ello, cuando en sueños una persona o un objeto se vuelven invisibles es que tenemos razones para querer que desaparezca de nuestra conciencia. Localizar dicha cosa y ver lo que representa en nuestra vida real nos permitirá conocer las razones de dicha represión o negativa a reconocer un hecho, un problema o una situación.

Invitación

En sueños, recibir una invitación revela nuestro deseo de nuevas relaciones, de nuevas amistades y ambiciones, y lo mismo ocurre si somos nosotros quien invitamos a otros.

Pero ser invitado, o tener invitados, obliga a guardar unas normas sociales de convivencia y educación. Así pues, este sueño además de revelar unos deseos que seguramente se realizarán nos advierte que para ello debemos ser muy prudentes en nuestros actos y palabras.

Isla

La isla simboliza el refugio, la seguridad y la libertad; en ella, la conciencia y la voluntad se unen para escapar a los asaltos del inconsciente. Metafóricamente, contra los embates del océano buscamos la seguridad de la isla; es por ello que las islas de nuestros sueños siempre son islas paradisíacas en las que se cumplen nuestros deseos de evasión, de aventuras, de nostalgias y de ilusiones.

Sólo los tímidos sueñan con islas siniestras, deshabitadas, en las que la angustia de la soledad refleja la desesperación e impotencia de la misma timidez.

Pero normalmente, cuando soñamos que huimos de nuestros enemigos y nos refugiamos en una isla, en el sueño se refleja el deseo de escapar de nuestras condiciones actuales. Si en la isla hay mucha gente es que en la vida real nos sentimos solos y la huida es para buscar nuevas amistades y compañías; pero en todos estos sueños siempre existe un deseo de libertad ilimitada.

Jabalí

El simbolismo del jabalí es ambivalente; por un lado simboliza aquel valor y coraje irracional que incluso puede conducir al suicidio; y por el otro, al desenfreno y los bajos instintos. No obstante, en sueños ambos significados se han separado e identificado con dos animales distintos, aun cuando sería mejor decir hermanos: el cerdo y el jabalí, quedándose el cerdo con el desenfreno y los bajos instintos, y el jabalí con el coraje.

Es por ello que en sueños el jabalí siempre representa a un peligroso enemigo al que hay que evitar.

Jabón

Si en la vida real el jabón sirve para lavar, en los sueños sirve para aclarar, y soñar con jabón en cualquiera de sus usos y aplicaciones nos pronostica que las cosas se aclararán, ya sean los negocios, problemas o líos con las amistades; con lo cual es de esperar que tengamos la oportunidad de reiniciarlo todo sobre bases menos conflictivas.

Jacinto

En sueños, la flor del jacinto es un símbolo de amistad y benevolencia.

Jardín

El jardín es un símbolo de la naturaleza ordenada, sometida y domesticada por el hombre que se destaca claramente de la naturaleza salvaje; de la reflexión y meditación como opuestas a la espontaneidad; del dominio de lo consciente sobre lo inconsciente.

Los jardines de nuestros sueños suelen estar cercados por un muro, un seto, o de cualquier otra forma; o quizá ni tan sólo están cercados, pero sea como sea siempre producen la sensación de algo oculto, íntimo y personal donde se respira paz y tranquilidad. En su interior nunca amenaza ningún peligro, ya que este jardín es la imagen de nuestro mundo interior.

El tamaño de este jardín, la riqueza y belleza de su vegetación, su ornamento y distribución, qué es lo que hacemos en él, todo esto son detalles que ayudarán a la interpretación del sueño. Si su conjunto es armónico, es que también lo es nuestro interior; si no se corresponde con el orden y belleza que debería, es que en nosotros lo inconsciente domina sobre lo consciente; si es árido e inculto, también lo será nuestra personalidad; y así en todos los puntos, pero siempre comparativamente al ideal que tenemos de nosotros mismos.

Por último, existe otro simbolismo del jardín, más prosaico si se quiere, pero también frecuente, y es la asimilación del jardín con la mujer, y más especialmente a sus órganos genitales; y esto es algo que incluso se trasluce en el lenguaje vulgar: todo el mundo entiende aquello de «ese jardín sólo lo riego yo».

Jarra, jarrón

Son símbolos de lo continente y, como tal, símbolos femeninos; pero en sueños la jarra, como el jarrón, el vaso y los demás recipientes sirven para contener un líquido, que si bien genéricamente representa algún sentimiento, en cada caso concreto adopta el simbolismo propio del líquido que contiene.

Como norma general, si el líquido es bueno, como vino, aceite, agua clara, presagia la obtención de cosas buenas; mientras que si contiene líquidos nocivos, el presagio será desfavorable.

Jaspe

Simbólicamente, el jaspe augura y se asimila al embarazo y el parto.

Jaula

Cuando la jaula soñada contiene algún pájaro es un buen presagio, por lo general de amores o amistades; mientras que si la jaula está vacía lo que presagia son penas de amor, o carencia del mismo.

Jazmín

Simboliza la lealtad y la amabilidad, especialmente si es de color blanco.

Jofaina

Una jofaina llena de agua clara anuncia visitas agradables, sorpresas (por lo general sentimentales) que nos causarán placer. En cambio, si la jofaina está llena de agua turbia, la sorpresa puede ser desagradable y las visitas traer malas intenciones.

Jorobado

Tanto en sueños como en superstición, ver a un jorobado, o a más de uno, es presagio de buena suerte; pero si el jorobado es mujer lo que pronostica es mala suerte; y si el jorobado lo somos nosotros es que algún contratiempo nos obligará a hacer el ridículo.

Joyas

A efectos de interpretación debemos distinguir la piedra preciosa de las joyas, ya que estas últimas son las piedras preciosas trabajadas y engarzadas en metales nobles; y si bien cada piedra tiene su significado propio y benéfico, cuando se sueña *sola*, como joya, adquiere un valor maléfico y nos advierte contra el defecto contrario al simbolismo de las mismas.

También los metales nobles sufren esta transformación maléfica de su significado, y así, las joyas de oro nos previenen contra el orgullo; las de plata, si bien presagian beneficios, nos previenen contra las mujeres; las falsas, por último, nos previenen contra la vanidad y la presunción.

Las joyas rotas auguran frustraciones; deslustradas o sucias, problemas de negocios; perderlas, problemas con nuestros bienes persona-

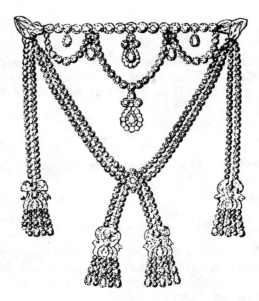

Joyas. El collar de brillantes que envolvió en el escándalo
a la reina María Antonieta de Francia.
*Las joyas de nuestros sueños adquieren un sentido maléfico, pero también simbolizan
las verdades espirituales.*

les; hallarlas, tentaciones peligrosas; comprarlas, pérdidas de dinero; si
nos obsequian con ellas es un consejo para que no prestemos ni pida-
mos prestado, pues los problemas serían a la hora de devolver el dinero; llevarlas puestas, maledicencia.

No obstante, y en un nivel mucho más elevado, las joyas adquieren
el significado de verdades espirituales, de símbolos de un conocimiento
superior; y aquellos sueños en que las joyas se descubren en cavernas
simbolizan la sabiduría que existe oculta e ignorada en nuestro subconsciente.

Judías

Simbolizan riñas y disputas, con frecuencia incluso con violencia
física.

Juego

En términos generales, los juegos son un sustitutivo incruento de
la guerra; de la lucha contra los elementos, contra el destino, contra

uno mismo, contra los demás. Incluso en los juegos más inocentes siempre existe un ganador y unos perdedores.

Como normas generales para la interpretación de estos sueños podemos afirmar que los juegos infantiles expresan el deseo de escapar a las preocupaciones y problemas de la vida real; los juegos de sociedad anuncian superficialidad, pero por encima de todo, alegría y armonía familiar; los juegos de azar, pérdidas y decepciones; y los de habilidad y cálculo serán buenos o malos según el resultado de los mismos.

En la interpretación también es importante el análisis de todos los detalles del juego, e incluso las circunstancias personales del soñador; así, por ejemplo, contemplar el juego sin participar en él indica indiferencia e indolencia; si el jugador es padre de familia, irresponsabilidad; si hace trampas, inmoralidad y falta de adaptación a las normas sociales.

Juez, justicia

Mal van las cosas cuando se sueña con los jueces o la justicia. Por lo general suele existir ansiedad acerca de nuestra situación, ya sea por no estar seguros de que estamos obrando bien o simplemente porque nos creemos perjudicados por la vida y desearíamos se hiciera justicia a nuestros méritos.

Si lo que soñamos es el juez, refleja nuestra esperanza de que no ayuden a superar esta situación temerosa o infravalorada; pero si además soñamos que se nos está juzgando, es que creemos hallarnos en manos del azar, y la indecisión nos tiene inmovilizados; y ello tanto si el resultado del juicio es favorable como si es desfavorable. En el primer caso, la comprensión de los demás no disipará nuestra incertidumbre ni nuestra falta de «suerte»; en el segundo, es que todavía se acentúa más nuestra actitud negativa ante la vida, y así es imposible triunfar.

Si somos nosotros los que en el sueño hacemos de juez o de jurado, el problema no es tan grave, pero reside precisamente en esto: en que debemos tomar una decisión que creemos importante y no sabemos por qué lado inclinarnos.

Junco

Simboliza la docilidad, pero también la inconstancia. Se refiere a aquellas personas que a pesar de ser buenas no se puede confiar en ellas, pues no cumplen su palabra.

La Justicia. Arcano VIII del Tarot de Marsella.
En nuestra ansiedad soñamos que pedimos justicia para disipar nuestras incertidumbres.

Juramento

Tanto en sueños como en la vida real, cuando queremos que nos juren algo es que no tenemos plena confianza en nuestro interlocutor; y si somos nosotros los que juramos es que estamos prometiendo algo que no estamos muy seguros que cumpliremos.

Juventud y vejez

En sueños, la cuestión de las edades es algo muy relativo; casi me atrevería a decir que es algo que depende totalmente de las circunstancias particulares y momentáneas del soñador en el momento de tener el sueño. En efecto, es una opinión muy generalizada que soñarse más viejo de lo que se es augura larga vida, pero ocurre que la mayoría de los autores consideran que verse más joven de lo que se es también presagia larga vida, lo cual a pesar de parecer contradictorio sigue siendo verdadero.

Porque en sueños la edad equivale a energía vital; y de la misma forma que los científicos hablan de «edad oficial» y «edad biológica», también deberíamos concluir con la existencia de una «edad psicológica», que es la edad con que nos vemos en sueños.

Así, el joven lleno de planes y ambiciones, soñarse anciano es una forma de reflejar lo mucho que le queda por vivir y realizar en la vida. Y al hombre maduro, o anciano, que se sueña mucho más joven de lo que es, en su interior se siente joven, todavía tiene planes y ambiciones que realizar, todavía se siente lleno de vitalidad y con años por delante.

Lo malo, lo verdaderamente grave, es que un anciano se sueñe viejo; es que *en aquel momento* ya se siente acabado, ha perdido las ilusiones y, con ellas, la necesidad de seguir viviendo.

Por dicho motivo, llegados a cierta edad solemos vernos en sueños más jóvenes de lo que somos, y sólo en momentos de depresión nos vemos como somos o todavía más viejos; es como si en los momentos bajos sintiéramos el peso de los años, y en los momentos de euforia vital el contador de los años se hubiera detenido en aquella edad en la que nos hemos sentido mejor, en nuestra edad ideal.

Laberinto

Un laberinto es una construcción arquitectónica sin aparente finalidad, de complicada estructura y de la cual, una vez en su interior, es muy difícil encontrar la salida. En el laberinto podemos perdernos recorriendo caminos que no conducen a ninguna parte; recorrer kilómetros y más kilómetros sin movernos prácticamente de sitio, y sin localizar la salida junto a la cual habremos pasado muchas veces. En sueños, simboliza el inconsciente, el error y el alejamiento de la realidad.

Como muy bien dice Kolosimo, el laberinto es el acta de acusación más brillante contra nuestra debilidad de carácter, la falta de decisión y la tendencia en crear, en nosotros mismos y en los demás, problemas innecesarios. Las paredes del laberinto onírico están empapeladas de todos nuestros «pero», «quizá», «si»...

Casi resulta obvio decir que el laberinto presagia o refleja disgustos y dificultades de todas clases; pero si en el sueño conseguimos salir del mismo es que hallaremos una solución inesperada que nos permitirá salir con bien de un asunto embrollado; también indica la capacidad de reaccionar ante lo absurdo.

Ladrido, aullido

Son sueños que encierran un aviso de peligro, mucho más grave en el aullido que en el ladrido.

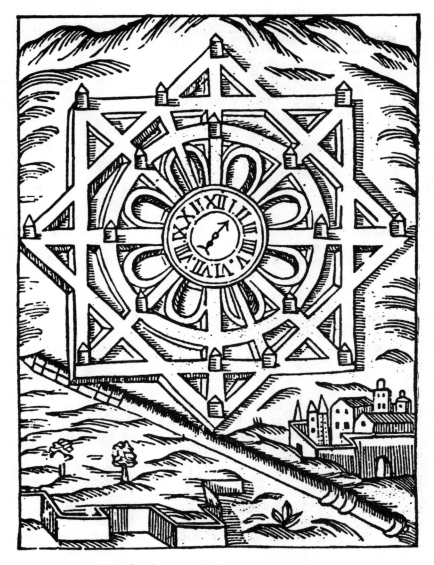

Laberinto. (*Según un grabado antiguo que, por el reloj, yuxtapone el tiempo y el espacio.*)
El sueño del laberinto presagia disgustos y dificultades; salir de él es encontrar una solución inesperada.

Ladrillo

El ladrillo simboliza la vida sedentaria y urbana, que si bien nos aporta seguridad, también nos limita, ya que el ladrillo es la regla, la uniformidad.

Por ello, soñar con ladrillos puede indicar el deseo de integrarnos, de afincarnos y pasar desapercibidos; también en algunos casos puede limitarse a indicar que el soñador se halla relacionado con el mundo de la construcción o que desea construirse su propia casa.

Ladrón

En sueños, los ladrones reflejan nuestro temor a perder algo: posición, dinero, empleo, etc., o a que nos lo quiten, o simplemente limitarse a reflejar el hecho de que somos unos miedosos. Si el ladrón lo somos nosotros puede revelar nuestro temor a estar usurpando los derechos de otra persona.

Por último, muchas veces es un sueño que se produce cuando nos despierta algún ruido anormal, y en tal caso carece de significado.

Lago, estanque, piscina

Hemos englobado bajo el mismo epígrafe a cuanto representa una cierta cantidad de agua, la suficiente para que el aire imprima a su superficie un ligero oleaje, que es el que proporciona a las aguas la sensación de vida, que se verá acentuada si en su interior existe vida animal (peces) o se la suministramos los hombres al sumergirnos en sus aguas. Lo que diferencia a las aguas de un lago de las de un pantano es que las del primero son vivas, simbolizan la vida, mientras que las del segundo son muertas, simbolizan la muerte.

Pero para considerarla un lago esta superficie de agua debe tener un límite, deben verse o adivinarse sus orillas, pues de lo contrario será un mar, que por sus dimensiones simboliza la vida en general, mientras que el lago sólo es la vida personalizada, es decir, la nuestra y la de quienes nos rodean.

Así pues, soñar con un lago nos proporcionará interesantes informes sobre nosotros mismos y quienes nos rodean, pero principalmente sobre nuestras emociones, que es el significado que el agua siempre conlleva.

Un lago rodeado por abundante vegetación aumenta el significado de vida y sentimentalidad, lo que indica el deseo de exteriorizar y vivir emociones y pasiones amorosas; en cambio, si las orillas son áridas y pedregosas indica el temor a no conseguir realizar nuestros deseos amorosos. Claro está que un caso aparte es la piscina, en la que lo importante es la observación de la gente.

Soñar un lago de límpidas aguas, cuya agua apenas se mueva bajo el imperio de la brisa, confirma lo bien fundados de nuestros sentimientos y esperanzas; pero si las aguas están turbias o agitadas por la tormenta nos vaticinan, por el contrario, amores difíciles y turbulentos, muchas veces decepcionantes.

Las personas que nos acompañen en el lago o piscina son personas que en una u otra forma se hallan relacionadas con nosotros, ya sea por parentesco, por afecto o por simple amistad, y cuanto digan o hagan nos informará sobre su verdadera personalidad, que será más sincera y auténtica cuando menor cantidad de ropa oculte su cuerpo.

Pescar en el lago indica nuestro deseo de hallar pareja, y todos los accidentes y problemas que puedan sucedernos en el lago indicarán obstáculos y retrasos en nuestros proyectos.

Los peores sueños de lagos son aquellos en los que las aguas están muy turbias o contienen peces muertos, en cuyo caso más que un sueño de lago debemos considerarlo de PANTANO; o que el lago esté seco, lo que indica el fracaso total de las esperanzas sentimentales y, muchas veces, la carencia de sentimientos afectivos.

Lámpara, candil

En sueños, la luz de sol simboliza la vida y el conocimiento, y durante muchos siglos la lámpara ha representado la individualización de la luz del sol, la vida y el conocimiento personales de cada uno de nosotros. Pero, actualmente, a la luz de la lámpara la consideramos una luz débil, insegura y vacilante, pasando a simbolizar en los sueños a todo aquello que es débil, incierto y vacilante, hipotético y de corta duración. Sólo cuando la lámpara es muy luminosa posee un significado positivo, que puede asimilarse al de la VELA.

Lana

Anuncia felicidad simple y tranquila, pero a condición de no ser excesivamente ambiciosos. Estropearla, quemarla o usarla para confeccionar ropa para animales augura pérdidas.

Langosta (saltamontes)

Si existe un símbolo universalmente conocido es el de la langosta, una de las plagas más temibles que han existido. No es de extrañar que soñar con langostas sea una grave amenaza de ruina y desolación.

Langosta, langostinos

Predicen —cómo no— bienestar y seguridad financiera.

Látigo

El látigo es un símbolo de poder y dominio irracional. Por ello, soñar que lo usamos es una advertencia de que hemos cometido una acción arbitraria. Si por el contrario somos nosotros quienes recibimos los latigazos es que nos veremos humillados.

Laurel

Simboliza la victoria; pero la corona de laurel además de un premio a la victoria externa presupone una victoria interna sobre las fuerzas negativas y disolventes de lo inferior. También —como todos los árboles que conservan su follaje durante el invierno— simboliza la inmortalidad.

Soñar con el laurel, y mejor todavía, vernos coronados con el mismo, augura una victoria o un éxito en cualquier rama de la actividad humana, éxito que será premiado con alguna distinción honorífica o académica.

También, en otro plano, puede augurar que seremos capaces de vencer a nuestros instintos y sentimientos inferiores, logrando así una victoria e inmortalidad más elevada que la simplemente material.

Lavar, lavarse

Soñar con una limpieza exagerada evidencia el afán de liberarnos de algo que puede ser desagradable o censurable. Si lo que lavamos son las manos o el cuerpo, como si quisiéramos borrar algo que no quiere desaparecer, revela el deseo de deshacernos de alguna culpa real o supuesta. Si lo que lavamos es ropa de cama revela la preocupación por mantener ocultos hechos relativos a nuestra vida sexual.

Leche

La leche, por su propia naturaleza, simboliza la abundancia, la fertilidad y el conocimiento; entendido este último como alimento espiritual.

En sueños, beber leche es un presagio de abundancia, fecundidad y salud, siendo especialmente afortunado para las mujeres embarazadas; tanto es así que soñar a una mujer con los pechos llenos de leche nos revela que pronto quedará embarazada, si es que todavía no lo está. Derramar leche pronostica infelicidad y pérdidas. La leche agria, problemas domésticos.

Lechuga

Es un sueño bastante malo que anuncia alegrías a las que siguen pérdidas, especialmente si nos la comemos.

Lechuza

La lechuza simboliza la muerte, la noche, el frío y la pasividad. En sueños se considera un mal presagio y se interpreta en igual forma que el BÚHO.

Leer, lectura

Leer en sueños revela algún hallazgo, sorpresa o el conocimiento de un secreto, así como el deseo de conocer el pensamiento, las intenciones o los aspectos ocultos de la personalidad de otra persona. Leer una carta augura noticias. Leer un periódico, que estamos esperando la favorable conclusión de un negocio o empresa.

Es importante conocer el contenido de la lectura, pero casi nunca se consigue recordarlo. En su defecto, y cuando se trata de un libro conocido, su argumento o alguna circunstancia en la que dicho libro tuvo parte importante nos darán la pista sobre lo que se quiere conocer.

Legumbres

Las legumbres suelen presagiar pequeños problemas, contrariedades y problemas familiares o relacionados con nuestra vida privada. Soñadas durante la época en que suelen estar en sazón, las legumbres tienen un sentido menos alarmante.

Lengua

Hasta cierto punto la lengua es como una llama, ya que posee su misma forma y mobilidad. Como instrumento de la palabra su poder es ilimitado: crea o aniquila, destruye o purifica, es justa o perversa, veraz o embustera; pero en los sueños las malas acepciones son las que siempre predominan.

Así, soñarnos con la lengua larga y gruesa es indicio de hablar demasiado y sin control; que nos tiren de la lengua, afrentas e indiscreciones; mordernos la lengua aconseja más prudencia en el hablar; esforzarnos en hablar sin conseguirlo, timidez; verse con la lengua cortada, impotencia, a veces incluso sexual; ver lenguas de animales, comadreos y murmuraciones.

Lenguas extranjeras

El lenguaje es nuestro medio de comunicación con los demás, pero un lenguaje extranjero es un lenguaje que nos resulta incomprensible, y la reacción instintiva ante lo que no comprendemos es la de considerarlo un problema, un peligro o una amenaza.

Por ello, soñar que nos hablan en una lengua extranjera (a menos que se trate de la de un país por el que sintamos un cariño o una nostalgia especial) es que sentimos inquietud y desconfianza ante quien nos habla, que lo consideramos un enemigo real o potencial.

Por otra parte, el mismo sueño puede revelarnos una falta de comunicación con quienes nos rodean: padres, cónyuge, hijos y amistades, o que nos asusta la incomunicación, en cuyo caso tanto podemos oír que en el sueño los demás nos hablan en una lengua extranjera como ser nosotros quienes la hablamos, aunque sin comprender lo que decimos.

León

Si el águila es el rey de los animales aéreos, el león lo es de los terrestres, y está cargado de todas las virtudes y defectos inherentes a su rango. Por una parte es la encarnación del poder, la sabiduría y la justicia, del orgullo y la seguridad en sí mismo, lo que le convierte en el símbolo del padre, del maestro, del juez y del soberano; en una palabra, del éxito y triunfo máximos.

Pero no debemos olvidar que el león es un animal salvaje y su vigor, orgullo y fiereza tienen su reverso, que pueden convertirlo en cruel y tiránico, en símbolo de la concupiscencia desenfrenada y del deseo irrefrenable de poder y dominio.

León del templo de Nimrud. (*Asiria.*)
*Su significado onírico, como su simbolismo, oscila entre dos polaridades: la consecución
del éxito o el deseo irrefrenable de poder y dominio.*

Es por ello que en la iconografía el león tanto simboliza a Dios
como al Diablo, al Cristo como al Anticristo. Y también en los sueños
el simbolismo del león oscila entre las dos polaridades: desde la de un ser
admirable a la de un tirano insoportable a quien debe temerse.

Del mismo modo que los sueños de águilas suelen ser más frecuentes en la adolescencia, los sueños de leones lo son en la mitad de la
vida, cuando ha llegado el momento de ser padre, maestro, magistrado
o jefe, simbolizando la energía indomable de la que deben darse pruebas en adelante. La lucha contra el león es la gran tarea de la madurez,
tanto contra el león externo de los más poderosos como contra el león
interno de los instintos egoístas.

El sueño será bueno o malo según los sentimientos que lo acompañen y el comportamiento del león. Ya Artemidoro de Éfeso consideraba
favorables los sueños en que uno acariciaba un león o era lamido por
éste, mientras que un león amenazador que atacase al durmiente sólo

podía presagiar grandes disgustos causados, sobre todo, por personajes poderosos; y a pesar de los siglos esta interpretación sigue siendo válida.

Las interpretaciones más corrientes son las siguientes: soñar con una familia de leones presagia alegría y unión familiar en la que cada uno de sus miembros conoce cuál es su lugar y lo asume plenamente; soñar con un león simboliza a un protector poderoso o un temible enemigo, según cuál sea su actitud hacia nosotros; dominar, domesticar o vencer a un león presagia la superioridad del soñador sobre sus oponentes, y que se alcanzará la posición deseada.

Leopardo

Símbolo de la bravura, la ferocidad y la habilidad guerrera, el leopardo, como el TIGRE y la PANTERA, reflejan los aspectos agresivos y dominadores del LEÓN, pero sólo en sus aspectos negativos, pues el leopardo siempre ataca a traición.

Libélula

Simboliza la ligereza, la frivolidad y la inconstancia.

Libros

Los libros que aparecen en nuestros sueños reflejan nuestra vida y destino, especialmente desde un punto de vista emotivo y casi siempre como recuerdo.

Por ello, soñar con un libro cerrado o enterrado en el fondo de un baúl descubre la existencia de algún secreto o etapa de nuestra vida que deseamos mantener ocultos. Un libro al que comprobamos que le faltan páginas nos dice que en nuestra vida pasada existe algún episodio que a pesar de mantenerlo oculto reverdecerá dentro de poco, si es que no lo está haciendo ya. Libros polvorientos sobre la mesa o tirados por el suelo revelan la existencia de proyectos inacabados.

Una librería bien provista de libros revela nuestro interés por los temas culturales; mientras que si existen estantes vacíos o numerosos huecos es que a pesar de nuestro interés perdemos mucho tiempo en otras diversiones que interfieren en nuestra formación cultural.

Como todo lo que se refiere a la lectura, el título de los libros, su argumento, o el que alguna vez hayan tenido algo que ver con alguna circunstancia de nuestra vida, serán otras tantas claves que facilitarán la interpretación del sueño.

Licor

En sueños, todas las bebidas alcohólicas poseen prácticamente el mismo significado, que puede resumirse como un deseo inconsciente de mayor libertad y de romper con las inhibiciones que nos impiden gozar de los placeres de la vida. Casi siempre se trata de deseos incitados por otras personas.

Cuando el licor es de buena calidad y sabor, las posibilidades de una experiencia dulce y agradable son mayores, mientras que si el licor es de baja calidad, la experiencia dejará un mal recuerdo.

Liebre

La liebre, al igual que el CONEJO, es un animal lunar que duerme de día y sale de noche y que, al igual que la Luna, aparece y desaparece con el silencio y la rapidez de las sombras; además es muy prolífica, lo que la convierte en símbolo de fecundidad. Pero como símbolo de fecundidad, abundancia y multiplicación de bienes y de seres, lleva en sí los gérmenes de la incontinencia, el gasto y la lujuria, que es lo que suele reflejar con mayor frecuencia en los sueños. Finalmente, dado que la liebre salta imprevisiblemente de uno a otro lado, sus pronósticos serán buenos o malos, pero siempre son fugaces.

Ligero, ligereza

Todas aquellas imágenes oníricas de ligereza que parecen evocar la danza —un velo transparente que flora, la gracia móvil de algunos gestos, ciertas músicas, el baile, en una palabra, todo lo que es vaporoso, aéreo, ascensional— pertenece a los símbolos de ligereza y revelan la aspiración a una vida superior, más elevada, más espiritual; o, lo que es más frecuente, la necesidad de librarse de una angustia que se está viviendo, de una liberación.

La diferencia entre los sueños de ligereza y los de ELEVACIÓN es que mientras los primeros expresan una *necesidad* de evasión, o un *deseo* de espiritualización, los otros dos se refieren a una *voluntad* de superación.

Lilas

En sueños, la flor de la lila simboliza las primeras emociones amorosas de la juventud.

Lima, limar

Soñar con cualquier trabajo que deba realizarse a lima augura que se alcanzará el éxito gracias a la perseverancia.

Limón

Nos recuerda que en la vida existen momentos amargos que, sin embargo, resultan inapreciables para la salud, ya sea del cuerpo, del alma o de los negocios.

Limosna

Soñar que hacemos limosna se considera un augurio de riqueza inesperada, mientras que recibirla nos anuncia que un asunto del que esperábamos sacar provecho será, por el contrario, causa de graves pérdidas.

Linterna

En sueños, toda luz independiente que no sea la procedente del Sol, como es el caso de la luz de la linterna, de la LÁMPARA, o de là VELA, simboliza la vida particular frente a la vida cósmica; al hecho transitorio frente a lo inmutable; a lo secundario frente a lo principal.

De todos modos, cuando no disponemos de la luz del Sol, vale la pena aprovechar la luz de la linterna; es por ello que cuando en la vida nos quedamos «a oscuras» vale la pena aprovechar los buenos consejos que puedan sacarnos de apuros mientras esperamos la verdadera iluminación.

Lirio

El lirio es sinónimo de blancura y, por consiguiente, de pureza, inocencia y virginidad, y en los sueños simboliza además al ser amado, al abandono místico a la Gracia de Dios. Pero en cambio, los lirios coloreados, al igual que el NARCISO, simbolizan la tentación, la puerta del Infierno.

Aunque sólo sea a título de curiosidad —ya que no altera para nada el significado en los sueños— debemos resaltar que su pistilo fálico y erecto no cuadra muy bien con la pureza inmaculada que simboliza; y que como muy bien denuncia Huysmans, su perfume, mezcla de miel y pimienta, de acre y de dulce, de suavidad y fortaleza, es absolutamente contrario a lo que debería ser un perfume casto.

Litera

Tiene el mismo significado que HAMACA.

Lobo

Aun cuando en el lobo existen simbolismos positivos, en los sueños sólo se trasluce su aspecto de crueldad y ferocidad, y nos advierte contra amigos poco escrupulosos que en realidad son enemigos solapados, y contra toda clase de adversarios cautelosos y traidores de los que no podemos esperar piedad ni compasión.

Loro, cotorra

En la vida real llamamos loros o cotorras a las personas que hablan indiscriminadamente. Pues en sueños ocurre algo parecido, pero al contrario, cuando soñamos con un loro o una cotorra nos presagia que la gente hablará mucho y mal de nosotros; es decir, que seremos víctimas de murmuraciones y cotilleos de todas clases.

Lotería

Cuando soñamos que jugamos a la lotería, o que vemos un décimo de la misma, lo más normal es que corramos a comprarlo. Pero debemos tener en cuenta que el sueño sólo expresa el deseo de ganar mucho dinero con poco trabajo, y que lo único que ganaremos serán unos días de ilusiones seguidos por un desengaño; no obstante..., pruebe con un solo décimo, ¡por si acaso!

Loto

Desde la más remota antigüedad el loto ha sido la flor simbólica de chinos, hindúes, egipcios, arios y japoneses, figurando como el atributo de muchas deidades; así, la flor de loto saliendo del ombligo de Vishnú simboliza el universo que evoluciona fuera del sol central.

Pero la mejor descripción del simbolismo del loto es de Tcheu Tuen-Yi: Además de la pureza, que se deriva de su inmaculada belleza que no logran empañar las estancadas aguas en que crece, por la rigidez de su tallo simboliza la firmeza; por la riqueza lujuriante de su planta, la prosperidad; por la abundancia de sus semillas, la fecundidad; porque del mismo tallo salen dos flores juntas, la armonía conyugal; y simboliza también el pasado, el presente y el futuro, porque en la misma planta se hallan todos los distintos estadios: capullo, flor y semillas.

Lucha

Véase GUERRA.

Luciérnaga

Del mismo modo que el GUSANO, o mejor dicho, la oruga, es capaz de transformarse en mariposa simbolizando la elevación; la luciérnaga, tanto en su estadio de larva, en la de hembra sin alas, o en la de macho volador, siempre va provisto de su farolito, de su punto de luz; simbolizando que hasta en el ser más insignificante y rastrero puede existir algo luminoso. Y no olvidemos que en simbolismo, la luz se identifica con el espíritu.

Por ello, soñar con luciérnagas siempre presagia satisfacciones y espiritualidad o, al menos, aspiraciones de espiritualidad. Pero si estábamos a punto de avasallar a alguien en nuestro anhelo de riqueza o de escalar posiciones, el sueño contiene una advertencia, y es que por insignificante que sea, por odiosa que una persona o un ser vivo pueda parecer, contiene un alma, una diminuta parcela de la divinidad.

Luna

Como astro que crece, decrece y desaparece para volver a aparecer y reiniciar el ciclo, la luna es el astro por excelencia de los ritmos de la naturaleza: de las aguas, de las lluvias, de la fecundidad, de la vegetación, de los ciclos menstruales...

Pero a la vez, y también por sus fases, cambia constantemente su «cara» y, astro nocturno, su luz es reflejo de la del sol, lo que hace que también simbolice la dependencia, el conocimiento indirecto, la movilidad, el crecimiento, la imaginación, el subconsciente, el psiquismo; en una palabra, todo lo que es receptivo e influenciable.

Las correspondencias símbólicas de la Luna.
*Símbolo de lo receptivo e influenciable, es el lado femenino y fecundo de las cosas.
La fase de la luna soñada completará el sentido del presagio.*

En sueños se relaciona con todas estas cosas, pero más especialmente con el lado femenino y fecundo de las cosas y, muy especialmente, con el amor y el romanticismo; siendo muy importante la fase en la que soñamos a la luna, que nos informará del grado de evolución de lo presagiado.

Por ejemplo, si soñamos en un paisaje iluminado por la luna, lo que se deduce es el amor y el romanticismo; si la luna que vemos es la luna nueva, nos hablará de armonía, más que de amor, pues es un amor incipiente, que está naciendo y todavía es inseguro. Si la luna estuviera en cuarto creciente, se trataría del amor ardiente que crece por momentos. En luna llena, sería la culminación del amor, la fusión de la pareja, y si algo hay que temer es que se desborden los sentimientos. En cuarto menguante, sería el amor ya maduro, que más que el deseo y la pasión, estimula los deseos de maternidad (o paternidad).

Pero como en todos los sueños, el contexto general, los sentimientos que lo acompañan y las circunstancias del soñador tienen su importancia; pues en un sueño en que aparezca la luna nueva también puede interpretarse como la inexistencia de la luna, y entonces manifiesta el temor a la soledad, la inestabilidad nerviosa, o la muerte de un amor.

Ver en sueños a la luna rodeada de un halo presagia penas; y si lo que soñamos es un eclipse de luna indica problemas amorosos que pueden llegar hasta la ruptura total.

Luz

La luz siempre simboliza el conocimiento, la revelación, la claridad. Por lo tanto, si en nuestros sueños existe una buena iluminación, aparte del significado general del sueño, indicará confianza en nosotros mismos, que vemos las cosas con suficiente claridad como para tomar medidas oportunas y, por lo tanto, mejorará notablemente el significado de dicho sueño.

Pero si la luz produce una sensación de incomodidad, lo que el sueño evidencia es una falta de confianza en nosotros mismos, que a pesar de ver las cosas claras nos dominan sentimientos de inferioridad que empeorarán el pronóstico.

En los sueños en que en medio de la oscuridad aparece una llamita, un punto de luz, es que aparece una esperanza, es una mano que se tiende para ayudarnos. Si se enciende la luz es que conoceremos cosas que estaban ocultas; mientras que si se apaga es todo lo contrario.

Llamada

Oírnos llamar en sueños, pero sin poder precisar quien nos llama o de dónde procede la llamada, hace presagiar que algún pariente o amigo se halla en peligro de muerte.

Llanura

La llanura es el símbolo del espacio ilimitado, feliz, rico y sin fronteras. Al paraíso terrenal de la Biblia se le describe como una gran llanura; y a los Campos Elíseos de la mitología griega; y a los Campos Ialou de los antiguos egipcios.

Por ello, soñar con una llanura siempre presagia el acceso a una mejor situación de riqueza y felicidad.

Llave

El simbolismo de la llave está íntimamente ligado a su función de abrir y cerrar. Es el que hizo que en el escudo papal figuren las dos llaves que simbolizan el poder de abrir y cerrar las puertas del paraíso celeste (la de oro) y la del paraíso terrestre (la de plata).

Pero estas llaves son las que anteriormente pertenecían al dios Jano, el dios bifronte, y abrían las puertas solsticiales de la fase ascen-

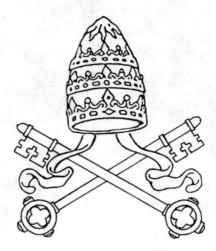

Llaves. Las llaves de san Pedro.
Sueño dual de liberación y represión, para acceder al conocimiento o impedirlo
en todos los planos de la vida.

dente y descendente del ciclo anual; y en la filosofía hermética, a los
Grandes y Pequeños Misterios. Porque en el plano esotérico, poseer
las llaves significa haber sido iniciado, es decir, conseguido la entrada
a un estado de conciencia, a un grado iniciático, a una morada espiritual.

Pero ya hemos dicho que la llave además de simbolizar los medios
para llegar a un estado de conciencia, a un conocimiento, también sirven para cerrar; es decir, para impedir el acceso a este conocimiento.
Es por ello que en los sueños de llaves existe un doble aspecto de liberación y de represión, que puede referirse a todos los planos de la existencia, desde el espiritual al sexual, y que será la liberación si conseguimos la llave y de represión si se nos niega. De aquí parten todas las
interpretaciones clásicas de estos sueños. Veamos algunas:

Abrir una puerta usando la llave augura que entraremos en una situación nueva, buena o mala según el contexto del sueño. Poseer un
gran manojo de llaves simboliza la adquisición de bienes o conocimientos proporcionales al número de llaves del manojo. Tener dificultades
en hacer girar la llave en su cerradura augura que hallaremos dificultades y obstáculos en la obtención de lo que deseamos. Una llave rota, o
perdida, disgustos o problemas que impedirán la realización de los
deseos. Abrir una puerta y entrar en una habitación en la que se halla
una persona del sexo opuesto anuncia el matrimonio.

Llorar

Las lágrimas simbolizan la lluvia y la fertilidad y, como ellas, son símbolos felices. Pero es que, además, el llanto va ligado a emociones profundas, tanto tristes como alegres, y llorar de alegría es una forma de manifestar la consecución de un deseo intenso o la liberación de un grave problema.

Por ello, en los sueños el llorar suele interpretarse como un presagio de alegría inesperada, en especial si nos mantenemos al margen de los acontecimientos. Llorar silenciosamente presagia un feliz acontecimiento. Si el llanto viene acompañado de una sensación de cansancio, o de alivio, presagia el fin de una situación penosa, de la liberación de un problema.

Lluvia

La lluvia, al estar constituida por AGUA tiene un evidente simbolismo de emotividad y fertilidad; pero, además, tiene un significado especial de purificación por el hecho de que la lluvia cae del cielo, lo que simboliza el descenso de las influencias celestiales (o espirituales) sobre nosotros; o lo que es lo mismo, simboliza la purificación de los sentimientos y deseos hasta alcanzar su forma más sublime: la bondad.

En los sueños, la lluvia mantiene todo su significado benéfico de abundancia y riqueza, por lo que siempre es un buen presagio, aun cuando sus implicaciones espirituales no suelan manifestarse más que en casos limitados. Pero siempre augura un final feliz, a pesar de que la forma en que cae la lluvia puede modificar el presagio inmediato, la forma en que llegarán los beneficios.

Así, soñar con una lluvia lenta y continua presagia que el beneficio será grande, pero lento en llegar, y mientras llega existirá esta dulce melancolía que procede de los recuerdos sentimentales. Si se trata de un aguacero que nos tiene inmovilizados es que existirán interferencias o problemas que deberán solucionarse antes de alcanzar los beneficios.

Madeja

Una madeja de hilo siempre anuncia líos y embrollos en los negocios o que nos embarcaremos en una empresa aventurada. Pero si la madeja es de seda, nuestras buenas cualidades nos permitirán solucionar todos los problemas y alcanzar la riqueza tarde o temprano.

Madera

La madera simboliza la materia prima, base de todo trabajo; pero para ello debe reunir un mínimo de condiciones que hagan rentable su trabajo.

Por ello, soñarla en forma de ramas secas apiladas junto a la casa o en el interior de la misma presagia enfermedad o pobreza. Las mismas ramas atadas en haces y trasladadas a hombros auguran trabajos pesados y mal remunerados.

En cambio, la madera cortada en tacos y lista para ser quemada, o en tablas listas para ser trabajadas, son un sueño de riqueza y satisfacciones.

Madre

Es un hecho curioso que de mayores raramente soñemos con la madre: al parecer el lenguaje de los sueños cuenta con suficientes símbo-

Madre. La Virgen con el niño dormido (*detalle*). (*Zurbarán*.)
Soñar con ella es importante para el soñador que pide protección, independencia,
o recuperar ciertas claves de la infancia.

los indirectos que le permiten reservar la imagen materna para aquellos casos de grave incertidumbre o necesidad.

Porque la madre, como la TIERRA y el MAR, son símbolos de vida y muerte: nacer es salir del vientre de la madre, y morir es volver al seno de la tierra. La madre es la seguridad, el abrigo, el calor, la ternura; pero también es el riesgo de opresión por la estrechez del medio y de ahogo por una excesiva prolongación de sus funciones. Pero, ante todo, la madre es el arquetipo supremo, el que expresa lo máximo; es por ello que se habla de la «Madre Tierra», «Madre Patria», «Santa Madre Iglesia», y así tantas madres solemnes como se quiera. Por ello, repetimos, cuando la madre aparece en sueños es que el augurio o la situación del soñador es particularmente importante, en bien o en mal.

En la infancia, soñar con la madre es algo corriente, pues la madre configura toda la vida del niño; pero ya mayores, el mero hecho de soñar con ella ya revela la presencia de estados de profunda ansiedad; del mismo modo que viajar con ella significa el deseo de recuperar ciertas claves de nuestra vida ancladas en la infancia. Oír en sueños que nos llama indica tristeza por su ausencia, o una conciencia culpable.

En sueños, luchar, discutir o pelearse con la madre implica la necesidad y el profundo deseo de prescindir de su tutela; de adquirir madurez e independencia. Un sueño incestuoso con la propia madre no es ninguna barbaridad, como lo sería en la vida real, sólo indica inseguridad y temor, así como el deseo de volver a la infancia para sentirse protegido y mimado.

Otro sueño sobre la madre es el de soñarla muerta a pesar de hallarse viva. Por lo general revela el deseo de que no intervenga en algún tema concreto de nuestra vida, o el deseo de emanciparnos totalmente del hogar y de su tutela; no obstante, es un sueño que requiere un análisis del conjunto y de las circunstancias del soñador si queremos lograr una correcta interpretación.

Maestro

Soñar que somos un maestro indica deseos de superioridad; mientras que si en el sueño lo vemos o hablamos con él es que necesitamos un consejo práctico.

Magia, mago

Todos los sueños en los que interviene un mago o la magia, excepto cuando el sueño es la consecuencia de haber presenciado una exhibición de magia de salón, revelan que nos hallamos en una situación aparentemente insoluble y que desearíamos que ocurriera algún milagro que nos ayudase a salir de la misma.

Magnolia

La magnolia simboliza a una persona extremadamente bella y de agradables maneras.

Maíz

Es uno de tantos símbolos de prosperidad e incremento de familia, especialmente en los pueblos americanos.

Maleta

Soñar que hacemos la maleta o cargamos con ella es un sueño muy parecido al de EQUIPAJES, pero en este caso, más que el deseo de viajar revela el deseo inconsciente de huir de una situación, ocupación o persona que nos están agobiando. Si no se termina de hacer la maleta indica que el soñador se siente frustrado por algo concerniente a su vida diaria, pero sin llegar a desear la huida.

En otros sueños llevamos una maleta pesada, enorme, y en este caso revela que existe en nosotros algún secreto que nos atormenta y del que desearíamos liberarnos. También a veces soñamos que nos han robado la maleta, o la hemos perdido; el sueño revela que sospechamos que alguien nos explota o intenta apoderarse de nuestros bienes.

Malva

Prosperidad y riqueza, a veces por herencia.

Manantial

En la práctica de la interpretación de los sueños el manantial se considera exactamente igual a la FUENTE.

Manchas

Las manchas llevan implícito el concepto de suciedad, de falta de pureza; por ello, en sueños siempre se identifican con faltas cometidas, o que creemos haber cometido y que tememos lleguen a ser conocidas.

En los jóvenes, los sueños de manchas suelen revelar el temor a la sexualidad y sus consecuencias; por ello, es un sueño que suele ser frecuente en jóvenes cuya preparación en este terreno ha sido deficiente y se encuentran con las primeras reglas o las primeras poluciones nocturnas, y que se sienten como «sucios», «manchados» por esta incipiente manifestación del sexo.

Otro tipo de manchas son aquellas que aparecen por la acción del tiempo, y que revelan que el hecho o acontecimiento que el sueño revela no es algo actual o futuro, sino que permanece anclado en el pasado; o cuyas consecuencias provienen del mismo.

Manco

Véase BRAZOS.

Mandíbula

En sueños, la mandíbula simboliza la fuerza de voluntad; por ello, el tamaño de la misma revelará la fuerza de voluntad, mayor o menor, del poseedor de la mandíbula soñada.

Mano

La mano simboliza nuestros medios de acción; diferencia al hombre de los animales; sirve de arma y útil; y se prolonga mediante los instrumentos. Normalmente las manos no suelen diferenciarse entre sí, pero cuando el sueño lo precisa por verse una sola mano o por cualquier otra causa, la mano derecha se corresponde a lo racional, consciente, lógico y viril; mientras que la izquierda se corresponde con lo irracional, lo ilógico, lo inconsciente y lo pasivo.

Simbólicamente hablando, muchos de los significados de la mano son idénticos en los sueños que en la vida real; así, por ejemplo, tener las manos manchadas de sangre, verse con las manos atadas, tener las manos sucias, etc., tienen siempre el mismo simbolismo.

Veamos ahora otros significados de las manos en sueños: Manos grandes, fuertes y bien estructuradas: éxito y progreso. Pequeñas, débiles y feas: impotencia, imprudencia, inseguridad, insatisfacción, fracaso. Manos blancas y limpias: éxito fácil. Negras y duras: trabajos penosos y éxito difícil. Manos peludas: sórdida imaginación. Manos unidas: tensión emocional. Mirarse las manos: perplejidad.

Mantel

Si en sueños vemos un hermoso mantel blanco sobre la mesa anuncia prosperidad para la casa; pero si está manchado, sucio o arrugado, es que nos esperan problemas y complicaciones que se habrían evitado si hubiéramos vigilado mejor nuestros intereses.

La mano. Su simbolismo según Desbarollers.
Muchos significados de la mano son idénticos en los sueños que en la vida real, pero también hay otros que auguran éxitos o fracasos, trabajos penosos o tensión.

Mantequilla

Soñar con la mantequilla augura fácil adquisición de bienes y riquezas, tanto mayores como mayor sea la cantidad que veamos; si la comemos, a lo dicho se añadirá una agradable sorpresa. Batir la mantequilla augura un nacimiento o una herencia.

Manto

Simbólicamente, el manto indica una dignidad, pero a la vez implica una separación entre quien se envuelve en el mismo y el resto del mundo. La clase de tela, el color, la forma y los adornos son detalles que ayudan mucho a la interpretación.

Por lo general, en los sueños siempre indica protección, éxito, honores y satisfacciones de amor propio; todo ello en proporción a la longitud y riqueza del manto. Dar el manto a otra persona es una forma de entregarnos a la misma.

Manzana

Por su forma esférica la manzana es símbolo de totalidad y, como todas las frutas dulces, de placeres terrenales. Pero si cortamos transversalmente la manzana nos aparece una estrella de cinco puntas, símbolo del conocimiento. Bajo estas coordenadas, la prohibición de comer la manzana hecha a Adán y Eva sería una advertencia contra el conocimiento y abuso de los placeres terrenales que les arrastrarían hacia una vida materialista, opuesta a la vida espiritual. Y con esta advertencia divina se añade otro símbolo: el de la necesidad de escoger.

En los sueños, la manzana simboliza todo esto, y si comemos una manzana es que escogemos el goce de la vida material, que será plena y gozosa, aunque superficial si la manzana está madura y sabrosa; pero llena de trabajos, dificultades y dolores si está verde; o si ya está pasada por demasiado madura nos amenaza con engaños y desengaños.

Si nos limitamos a verla, pero no la comemos, es que escogemos otra especie de felicidad, más pura, más duradera, más profunda y más espiritual.

Mañana

La mañana, y más especialmente el amanecer, simboliza el tiempo en el que la luz todavía es pura, en que nada está corrompido, pervertido o comprometido. Por todo ello, los sueños que ocurren por la mañana y de madrugada son un presagio de todo el porvenir que nos queda por delante y que se nos aparece como deseable y lleno de esperanzas.

Pero si el sueño va acompañado de sensaciones desagradables, o es un amanecer lívido y triste, revela que el soñador está pasando por un período de depresión y desconfianza en el porvenir.

Mapa

Soñar con un mapa denota descontento con nuestra situación actual y el deseo de cambiar de ambiente y de circunstancias. El sueño nos aconseja que analicemos tranquilamente nuestras actuales condiciones de vida y también qué es lo que realmente deseamos, único modo de trazar el camino que a partir de ahora deberemos emprender para hallarnos más satisfechos de nosotros mismos.

Maquillaje

Maquillarnos en sueños, o ver como alguien lo hace, es una advertencia de que en la vida hay que mostrarse siempre algo mejores de lo que somos en realidad; que un poco de diplomacia y de cuidado de la imagen, siempre dentro de ciertos límites, sirven de gran ayuda en la vida.

No obstante, si en el sueño el maquillaje resulta exagerado lo que revela es engaño, duplicidad y traición.

Máquinas, maquinaria

Siempre presagian actividad, así como de ayuda en el trabajo y los negocios. Cuando en nuestros sueños las máquinas trabajan con un buen ritmo auguran éxito y prosperidad; pero si las máquinas se detienen es que existirán retrasos en nuestros planes y proyectos; y si trabajan mal, se rompen o nos fallan, y más especialmente si ocurre algún accidente con las mismas, lo que presagian es el fracaso y las complicaciones.

Mar, océano

El mar se halla íntimamente relacionado con el AGUA y la LUNA: es el origen de la vida y el símbolo del inconsciente colectivo, es decir, de lo que en nuestros instintos y recuerdos se remonta hasta alcanzar las estructuras de la especie. Podríamos decir que es lo que hemos heredado de toda la humanidad que nos ha precedido y que permanece latente en nuestro interior; es el asiento de los instintos y pasiones primitivas.

Por ello, todo cuanto el mar presagia y representa en nuestros sueños se refiere a lo que sucede en nuestro interior, y la imagen del sueño podemos tomarla casi literalmente como de lo que sucede en nuestra

El mar. (*Foto: André de Diernes.*)
Lo que el mar soñado presagia y representa se refiere a nuestro interior
y su significado es casi literal.

vida personal. Si el mar está en calma, también lo está nuestra vida, nada debemos temer, pero nada debemos esperar, porque nuestra vida es tranquila y apacible y así seguirá por algún tiempo.

Pero si el mar está agitado, también lo está nuestro interior, lo que se traducirá en complicaciones y problemas. Caernos en el mar siempre presagia alguna desgracia de la que seremos culpables nosotros mismos, pues es que nos hemos dejado arrebatar por nuestras pasiones o instintos, o ser el reflejo o el presagio de una enfermedad. Si nos dejamos hundir es que nos resignamos ante lo que consideramos inevitable; pero si intentamos salir a la superficie y mantenernos en ella hasta recibir ayuda, refleja nuestro deseo de luchar con todas nuestras fuerzas.

Navegar por un mar encrespado significa que nos estamos dejando llevar a un asunto peligroso, a pesar de que inconscientemente sabemos el peligro que estamos corriendo.

Margaritas

Soñar con margaritas blancas es una promesa de amor, pero si las cogemos y deshojamos, aunque sólo sea una de ellas para jugar al «sí y no», se tratará de un amor muy incipiente o de un simple amorío.

Marinero

Soñar que vemos a un marinero en tierra presagia amistad o amor con alguien que aparecerá de pronto en nuestra vida para desaparecer de la misma manera. Si el marinero lo somos nosotros, tanto puede revelar afán de aventuras como incertidumbre sobre nuestro futuro.

Pero si a los marineros los soñamos en el mar, y con mayor motivo si nosotros también lo somos, nos aconseja ser muy prudentes con nuestros asuntos, pues corren el peligro de marchar a la deriva, seguramente por confiarlos en manos poco seguras.

Mariposa

Todos hemos oído decir que la mariposa vuela de flor en flor libando su néctar, para luego quemarse las alas en la primera llama que le sale al paso; lo que es una forma de decir que la mariposa simboliza la ligereza, la inconstancia y la imprudencia. Pero en la mariposa también existe otro símbolo y es el de su transformación desde una repugnante oruga hasta una hermosa y ligera mariposa, con lo que simboliza al alma, a la muerte y al renacimiento bajo una forma más elevada.

En nuestros sueños, la mariposa puede adquirir uno u otro de estos simbolismos, lo que dependerá del contexto del sueño y, sobre todo, de las circunstancias y grado de evolución del soñador. Veamos ahora algunas de las interpretaciones más usuales:

Soñar con mariposas indica ligereza por nuestra parte, que tanto puede manifestarse en el amor como en los negocios y que, tarde o temprano, será nefasta, conduciéndonos a la ruina.

El color predominante de la mariposa soñada puede indicar la causa de nuestra ligereza, ya que puede ser debida a ignorancia —que es

Mariposas.
En nuestros sueños es símbolo de ligereza nefasta o de transformación positiva.

una forma negativa de la inocencia— si la mariposa es blanca, o a falta de conocimiento si es amarilla; a dejarnos arrebatar por las pasiones
del momento si es roja; o por la irrealidad de un romanticismo estúpido
si es azul...

Cuando se trata de una mariposa nocturna el pronóstico es peor,
pues indica que a pesar de nuestra inconsciencia y frivolidad no se nos
oculta que estamos bordeando la inmoralidad e incluso a veces la ilega-
lidad; mientras que si la mariposa es diurna, no existen ocultas intenciones.

Otro significado que puede adquirir el sueño es el de anunciarnos
que en nuestra vida se está iniciando una transformación que nos ele-
vará, ya sea en lo material, facilitándonos la posibilidad de disfrutar de
mayor riqueza y bienestar, o, en lo moral, conduciéndonos a una vida
más espiritual.

Mariquita

Soñar con ese simpático insecto nos anuncia buenas noticias y próximas alegrías.

Mármol

Simboliza a la vez frialdad y perennidad, por lo que en sueños se refiere a aquellos amores de comienzos ingratos por tener que vencer la indiferencia y frialdad del otro, pero que luego son sólidos y duraderos.

Marmota

Si bien para algunos la marmota simboliza paciencia, en realidad lo que denota es pereza y mucho sueño.

Martillo

Como otros útiles de trabajo, simboliza algún asunto, trabajo o negocio que si bien nos procurará provecho, será después de sudarlo largamente.

Máscara

Aun cuando a primera vista el significado de la máscara debería ser muy similar al de CAPUCHA, en esta última se oculta toda la cabeza, lo que justifica su sentido de invisibilidad, mientras que en la máscara este significado no existe al tratarse de una ocultación parcial, por lo cual es este significado, el de ocultación, el que prevalece.

Si somos nosotros quienes portamos la máscara es que deseamos ocultar a los demás alguna característica o faceta de nuestro carácter de la que no estamos satisfechos, y aquellos sueños en que nos miramos al espejo con la máscara lo que indican es que si pudiéramos nos lo ocultaríamos a nosotros mismos.

Si en el sueño son los demás quienes están enmascarados, casi siempre se trata de personas conocidas en la vida real cuyo comportamiento hacia nosotros no queremos reconocer, aun cuando en otras ocasiones el sueño nos advierte que se está tramando algo a nuestras espaldas, de que nos amenaza la hipocresía y la traición.

Máscara. Máscara de danza Ibibia. (*Nigeria*.)
Su función de ocultación simboliza nuestro deseo de esconder, de no reconocer a alguien, o advierte de una traición.

También es importante observar en el sueño si se trata de un antifaz, que se limita a ocultar, o es una máscara, una CARETA, en cuyo caso es evidente la intención del engaño, y las facciones de la careta pueden ser un valioso indicio que nos ayude en la interpretación.

Matar

En los sueños, el hecho de matar no significa literalmente lo mismo que en la vida real; en realidad el verdadero significado es el de eliminar, es decir, hacer desaparecer.

Por ello, cuando en sueños matamos a alguien, lo que el sueño revela es nuestro deseo de que dicha persona deje de interferir en nuestros asuntos. En cambio, cuando vemos matar a otra persona el sueño indica un estado de confusión y desconcierto ante la conducta de los demás; es como si nos dijéramos «se están matando por una tontería, ¿es que vale la pena?», y este pensamiento metafórico ya lo vemos realizado en el sueño. Pero si la víctima somos nosotros ya no se trata de un sueño de matar, sino de un sueño de MUERTE (véase esta palabra).

También a veces lo que matamos o vemos matar en sueños no son personas, sino animales; en este caso lo que deseamos eliminar, ya sea directa (cuando matamos nosotros) o indirectamente (si mata otra persona), es una situación o un hecho para nosotros molesto, penoso o difícil, que en el simbolismo del sueño asimilamos a un animal. En este caso, el nombre del animal nos dará la pista de lo que desearíamos eliminar.

Matrimonio

En todos nosotros existe una dualidad de principios (que se expresa en mil facetas, como masculino y femenino, activo y pasivo, consciente e inconsciente, instinto y razón, etc.) que si bien deberían ir unidos y compensados para formar una personalidad homogénea y equilibrada, muchas veces andan separados, lo que origina conflictos y problemas internos que repercuten en la personalidad, que aparece como desequilibrada e inestable. Cuando esto ocurre en la madurez es algo patológico, pero en el adolescente lo único que revelan es que su personalidad todavía no se halla completamente formada.

Del mismo modo que en la vida real el matrimonio es la unión de dos personas de distinta «polaridad», los sueños utilizan este símbolo del matrimonio para representarnos esta unión de principios, y éste es el significado que hay que dar a la mayoría de los sueños de matrimonio, especialmente cuando se producen en la adolescencia, en la que refleja esta aspiración a la consolidación de la personalidad, y a alcanzar un equilibrio interior.

Muchas veces soñar con el matrimonio es el reflejo literal del deseo de casarse; pero como el mundo de los sueños no entiende de formalidades legales, aun estando casados puede soñarse con otro matrimonio, lo que indicará una preferencia o deseo momentáneo (y a veces total) por otra mujer, que es con la que nos casamos en sueños.

Más complejo es el sueño de casarse con alguien de su propio sexo, pero en el mejor de los casos revela el narcisismo del soñador.

También el matrimonio implica, hasta cierto punto, una pérdida de libertad, y es por ello que en algunos casos soñar con el matrimonio puede ser una forma de presentir algún problema o calamidad que se avecina.

Como vemos, es un sueño con muchas posibilidades de interpretación, pero el soñador distinguirá fácilmente cuál de estas interpretaciones es la que corresponde a su sueño.

Medianoche

Véanse MEDIODÍA y NOCHE.

Medias

Soñar con las medias, pero sin fijarnos en detalles, el sólo hecho de verlas, comprarlas, lavarlas, ponérnoslas y demás operaciones normales y cotidianas que se realizan con las mismas, revela o augura una existencia apacible y de razonable felicidad. Pero si las medias tienen carreras o están agujereadas nos advierten contra posibles engaños o falsas promesas. Quitarse las medias presagia un cambio de situación.

Si las medias son de lana, algodón, hilo o cualquier material sintético, pero en buen estado y agradables a la vista, auguran bienestar, beneficios y ganancias; pero si son de seda natural el presagio de riqueza se incrementa y puede provenir de una herencia o donación (esta última más o menos interesada), más que de beneficios obtenidos por uno mismo.

También los colores extremos tienen su importancia, pues si son muy claros simbolizan amistad, mientras que si son muy oscuras o negras simbolizan tentación.

Medicamentos

En sueños, las medicinas simbolizan una ayuda, un auxilio pero tanto para el cuerpo como para el alma.

Por ello, soñar que tomamos un medicamento tanto puede significar una mejoría en una enfermedad como que recibiremos la ayuda que necesitamos para salir de una situación apurada en el trabajo, en los negocios, o para un problema espiritual.

Si la medicina es para otra persona, será ella quien precise nuestra ayuda.

Médico

También soñar con el médico es un buen sueño, pues es él quien prescribe los MEDICAMENTOS, quien presta su ayuda, consuelo y protección; si el médico lo somos nosotros el sueño nos aconseja que atengamos tanto al cuerpo como al alma.

Mediodía y medianoche

El mediodía es un momento mágico en el que el sol parece detenerse en el punto álgido de su carrera; esotéricamente es la culminación de la luz espiritual. En el mediodía no existen las sombras, pero también es el punto en que se inicia el descenso de su poder. Considerando la polaridad de luz y oscuridad, de sol y luna, el mediodía es también el momento de mínima fuerza de la luna y de cuanto ella representa.

Por ello, muchos autores consideran que los sueños cuya acción se desarrolla en el mediodía carecen de significado profético, pues sin sombras, sin luna, ni oscuridad, no hay lugar para los sueños, la quimera, la fantasía, lo inconsciente; sólo existe lo real.

Pero los sueños de mediodía también poseen el otro significado, el de declinación de la vida. La acción de estos sueños, cuando se refiere a la vida del soñador, tendrá lugar en la segunda mitad de su vida, o se referirá a hechos ya culminados, a cómo terminarán acontecimientos de su vida privada, amorosa, profesional o pública; pero siempre ya existentes y culminados, nunca incipientes o futuros.

La medianoche es todo lo opuesto; es aquel otro momento mágico en que muere un día y nace otro. Puede decirse que la primera mitad de la noche es la gestación y la medianoche el parto, mientras que la segunda mitad de la noche serían los inicios de la vida, en la que ésta existe pero todavía no es consciente.

Pero si bien el mediodía se reconoce sin la menor duda por la ausencia de sombra, la medianoche no puede reconocerse; para los sueños, ya que no puede identificarse es que no existe; sólo existen los sueños de NOCHE.

Mejillas

Las mejillas simbolizan la salud del soñador o de la persona que contemplamos en sueños. Unas mejillas bien coloreadas, tersas y suaves, nos anuncian salud y bienestar físico; unas mejillas hundidas y con mal color revelan el peligro de enfermedad; y si además del mal aspecto se hallan heridas o manando sangre es el peor presagio, pues puede serlo incluso de muerte.

Mejorana

En sueños, esta planta simboliza el consuelo.

Melocotonero, melocotones

Por su floración precoz y exuberante, el melocotonero simboliza la primavera y la abundancia; sus flores, como las del naranjo, son flores matrimoniales, y su madera proporciona protección mágica. En cuanto a los melocotones, simbolizan prosperidad y amor, y también los senos femeninos.

Por todo ello, soñar con un melocotonero nos presagia que recibiremos protección y ayuda, y si lo vemos florido, la felicidad y el amor. Pero si en lugar de flores está lleno de melocotones, especialmente si comemos alguno de ellos, la protección y ayuda serán para conseguir riqueza y felicidad.

Melón

Si estamos enfermos, soñar con melones es un buen presagio, pues aseguran una próxima curación; pero de no ser así, el melón es una fruta de mal agüero, que augura salud deficiente.

Mendigo, mendigar

Siempre es un mal sueño, pues si hacemos limosna a alguien nos presagia desilusiones y desengaños; si nos limitamos a ver al mendigo sin darle nada nos advierte contra la posibilidad de que suframos pérdidas económicas. Pero si el mendigo lo somos nosotros nos anuncia que estamos entrando en un período de dificultades, problemas y mucho trabajo, del que es probable que apenas saquemos para ir tirando.

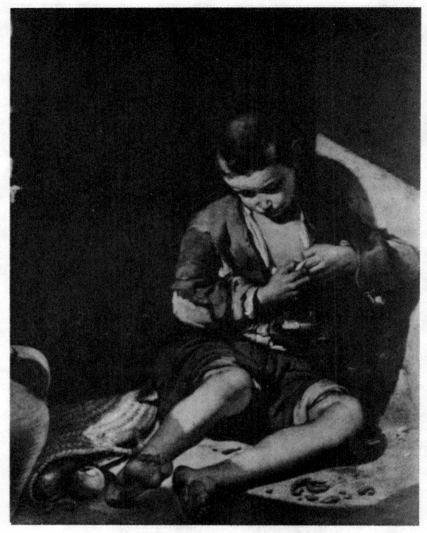

Niño **mendigo**. (*Murillo, Museo del Louvre.*)
Un mal sueño que presagia desilusiones y desengaños, pérdidas económicas y problemas.

Mercado

Bajo el nombre de mercado agrupamos a todos aquellos lugares comerciales, como el mercado, el supermercado, las ferias y las galerías comerciales, en las cuales se ofrecen toda clase de mercancías, expuestas en el suelo, en mesas, en mostradores, o en pequeñas tiendas adosadas unas a otras.

Lo realmente importante del mercado es que la agrupación regular o irregular de sus puntos de venta da origen a una serie de corredores, recovecos y rincones que recuerdan la distribución del laberinto y en los cuales también es posible perderse si no se conoce a fondo su distribución. En su interpretación el mercado se diferencia del LABERINTO en que es relativamente fácil preguntar y encontrar ayuda para hallar la salida, lo que no ocurre en el laberinto.

Por ello, también podríamos definir al mercado como un laberinto lleno de cosas y de gentes, en el cual, en el peor de los casos, basta dejarse llevar por la gente para hallar la salida.

En líneas generales el mercado representa el teatro de nuestra existencia externa, material, y únicamente cuando nos perdemos aparece la situación psíquica ya descrita al hablar del laberinto. Todas las gentes que vemos son aquellas que están de ordinario en la vida real, conocidas y desconocidas; todos los corredores y caminos trazados dentro del mercado representan los caminos de nuestra vida y, en su conjunto, el mercado y sus puestos de venta vienen a decirnos que en esta vida debemos pagar un precio —material o moral— por cuanto adquirimos y poseemos, ya sean cosas materiales, conocimientos o meras facilidades de convivencia.

Sentadas todas estas premisas, interpretar un sueño de mercado es fácil y se limita a hacerlo primero en lo general, y luego con cuanto se ha visto y hecho en el mercado, especialmente con aquello que ha llamado poderosamente nuestra atención o nos ha afectado emocionalmente. Veamos unos ejemplos:

Ver un mercado de lejos, sin detalles y sin hacer nada para acercarnos al mismo, suele reflejar una etapa de penurias materiales.

Entrar en el mercado, en contacto con la gente y las mercancías, pero sin llegar a comprar, refleja la búsqueda, la necesidad de hallar los medios o el camino más adecuado para la realización de nuestros proyectos y ambiciones; pero si ya tenemos todo esto puede tratarse simplemente del deseo de promiscuidad que suele aparecer cuando en nuestra vida falta calor humano o comunicación.

Por el contrario, no hallar lo que deseamos o sentirnos oprimidos por el exceso de gente indica que todavía no es el momento adecuado para lanzarnos activamente a la vida, que antes debemos meditar y reflexionar sobre nuestros proyectos y ambiciones, terminando de pulirlos y dejarlos a punto. Pero también puede revelar nuestra timidez y retraimiento.

Mercurio

Este curioso metal líquido, de extrema movilidad, simboliza la adaptación, la rapidez y lo imprevisible; y por su capacidad de amalgamarse con otros metales, el poder de purificar y fijar.

Mesa

Del mismo modo que la cama es el lugar de las relaciones íntimas de la pareja, la mesa es el lugar de nuestras relaciones familiares; es en la mesa donde se reúne toda la familia, el medio de comunicación familiar e incluso social; es donde se habla de todos los problemas, proyectos y ambiciones, e incluso por su forma refleja la organización y jerarquización de la familia, que es mayor en la mesa rectangular, menor en la cuadrada e inexistente en la redonda. Por ello, la sociedad actual, en la que cada cual come en una hora o lugar distinto o lo hace frente al televisor, es la sociedad de la incomunicación, de la ruptura de la familia.

En sueños, una mesa bien servida simboliza esta unión familiar y un agradable porvenir; naturalmente, la calidad y cantidad de las viandas y la riqueza de su adorno serán indicios sobre nuestra riqueza o pobreza.

Si todavía no hay nadie en la mesa refleja nuestro deseo de comunicación y unión familiar, que no es tan buena como desearíamos. Si la mesa se rompe, se cae o le ocurre cualquier accidente, será nuestra unión familiar la que se rompe, disgrega o le ocurre lo que el accidente simboliza.

Metamorfosis

En los sueños ocurre que a veces un objeto o un animal se nos transforma de pronto en otra cosa, y a esto le llamamos metamorfosis. Y es que en el mundo de los sueños cada cosa, cada planta, cada animal, tiene un simbolismo propio y si aquella cosa debe cambiar de significado, ello vendrá representado por un cambio de forma, por una metamorfosis.

Pondremos un par de ejemplos para hacer más comprensible lo que puede parecer un embrollo:

Un jabalí simboliza un enemigo peligroso; una lechuza, la muerte; una hiena, la traición. Si en un sueño vemos a un jabalí que de pronto se convierte en lechuza podremos traducir el sueño diciendo que representa la muerte de un enemigo; o que es un enemigo mortal, que desea nuestra muerte; ello dependerá del contexto del sueño. Si en otro sueño una persona conocida se transforma de golpe en hiena podremos deducir que aquella persona es un traidor.

La interpretación de estos sueños siempre es la misma y consiste en ver qué simbolizan los dos términos de la metamorfosis y cuál es la evolución producida o el complemento de información que aporta. Es indiferente que sea de un vegetal en un animal o en un hombre, o que sea a la inversa; en los sueños no son más que símbolos, y su valor estriba en el símbolo y no en el lugar que ocupe en la escala evolutiva de la naturaleza.

Miedo

Los sueños de miedo y terror traducen inseguridad o un miedo real por algo que preocupa al soñador, por lo que se trata de otro sueño de los que nos aconsejan analizar nuestra vida y los acontecimientos de los últimos días, pues el miedo tanto puede reflejar temores latentes, pero reales (como sucede con muchas mujeres ante el temor a la violencia sexual), o ser debido a alguna lectura, película o noticiario de televisión que despierta recuerdos y temores de épocas pasadas que han quedado ancladas en el subconsciente.

No obstante, si los sueños de miedo son muy frecuentes, sería conveniente consultar con un especialista, dado que pueden reflejar desequilibrios nerviosos que con toda seguridad podrán ser tratados adecuadamente.

Miel

En todas las tierras prometidas y en todos los paraísos de los libros sagrados de Oriente y Occidente corren ríos de leche y miel, como símbolos de la riqueza primordial que prometen, y que en el caso de la miel adquieren connotaciones eróticas y de conocimiento.

Pero la miel es un producto tan altamente elaborado por la abeja en su interior, que no sólo tiene las máximas propiedades nutritivas, sino que además permite regular las cualidades esenciales (sexo y cualificación social) de las futuras abejas. Por ello, en psicoanálisis y en esoterismo, se considera a la miel como el símbolo del Yo superior como última consecuencia de un trabajo de elaboración interna sobre sí mismo.

En los sueños raras veces adopta significados tan elaborados ya que para ello el soñador también debería hallarse muy «elaborado», y por lo general limita su significado y augurios a los de riqueza, prosperidad y felicidad, especialmente amorosa.

Milenrama

Es una planta cuyo fúnebre significado sólo anuncia duelos y lágrimas, especialmente si la soñamos creciendo en un cementerio o en sus alrededores.

Millonario

Es un clásico sueño de inversión de significados, es decir, que sólo se sueña con ser millonario, o con millonarios, cuando se es todo lo contrario; lo que augura o revela es el deseo o la ambición de riquezas, no el poseerlas.

Mimosa

Es un árbol cuya flor expresa tristeza y melancolía, pero también seguridad y certeza, aunque sea la certeza en otra vida.

Mina

Es de las minas de donde salen la mayoría de las materias primas sin las cuales no podría existir la industria ni la riqueza; no olvidemos que incluso para ilustrar la evolución de las civilizaciones hablamos de la Edad de Piedra, Edad de Bronce, Edad de Hierro, y más modernamente, de civilizaciones del carbón, del petróleo, del uranio...

En sueños, las minas se refieren a todos los tesoros y riquezas que todavía no han salido a la luz, que están escondidos o enterrados, ya sea en las entrañas de la tierra o en el cerebro de los sabios; e incluso puede tratarse de un mal desconocido...

Así pues, soñar con una mina para un trabajador, comerciante o empresario será presagio de riqueza y beneficios; para un científico, de descubrimientos o nuevas aplicaciones de la ciencia; para un médico, el descubrimiento o la curación de una nueva enfermedad; para un político, la fundación de un partido político.

Mirlo

Es otro de los pájaros que anuncian murmuraciones y cotilleos, generalmente tan desagradables como su negro plumaje.

Mitología. Júpiter, rey del Olimpo.

Cuando soñamos con un ser mitológico hay que darle el valor que tiene en la mitología y estudiar su significado.

Mitología

Cuando en nuestros sueños aparece un personaje mitológico posee el significado que le otorga la mitología, y no hay más que mirar cualquier tratado para darse cuenta de la inmensa riqueza simbólica que encierra dicha ciencia.

Así, soñar con Zeus o Júpiter (que son el mismo dios) anunciará una poderosa protección o un castigo ejemplar, según que su rostro sea amable o furibundo. Venus nos pronosticará un amor feliz (si está de buen talante) o desgraciado, o incluso una venganza femenina (si está furiosa), y así sucesivamente.

Como que estudiar todos los personajes mitológicos requiere una extensión superior a la que podemos dedicarles y además muy raras veces aparecen en nuestros sueños, si al lector le interesa, en un buen diccionario o tratado de mitología hallará cuanto desee saber.

Molino, moler

Soñar con molinos siempre augura riqueza; mayor cuando giran de prisa y menor si lo hacen lentamente. Y riqueza no conseguida, pero posible, si se hallan parados. En cambio, soñar que molemos algo, sea lo que sea, siempre anuncia problemas.

Monedas

Cuando en sueños nos vemos contando moneda corriente, es decir, de escaso valor, nos augura dificultades económicas. Soñar que perdemos monedas nos advierte sobre nuestra falta de economía, pero si las hallamos refleja nuestro íntimo deseo de emprender tareas más lucrativas.

Monjas

Es un sueño que cada vez es más raro y que ya casi sólo se da en niñas, especialmente entre las educadas en colegios religiosos. Debe interpretarse como un descontento con sus labores diarias al que se añade un sentimiento de culpabilidad muy difuso que se basa en el miedo a la pérdida de la inocencia y sus consecuencias, que se les han pintado exageradamente malas.

Mono

La simbología del mono es muy distinta según que se habite en las ciudades o se lo haya conocido en su propio ambiente.

Los habitantes de la ciudad sólo lo vemos como una caricatura nuestra, como un espejo deformado que refleja una repulsiva imagen de nuestros defectos: chillón, desaprensivo, inquieto, vanidoso, indecoroso y lascivo. Pero quienes conviven con él lo consideran un animal libre, ágil y dotado de prodigiosas cualidades, en el que se encarnan dioses y demonios; llegan a decir que si el orangután no habla es por ser demasiado listo para hacerlo.

En los sueños, el mono refleja nuestra personalidad instintiva y constituye una llamada para que desarrollemos nuestra personalidad hacia niveles superiores, pero sin separarnos para nada de la naturaleza y la espontaneidad. Sólo en algunos casos (especialmente en las METAMORFOSIS) puede presagiar burlas y engaños.

Montaña

Una muestra evidente de la importancia del simbolismo de la montaña es que no existe país que no posea algún mito o leyenda centrado en la montaña, y el que en todas las regiones del mundo la montaña desempeñe un papel de excepción. Pero limitándonos al simbolismo de los sueños, dos son los conceptos fundamentales que entraña: el de ELEVACIÓN o CUMBRE y el de DIFICULTAD.

Por una parte, la montaña refleja la tendencia humana hacia la elevación, hacia el logro de una meta, en alcanzar el conocimiento y la divinidad, pues en las altas cimas es donde el mundo se une al cielo.

Por otra parte, la montaña es algo inmenso, inmutable, que no podemos apartar de nuestro camino, por lo que también simboliza los obstáculos insuperables y los grandes desafíos.

Así pues, soñar con una montaña siempre representa una dificultad a superar, un objetivo a conseguir, y las dificultades, obstáculos y gente que hallemos en la subida (y en la bajada), así como los sentimientos que despierte el sueño, serán los obstáculos, dificultades y ayudas que en la vida real jalonarán nuestro camino en la lucha por alcanzar la meta soñada.

Morder

Morder es una forma de apoderarnos de algo; pero a la vez constituye un ataque, una agresión.

Por ello, morder en sueños a otra persona tanto puede augurar que con nuestra agresividad nos crearemos numerosos enemigos como revelar el deseo de poseer —incluso sexualmente— y dominar a la persona a la que mordemos.

Si somos mordidos es que nos sentimos heridos por la agresión de quien nos muerde; o por la agresividad de los demás si no lo reconocemos. Pero también puede revelar el temor a las agresiones sexuales, especialmente si el mordido es una mujer.

Pero si somos mordidos por un animal lo que el sueño refleja es el temor a dejarnos dominar por nuestros instintos o pasiones, que serán simbolizados por el animal que nos muerde.

Moscas y mosquitos

Ya hemos dicho que los INSECTOS simbolizan personas molestas o impulsos internos igualmente molestos, pero las moscas nos advierten además de que no existe peligro que pueda considerarse pequeño o revelan la molestia que nos produce la excesiva vanidad de algunas personas que nos rodean. Matar las moscas en el sueño es una forma de manifestar el deseo de apartarnos de ellas, de hacerlas desaparecer de nuestra vida y evitarnos así problemas y molestias.

Los mosquitos nos advierten para que nos protejamos de los desconocidos que quieren inmiscuirse en nuestra vida, así como de los impulsos agresivos que despiertan en nosotros, lo que podría desequilibrar nuestro sistema nervioso.

Mostaza

Presagia toda una serie de pequeñas molestias o contrariedades que nos sumirán en un estado de suma irritabilidad.

Motocicleta

La motocicleta es un medio de transporte individual cuya potencia y velocidad son similares a las del AUTOMÓVIL, pero con la movilidad e independencia de la BICICLETA. Tanto en sueños como en la vida real, la motocicleta es el vehículo de la juventud por su autonomía y potencia que incluso le permite subir por escarpados caminos de montaña, o prescindir de los mismos.

En su interpretación, los sueños de motocicletas pueden traducirse como los ya mencionados de bicicleta y automóvil, pero en este caso se añade una mayor peligrosidad, alegría y gusto por la aventura, típicas de la juventud; así como las frecuentes competiciones que se realizan en el sueño, incluso con la propia pareja; en cuyo caso, si una de las motocicletas sufre una avería o se retrasa en exceso, suele revelar problemas de coincidencia sexual.

Muchedumbre

El concepto de muchedumbre (o multitud) es una amplificación del de GENTE, y en sueños, especialmente si es una multitud que se mueve y agita, traduce un movimiento análogo del inconsciente del soñador.

La interpretación de estos sueños se hace del mismo modo que los de gente.

Mudanza

Siempre anuncian un cambio en la vida del soñador, cuya importancia y alcance dependerá del contexto general del sueño.

Muebles

Los muebles que aparecen en sueños son un reflejo del ambiente doméstico del soñador y de los problemas y dificultades que se presentan en el hogar. Cada mueble tiene una función y es dicha función la que se refleja en el sueño.

Así, por ejemplo, la mesa revela cómo es la unión familiar; los armarios, nuestras posesiones, etc., de modo que para su interpretación debemos acudir al nombre de los muebles que aparezcan en el sueño. No obstante, cuando lo que centra nuestra atención es el conjunto de los muebles, adquieren esta característica familiar; así, en el caso del armario se referirá a las posesiones familiares y no a las personales.

Cuando en el sueño ocurre algo que afecta a todos los muebles, como por ejemplo su destrucción, sea por la causa que sea, indicará graves discordias familiares e incluso la disolución de la familia (todo ello real o temido). Si en el sueño cambiamos los muebles de sitio, esto refleja un deseo de mayor bienestar, o augura cambios en la familia.

Muérdago

El muérdago, curiosa planta parásita que parece desafiar todas las leyes naturales, cuando a finales de año adquiere una tonalidad dorada se convierte en la mágica rama dorada gracias a la cual, según dice Virgilio, Eneas logró descender a los Infiernos sin peligro y sin perder el alma. Pues el muérdago permite penetrar en el tenebroso mundo subterráneo, aleja a los demonios y confiere el poder de la regeneración y la inmortalidad.

Regeneración, fortaleza y larga vida es el simbolismo que todavía hoy perdura en el muérdago, y es por ello que se le considera un magnífico presagio, tanto en los sueños como en la vida real, en la que es imprescindible para poder simbolizar todo el bien futuro que se desea a quienes son obsequiados con el muérdago.

Muerte

Los sueños de muerte no anuncian la muerte física, sólo afirman que algo ha muerto, que algo desaparece de nuestro horizonte vital; puede ser una relación, un amor, una amistad, o simplemente una cualidad o un defecto, algo íntimo y personal que sólo conocemos nosotros, que no queremos aceptar su desaparición y que el sueño trata de hacernos reconocer la realidad.

La Muerte. Arcano XIII del Tarot de Marsella.
El sueño de la muerte sólo nos indica que algo desaparece de nuestro horizonte. Raras veces su significado onírico coincide con el real.

Pero la verdad es que son rarísimas las ocasiones en que la muerte física de otra persona puede percibirse en sueños, por más que con la misma nos una un gran afecto o parentesco. Y cuando esto ocurre, la intensidad y verismo del sueño es tal —aunque sólo se trate a veces de una voz lejana— que no queda la menor duda de que se trata de un proceso telepático o el contacto con una realidad trascendente.

Pero también existe otro tipo de sueños de muerte, y es el que aparece cuando la edad ya nos hace presentir su proximidad, aunque sólo sea en el fondo del subconsciente y nos neguemos a reconocerlo. Es por ello que en el declinar de la vida la presencia de la muerte suele ser más frecuente en sueños, sin que por ello anuncie la muerte de nada.

Del mismo modo que en estas edades existe el automatismo inconsciente de revisar las esquelas mortuorias de los periódicos, como buscando si en las mismas figura algún viejo amigo de la infancia, o alguien con quien hace largos años que hemos perdido el contacto, también estos sueños de muerte responden al mismo fenómeno y ambas cosas no son más que una preparación inconsciente para nuestra propia muerte, y suelen tornarse repetitivos o al menos relativamente frecuentes, hasta que una noche, en el mismo sueño se advierte que aceptamos lo inevitable como algo natural, perdiendo el carácter terrible con que se nos aparecía hasta aquel momento; y el sueño, cumplida su misión, no vuelve a aparecer.

Muertos, difuntos

En la inmensa mayoría de los casos, soñar con un muerto significa una fijación inconsciente con dicho muerto o con lo que el muerto simboliza.

Por lo general, soñamos con el muerto tal y como era en vida en una especie de nostalgia de tiempos pasados. Muchas veces estos sueños nos retrotraen a la infancia y nos vemos con nuestros padres o alguna persona querida, que en la actualidad ya han fallecido. Otras veces, cuando ya se está jubilado, nos soñamos en la plenitud de la vida desempeñando nuestra profesión ya abandonada; también aquí aparecen como vivas personas que la compartieron y que ya han fallecido.

En todos estos sueños, los sentimientos y emociones que se perciben no tienen nada de triste, al contrario, suelen ser alegres o nostálgicos, y en el fondo el sueño revela la insatisfacción por la vida actual y el deseo inconsciente de retroceder en el tiempo, y los muertos que acompañan al soñador son meros testigos de aquel tiempo pasado que consideramos fue mejor.

Otras veces el sueño es terrible y el muerto se nos aparece acusador y vengativo; en este caso se trata de un complejo de culpabilidad ligado con la figura del muerto o, lo que es más frecuente, el muerto sirve de testimonio acusador de la causa del complejo de culpabilidad, sin que, a lo mejor, ni tan sólo sepamos de quién se trata.

Por último, existe el caso de quien ha perdido a un ser amado y no se consuela de su muerte; íntimamente se niega a reconocer el hecho fatídico. Algún tiempo después sueña con el ser amado, que muere durante el sueño. En este caso, el sueño es como una constatación de que a partir de aquel momento su alma acepta como un hecho real la muerte de aquella persona.

Mujer

Los sueños de mujeres deben ser interpretados en forma muy distinta según cual sea el sexo y la edad del soñador, pues en una mujer el sueño puede interpretarse como la revelación del substrato de su propia personalidad. La mujer soñada, casi siempre una desconocida, es un reflejo de las propias tendencias y deseos inconscientes, por lo cual el análisis del sueño y de cuanto hace esta mujer desconocida nos dirá mucho sobre la propia soñadora.

En un hombre, el soñar con mujeres pocas veces se relaciona con la sexualidad, como podría suponerse, sino más bien con el éxito de sus ambiciones, y cuando en el sueño se manifiestan deseos sexuales lo que suelen testimoniar es una sexualidad insatisfecha o una falta de control sobre uno mismo.

Otro sueño de mujeres consiste en soñarlas desnudas, lo que es mucho más frecuente en mujeres que en hombres, pues en ellas refleja el deseo y la preocupación por gustar y ser amadas, lo que es perfectamente normal, a menos que en el mismo sueño se expresen deseos sexuales, en cuyo caso lo que revelan es un elevado grado de narcisismo, y sólo en pocas ocasiones la homosexualidad. Esta última suele manifestarse en los sueños mediante el cambio de sexo.

En cambio, soñar con mujeres desnudas y excitantes sólo hablará de deseo sexual a un hombre sin inhibiciones, mientras que en los demás lo que revelará serán deseos insatisfechos o el miedo a la anormalidad.

Mula

Como todas las monturas (véase ASNO), representa las energías movidas por nuestra voluntad, así como los medios de que disponemos para alcanzar nuestros objetivos.

Así pues, la calidad de la mula y la manera segura o vacilante con que camina y la dirigimos, nos indican claramente lo que presagia en el sueño.

Por otra parte, soñar con mulas u otros animales infecundos puede anunciar la esterilidad de la mujer (o la propia si se es mujer); a menos que el soñador sea un trabajador agrícola, en cuyo caso puede presagiar tanto éxito como el soñar con tractores.

Ni que decir tiene que si el animal soñado muerde, patea o nos desmonta, son presagios de grandes dificultades e incluso de fracaso.

Muletas

A menos que en la vida real sea necesario usarlas a causa de una COJERA, este sueño denota falta de confianza en las propias cualidades, excepto si se abandonan las muletas durante el sueño, en cuyo caso lo que presagia es la recuperación de la propia confianza y seguridad.

Pero si en el sueño vemos a otra persona usando muletas cuando en la vida real sabemos que nos las necesita, lo más seguro es que percibamos su propia inseguridad, así como el que necesita nuestro consejo y ayuda.

Por lo general, las muletas representan apoyos morales, lo que se deduce de cuanto hemos dicho, pero también del hecho que en el simbolismo onírico el pie representa al alma, por lo cual los defectos del pie representan defectos del alma.

Muñecas

Si ya en una niña el soñar con sus muñecas puede indicar soledad y falta de comunicación cuando el sueño es triste, para una mujer es otro de los muchos sueños que indican nostalgia de la niñez, del deseo subconsciente de sentirse cuidada y protegida, pero a la vez de escapar a las preocupaciones, responsabilidades y problemas de la vida cotidiana, que la agobian y deprimen.

Muralla, muro

Tanto el muro como la muralla expresan la idea del obstáculo, pero también de protección y límite; es decir, que tanto impiden entrar como impiden salir.

Como obstáculo, el muro no es inmenso e inmutable, como la MON-

Las **murallas** de la Alhambra de Granada.
*Símbolo onírico dual de obstáculo o protección, que podemos superar
o utilizar como refugio.*

TAÑA, que hay que escalar, sino algo que se opone a nuestro paso y que normalmente hay que derribar o detenerse ante él; derribarlo o saltarlo no cambia mucho las cosas, sólo manifiesta el deseo de que cambien favorablemente.

Pero muchas veces estamos dentro y no fuera de la muralla; el muro nos proteje y aísla de los peligros exteriores, en este caso su simbolismo es tan evidente como cuando se nos cae encima al apoyarnos en él.

Si se mantiene sólido y nos protege es que confiamos en nuestra posición y aislamiento, es un sueño parecido al de FORTALEZA; pero si se desploma al apoyarnos en él es que poca confianza tenemos en nuestra posición y aislamiento, en nuestras protecciones. Pero si los muros y murallas que soñamos ya están en ruinas se trata de un sueño de miedo y desconsuelo.

Murciélago

Soñar con murciélagos augura tristeza, malas noticias o sorpresas desagradables.

Museo

En sueños los museos y salas de exposiciones son sueños similares a los de MERCADOS, pero implicando un nivel superior de cultura y sin el acusado afán mercantil de los mismos; al mismo tiempo, queda muy disminuido o se hace inexistente el concepto de LABERINTO.

Suele augurar o revelar un nivel cultural elevado, así como la capacidad de disfrutar de las pequeñas delicias de la vida. Como es natural, cuanto más rico y bien provisto se halle el museo, mejor será el augurio de riqueza y bienestar que comporta; del mismo modo que si está abandonado y polvoriento es una señal de alarma que revela la existencia de un estado de descorazonamiento y pesimismo. Es como preguntarse de qué sirven los conocimientos y el refinamiento cuando no se es feliz.

Música

Oír música en sueños siempre es un buen augurio, pues presagia felicidad y consideración, y en personas de aspiraciones espirituales es un índice de piedad y elevación. Como dicen los sabios orientales, cuando se alcanza la beatitud sólo se sueña música.

Nabos

En sueños, los nabos simbolizan la mediocridad.

Nacimiento

Ante todo debemos distinguir los sueños de nacimiento de los de parto y de los de recién nacidos.

En los sueños de parto lo que se presencia es el acto físico del nacimiento, es decir, el PARTO, y serán interpretados en dicho epígrafe.

Los sueños de recién nacidos de hecho ya son un sueño de NIÑOS, y así los interpretaremos en su momento.

Pero en los sueños de nacimiento, que son los que aquí nos interesan, lo que presenciamos es una fiesta, un acontecimiento, la noticia del parto, pero sin presenciar el acto físico del parto; es como en el matrimonio, que presenciamos la ceremonia, la fiesta del matrimonio, pero no el acto de su consumación física.

Por lo tanto, el nacimiento de un niño siempre es una fiesta, a ejemplo de lo que representa la fiesta de la Navidad, o nacimiento de Cristo, que a pesar de su trágico destino es, ha sido y será, una fiesta para los cristianos.

Los sueños de nacimiento no se refieren al nacimiento de alguna persona, sólo afirman que algo ha nacido o nacerá próximamente, que algo ha aparecido en nuestro horizonte vital; puede ser una relación, una amistad, un amor, un nuevo hogar, un negocio; o quizás algo íntimo y personal (un nuevo ideal, una nueva creencia, el germen de un invento o de un libro, un nuevo estado de conciencia...) que sólo nosotros podemos conocer.

Nadar

Si el agua representa el nivel instintivo y emocional, nadar equivaldrá a saber desenvolvernos en dicho nivel, pero teniendo en cuenta que lo instintivo y pasional es muy amplio y abarca toda clase de pasiones, a pesar de que en el terreno de los sueños solemos reducirlas al amor y la ambición, ya sea esta última de poder o de riqueza.

El mejor de estos sueños es cuando nadamos con facilidad y alegría, adentrándonos mar adentro sin cansancio ni peligro y volviendo sin dificultad a la playa (o a la otra orilla si nadamos en un río), que representa el objetivo propuesto. Este sueño nos presagia que ante nosotros se abre un campo de acción ilimitado en el que lograremos el éxito en nuestros deseos, tanto si son económicos como amorosos.

Pero si, por la causa que sea, nos ahogamos es que lo que ambicionábamos se romperá o fracasará. Si por el contrario salvamos a alguien de morir ahogado es que conseguiremos evitar una pasión que hubiera podido ser muy peligrosa para nosotros.

Si en el sueño estamos aprendiendo a nadar es que dudamos de nuestra fuerza de voluntad y todavía debemos aprender a dominar mejor nuestras pasiones antes de lanzarnos a cualquier aventura o proyecto ambicioso.

También el aspecto de las aguas es importante, pues nadar en aguas claras significa que tanto la pasión como los pensamientos son claros y lícitos; mientras que las aguas turbias indican que la pasión se ve enturbiada y desnaturalizada por los malos pensamientos; y si mientras nadamos las olas se encabritan o una corriente nos arrastra es que las pasiones serán más fuertes que nuestra voluntad, y es muy posible que no logremos dominarlas, lo cual puede ser una fuente ilimitada de problemas y desgracias.

Naipes

Como en todos los sueños en que intervienen los JUEGOS de azar, jugar a los naipes siempre presagia pérdidas y decepciones, casi siempre debidas a que nos dejamos arrastrar por los acontecimientos, sin poner por nuestra parte toda la fuerza de voluntad que deberíamos para intentar controlarlos.

Naipes franceses del siglo xix.
*Soñar que jugamos con naipes es un presagio de pérdidas y decepciones,
de falta de voluntad.*

Naranjo, naranja

Soñemos como soñemos al naranjo, ya sea con su verde follaje, con sus aromáticas flores, o cargado de frutos, siempre se trata de un presagio venturoso y sumamente positivo que nos habla de amor y matrimonio; de amor puro, la flor; de amor cálido y apasionado, la naranja que, como fruto cargado de semillas, nos promete también una numerosa descendencia.

Todo ello, claro está, siempre a condición de que flores y naranjas se hallen en todo su esplendor, pues si las flores se hallan marchitas o las naranjas pasadas se trata de amores que se extinguen o que no hemos sabido aprovechar.

Nariz

Es un hecho curioso el que los adultos prestemos muy poca atención a la nariz de nuestros personajes oníricos, mientras que para los niños parece ser un importante punto de referencia, quizás a causa de la influencia de los cuentos infantiles.

Así, para un niño el soñar con una nariz desmesuradamente larga —como la del cuento de Pinocho— es una forma de revelar el temor a que se conozcan sus mentiras; y es también muy significativo que, incluso hoy, cuando los castigos corporales se hallan prácticamente abolidos, una nariz ensangrentada constituya la forma de reflejar en sus sueños las reprimendas y amenazas de padres y maestros, por benignos que a nosotros nos puedan parecer tales castigos.

En las niñas, este mismo sueño de hemorragias nasales es mucho más frecuente con ocasión de los primeros trastornos menstruales, como representación gráfica de los trastornos emotivos que les ocasionan.

Naufragio

Como ya se dijo al hablar del BARCO, soñar que naufragamos simboliza el naufragio de nuestros proyectos y esperanzas actuales, ya sean en amistad, en amor, en trabajo o en los negocios.

Navaja

En los sueños de navajas debemos distinguir entre aquellos en que la navaja sirve para afeitarse y aquellos otros en que se usa como arma.

La navaja de afeitar, lo mismo que el afeitarse, implica el deseo de poner mayor voluntad y sinceridad en nuestra forma de enfrentarnos a los hechos y problemas que se nos presentan, pues de lo contrario nos veremos superados por los acontecimientos, cuyo dinamismo y rapidez en evolucionar hacen necesaria una acción enérgica y decidida. (Para más detalles véanse también los epígrafes BARBA y BIGOTE.)

Pero también hay que tener en cuenta que en algunos de estos sueños el mismo contexto indica que la interpretación que debe darse al hecho de afeitarse es el del temor a la pérdida de la virilidad, a la impotencia.

La navaja, como ARMA blanca, siempre presagia rupturas y separaciones violentas, pero en este caso siempre relacionadas con problemas pasionales, es decir, celos, venganzas y engaños amorosos.

Narciso

El narciso crece en lugares muy húmedos y florece en primavera, lo que lo relaciona con el simbolismo del agua y de los ritmos estacionarios y, consecuentemente, con la fecundidad.

Pero además se plantan narcisos sobre las tumbas, simbolizando el entumecimiento de una muerte que no es más que un sueño del que hay que despertar. De todo ello ya podemos desprender que el simbolismo del narciso se centra en los conceptos de muerte, renacimiento, sentimientos y fecundidad.

Pero también simboliza la caída de Narciso en las aguas en las que se estaba mirando complacido, lo que ha dado lugar a las interpretaciones de vanidad, egocentrismo y amor hacia sí mismo. No obstante, la interpretación simbólica del mito de Narciso puede ser más simple y profunda a la vez: el agua es un espejo, pero un espejo abierto a las profundidades del Yo, y lo que traiciona el reflejo del Yo que se ve en él es una tendencia a la idealización, que si bien en su aspecto inferior puede ser un defecto, en su aspecto más espiritual puede ser extremadamente positivo, pues puede conducir a la elevación estética y a sublimarse en un ideal.

Como en todos los sueños de tan complejo simbolismo, la interpretación siempre se ve ayudada por las emociones que lo acompañan y las circunstancias personales del soñador, que en el fondo son las más determinantes.

Negro

Cuando estudiamos el color blanco, distinguíamos entre el blanco mate, que no es un color, sino la ausencia de todo color, por lo cual era un símbolo de muerte, y el blanco brillante, de pureza y confianza, pero de una pureza y confianza que nos llegan de más allá de la vida.

Con el negro sucede lo mismo; tanto puede ser el vacío absoluto, la negación de color, símbolo de muerte, luto y tinieblas, o aquel otro negro, síntesis de todos los colores, y entonces también símbolo de virginidad, de materia prima indiferenciada, de caos original; es el color de las vírgenes negras, de la diosa Kali, de Krishna el inmortal.

No obstante, el negro que casi siempre aparece en los sueños es aquel negro negativo que alude a la parte inferior y siniestra de la psique humana, el que, como las tinieblas, simboliza todo lo malo, lo siniestro, la melancolía y la muerte. Es el color que domina en los sueños de los psicópatas y en los de las personas normales cuando se hallan sumidas en estados de depresión.

Nenúfar

El nenúfar, íntimamente ligado al agua y a la tierra, a la vegetación y al mundo subterráneo, además de ser la expresión de la belleza, lo es también de fuerzas telúricas y pasiones ardientes, por lo que en sueños augura problemas pasionales (de amor, de odio, de venganza o de celos) casi siempre por el desbordar de dichas pasiones.

Nevera

La nevera es una de las formas en que los sueños nos muestran cómo es la economía del hogar. Por ello, si la soñamos bien provista y ordenada nos revela la buena economía y previsión de la dueña del hogar; mientras que si está vacía lo será de su falta de previsión y economía. Si la nevera se hunde o está destrozada es que las finanzas familiares se hallan en grave peligro.

Nido

Es otro símbolo del hogar y la familia. Por ello, cuando el nido soñado contiene los padres o una nidada, es un presagio de felicidad y bienestar; mientras que si está vacío lo es de desdichas y soledad. Pero todavía es peor soñar que se trata de un nido de serpientes, que presagiaría el temor a que existan traidores en nuestro propio hogar.

Nido.
Símbolo del hogar y la familia, puede ser presagio de felicidad o de desdicha si está ocupado o vacío.

También en ocasiones puede ser un símbolo de femineidad y existir en el sueño alguien que trata de robarlo. En un hombre es indicio de deseos sexuales, y para la mujer el temor a la violencia y engaños masculinos.

Niebla

La niebla es el símbolo de lo indeterminado, de una etapa de transición entre dos épocas o dos estados, en el cual las antiguas formas se deshacen, ya no se distinguen, y las nuevas formas todavía no se hallan claramente definidas.

En los sueños, la niebla tanto puede presagiar el peligro a vernos mezclados en asuntos confusos, indeterminados o ilegales, como anunciar días de tristeza, indecisión y confusión. Pero también puede ser una manifestación del deseo de evitar ser vistos por los demás, de ocultar nuestras acciones y sentimientos, de realizar acciones ilegales o inmorales.

Buscar algo en la niebla manifiesta el deseo de recobrar un afecto o una amistad. Y estar paralizados en medio de la niebla es el miedo al futuro, la incertidumbre por lo que todavía tiene que llegar y no sabemos cómo será.

Si la niebla se deshace durante el sueño es la salida de la confusión, es que la situación o el futuro se aclaran.

Nieve

El alma humana sabe por la experiencia de milenios que la nieve suele significar frío, soledad y muerte, salvo cuando aparece en la estación propicia, en pequeñas cantidades y cae donde debe caer; en este caso simboliza abundancia de bienes.

También los deportes de invierno son una muy reciente adquisición de la humanidad y todavía aparecen poco en los sueños; cuando lo hacen en un sueño alegre y vivencial pueden interpretarse positivamente, y en ellos la carrera del esquiador, según su resultado y trayectoria, nos darán buenos o malos presagios.

Pero por lo demás, cuando se sueña con nieve y frío es que hay frío y soledad en el alma, pues la nieve es agua solidificada, y es también el inconsciente y los sentimientos que han perdido su movilidad y su vida.

Es un sueño que corresponde casi siempre a un período de introversión, de dolor y soledad.

Niño

Dos son las facetas que se presentan en los sueños de niños: la primera es la del recién nacido como principio, génesis o nacimiento; y la segunda, de infancia, de regresión a un estado anterior de mayor simplicidad.

Niño. (*Fragmento de una xilografía de Durero.*)
En los sueños el recién nacido puede ser símbolo de la personalidad futura,
pero también puede ser un sueño de regresión a la infancia.

Como recién nacido, el niño es un símbolo de futuro, de lo que
empieza y debe evolucionar hasta la plenitud. Es el estado edénico del
hombre antes del pecado original simbolizado repetidamente como el
estado embrionario de la humanidad.

Psicológicamente, el recién nacido es el hijo del alma, una fuerza o
idea que nace y despierta a la vida. Por ello, soñar con un niño, un recién nacido, es algo positivo y favorable que revela que se está produciendo una metamorfosis espiritual o mental.

Los sueños de recién nacidos, cuando se tienen en la edad fértil,
cuando empieza la plenitud de la vida, suelen referirse a la deseada
maternidad. Pero una vez llenados los objetivos naturales se presenta
la necesidad de conformar la verdadera y definitiva personalidad, y es

entonces cuando vuelven a ser frecuentes los sueños de recién nacidos, como simbolizando el nacimiento de la madurez interior. Lo que se pare entre dolores, o se sueña ya recién nacido, es la propia personalidad o los proyectos de vida definitivos.

En cambio, el niño como símbolo de infancia es un sueño de regresión, de huida hacia atrás, a una época en la que vivíamos en un mundo que nos amaba, sintiéndonos protegidos en el hogar, sin preocupaciones ni responsabilidades. A veces nos atenaza la angustia mientras soñamos, y es que nuestro propio inconsciente nos está advirtiendo de lo utópico de esta fuga al pasado.

Pero otras veces los sentimientos que acompañan al sueño son positivos y el sueño también lo es, pues lo cierto es que en el curso de nuestra vida nunca hemos empleado todas nuestras facultades, por lo que una parte de las mismas se mantiene latente en nuestro interior asociadas a las imágenes de la infancia. Es entonces al soñar que nos encontramos en el lugar de nuestra infancia, cuando volvemos a conectar con nuestros orígenes.

Estos sueños en los que nos vemos como adultos, tal y como somos ahora, pero en el escenario de nuestra infancia, nos proporcionan datos que teníamos olvidados y nos facilitan la comprensión de tensiones y complejos latentes; entonces el sueño puede indicar una victoria sobre la complejidad y la ansiedad; ser un paso más en la conquista de la paz interior y la confianza en nosotros mismos.

Noche

Como en el famoso acertijo del huevo y la gallina, podríamos preguntarnos ¿qué es lo primero, el día o la noche? Porque, si lo primero es el día, la noche será su tumba; pero si la primero es la noche, entonces será su madre, y en la noche se gestará cuanto luego ha de abrirse durante el día. Por ello la noche presenta esta dualidad de significados: positivo y negativo, de gestación creadora y de muerte de ilusiones.

En los sueños pocas veces se presenta el aspecto positivo de la noche; cuando lo hace puede reconocerse por la presencia de la luna, pues con ella la noche pierde su peligrosidad y se convierte en confidente de los enamorados, en germen y fermento del porvenir.

Desgraciadamente, lo que más abundan son los sueños de noche sin luna, de profundas tinieblas en las que se dan cita todos los temores y pesadillas. Son sueños que siempre pregonan lo mismo: indecisiones, miedos, angustias, tristezas y peligros; todo lo indeterminado que bulle en el inconsciente.

Y cuando los sueños del aspecto sombrío de la noche se repiten, siempre revelan un acusado complejo de inferioridad.

Nomeolvides

Tanto en sueños como en el lenguaje de las flores, y haciendo honor a su nombre, esta florecilla nos recuerda que lo prometido debe cumplirse; es decir, que lo que ahora sucede es la consecuencia de nuestra conducta y de nuestras promesas en el pasado.

Norte

Véase ORIENTACIÓN.

Nubes

Por una parte, la nube es una NIEBLA que procedente del pasado nos impide ver el cielo y pende sobre nuestra cabeza como una amenaza latente y desconocida que nos coarta e impide actuar.

Por otra parte, la nube está formada por millones de gotitas de agua que, procedentes del pasado, se están concentrando para constituir como un océano superior que mañana caerá sobre nosotros en forma de lluvia fecundadora o de tempestad arrasadora.

Este sentido siempre permanente en todos los simbolismos de la nube, de un pasado que se convertirá en futuro, y que mientras no llegue sólo nos queda el esperar, es el que ha hecho que en el antiguo simbolismo cristiano las nubes sean asimiladas a las profecías, que nos llegan del pasado y se están gestando en el cielo para cumplirse mañana, cayendo sobre nosotros.

En los sueños, las nubes simbolizan que nuestra situación actual se halla paralizada, coartada por nuestras acciones pasadas; o que estamos justificando nuestra actual falta de iniciativa y creatividad atribuyéndola a la necesidad de corregir pasados errores.

También el aspecto de las nubes es importante, pues si se trata de nubes ligeras que pasan raudas por el cielo sin llegar a cubrirlo ni ocultar la luz del sol se limitarán a anunciarnos una época muy movida y llena de altibajos. Pero conforme crecen el espesor y la negrura de las nubes, mayor es la gravedad del presagio, que en el caso de ser muy densas y oscuras nos vaticinan perplejidad, preocupaciones y miedo.

Siempre que en el sueño quede un resquicio entre las nubes por el que penetre algún rayo de sol, indica que la esperanza permanece viva y que al final se disiparán todas nuestras dudas y confusiones actuales.

Nubes.

*En los sueños las nubes simbolizan la paralización de nuestra situación
y la falta de iniciativas, coartadas por nuestro pasado.*

Nudo

En el nudo se juntan los simbolismos de ATAR y de ENTRELAZAR, pues de hecho un nudo es un entrelazado de una sola cuerda, y no por ello deja de conservar su significado de unión permanente. Pero la misma cuerda puede anudarse repetidamente, con lo cual llega a constituir un anillo cerrado y adquirir un sentido de protección.

A pesar de ser una atadura, el nudo puede realizarse sin atar nada, sobre la misma cuerda, es decir, sobre sí mismo, con lo cual adquirirá el sentido de sentirse atado a uno mismo por algo o alguien invisible, ya sea un dios, un demonio o una entidad perteneciente a otra forma de manifestación. En una palabra, puede expresar el concepto de hombre no liberado, de atado, inmovilizado e inerme a causa de una fuerza o poder extraño, y de aquí surge el uso de los nudos en las prácticas mágicas.

En los sueños, los nudos son una forma de simbolizar el hallarnos «con las manos atadas», de vernos incapacitados para realizar o impedir algo.

Por lo demás, todos los significados que ya hemos expuesto en los epígrafes ATAR y ENTRELAZAR también son válidos para los sueños de nudos.

Nuez

En la vida normal, expresiones como «una nuez dura de pelar» o «un corazón blando bajo una dura coraza», ya nos dan una imagen bastante clara del simbolismo de la nuez, como reflejando problemas difíciles o cosas importantes o sabrosas a las que es difícil acceder.

Como curiosidad añadiremos que en la tradición griega se consideraba al nogal como relacionado con la profecía, y que en ocasiones —según el contexto del sueño— la nuez puede ser una imagen del órgano sexual femenino.

En sueños, las nueces siempre nos hablan de objetivos posibles de conseguir, aun cuando antes deban vencerse numerosas dificultades. También pueden indicar toda clase de pequeños problemas y dificultades sin el menor provecho; soñar que estamos recogiendo nueces se considera un presagio de una vida amorosa feliz, a pesar de que comporte numerosos pequeños problemas.

Números

Siempre se ha creído que los sueños en los que aparecen números contienen una ayuda milagrosa para ganar en los juegos de azar, especialmente en la lotería; o que el mero hecho de contar todos los objetos iguales que aparezcan en un sueño puede ser una clave simbólica que puede interpretarlo todo.

La verdad es que la numerología es un conocimiento muy complejo que es de gran utilidad en otro orden de cosas, pero cuya aplicación al mundo de los sueños resulta muy problemática. A semejanza de lo que dijimos al hablar de la LOTERÍA, por ahora desconocemos qué se esconde detrás de dichos sueños, aparte del simple proceso simbólico de ordenar y contar.

Oasis

El oasis es un lugar de refugio en pleno desierto en el que es posible recuperarse y descansar de las pasadas fatigas, y cuando aparece en sueños mantiene este mismo significado.

Si nos hallamos en medio de arduos problemas o dificultades y soñamos con un oasis, significará que ya finalizan los problemas y vamos a disfrutar de la paz y tranquilidad que nos merecemos. Si lo vemos a lo lejos es el anuncio de que se aproxima el fin de nuestros problemas. Abandonar el oasis significa que nos veremos obligados a afrontar una ardua y difícil tarea en la que sólo podremos contar con nuestras fuerzas.

Como vemos, es un sueño de fácil interpretación, la cual siempre dependerá de las circunstancias personales del soñador.

Ocas

Se hace bastante difícil concretar el simbolismo de la oca, porque en simbología unas veces se la asimila al pato y otras al cisne. Además, las escasas referencias seguras de que disponemos se refieren a la oca salvaje y no a la doméstica.

Lo único que podemos sacar en claro es que simboliza la felicidad en el amor y que se la considera un mensajero entre el cielo y la tierra, lo que entraña el simbolismo de destino. Este significado permanece en cierto modo en el conocido juego de la oca, que encierra una mezcla distorsionada de los simbolismos de destino y de laberinto. Por último, con sus graznidos nos advierte de que nos ronda el peligro.

En sueños, la oca anuncia visitas o noticias cuando la soñamos volando; felicidad conyugal (o extraconyugal) si van nadando o volando en pareja; beneficios y felicidad hogareña si la comemos; y nos advierte de la proximidad del peligro si en lugar de verla la oímos graznar.

Odre

En la antigüedad, el odre era el recipiente que contenía los placeres venusinos, pero el cristianismo, al apropiarse de los símbolos paganos, mantuvo este mismo significado pero asociándolo con la idea de pecado, con lo cual pasó a simbolizar la mente perversa.

Sin embargo, en los sueños actuales sólo se mantiene su aspecto de recipiente, que lleno significa abundancia, y vacío, pobreza.

Oeste

Véase ORIENTACIÓN.

Ojos

Siendo la LUZ el símbolo del conocimiento y la inteligencia, el acto de ver simbolizará el acto de comprender, y es por ello que los antiguos egipcios ya decían que el mundo surge del ojo, pues el ojo nos permite verlo y hacer que exista para nosotros.

En el mundo de los sueños sólo existe lo que puede verse y tal como lo vemos, pues cuando soñamos algo deformado o distinto a como es en la vida real, es que existen buenas razones para ello, pues los complejos y problemas del alma dificultan y distorsionan la visión psíquica, y de aquí dichas deformaciones o el soñarnos con gafas.

Por último, cuando la conciencia se halla en peligro de extinguirse (lo que sucede cuando la muerte nos ronda), los sueños casi siempre se pueblan de ojos, ya sean como los del dios Siva, que representan la pluralidad de la vida, o como los de Argos, que con sus múltiples ojos no pudo evitar la muerte.

Visto el simbolismo de los ojos y de la visión, pasemos a analizar algunos de los sueños de ojos más frecuentes.

Cuando en sueños miramos fijamente a los ojos de quien tenemos delante, revela el temor a dejar traslucir algo que deseamos mantener

La ola. *(Pintura de Katsushika Hokusai, 1760-1849.)*
Las olas soñadas simbolizan el ritmo de nuestras vidas: pasivo si nos dejamos mecer, catastrófico si somos arrastrados.

oculto; del mismo modo que sentirnos mirados con insistencia, pero sin ver los ojos que nos miran, suele denotar complejos de culpabilidad.

Si nos soñamos ciegos o con los ojos vendados y sin poder ver es indicio de un miedo ilógico a ser engañados o perseguidos o también puede revelar nuestra impotencia ante las circunstancias de la vida real.

Soñar que padecemos de la vista (pero sin llevar GAFAS, que es otro tipo de sueño, ya analizado) denota una falta de coraje que nos impide mirar de frente a los hechos. Pero si soñamos que acudimos a un oculista, lo que indica es el deseo de hallar a quien podamos hacer partícipe de nuestros problemas, y al mismo tiempo que nos guíe y libere de nuestras responsabilidades.

Olas

Las olas simbolizan el aspecto pasivo de la existencia, especialmente el lado emotivo de la misma. Por ello, soñar que nos dejamos mecer por las olas equivale a dejarnos llevar pasivamente por las circunstancias de la vida, sin graves problemas ni conflictos, pero sin poner nada de nuestra parte para modificar su curso.

Las olas arrebatadas por la tormenta simbolizan la irrupción impetuosa del inconsciente, de las pulsiones instintivas que pueden desarbolar el navío de la razón. Y, en sueños, este otro aspecto de las olas nos pone en guardia contra graves peligros, seguramente pasionales (amor, odio, venganza, celos...) que pueden hacer naufragar nuestra vida privada, profesional o social.

Pero si en sueños andamos sobre las olas como si marchásemos sobre tierra firme es un excelente sueño que manifiesta que nos sentimos capaces de hacer frente a cuantos problemas y obstáculos se opongan a nuestros deseos.

Olivo

Es un árbol de gran riqueza simbólica que podríamos resumir en paz, fecundidad, purificación, fuerza, victoria y recompensa.

En los sueños, tanto el árbol como un ramito de hojas (con o sin olivas) siempre se refiere a paz y reconciliación; mientras que las olivas y el ACEITE se refieren de un modo indeterminado a beneficios en todos los órdenes de la vida.

Olores

En los sueños raras veces se perciben olores, a menos que sean la respuesta onírica a olores reales presentes en el dormitorio; pero cuando no es así, los olores suelen acompañar a sueños en los que aparecen flores o personajes femeninos, y suelen revelar sensualidad.

Ollas

Los sueños de ollas y cazuelas siempre se refieren a la vida hogareña o a los deseos de fundar un hogar, pero la mayoría de las veces son sueños desagradables que se acompañan de sensaciones de aprensión o malos presentimientos, en los cuales al destapar una olla se nos aparece vacía o en la misma se están cociendo cosas extrañas y no comestibles.

A las mujeres casadas estos sueños les pronostican o reflejan desavenencias familiares, y a las solteras el temor y la incertidumbre acerca de cómo será la convivencia en pareja o si sabrán hacer frente a la vida de casadas.

Ondinas

Estas hadas de las aguas, generalmente maléficas, son el símbolo inverso y a la vez complementario de las SIRENAS. En estas últimas, la parte marina de su cuerpo alude a la relación entre la mujer y las aguas, mientras que en las ondinas se simboliza lo femenino del agua, sus peligros y el lodo traídos de lagos, ríos y torrentes.

En los sueños más bien simbolizan los sortilegios mortales del amor (recordemos que en simbología el AGUA equivale a los sentimientos), y nos advierten contra los peligros de abandonarnos incontroladamente a las seducciones del placer.

Operación

En la vida real una operación es un remedio drástico para evitar que un mal que afecta a una parte del cuerpo pueda causar graves daños o incluso la pérdida de todo el organismo.

En el mundo de lo psíquico, cuando pretendemos hacer algo o tomamos un camino que nos aparte de la meta que interiormente nos hemos trazado como necesaria, urge una advertencia capaz de impresionarnos y volver las cosas a su cauce normal. Y soñar con una operación del órgano que mejor simbolice nuestra desviación es un buen toque de atención.

Así, por ejemplo, soñar que nos operan del corazón es una clara advertencia para que abandonemos un amor nefasto, aun cuando ello suponga una dolorosa y drástica renuncia. Y si nos operan del estómago es necesario realizar un buen repaso de los acontecimientos recientes, pues no hemos «digerido» correctamente alguno de ellos, lo que puede ser causa de serios problemas.

Orejas

Si la boca simboliza la comunicación como órgano activo de la expresión, la oreja también lo hace, pero como órgano pasivo de la audición; es decir, que boca y oreja se complementan desde el punto de vista de la comunicación.

Operación. Médico practicando una operación. (*Grabado del siglo* XVI.)
El sueño de la operación es un aviso sobre una conducta que debemos abandonar.

Por su función pasiva y por su estructura, la oreja adopta otros dos simbolismos: el de lo femenino y el de la dependencia. Tanto es así, que existía una tradición por la que los marinos se perforaban una oreja colocándose un aro en la misma para simbolizar su dependencia, su matrimonio con el mar.

En los sueños, las orejas suelen referirse a las mujeres que comparten la vida del soñador (la mujer, la amiga o las hijas) o de aquel a quien pertenezcan las orejas soñadas; y lo hacen pronosticando felicidad si las soñamos bien conformadas y hermosas, o desgracias si están mal conformadas. Y si en el sueño nos silban los oídos es de temer que murmuren de nosotros.

En otros sueños, el soñador intenta taparse las orejas con un sombrero, con los cabellos o con cualquier otra prenda, lo que revela su temor a que se descubran sus apetencias sexuales o su dependencia de otra persona.

Orgías

Soñar con orgías, bacanales o carnavales, con la embriaguez, lujuria y excesos de todas clases que las acompañan, revela la existencia de insatisfacciones sexuales y el cansancio de la voluntad ante su forzada sumisión a unas normas externas «civilizadas». Es todo esto lo que recibe una pobre compensación con los sueños de orgías, ante los cuales quizá lo mejor sea replantearse qué es lo que debemos hacer, o revisar unas condiciones de vida excesivamente puritanas, o por el contrario, frenar la imaginación.

Orientación

Cuando en un sueño debemos escoger entre varias direcciones o simplemente cuando nos fijamos en la orientación de las puertas y ventanas de una casa, la dirección que escojamos o hacia dónde queden orientadas las aberturas de la casa tienen una importancia real, pues indican hacia dónde «orientamos» nuestra vida o cuáles son las influencias dominantes que penetran por la puerta de la casa o la ventana de una habitación.

Todo ello es un problema muy complejo en el que, además de factores personales en los que es imposible entrar, intervienen factores de localización geográfica, e incluso de inconsciente colectivo, es decir, universales, comunes a toda la humanidad.

En efecto, es de orden universal que Oriente (el este) se opone a Occidente (el oeste), como la espiritualidad al materialismo; la vida contemplativa a la vida activa; lo irracional a lo racional; la luz a la oscuridad; el pasado al futuro; el nacimiento (o la vida) a la muerte.

Y todo ello basado en un simbolismo tan simple que parece banal: el sol nace por Oriente y muere por Occidente. Y a pesar de parecer tan banal, es algo tan real e irrebatible como la misma vida, pues nadie puede negar —incluso ahora con la internacionalización y occidentali-

zación del mundo— que en todos los dilemas expuestos el primer término se corresponde con el carácter oriental y el segundo término con
el carácter occidental.

De un carácter más geográfico es la orientación norte-sur, pues en
los países azotados en invierno por los vientos helados del norte este
punto cardinal es el que simboliza todo lo malo y malvado; y es desde
el sur de donde llega el calor y, con él, todo lo bueno.

La excepción la constituyen aquellos pueblos y culturas de clima
templado y protegidas de los vientos polares, como es el caso de la
griega y la judeo-cristiana, que sitúan al norte la morada de los dioses,
invirtiendo los términos de la realidad. Es por ello que en los países
cristianos el Cielo está al norte y el Infierno al sur, realizando las equi-
valencias norte = arriba (y por tanto igual a fuera, a extroversión) y
sur = abajo (y por tanto igual a dentro, introversión).

Resumiendo y constriñéndonos al mundo de los sueños, diremos que
cuando nos orientamos en ellos, lo hacemos para escoger entre subir al
cielo (norte) o bajar al infierno (sur); para volver a los orígenes (este) o
para resignarnos con nuestro destino (oeste).

Orina, orinar

Al soñar que nos orinamos es inevitable despertarse para hacerlo,
ya que este sueño es la respuesta a la necesidad fisiológica de la mic-
ción, y si no lo hacemos nos exponemos a aliviar la presión hidráulica
simultáneamente en el sueño y la realidad, y luego despertarnos mo-
jados.

Para Freud y algunos autores, estos sueños poseen un simbolismo
sexual, quizá respondiendo al conocido mecanismo de las erecciones
matinales debidas a la presión de la vejiga, y en ello están de acuerdo
con las antiguas claves de sueños. Nosotros —y sólo a título de curiosidad— reproducimos a continuación el *Libro asirio de los sueños,* que
dice:

«Si la orina del que sueña se esparce por delante de su pene, en la
pared, y corre por la calle, es señal de que aquél tendrá hijos; si la dirige hacia el cielo, su hijo llegará a ser un personaje importante; si cae en
un pozo, perderá sus bienes; si entre cañas, no tendrá descendencia; y si
se moja él mismo y después se seca, es que estará enfermo.»

Oro

En todas las tradiciones se considera al oro como el rey de los metales, asimilándolo al SOL y a cuanto representa. Por consiguiente el

oro simboliza todo lo superior, la luz, el conocimiento, la riqueza, la perfección y la irradiación; y simboliza también el valor permanente e inalterable de los bienes espirituales y la suprema iluminación.

Pero si el oro como metal y como color es el símbolo de lo superior, cuando lo mercantilizamos al convertirlo en moneda se pervierte y convierte a la moneda de este metal en un símbolo de perversión y exaltación de la concupiscencia.

Y lo mismo ocurre en el mundo de los sueños, en que el oro sólo constituye un buen presagio cuando lo encontramos, especialmente si es en forma de un TESORO pero sea en la forma que sea, hallarlo sin buscarlo siempre pronostica bienestar y provecho.

En todas las demás formas en que el oro aparece en los sueños nos muestra su aspecto negativo, pues siempre lleva implícito el deseo material de poseerlo, y no el lado espiritual y místico de su simbolismo. Veamos algunos ejemplos:

Soñar que buscamos oro excavando en el suelo nos indica que nuestros deseos no llegarán a realizarse, dado que buscamos la fortuna y la felicidad en un lugar equivocado. Si lo buscamos entre las arenas de un río es que no estamos seguros de la bondad de nuestros sentimientos y se hace necesario revisarlos cuidadosamente para ver cuánto de bueno (oro) y cuánto de malo (arena) existe en los mismos.

Soñar que fabricamos oro indica que en la vida estamos perdiendo el tiempo en utopías y falsas ambiciones en lugar de emplearlo en cosas de provecho. Gastarlo o perderlo nos anuncia que seremos estafados o despojados de nuestros bienes.

Ortigas

En los sueños, las ortigas simbolizan traición, crueldad y lujuria.

Oscuridad, tinieblas

El Génesis, con el que se inicia la Biblia, comienza con estas palabras:

«Al principio creó Dios los cielos y la tierra. La tierra estaba confusa y las tinieblas cubrían la faz del abismo, pero el espíritu de Dios se cernía sobre la superficie de las aguas. Dijo Dios: "Haya luz", y hubo luz. Y vio Dios que la luz era buena, y la separó de las tinieblas; y a la luz llamó día, y a las tinieblas noche.»

En todas las religiones del mundo, la dualidad entre luz y tinieblas sólo aparece como tal a partir de la creación de la luz, pero antes ya existía otra oscuridad, cuyo concepto puro se corresponde al caos primogenio, a la nada mística, a las potencias no desenvueltas e indiferenciadas.

Por ello, al igual que cuando hablábamos del color negro y de la noche, al hablar de oscuridad debemos resaltar que también en ella existe la dualidad de sentidos, positivo y negativo; que existen unas tinieblas que son un germen indiferenciado de todas las cosas, «la *oscura contemplación* en la que lo divino absorbe al alma en una *profunda tiniebla*», de que nos habla san Juan de la Cruz; y otras tinieblas posteriores que son la negación de la luz; una oscuridad regresiva, que se identifica con el principio del mal y las fuerzas inferiores.

Y en los sueños, desgraciadamente, es siempre esta segunda oscuridad la que aparece, con idénticos significados a los ya descritos en los epígrafes NEGRO y NOCHE.

Oso

Los sueños de osos son más frecuentes de lo que sería de esperar y, naturalmente, mucho más frecuentes que los de leones. Quizás ello sea debido a que el oso es el mayor de los animales peligrosos que pueblan nuestros bosques, y al recuerdo pretérito de cuando hombres y osos se disputaban las cavernas, recuerdo que quedó anclado en el inconsciente colectivo de la humanidad.

No obstante, si el león es un animal masculino, el inconsciente humano atribuye al oso cualidades femeninas, sin duda a causa de la maternal tibieza de su piel, de su color terroso y, muy especialmente, como ya hemos dicho, por ser el habitante de la profundidad de las cavernas, lo que le convierte en una expresión de la oscuridad y las tinieblas, en el símbolo del aspecto peligroso del inconsciente, del substrato cruel y peligroso del hombre.

En los sueños, además de simbolizar las pulsiones instintivas, incontroladas y crueles de nuestras pasiones, también simboliza a aquellos enemigos audaces, poderosos y crueles, que si consiguen alcanzarnos nos destruirán irremisiblemente; y de los cuales casi siempre conseguimos escapar a causa de su torpeza, que les hace avasallarlo todo, pero de una forma tan brutal y aparatosa que podemos darnos cuenta de su proximidad mucho antes de que puedan causar daño, y dándonos tiempo a escapar de sus acometidas.

Pero cuando al oso lo soñamos femenino y maternal, entonces se convierte en una personificación de nuestra fijación infantil sobre la imagen materna, y revelan el deseo, también infantil, de ser acariciados, contemplados y mimados.

Ostras

Algunos moluscos, especialmente la almeja y la ostra, constituyen uno de los símbolos más habituales del órgano sexual femenino; pero en la ostra predomina otro significado, ya que en nuestro subconsciente la ostra y las perlas van íntimamente unidas, y es así que la ostra es el símbolo perfecto de la verdadera humildad, fuente de perfección espiritual.

Es la humildad de los sabios y los santos, que no cesan de acumular riquezas interiores que ocultan a las miradas profanas pues exteriormente nada revela su riqueza interior.

En los sueños, es este sentido de riqueza el que se hace más evidente, por lo cual soñar que se recogen o comen ostras augura placeres y amistades, al mismo tiempo que expresa el deseo y la ambición del alcanzar riquezas y posición social.

Otoño

A ciertos soñadores de edad avanzada se les hace muy difícil aceptar conscientemente que están empezando a declinar. Entonces, no es raro que los sueños intenten decirles que ya se hallan en el otoño de la vida.

En semejantes sueños, el soñador se ve andando solo o en caravana, con o sin equipaje, por un paisaje de tonos dorado-rojizos a causa del follaje otoñal de árboles y arbustos. Son sueños que pueden tener infinitas variaciones, pero el fondo siempre es el mismo: el de un paisaje otoñal.

La importancia de estos sueños es muy grande, pues si poco a poco logramos hacernos conscientes de que la existencia tiene una evolución que irremisiblemente conduce a la vejez y la muerte, cuando vayan apareciendo los achaques de la edad los aceptaremos como algo natural, lo mismo que la muerte. Pero si esta convicción no es plenamente asumida y se reduce a una noción teórica, el final de la vida se convertirá en un infierno de desesperación.

Ovejas

Los sueños de ovejas suelen ser buenos presagios, y deben interpretarse exactamente igual que los de CORDEROS.

Padre

Al igual que sucedía con la MADRE, también los sueños en que interviene el padre son frecuentes en la infancia y van desapareciendo con los años, para reaparecer posteriormente en las súbitas tribulaciones de la vida, y del mismo modo que a la madre la identificábamos con la seguridad y la ternura, el padre suele simbolizar las relaciones intelectuales, los conflictos con el mundo externo.

Porque simbólicamente y en contraposición a la madre, que es el principio femenino y lo inconsciente, el padre se asocia al principio masculino y a lo consciente, siendo su potestad el dominio. Por ello, el padre representa el mundo de los mandamientos y prohibiciones, es quien frena y obstaculiza la libertad y la subversión de los instintos.

De aquí que en los sueños el padre encarne lo tradicional, las generaciones anteriores, sobre todo en el mundo de la enseñanza y la profesión, no siendo extraño que durante la época de la formación cultural y profesional muchos jóvenes sueñen en el padre y que, tarde o temprano, al entrar en conflicto con los principios educativos, ello se refleje en sus sueños mediante actitudes hostiles al padre, y que la figura de éste vaya desapareciendo gradualmente para reaparecer en la madurez, hacia la cuarentena, ya sea por identificarse mejor con lo que éste representa o por culpa de fracasos matrimoniales o sociales.

La interpretación de todos estos sueños depende en alto grado de las relaciones habidas con el padre y del grado de conflictividad generacional que exista en el soñador, pero, no obstante, podemos decir que si el padre aparece en una actitud severa denuncia un complejo de culpabilidad o la inminencia de discusiones con nuestros superiores, y el sentimiento de culpabilidad todavía es más acentuado cuando en el sueño lloramos por su muerte. Si lo soñamos con expresión benévola, cariñosa, tanto puede revelar una gran necesidad de protección y afecto como las buenas relaciones con nuestros superiores.

Es decir, que nuestra actitud o nuestras relaciones con el padre en los sueños son una manifestación de nuestra forma de aceptar o rechazar la autoridad de nuestros jefes y de nuestra mayor o menor necesidad de protección y afecto. Pero si en la edad adulta soñamos con el padre con excesiva frecuencia es un índice de que algo no marcha bien en nuestra psique y de que haríamos bien en consultar con el psicoanalista.

Paisaje

Aparte de lo que pueda existir de reminiscencia o de recuerdos en los paisajes que aparecen en nuestros sueños (lo que sólo el soñador puede eliminar), los paisajes y lugares que soñamos no son arbitrarios ni objetivos, sino que simplemente son simbólicos. Es decir, que surgen para explicar toda la serie de influencias que se superponen y confluyen sobre el soñador en el momento de soñar, y es por ello que no existen dos paisajes idénticos en nuestros sueños, ni tan sólo en sueños muy próximos en el tiempo. Una excepción a esta regla la constituyen los sueños muy repetitivos que suelen ser de gran trascendencia para el soñador, ya sea por tratarse de verdaderos sueños premonitorios o por delatar la existencia de circunstancias patológicas que aconsejan la visita a un especialista.

Esto explica el que sea imposible realizar una interpretación completa de un paisaje en una obra como la nuestra; lo máximo que podemos hacer, y así lo hacemos, es analizar partes importantes de un paisaje, como son las montañas, los valles, las fuentes, las grutas, las estaciones del año, los colores dominantes, la orientación, los animales, las plantas, las flores, etc., para que el soñador pueda realizar por sí mismo la síntesis de dichos elementos e interpretar el paisaje soñado.

Paja

Como ocurre con la mayoría de los productos agrícolas, que en los sueños son un sinónimo de la riqueza y el éxito material conseguidos gracias al trabajo perseverante, la paja es una indicación del estado de dicha riqueza según como la veamos en el sueño: en cantidad y bien almacenada augura éxito y abundancia de bienes; pero esparcida y desordenada es que no sabemos cuidar nuestros bienes, y que por ello nos arriesgamos a perderlos.

Pájaros

Los pájaros simbolizan al alma y a su ansia de libertad, y en nuestros sueños, de cómo vemos a los pájaros se desprenderá cómo se halla o cómo concebimos y deseamos a nuestra libertad.

Así, soñar pájaros volando y dando vueltas por el cielo refleja impaciencia, deseo de libertad y, también, que situamos muy alta nuestra meta en la vida. Pero si los soñamos en su vuelo de emigración es que deseamos fervientemente conocer nuevos horizontes, o por lo menos, que se produzca un cambio radical en el ambiente en que vivimos.

Soñar con un pájaro enjaulado es un claro indicio de que nos consideramos con una libertad muy limitada; pero si además de enjaulado tiene una pata o un ala rotas, o se halla temblando de frío, es nuestra misma alma la que está prisionera, transida, mutilada.

Pero lo peor es soñar con un pájaro constreñido a volar en un recinto angosto, chocando contra las paredes en su espantado vuelo, o terminando por posarse en la cabeza del soñador. Se trata de un sueño que revela la existencia de ideas fijas, de pensamientos complejos y minusvalentes, de ocurrencias impremeditadamente aceptadas, que desorganizan nuestra mente y que amenazan nuestra salud psíquica. Y si el sueño trata de la lucha contra las aves nocturnas, revela nuestra lucha contra los pensamientos destructores, siendo un sueño que impresiona fuertemente y se hace difícil de olvidar. Son sueños que aconsejan la consulta al psicoanalista para enderezar y consolidar un equilibrio psíquico que se halla amenazado.

Naturalmente, todos los sueños que terminamos de analizar se refieren a pájaros indeterminados, que en el contexto del sueño no nos detenemos a identificar, pues cuando soñamos con pájaros —o aves en general— a los que reconocemos y en variadas actitudes, es en el nombre de dicha ave donde deberemos buscar la interpretación del sueño.

Pájaros. Carta de juego de la serie «Volátiles». (*Stuttgart, 1466.*)
*Según cómo soñemos los pájaros sabremos cómo concebimos
y deseamos nuestra libertad.*

Palio

Véase DOSEL.

Palma

Es uno de los símbolos clásicos de fecundidad, regeneración y victoria. En la simbología cristiana, las palmas del día de Ramos prefiguran la resurrección de Cristo tras el drama del Calvario, y las palmas de los mártires también poseen el mismo significado.

En los sueños, las palmas son un excelente pesagio que promete la realización de nuestros deseos, e incluso cuando todo parece ir mal nos anuncia que pronto recuperaremos el bienestar perdido.

Paloma

La paloma participa del simbolismo general de todos los animales alados: de espiritualidad y poder de sublimación. Pero la dulzura de sus costumbres y la participación del macho en la incubación de los huevos contribuye a dirigir este poder de sublimación hacia el instinto amoroso, convirtiendo a la paloma en símbolo del amor, la ternura y la fidelidad.

Asociada con la rama de olivo, lo es también de paz, armonía, esperanza y felicidad reencontrada, y si además la paloma es blanca, a todos estos simbolismos se añade el del color blanco, es decir, los de candor y pureza, simbolismos que en la Biblia se ha elevado hasta lo sublime al convertir a la paloma blanca en la representación del Espíritu Santo.

Su simbolismo más extendido, el amoroso, suele expresarse poéticamente por una pareja de pichones.

De todo esto se desprende claramente su papel en los sueños, por lo que nos limitaremos a decir que constituye un magnífico augurio, especialmente para los asuntos amorosos, y cuando nos hallamos asediados de problemas nos lleva la esperanza de que éstos se resolverán satisfactoriamente y a corto plazo. Si la vemos volando es que nos trae noticias de un ser querido, y si se posa ante nosotros es que estas noticias serán tal y como las esperábamos. Si intentamos cogerla y huye antes de que consigamos tocarla augura un amor que no llegaremos a alcanzar.

Pan

Si los sueños de doradas espigas son para el soñador la afirmación de su fecundidad interna y del rendimiento de su trabajo, el pan, que es la máxima elaboración del trigo como alimento fundamental del hombre, conserva su significado de manjar primordial que sólo se consigue tras laborioso trabajo.

Como dice Aeppli, el pan puede representar muchas cosas en los sueños, pero siempre aquellas que son de verdadera necesidad, no un lujo. Pero cuando la atención del soñador se fija en la forma del pan, el significado debe buscarse en aquella forma, y no es raro que dicha forma traiga a la mente reminiscencias de carácter erótico, especialmente en la adolescencia.

Por ello, soñar que comemos pan solo, o que lo buscamos, refleja el temor a la indigencia, y en el mejor de los casos es un recuerdo onírico de aquellos tiempos difíciles que tememos puedan volver a ser realidad. Pero los sueños de pan en personas a quienes no les falta lo necesario se refieren a otra clase de alimentos, a los de naturaleza psíquica o espiritual.

En sueños también podemos vivir la elaboración del pan, o al menos su cocción, lo que nos asegura que confiamos en nuestras propias fuerzas y capacidades, y nos augura que nuestros asuntos tomarán un cariz netamente favorable, a menos que el pan se malogre o surja algún trastorno grave en la elaboración o calidad del pan resultante, en cuyo caso presagia todo lo contrario.

Pantalones

Hasta hace poco tiempo, los pantalones han sido una prenda de vestir típicamente masculina, y en los sueños todavía mantienen este significado, por lo cual, lo que soñemos que les ocurre a nuestros pantalones será un reflejo de lo que le sucede, o sucederá, a nuestra autoridad y prestigio dentro del ámbito familiar o social.

Así, por ejemplo, si soñamos que nuestros pantalones se los pone otra persona, ya sea la mujer o un hijo, o un compañero de trabajo, revela el temor de que dicha persona adquiera el papel preponderante y la autoridad que creemos nos corresponde. Si lo que soñamos es que los pantalones se nos han quedado cortos es que tememos hacer el ridículo por no estar a la altura de lo que las circunstancias nos exigen.

Otra acepción propia de los pantalones es la de su necesidad, por lo cual cuando un enfermo sueña con sus pantalones es que empieza a sentirse con mayores fuerzas e inconscientemente presiente la proximi-

dad de su curación; como más cerca de sí vea en sueños a sus pantalones, más pronto se realizarán sus deseos.

Pantano

Los sueños de pantanos pertenecen a los clásicos sueños producidos por la soledad, el desconsuelo y la desesperación, y son como un deseo subconsciente de perecer, de volver al limo original, terminando así con nuestras desventuras.

Pero las cosas sólo son tan graves cuando en el sueño nos hundimos en el pantano. Por lo general, cuando esto no sucede, se trata de la premonición de peligros o enfermedades, y su gravedad depende mucho del ambiente general del sueño, pues cuanto más plomizo es el cielo, más pestilentes las aguas y más ilimitado el pantano, peor es el presagio; pero si a lo lejos se perfila la verde vegetación y algún rayo de sol logra atravesar el cielo, el presagio es menos malo e indica que existe la esperanza y las posibilidades de salir indemnes de los peligros que nos acechan.

Es por ello que cuando este sueño se produce sin que ningún estímulo externo pueda ser su causa (lecturas, cine, televisión, etc.) y a pesar de que nuestro ánimo esté tranquilo, debemos extremar las precauciones y durante algún tiempo debemos evitar cometer imprudencias y exponernos a peligros innecesarios.

Pantera

En los sueños, la pantera simboliza a una mujer enemiga y celosa de quien hay que temerlo todo.

Pero muchas otras veces es un símbolo del deseo sexual, pero siempre asociado al temor; en estos casos la pantera es el violador (o la violadora); es el que posee con violencia y, a veces, incluso con sadismo.

Papel

El simbolismo del papel suele estar ligado tanto a la escritura que contiene (no olvidemos que el papel sirve de soporte a nuestros pensamientos e ideas) como al uso que del mismo se hace.

En sus formas más importantes, la de CARTA y la de LIBRO, ya lo hemos estudiado, y ahora nos limitaremos a indicar que cuando lo soñamos en forma de hojas sueltas, por su misma fragilidad y falta de peso, nos indica que las situaciones a las que se refiera serán de una importancia muy relativa.

Ver mucho papel escrito siempre traduce la inquietud del soñador, y si no está escrito es su color el que puede contener el mensaje del sueño. Ver volar las hojas de papel, tanto si están escritas como si no lo están, indica que nuestras esperanzas e ilusiones carecen de solidez y no se verán cumplidas.

En cuanto al papel destinado a otros usos, es precisamente su uso el que nos lleva el mensaje; así, por ejemplo, el papel de empapelar indicará el deseo de renovar nuestro hogar.

Paquete

Soñar que recibimos un paquete siempre representa una agradable sorpresa, así como la esperanza de recibir una ayuda inesperada y providencial que resuelva nuestras dificultades.

Pero luego muchas veces ni siquiera llegamos a abrirlo, lo que revela nuestras dudas y vacilaciones, o lo abrimos y se halla vacío, o contiene algo que para nosotros carece de valor. En todos estos casos es que nuestras dudas y temores se ven confirmados y la ayuda providencial que esperábamos nunca llegará.

Paraguas

Soñar que nos cobijamos debajo de un paraguas para resguardarnos de la lluvia revela el deseo de huir de las responsabilidades y de los reveses de la vida.

Muchos autores interpretan los sueños de paraguas como la llegada de una protección que nos ayudará a resolver nuestras dificultades, pero, si observamos detenidamente, nos daremos cuenta de que si bajo una sombrilla andamos bien tiesos, debajo del paraguas nos encorvamos, lo que en el lenguaje de los sueños nos dice que si aceptamos una protección siempre será a cambio de una pérdida de dignidad y de independencia.

Paraíso

Los paraísos que aparecen en nuestros sueños pueden adoptar multitud de formas, la mayoría de ellas derivadas del jardín, pero siempre este sueño lleva implícito el deseo de recuperar una vida similar a la

Paraguas.
Soñar con ellos significa pedir protección, huir de nuestras responsabilidades.

que llevaban Adán y Eva antes de su caída en desgracia; es decir, de alcanzar cualidades sobrehumanas y vida paradisíaca, pero sin poner nada de nuestra parte para conseguirlo.

Ni que decir tiene que lo que se esconde tras de estos sueños es la tendencia a la inactividad, la fantasía y la debilidad de carácter.

Parálisis

No poder hablar, caminar, ni realizar el menor movimiento, aunque sea en sueños, es algo que sólo quien lo ha pasado sabe hasta qué punto resulta angustioso y aterrador.

Este sueño casi siempre revela que en la vida real nos hallamos sumidos en una grave indecisión o en la imposibilidad de resolver un conflicto o problema importante. O quizá se trate de una derrota en la vida a la que creíamos poder sobreponernos de inmediato, pero no ha sido así.

En el primer caso, mientras no se solucione la situación conflictiva o nos resignemos a las consecuencias de la misma, sean las que sean, el sueño puede seguir repitiéndose con cierta frecuencia; y en el segundo, también nos advierte de que debamos resignarnos a la derrota, a hacer fecundo nuestro dolor y a esperar una nueva oportunidad de salir adelante.

Pararrayos

Tanto en los sueños como en la vida real, el pararrayos es una eficaz ayuda que nos protege de lo imprevisto.

Parasol

Véase DOSEL.

Pardo

El color pardo es el color de la tierra. Es cálido, sereno, maternal y sencillo. Así pues, si en sueños nos vemos vestidos de color pardo, o entre una serie de tejidos, objetos o colores escogemos los de color pardo, es un reflejo del deseo o de la premonición de que nos aguarda una vida natural y sencilla.

Pared

Posee el mismo significado que el MURO y la MURALLA.

Parientes

La vista en sueños de algún pariente siempre anuncia sorpresas o noticias, sea cual sea el grado de parentesco que les una al soñador.

Soñar vivos a parientes ya fallecidos siempre anuncia algún acontecimiento, bueno o malo, según la expresión tranquila o agitada de los mismos. Pero es muy importante no confundir los sueños de parientes con los sueños de NIÑOS, en los cuales retrocedemos a situaciones y lugares de nuestra infancia y en los que pueden intervenir parientes y personajes de entonces. En los sueños de parientes, la acción sucede aquí y ahora.

Parterre

Ver en sueños a un parterre florido es un signo de alegría y bienestar; pero si las flores del parterre están marchitas, o el parterre descuidado y sin flores, lo que anuncia son preocupaciones y problemas.

Parto

Como ya dijimos al hablar del NACIMIENTO, debemos distinguir entre los sueños de parto y los de nacimiento o de niños recién nacidos, pues en los sueños de parto lo que importa, o mejor dicho, lo que presenciamos es el acto físico del nacimiento, y no la fiesta que suele acompañarlo. Y tampoco el recién nacido centra el interés del soñador.

Ante todo, hay que tener en cuenta si se está esperando un nacimiento en la familia, en cuyo caso el sueño carece de valor profético por tratarse del traslado a los sueños de la natural expectación e inquietud que la situación produce en todos, especialmente en los padres.

De no ser así, es que algo que se hallaba gestando en el interior del soñador pugna por salir, por materializarse, y tanto puede ser el final de un período vital, el inicio de una nueva etapa de la propia personalidad, como un hijo del espíritu: una idea, un proyecto, una obra en la que se han depositado todas las esperanzas, en la que se ha trabajado intensamente y está a punto de convertirse en realidad.

Lo curioso de estos sueños es que la parturienta también puede ser «parturiento», pues pueden tener ambos sexos. En las mujeres sin hijos estos sueños suelen presentarse en la edad madura, cuando una vez perdidas las esperanzas de ser madres deben buscarse otros objetivos vitales, lo que comporta todo un cambio trascendental en la personalidad. En cambio, en los hombres, cuando lo que se va a parir es una creación del espíritu, el parto a veces tiene lugar por los sitios más in-

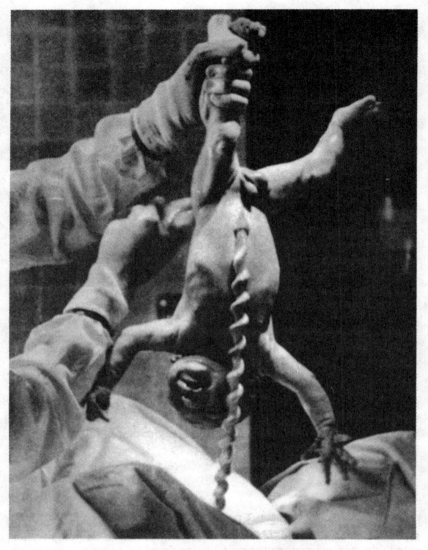

Parto. (*Foto Eva Arnold-Magnum, Nafoto-Oslo*.)
Símbolo onírico de la pugna por salir al exterior de algo que se estaba gestando.

verosímiles, como puede ser la cabeza o el pecho, como si quisiera dejar constancia de qué es lo que más ha influido en la gestación de la obra.

En todos estos sueños hay que tener en cuenta si el parto es feliz y sin contratiempos —lo que es un magnífico presagio para lo que se pare— o si es problemático y requiere ayudas exteriores (fórceps, cesárea, etc.), lo que indicaría que la cosa se realizará, pero con grandes complicaciones y dificultades. Si el parto se malogra es que lo que esperábamos abortará sin poder ser realizado.

Pastelería

Véase COMER, COMIDA.

Pastor

El trabajo del pastor se centra en la conducción y vigilancia del rebaño; pero además ejerce sobre el rebaño una eficaz protección gracias a sus conocimientos: sabe qué alimento le conviene mejor a su rebaño y dónde debe buscarlo; sólo con mirar al cielo es capaz de predecir el tiempo que hará; conoce todos los ruidos del campo y del monte, dándose cuenta de cuándo ronda el lobo, y por su balar conoce si se ha descarriado una oveja y por dónde.

De aquí se deriva un simbolismo tan evidente que condujo a los primitivos cristianos a llamar pastores a sus sacerdotes y a llenar de parábolas sobre el pastor y su rebaño todos los textos sagrados y las homilías dominicales.

En los sueños, el pastor también es el guía, el maestro, de acuerdo con la simbología, pero puede serlo en todos los terrenos y no sólo en el espiritual. Si soñamos que el pastor lo somos nosotros, el sueño revela nuestra sana ambición de dirigir a los demás; pero si el pastor es otra persona, el contexto del sueño y lo que haga el pastor, o lo que el sueño despierta íntimamente en nosotros, es donde se hallará la verdadera clave del mismo.

Patinar

El patinar, especialmente si es sobre hielo y más todavía si no dominamos dicha técnica, suele ocasionar una sensación de peligro y un estado de máxima concentración y vigilancia, si no queremos pegarnos el gran batacazo.

Los sueños de patinaje encierran este mismo significado, pues son el aviso de que nos hallamos —o hallaremos— en unas circunstancias difíciles en las que toda cautela y sutilidad son pocas si no queremos «patinar» o que se rompa el hielo bajo nuestros pies y salir con los huesos —del cuerpo y del alma— molidos del batacazo.

Pato

Las simbologías del pato, la oca y el cisne son muy difíciles de diferenciar, por no decir que son exactamente la misma con la única diferencia de que cada civilización, cada pueblo, e incluso cada persona, fija su atención en uno u otro de estos palmípedos.

A efectos de los sueños, cuanto hemos dicho para los sueños de OCAS sirve para los de patos.

Pavo

El pavo es un símbolo de abundancia y fertilidad, pero cuando aparece en nuestros sueños es que se acerca alguna fiesta familiar.

Pavo real

La cola del pavo real es un símbolo de la totalidad, pues en ella se reúnen todos los colores, y su forma de rueda cuando se halla totalmente extendida la convierte además en un símbolo solar. Pero también por su «pavoneo» esta ave es un símbolo de la vanidad y de la fragilidad de las apariencias, que desaparecen con la misma rapidez que el pavo real cierra su cola.

Pavo real. Arte bizantino del siglo X. (*Museo del Louvre*.)
Símbolo de totalidad pero también de la vanidad y de la fragilidad de las apariencias.

En los sueños, la interpretación más frecuente del pavo real es esta última, la de vanidad y orgullo; pero en personas psíquicamente muy evolucionadas es la indicación de que se ha llegado a un grado de madurez espiritual en la que es preciso dar una dirección definitiva a la vida espiritual.

Payaso

El payaso, que en otros tiempos fue el bufón, representa una inversión de papeles con la realeza, pues no sólo era la antítesis del rey, sino también la víctima encargada de sustituirlo cuando se precisaba un sacrificio ritual. Así, el payaso en lugar de ser el primero es el último; en lugar de propinar los palos, los recibe; en lugar de la solemnidad, le corresponde el ridículo; y en lugar de inspirar temor, lo que inspira es la risa.

En los sueños, ver a un payaso nos pone en guardia contra aquellas relaciones que no son dignas de nosotros; pero si somos nosotros los que nos vemos convertidos en payasos, lo que el sueño nos advierte es que vigilemos nuestros actos y apariencias, no sea que cuando menos lo esperemos empiecen a llover los palos.

Peces

En otro apartado dijimos que el mar se halla íntimamente ligado con el AGUA y la LUNA; que el agua simboliza los sentimientos, la fecundidad y la abundancia, mientras que la Luna lo es de lo receptivo e influenciable, y en especial, de la imaginación, el psiquismo y el subconsciente.

A pesar de que los peces pueden habitar toda clase de aguas, siempre que nos referimos a ellos lo hacemos, casi inconscientemente, como habitantes de las profundidades marinas, e incluso cuando pensamos en los que habitan otras aguas siguen siendo para nosotros los habitantes de las profundidades, con lo cual el significado de psiquismo y subconsciente todavía queda más exacerbado, convirtiendo al pez en algo psíquico procedente del subconsciente que a veces nos trae el testimonio de su existencia.

Y éste es el significado de los peces que aparecen en nuestros sueños: el contenido de un mundo distinto que reside en las profundidades del subconsciente, y que emerge a la luz de la conciencia, unas veces como un peligro —especialmente cuando es grande y poderoso—, otras, como un alimento extraído de nuestras mismas profundidades que nos aporta la energía psíquica que contiene, y otras finalmente, como vivencias y sentimientos íntimos de relativa o escasa importancia.

Por ello, todo aquel que ha de experimentar una transformación interna es posible que al igual que Jonás sea devorado, aunque sólo sea en sueños, por el gran pez que procede de su inconsciente, para ser devuelto a la existencia más perfecto y purificado. Otras veces —y esto en el sueño siempre queda muy claro— el gran pez es un peligro real y grave que nos amenaza y puede causarnos graves pérdidas, morales o materiales.

En cambio, los peces pequeños que intentamos pescar con las manos y se nos escurren de entre los dedos reflejan el recuerdo o el temor a desilusiones sentimentales; mientras que los peces muertos y los peces solitarios nos hablan de amargura, desconsuelo y soledad. Del mismo modo que el pez solitario que va nadando entre rocas y escondiéndose en las cavernas y recovecos del paisaje submarino revela el deseo de escondernos donde podamos evadirnos de responsabilidades y pesares.

Peine, peinar, peinado

Es un tipo de sueños frecuentes en las mujeres y en aquellos hombres que se preocupan por su apariencia, y que revela preocupación por dicho tema.

No obstante, de este sueño, generalmente sin mayor trascendencia, suele decirse que según lo fácil o difícil que resulte el peinarse será un indicio de los obstáculos o facilidades que nos esperan los próximos días; es decir, de lo embrollados o fáciles que resultarán nuestros asuntos personales.

Pelea

Todos los sueños en los que existe una confrontación física, ya sean peleas, combates, guerras, etc., tienen su origen en conflictos internos o tensiones emocionales. De hecho, cuanto dijimos al hablar de la GUERRA puede aplicarse a todos ellos.

Pelícano

En la antigüedad se creía que el pelícano alimentaba a sus crías con su carne y su sangre, por lo que se convirtió en un símbolo del sacrificio de Cristo y de su resurrección.

Este simbolismo sigue vigente en el lenguaje de los sueños, en el que el pelícano es sinónimo de abnegación y sacrificio.

Pelos

Dejando aparte el CABELLO, la BARBA y el BIGOTE, sobre los que ya hemos tratado en sus respectivos epígrafes, al pelo, tanto en sueños como en la vida real, se le considera un signo de virilidad, pero a condición de que sólo se encuentre en algunas partes del cuerpo: pecho, brazos y piernas, y en la debida proporción.

Pero el exceso de vello, tanto en cantidad como en extensión, o si aparece en las mujeres, es una manifestación de la vida instintiva y sensual.

Por ello, si en sueños nos vemos más peludos de lo que somos en realidad es una advertencia para que refrenemos nuestros instintos, mientras que el vernos lampiños es un indicio de que estamos mostrando una excesiva debilidad de carácter.

Pelota

Como todos los JUEGOS infantiles con que a veces soñamos, el vernos jugando a la pelota es un retorno inconsciente a la niñez para huir de las preocupaciones y dificultades del presente.

Pero, además, el placer táctil que a veces se siente en estos sueños al manejar las pelotas no deja de tener reminiscencias sexuales.

Pensamiento

El solo nombre de esta hermosa flor ya lo dice todo. Soñar con ella significa que en estos días alguien se acuerda de nosotros; pero, además, nos incita a la reflexión y la meditación, tan esenciales para pensar bien.

Pera, peral

Como todos los árboles frutales, el peral cargado de frutos es un símbolo de abundancia material y de fructificación espiritual. En cambio, soñarlo seco por falta de agua o con las peras caídas por los suelos, es indicio de que estamos descuidando nuestros asuntos, ya sean materiales, sentimentales o espirituales.

La flor del peral, por su blancura, fragilidad y lo efímero de su duración, es un símbolo del carácter perecedero de la existencia humana, por lo que en sueños si bien es un buen presagio verlas frescas y hermosas, soñarlas que se están marchitando o cayendo puede presagiar enfermedad o incluso muerte de alguna persona cercana a nosotros.

En cambio, el simbolismo de la pera es claramente sensual y erótico, tanto por su jugosidad y dulzura como por las redondeces femeninas de su forma.

Pérdida, perderse

Los sueños de objetos perdidos se relacionan con el sentimiento de posesión o con la necesidad de desembarazarse de algo, de «perderlo de vista». De aquí la ambivalencia de estos sueños, y para interpretarlos primero debemos analizar qué es lo que simboliza lo perdido, y luego el sentimiento que despierta su pérdida.

Cuando la sensación del sueño es la preocupación o el pesar por lo perdido denota la existencia de sentimientos de culpabilidad relacionados con el simbolismo de lo perdido; si en el sueño más que lamentar la pérdida nos empeñamos en su búsqueda es la ambición y la codicia lo que se halla en juego; y si el sentimiento es de alivio o de rechazo, lo que revela es el deseo o la necesidad de desembarazarnos de lo perdido.

Sentirse perdido o extraviado en los sueños es una forma de sentir que en nosotros algo ha muerto o nos falta, la mayoría de las veces referido a nuestra vida moral o espiritual. Pero cuando no existen imperativos morales o espirituales en nuestra vida, lo que el sueño revela es frustración en el amor o en las finanzas.

Perdiz

En la tradición Occidental la perdiz es una encarnación del demonio, es un símbolo de la tentación que con su voz nos atrae a la perdición. En cambio, en todas las mitologías orientales la perdiz sirve de referencia para ensalzar la gracia y belleza femeninas, especialmente de los ojos, y a pesar de que su grito es más bien desagradable, se le considera una llamada al amor. Como puede verse, ambas tradiciones dicen lo mismo, aun cuando la primera ponga el acento en lo que pueda tener de pecaminoso y la segunda en lo que tiene de placer.

En los sueños, el simbolismo de la perdiz será pues el de un presagio y una llamada al amor y la concupiscencia.

Peregrino, peregrinación

La figura del peregrino refleja el carácter transitorio de la existencia humana, así como el desligamiento interno con el presente en aras de una lejana finalidad ideal. Su simbolismo se halla íntimamente relacionado con las ideas de expiación, de purificación y de homenaje a Aquel que santificó el lugar al que se dirige; pero además, el peregrino realiza su viaje en la pobreza, con humildad. Es por todo ello que la peregrinación bien hecha es una especie de rito de iniciación que abre el camino a la iluminación y la santificación.

En realidad, nuestra vida en la tierra es una peregrinación en la que muchas veces no sabemos dónde vamos ni por qué la hemos emprendido o nos han forzado a emprenderla. Es por ello que es muy frecuente que en los sueños nos veamos convertidos en peregrinos o, al menos, caminando sin cesar en busca de una meta conocida o ignorada.

Un aspecto curioso de estos sueños es el que la mayoría de las veces se presentan angustiosos cuando en la vida real todo nos sonríe, o felices cuando todo parece ir mal. Es que mientras conscientemente vivimos el presente, nuestro inconsciente ya planifica el futuro o presiente lo que seguramente acontecerá y nos lo comunica a través de los sueños para hacernos comprender que el próximo futuro a veces es muy distinto de lo que nosotros esperábamos, y que es necesario estar preparados anticipadamente para lo bueno o para lo malo.

En estos sueños es muy importante recordar y analizar el sentido de nuestro caminar, el BAGAJE que portamos y si alguien, persona o animal, nos acompaña. Y es precisamente en los sueños de peregrinaje donde mayor utilidad posee cuanto venimos diciendo sobre el CAMINO y los accidentes geográficos, temporales y humanos que van apareciendo; hay que recordar que si entramos en el BOSQUE hemos entrado en los dominios del inconsciente; que si el cielo está cubierto por las NUBES existe una amenaza latente que nos impide actuar; que si sale el ARCO IRIS todo va bien; que si surge una BIFURCACIÓN es que debemos escoger por dónde vamos, y así sucesivamente todos estos accidentes de la peregrinación y el orden en que se suceden nos irán dando el mensaje del sueño.

Perfume

El perfume, por su sutilidad inaprensible y la realidad de su existencia, simboliza una presencia espiritual y en cierto modo puede asimilarse a la naturaleza del alma, que si bien conocemos —e incluso a veces percibimos su presencia— nos es imposible verla o asirla. Es por ello que el perfume siempre se halla asociado a todos los ritos religiosos, sea cual sea la religión a la que pertenezcan.

La permanencia del perfume de una persona cuando ésta ya se ha ido evoca la idea de su perduración y recuerdo. Como dice Cirlot, mientras el aire frío y puro de las cumbres expresa el sentimiento heroico y solitario, el aire cargado de perfumes expone la situación del pensamiento saturado de sentimientos y nostalgias.

Es por ello que el perfume evoca en nuestros sueños situaciones o personas y, por así decir, nos revela el alma de quien lo desprende. Podría hacerse un catálogo sobre lo que evoca cada uno de ellos, pero aquí, desgraciadamente, es imposible explayarse en este tema y nos limitaremos a decir que los perfumes suaves y agradables nos hablan de buenas personas y sentimientos, mientras que los fuertes y desagradables, de gente primitiva y de malas acciones y sentimientos. Y ello tanto si en el sueño el perfume pertenece a otra persona o se desprende de nosotros mismos.

Periódico

El periódico es el medio de comunicación por excelencia y hasta hace poco tiempo (históricamente hablando) el único que existía. Es por ello que en los sueños todavía aparece con mucha mayor frecuencia que los demás (radio y televisión) y siempre lleva implícito el significado de noticias, pero es bien sabido que las buenas noticias no son noticia, es decir, que lo que suele buscarse en los periódicos son las malas noticias y los escándalos, y también a veces los anuncios con sus ofertas y demandas.

Así pues, soñar con un periódico suele presagiar malas noticias o escándalos, a menos que nos veamos leyendo los anuncios (a veces insertados por nosotros mismos), lo que nos indicará que deseamos un cambio en nuestra situación social, profesional o familiar.

También en los sueños el peligro suele sernos anunciado en forma de noticias periodísticas, de radio o de televisión.

Perla

Según la leyenda, la perla nace de una concha que ha sido fecundada por la Luna, un rayo o una gota de rocío, siendo por ello de origen celestial y simbolizando la esencia de la femineidad creadora, tan bien representada por el mito paralelo del nacimiento de Afrodita, diosa del amor y la belleza.

Pero aparte de su mitológico nacimiento, que justifica su carácter lunar, femenino, amoroso y de belleza, hay que tener en cuenta dos de-

Perlas. El nacimiento de Venus. (*Botticelli*.)
*Su símbolo dual se refleja en su sueño: sola y entera es signo de amor, pureza e idealismo;
el collar roto es presagio de desgracias y desolación.*

talles al estudiar su simbolismo: primero, que a pesar de crecer en el interior de una vulgar ostra que vive en el cieno marino, lo impuro de su hábitat no le impide ser pura, rara y preciosa; y, segundo, que el simbolismo de la perla es muy distinto cuando está sola y entera que cuando se halla engarzada formando collares o rosarios.

Por lo primero, la perla es un símbolo del ideal, del alma y de cuanto pueda existir de puro y precioso dentro de lo impuro y perecedero; por lo segundo, la perla —como la mujer— si se la perfora pierde su pureza, y es así que las perlas perforadas y unidas para formar collares y rosarios pierden su simbolismo de perla para pasar a ser cuentas, que unidas poseen el simbolismo de la unidad cósmica de lo múltiple; es decir, la integración de distintos elementos para formar una unidad muy superior, que es el simbolismo del collar. O la cadena de actos u oraciones unidos por el hilo de la fe para conseguir la unidad con Dios (sea cual sea el dios y sea cual sea la fe), que es lo que simboliza el rosario.

Pero tanto el collar como el rosario, si se rompen y dispersan, simbolizan la desmembración y la muerte, y de aquí el maleficio que se desprende y que falsamente ha sido atribuido a la perla.

En los sueños, la perla conserva todos estos simbolismos, siendo cuando la soñamos sola y entera un símbolo de amor, pureza e idealismo, y siempre reflejan el deseo o la promesa de una relación sentimental o un trato afectivo, a menos que se trate de personas espiritualmente elevadas en las que aparece su simbolismo ideal.

Pero cuando en sueños se nos rompe un collar, o las perlas no pueden ser ensartadas, se escurren de entre las manos y se esparcen por el suelo, son un presagio de desgracias y desolación, y en el mejor de los casos denuncia el temor a no conseguir lo que se desea, o de perder lo que se ha conquistado.

Perro

Desde las cuevas de la Edad de Piedra el perro ha sido el fiel compañero del hombre, lo que le ha valido simbolizar la amistad y la fidelidad; pero no debemos olvidar que necesita sentirse en libertad para poder servirnos, y si se le mantiene atado se malea y ataca a cuantos se le acerquen.

Es por ello que en los sueños tanto puede ser un amigo fiel como un enemigo encarnizado, pues como animal que es se halla relacionado con lo instintivo, y si bien mientras seamos fieles a nuestra propia naturaleza el perro de nuestros sueños nos manifestará afecto y fidelidad, si nos apartamos de la misma nos mirará suplicante, su cabeza sobre nuestro regazo, implorando que volvamos al camino recto.

Y si lo que hacemos es rechazar de plano lo que consideramos la parte animal de nuestro ser, o negamos a los demás la lealtad que pedimos, el perro nos mirará hosco con ojos encendidos de odio, como diciéndonos que de seguir este camino tendremos que enfrentarnos en nuestro interior con lo que él representa.

En la antigüedad, el perro se hallaba consagrado a Hécate, la diosa de los muertos, lo que lo relaciona con la muerte, a la cual parece presentir de lejos, por lo que oír su aullido, aunque sea en sueños, es un mal augurio que presagia alguna muerte próxima o cercana; en cambio, su ladrido es siempre una advertencia sobre la proximidad de algún peligro.

Pero la mayoría de las veces soñar con perros indica un gran deseo de sentirse amado y protegido, de tener a nuestro lado quien nos dé amor y compañía estando dispuestos a dar el mismo amor que solicitamos. Del mismo modo, si soñamos que el perro está en peligro, es que alguna relación afectiva se verá amenazada.

Pescar

Al tratar de los PECES dijimos que simbolizan los contenidos psíquicos del subconsciente; así pues, el acto de pescar equivaldrá a extraer dichos contenidos profundos, tanto si se trata de peces monstruosos allí agazapados, de peces maravillosos, o los tesoros difíciles de obtener de que nos hablan las leyendas, que de todo hay en el fondo de los mares y en el fondo de nuestro inconsciente.

Pero sea lo que sea lo que pesquemos, debemos desprenderlo del anzuelo para librarnos de su existencia si es malo o para aprovecharlo si vale la pena, lo que equivale a decir que debemos analizar y comprender lo que significa lo que pescamos en sueños, así nos conoceremos mejor tanto a nosotros mismos como a nuestros problemas.

Quien no sepa o no quiera hacerlo así, habrá perdido el beneficio de su pesca; habrá soñado en vano.

Petrificación

A veces soñamos que a la vista de algo aterrador, o de un gran peligro que nos amenaza, nos quedamos inmóviles, petrificados, sin poder avanzar ni retroceder. Otras veces, estamos contemplando algo que sucede ante nosotros y a pesar de desearlo no podemos intervenir por hallarnos petrificados.

Estos sueños reflejan que nos hemos estancado en nuestra situación actual, ya sea material o espiritual, y no podemos seguir avanzando. No obstante, y a pesar de lo terrorífico que resultan, no podemos considerarlos como un presagio funesto, sino simplemente la constatación de una situación de hecho que es temporal y casi siempre de corta duración. La mayoría de las veces la escena que contemplamos o el peligro que se nos echa encima nos explican la causa de nuestro actual estancamiento.

Piedra

La dureza y perdurabilidad de la piedra siempre ha impresionado al hombre por su contraposición a los seres vivos, siempre sometidos al cambio y a la muerte; por ello, la piedra simboliza la resistencia, la tenacidad y la perseverancia.

Pero también en la piedra existe una lenta evolución que puede ver quien sabe observar. En los volcanes la piedra nace por solidificación de lo líquido, la lava; lo que en simbolismo equivale a la petrificación o endurecimiento de los sentimientos. O cae del cielo (meteoritos), con lo que se convierte en sagrada, como la Kaaba de La Meca. Y, con el tiempo, la piedra se disgrega y convierte en arena y piedrecillas, lo que simboliza el desmembramiento, la disgregación, la enfermedad, la derrota y la muerte.

Piedras.
*Las piedras soñadas suelen representar problemas y obstáculos cuya importancia
es proporcional a su tamaño.*

Esta inalterabilidad y dureza de la piedra en contraposición a nuestra propia naturaleza y concepto de la vida, convierte a la piedra en una sólida base para edificar y en magnífico material para la construcción, lo que tiene connotaciones espirituales. Pero cuando se cruza en nuestro camino también es un obstáculo que puede llegar a ser insuperable.

En los sueños todos estos simbolismos tienen su aplicación, y más especialmente los de carácter negativo, o la derivación maleficiada de los positivos, como puede ser la obstinación o tozudez, que es la cara negativa de la tenacidad y perseverancia.

Así, las piedras suelen representar problemas y obstáculos cuya importancia es proporcional a su tamaño. Soñar con una extensión pétrea nos advierte acerca de nuestra dureza y esterilidad interior, que sólo se verá dulcificada y disuelta más adelante, si en el mismo sueño o en otro posterior, el agua o la lluvia hacen su aparición.

Pero si en lugar de petrificado el terreno está cubierto de piedras, expresará nuestra resistencia al cambio, y si finalmente nos decidimos a marchar sobre las mismas, será un indicio de que el cambio —y por lo tanto la vida— nos resultará difícil y penoso.

Soñar con una piedra hendida presagia enfermedad o división familiar, y si ya se está rompiendo o disgregando puede presagiar la muerte de algo, que la mayoría de las veces consiste en la disgregación de la familia, de los negocios, o de la propia personalidad.

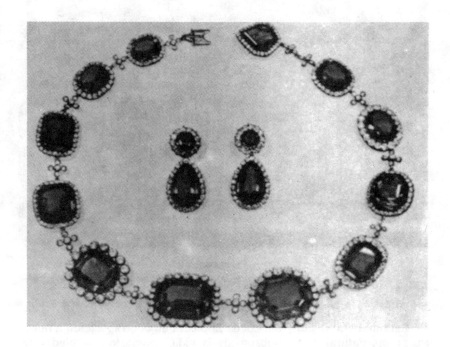

Piedras preciosas.

La piedra preciosa, por su lento proceso de perfección, es el mejor símbolo del alma humana en su camino hacia la pureza.

Piedras preciosas

Las piedras preciosas simbolizan la transmutación de lo opaco en transparente, de lo imperfecto en perfecto y de las tinieblas en luz. (Véase también CRISTAL.)

La explicación de estos simbolismos reside en su origen, que hace nacer a la gema en el interior de la tierra o de la piedra impura, donde crece y se forma como si de un embrión se tratara.

Y lo que le otorga su extraordinario valor es su escasez y su belleza natural, que todavía puede ser muy mejorada por el paciente trabajo del hombre. Todo esto convierte a la piedra preciosa en el mejor símbolo que pueda imaginarse del alma humana, que dentro de su impura envoltura —el cuerpo— es lo más preciado que tenemos y también puede y debe ser perfeccionada con la paciente labor de cada día hasta que quede tan perfecta que podamos ofrecerla al Señor.

Cada piedra preciosa tiene su simbolismo particular, que vamos exponiendo en el nombre de cada una de ellas, y si alguna no la detallamos es debido o a lo contradictorio de su simbolismo en cada país o creencia, o a que, para nosotros los occidentales, su significado es muy difuso y nos basta con este simbolismo general.

Otra observación importante es que las gemas engarzadas unen al simbolismo que les es propio el de JOYA, y sólo deben tenerse en cuenta cuando en el sueño nuestra atención se centra insistentemente en ellas.

Piel

Debido a su mayor preocupación por la belleza y la conservación de su atractivo personal, soñar con la propia piel es mucho más frecuente en las mujeres que en los hombres, y en general se trata de sueños que traducen dichas preocupaciones o se refieren a la salud. Veamos unos ejemplos:

Cuando nos damos cuenta de que tenemos algunas (o muchas) arrugas, el sueño es el reflejo del temor a la menopausia y a la vejez. Las imperfecciones en la piel revelan inquietudes sentimentales, a menos que se trate de diviesos, erupciones o manchas muy evidentes, en cuyo caso nos advierten de un defectuoso estado de salud.

Si los defectos e imperfecciones de la piel los observamos en alguien a quien conocemos, es a dicha persona a quien debemos atribuir el significado del sueño, pero si no la conocemos, es que reflejamos en ella nuestros propios temores, por lo que el sueño nos afecta directamente.

En cambio, soñar con pieles de animales suele ser un buen presagio relacionado con los bienes materiales, que se verán incrementados de acuerdo con lo que simbolice el animal cuya piel hemos soñado.

Piernas y pies

Simbólicamente, y por una ampliación de su función esencial, caminar, las piernas se refieren a cómo «marchan» nuestros asuntos en la vida real; pero existe otra derivación importante de la función de piernas y pies, y es el hecho de que son el soporte del cuerpo, lo que nos mantiene en la característica posición erecta del hombre, lo que a algunos autores, como Diel y Jung, les hace asimilar en cierto modo los pies al alma y afirmar que cualquier defecto o deformación de pies y piernas —como la cojera, por ejemplo— simboliza una debilidad anímica, una falta esencial del espíritu cuando nos soñamos con ella.

Así pues, si en un sueño nos vemos sin piernas y sin que ello nos cause dolor significará que carecemos de suficientes conocimientos o cualidades para llevar a buen término aquello que estamos planeando o la actividad recientemente iniciada. Si a quien vemos sin piernas es a otra persona, podemos estar seguros de que la valoración que habíamos realizado de la misma carecía de sólidas bases, es decir, que era incorrecta. Pero si la pérdida de las piernas ha sido dolorosa o traumática lo que significa es la pérdida de nuestra capacidad de «movernos», de desenvolvernos, y que no podremos seguir adelante con nuestros propósitos.

De acuerdo con estas pautas es fácil interpretar los posibles sueños relacionados con pies y piernas, siendo como siempre muy importante las secuencias del sueño y el orden en que se produzcan, ya que si tras una pérdida traumática de las piernas volvemos a vernos completos, por ilógica que pueda parecernos esta nueva secuencia del sueño, nos aclarará que nuestra incapacidad será temporal y lograremos superarla.

También debemos hacer constar que en ocasiones en el sueño observamos las huellas de unos pies, pero sin ver por ningún lado los pies que las dejaron. Esto es un presagio funesto, pues indica que quien dejó las huellas ya no está presente, lo que en el lenguaje de los sueños siempre suele ser funesto, y será cuestión de ir mirando a nuestro alrededor para ver quién es el que desaparece de nuestra vida, ya sea temporal o definitivamente.

Pino, piña

Como todos los árboles de hoja perenne, el pino simboliza la longevidad y la inmortalidad, significados que en el pino se hallan reforzados por la incorruptibilidad de su resina.

Por otra parte, la piña simboliza la permanencia de la vida vegetativa, la exaltación de la potencia vital y la glorificación de la fecundidad, pues aun cuando la piña parezca muerta, en su interior los piñones permanecen vivos y capaces de germinar durante mucho tiempo. Por dicho motivo los griegos representaron al dios Dionisos —al que los romanos rebautizaron como Baco— con una piña en la mano.

Pipa

Soñarnos fumando en pipa revela una vida apacible y llena de bienestar; pero si la pipa se rompe este bienestar se verá empañado por problemas o rupturas con las amistades.

Plantas

Si bien los árboles simbolizan la protección física y la evolución espiritual, las plantas sólo pueden simbolizar evolución material y biológica, pues de hecho siempre se mantienen a ras de tierra.

Así pues, las plantas, primer grado de la vida organizada, simbolizan el nacimiento perpetuo, el flujo incesante de la energía vital que crean a partir de la energía solar y de la que les suministra la tierra, siendo por ello que la fertilidad de los campos es la imagen más poderosa y real de la fecundidad y riqueza cósmicas.

Pero las plantas no pueden vivir sin el agua, lo que equivale a decir que simbolizan aquella parte de nuestra vida que depende íntimamente de los sentimientos y emociones, por lo cual, si en los sueños las vemos marchitas o muertas es que nuestros sentimientos también se marchitan por falta de verdadero amor, mientras que si las vemos verdes, florecientes y llenas de vida, es que nuestra vida sentimental es —o será— plena y sana. Del mismo modo que cuando cuidamos y mimamos a nuestras plantas, aunque sea en sueños, lo que sentimos es la necesidad emocional de entregarnos con plenitud a nuestros seres queridos.

Plata

En los sistemas de correspondencias simbólicas, la plata se corresponde con la Luna, el color blanco, el agua, la pasividad y la femineidad, en oposición al oro que se corresponde con el Sol, el color amarillo, el fuego, la actividad y la masculinidad. La plata siempre se considera benéfica, excepto cuando la soñamos ennegrecida, en cuyo caso es altamente maléfica, y quizás este simbolismo es del que ha derivado la creencia de que los alimentos que ennegrecen la plata contienen un veneno mortal.

Así pues, si en sueños nos hallamos un lingote de plata o plata metálica nos augurará que obtendremos un beneficio importante a través de una mujer, o que será ella misma la que nos beneficiará, mientras que si el lingote fuera de oro el beneficio lo obtendríamos de un hombre. En cambio, si el lingote de plata se hallara ennegrecido, o lo soñado fuera un objeto de plata también ennegrecido, representaría la posibilidad de graves pérdidas a causa de lo que simbolizase dicho objeto, o si éste careciese de un significado propio, a causa de una mujer.

Un caso muy distinto es cuando soñamos a dichos metales en forma de monedas, en cuyo caso pierden el simbolismo del metal para adquirir el de DINERO, y es que nuestro subconsciente todavía sigue identificando al dinero como la moneda metálica, y sólo en algunas ocasiones, especialmente si se trata de cantidades elevadas, soñamos el dinero en forma de billetes.

Plátano

Por causas formales fáciles de comprender el plátano y la banana son un símbolo sexual masculino, lo que además queda acentuado por su dulzura y su procedencia de países cálidos.

Playa

En los sueños en que aparece una playa debemos tener en cuenta cómo llegamos a la misma y el aspecto de la playa.

Si llegamos a la playa desde el mar en un BARCO o una BARCA, casi siempre representa que nos salvamos de un peligro que se cierne sobre nosotros, especialmente si se trata de aquellos sueños en que arribamos a la playa en medio de la tempestad o tras un naufragio.

Pero si la vemos, o llegamos a ella, desde tierra y el mar está tranquilo, el sueño revela la nostalgia o la necesidad de una época de serena relajación, como pueden ser unas vacaciones. No obstante, si la playa se halla muy concurrida, lo que en realidad deseamos es una vida brillante en la que podamos lucirnos.

También es importante el aspecto de la playa, pues como hemos dicho, verla vacía revela relajación, y llena revela vida social; pero si la vemos llena de guijarros que dificultan el andar significa que para realizar aquello que deseamos, descanso o actividad, deberemos vencer antes numerosas dificultades.

Plumas

Las plumas constituyen el ropaje de los pájaros, con lo que en cierto modo participan de su simbolismo; pero, además, por su ligereza y la facilidad con que se elevan por los aires, simbolizan una potencia aérea de carácter ingrávido, ascensional y benéfico, lo que ha hecho que muchos pueblos primitivos crean que cuando las plumas ascienden al cielo elevan nuestras plegarias a los dioses, y que cuando descienden nos llevan su mensaje y su voluntad. Y también que adornándose con plumas adquieren algo de la divinidad y elevación que comportan.

En los sueños, el simbolismo es prácticamente el mismo, y así, cuando vemos volar las plumas revela también que nuestro espíritu es ligero, ingrávido y amante de todo lo elevado y espiritual; pero también el mensaje que nos llevan depende mucho de su COLOR, pues si son blancas nos anuncian bienes y felicidad; si son negras, aflicciones y retrasos en los negocios; y así sucesivamente, según lo que simbolice su color.

Pollitos

Los sueños en que aparece una nidada de pollitos revelan la necesidad o el deseo de prodigar nuestro afecto, o la aspiración al matrimonio y la maternidad; pero si junto a los pollitos aparece una clueca amenazadora que no permite que nos acerquemos a sus pollitos, es que surgirán obstáculos y problemas derivados de los familiares —nuestros o de la persona amada— que dificultarán y retrasarán nuestros deseos.

Polvo

El polvo es el estado de mayor destrucción y disgregación de las cosas; por lo tanto, al igual que la CENIZA, lleva implícito un significado negativo relacionado con la muerte.

Pero la ceniza precisa de la existencia del fuego, por lo que siempre será el fin de algo vivo o espiritual, mientras que el polvo es la disgregación de algo inerte, por lo que simbolizará la muerte de algo material: un negocio, unos bienes...

Pozo

Es indudable que el pozo representa la comunicación directa con las profundidades de nuestro inconsciente (simbolizado por el agua que se halla en su fondo), y que también se refiere a aquellas necesidades vitales que no pueden ser modificadas, pues como se dice en el *I Ching,* se puede cambiar el emplazamiento de una ciudad, pero no el de un pozo.

Cuando el pozo está bien construido, descubierto y lleno de agua, se convierte en símbolo de la sinceridad, la rectitud y la dicha, pues refleja la manera en que somos capaces de extraer nuestras más profundas riquezas interiores y usar nuestros dones y aptitudes.

Pero si el pozo está mal construido, sellado, o el agua se seca, o la cuerda se rompe, o el cubo está agujereado y no puede retener el agua, su simbolismo es totalmente contrario.

Por último, soñar que nos caemos al pozo es uno de los peores presagios, pues a menos que en la continuación del sueño alguien nos sa-

que del pozo, simboliza el sumirnos en las profundidades del inconsciente sin poder emerger de nuevo a la conciencia, lo que equivale a la
desesperación, la neurosis y la locura.

Prado, pradera

Si el prado o la pradera son verdes, floridos, bien iluminados por el
sol y sin animales nocivos, son un buen augurio de tranquila prosperidad. Los detalles más relevantes, aquellos que atraigan especialmente
nuestra atención en el sueño, como pueden ser el CÉSPED, las HIERBAS
o las FLORES, terminarán de redondear la interpretación.

Precipicio

Los sueños de precipicios y los de ABISMOS poseen la misma interpretación que ya expusimos anteriormente.

Primavera

Si existe un sueño feliz es aquel que se desarrolla en primavera, con
verdes campos cultivados, lozanas praderas y árboles en flor; todo ello
de un simbolismo feliz y positivo.

Y lo curioso es que en la mayoría de los casos este sueño tiene lugar mientras se está atravesando un crudo invierno en la vida real,
cuando todo parece ir mal y por ninguna parte se vislumbra la esperanza. Pero la verdad es que el subconsciente ya sabe que lo peor ya ha
pasado y se acerca una nueva primavera llena de nuevas oportunidades en todas las actividades de la actividad humana.

Pero a veces este sueño no es más que un recuerdo, una añoranza
de la pasada juventud, de un amor perdido; y a pesar de que al despertar queda una triste y dulce euforia, no es raro que éste u otros sueños
parecidos se repitan con cierta frecuencia, lo que revela que se trata de
un estado de ánimo irreal y soñador que no se adapta a las realidades
de la vida.

Príncipe

Los sueños en que nos vemos convertidos en príncipes simbolizan
la promesa de un poder, de una primacía sobre los demás, sea cual sea
el objetivo que tengamos en la mente. Pero también expresan las virtu-

des y ambiciones todavía incipientes y no realizadas de la juventud, por lo cual hay que añadir al simbolismo citado el de juventud, en la cual es más frecuente soñar con ser un héroe o un príncipe, que no un sabio.

¡Pero cuidado, que Lucifer también es un príncipe, aun cuando lo sea del reino de las tinieblas! Lo que implica que tras de este sueño es muy conveniente meditar si los objetivos que nos hemos fijado para el futuro son humanamente justos y moralmente sanos.

También, como en otros sueños semejantes, cuando este sueño se tiene más de una vez fuera de la edad natural, tanto puede significar una naturaleza irreal y romántica como tratarse de una añoranza de la juventud.

Prisionero

Al analizar el significado de los sueños de CÁRCEL ya expusimos cuanto podía decirse acerca de todos aquellos sueños en los que nos hallamos prisioneros, aun cuando muchas veces no sea en una cárcel.

Aquí sólo añadiremos que es un sueño que a pesar de resultar desagradable puede ser muy sano si nos hace reflexionar, pero que si se repite con frecuencia hace aconsejable consultar con un psicoanalista.

Procesión

Una procesión es una PEREGRINACIÓN simbólica que se realiza en un corto espacio de tiempo y de recorrido, y al igual que aquélla simboliza la necesidad de un constante avance sin ligarnos a las cosas terrenales. Por ello, los sueños de procesiones deben interpretarse en la misma forma que los de PEREGRINACIONES.

No obstante, la procesión se realiza en forma de un CÍRCULO más o menos deformado por las necesidades del recorrido, por lo cual adopta también el significado de una petición de protección y un deseo de perfección.

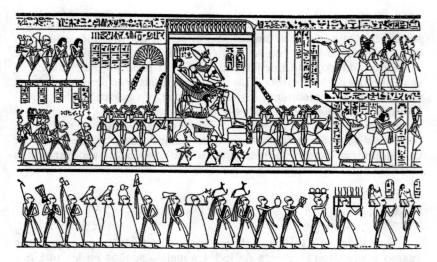

Procesión. Ramsés III dirigiendo una procesión.
Como la peregrinación, es el avance constante, la petición de protección,
el deseo de perfección.

Proceso

En el tribunal de los sueños casi siempre somos nosotros mismos los acusados, ya sea por los aspectos negativos de nuestro carácter, por nuestras faltas, o por nuestras omisiones.

Es por ello que, seamos lo que seamos en el sueño (abogado, fiscal, acusado o juez), en realidad lo que hacemos es defendernos, acusarnos o juzgarnos a nosotros mismos.

Como muy bien dice Kolosimo, es uno de los sueños típicos de aquellos que con muchas vigas en los ojos claman al cielo por la paja del vecino.

Profesiones

Cada profesión tiene una íntima relación simbólica con su misión en la vida real, y los sueños en que aparece un profesional, o se desempeña una determinada profesión que no es la nuestra, delatan que algo existe en dicha profesión o en su simbolismo que tiene una importancia especial para nosotros en el momento de soñar, importancia que podremos desentrañar gracias al simbolismo propio de la profesión y al del *nivel* en que se desenvuelve la misma.

Por lo general, siempre son sueños positivos, excepto cuando para nosotros encierran algún significado personal procedente de recuerdos o experiencias desagradables, con lo que el significado del sueño se particulariza y se refiere al sentido negativo que encierre *para nosotros* dicho recuerdo o el simbolismo de la profesión.

En cuanto al simbolismo de *nivel* al que terminamos de referirnos, consiste en realizar una comparación del nivel en que podemos suponer se desenvolvería la profesión en un paisaje ideal con los niveles de nuestra propia personalidad.

De este modo podríamos ver que el nivel más bajo geográficamente correspondería a marinos y pescadores, que trabajan al nivel del mar; luego vendrían los labradores, jardineros y demás profesiones derivadas de campos y valles; a los pastores y ganaderos les correspondería la falda de la montaña; en cuyas cavernas trabajarían los mineros, herreros y alfareros; mientras que la cúspide correspondería a los ascetas, sabios, guerreros y mártires.

Así, el pescador simboliza la extracción de los contenidos del inconsciente (los peces del mar); el marinero debe luchar con el mar, es decir, ha de enfrentarse a las fuerzas caóticas del inconsciente y de la pasión; el labrador se halla en contacto con la fertilidad de la tierra, a la que contribuye con su trabajo; el jardinero hace lo mismo, pero con algo más de intelecto, pero al ser el jardín un símbolo de nuestro mundo interior, es dicho mundo el que intenta mejorar; los mineros, a semejanza de los pescadores, se dedican a extraer los tesoros que residen en nuestro interior, mientras que alfareros, herreros y demás profesiones similares son modeladores y transformadores de la materia, de nuestra materia prima interior. Por último, ascetas y sabios dirigen la vida en sus sentidos espiritual y material; los guerreros la defienden, y los mártires la sufren.

Con todos estos simbolismos aplicados a los sueños de profesiones, no creemos exista la menor dificultad en interpretar el significado de los casos particulares que puedan darse.

Puente

Un puente es algo que media entre dos cosas separadas y sirve para pasar de una a otra. Pero este paso, ya sea de un lugar a otro, de un tiempo a otro, de la tierra al cielo, o incluso de la vida a la muerte, es un paso peligroso y condicionado. Lo que mejor define su simbolismo es el puente *Chinvat* de la tradición iraniana, que es un paso ancho y fácil para los justos, y estrecho como el filo de la navaja para los impíos.

De aquí se deducen simbolismos tan distintos como el del ARCO IRIS, puente entre el cielo y la tierra, o el de la ESCALERA, que en el fondo es un puente vertical. Y en un sentido místico, es el paso o la transición entre dos estados interiores, entre dos etapas de la evolución espiritual.

En los sueños se mantienen estos simbolismos, reflejando que nos hallamos enfrentados a una situación conflictiva cuya única salida la simboliza el puente. Y si en lugar de atravesarlo lo miramos y no nos decidimos a cruzarlo, nuestra situación en la vida real se irá deteriorando para nosotros.

Para la interpretación del sueño es muy importante darse cuenta de cómo son los dos lugares separados por el puente y el estado del mismo, lo que bien analizado nos aclarará de dónde partimos, adónde vamos (o qué es lo que deseamos cambiar) y los peligros o facilidades con los que nos enfrentaremos hasta conseguir el fin propuesto.

Es por ello que debemos estar contentos si soñamos con un hermoso puente en un paisaje veraniego, y temer el porvenir si lo que soñamos es un puente desvencijado, construido con materiales inverosímiles, o muy estrecho, y más todavía si en el sueño hace su aparición la noche o el hielo. Y las consecuencias tampoco serán las mismas si caemos del puente y lo hacemos en un río —en el que seremos arrastrados por las pasiones y los instintos— o si caemos en un abismo, que simboliza la perdición.

Pero también hay que tener en cuenta que un puente no es un lugar estable en el que podamos morar, ya que sólo sirve de tránsito pasajero, de modo que si en el sueño nos detenemos al cruzar y no llegamos al otro lado, o volvemos atrás, por hermoso que sea el sueño el pronóstico será incierto, por no decir malo.

Puerta

La puerta, como el puente, es un lugar de paso; pero aquí no hay conflicto sino disyuntiva: se trata de saber si la cruzaremos o no. Por ello los sueños de puertas suelen ocurrir cuando nos hallamos en situaciones críticas o en vísperas de un cambio, y el que esté cerrada o abierta, y en este último caso lo que veamos al otro lado de la puerta nos dará la solución de dicha crisis.

Una puerta abierta es una invitación a franquearla, sea cual sea la crisis, material o espiritual, en que nos hallemos; recordemos que en la tradición cristiana Cristo dice que él es la puerta y que quien entre en él será salvado. Y el paisaje que se percibe a través de la puerta nos dirá si la crisis es para bien o para mal; pero, casi siempre, una puerta abierta es como una luz en las tinieblas.

Si en cambio la puerta es muy baja, muy estrecha, y nos vemos dificultados para pasar por ella, es que la solución a la crisis impone algu-

Puerta. Puerta de S. Ranieri, del Duomo de la torre de Pisa.
En nuestros sueños la puerta, abierta o cerrada, es una luz en las tinieblas
o el aplazamiento de nuestras esperanzas.

nos sacrificios; a lo mejor debemos renunciar a parte de nuestra propia carne, de nuestra materialidad para lograrlo. Y si la puerta está cerrada y no se abre cuando llamamos es que todavía no ha llegado el momento de la solución definitiva.

Puerto

Como ya indicamos al analizar los sueños de BARCOS, llegar a puerto es el final feliz del viaje, la conclusión de una etapa de la vida y la estabilización de la situación. Pero no debemos olvidar que también podemos ver el puerto al partir de viaje, y en este caso el sueño nos indicará de dónde y en qué condiciones partimos.

Pero si el puerto lo soñamos sin que por ello emprendamos ningún viaje, lo que el sueño refleja es un anhelo de evasión, el miedo a lo desconocido, el temor de una separación o el deseo de iniciar una nueva etapa en la vida, pero sin decidirnos a hacerlo. En estos casos, sólo el análisis de la situación en la vida real y los sentimientos que el sueño despierte nos darán el significado del sueño.

Pulgas

Siempre son pequeñas molestias, a veces reales y otras imaginarias.

Pulpo

El pulpo, animal informe y tentacular, es uno de los monstruos oníricos que habitualmente simbolizan a los espíritus infernales o a sus representantes entre nosotros.

Por ello, soñar con pulpos es un mal presagio, tanto peor como más desagradables e intensas sean las emociones experimentadas en el sueño. Tanto puede tratarse del íntimo deseo y necesidad de deshacernos de alguna persona insoportable que pretende acapararnos, como que nos vemos capaces de pasar por lo que sea con tal de conseguir nuestros propósitos, aunque se trate de terribles peligros o de ignominiosas situaciones.

Puntas

Todas las cosas puntiagudas tienen un parentesco simbólico con su propia forma, es decir, simbolizan una agresión, real o potencial.

Por ello, todos los objetos que en sueños nos impresionan por su forma puntiaguda, ya sean armas, plantas espinosas, o lo que sea, y más especialmente si en la vida real no son punzantes, añaden a su significado propio el de fuerza agresiva.

Puñal

Dos son los tipos de puñales que existen: la daga, atributo de los caballeros, y el puñal-cuchillo.

La daga, por su forma estilizada y el simbolismo de quienes estaban autorizados a usarla, se asimila a la ESPADA, que posee el mismo simbolismo; en cambio, el puñal-cuchillo, o verdadero puñal, simboliza el anhelo de agresión, y por la posibilidad de llevarlo oculto, la amenaza no formulada, inconsciente. También por su tamaño denota la cortedad del poder agresor, la carencia de altitud de miras de quien lo usa.

Puño

Al igual que en la vida real, el puño cerrado siempre es una amenaza, una manifestación de violencia.

Púrpura

Es un color rojo oscuro, algo morado, que simboliza la dignidad, el triunfo, los honores y, a veces, la felicidad amorosa.

Putrefacción

La putrefacción de la materia simboliza su destrucción para poder renacer en otra forma, para poder dar nuevos frutos, para dar paso a una nueva vida.

En los sueños ver materias putrefactas significa la destrucción de los restos mentales que se han convertido en un obstáculo para el avance intelectual o la evolución espiritual.

Quemaduras

Si nos soñamos con quemaduras en el cuerpo o percibimos su dolor, lo primero que debemos hacer al despertar es comprobar la posible existencia de una inflamación o enfermedad inflamatoria tan incipiente que en estado de vigilia todavía no haya dado señales de su existencia.

De no ser así, las quemaduras siempre presagian disputas o cóleras que pueden desencadenar la pérdida de bienes o de amistades. No olvidemos que las quemaduras son la consecuencia de un calor (FUEGO) excesivo.

Quimeras y demás monstruos oníricos

La quimera es un monstruo mitológico de cabeza de león, cuerpo de cabra y cola de dragón, que además arroja llamas por la boca. Su cabeza simboliza las tendencias dominadoras que corrompen toda relación humana; su cuerpo de cabra, la sexualidad caprichosa y perversa; y su cola de dragón, la perversión espiritual de la vanidad.

La quimera es un monstruo que seduce y arrastra a la perdición a quienes caen bajo su dominio y al que no se puede vencer atacándolo de frente; para lograrlo, es preciso sorprenderla en lo más profundo de su guarida.

Quimera de la catedral de Nuestra Señora de París.
El sueño de la quimera denota una imaginación desmesurada e incontrolada.

La quimera, al igual que los demás monstruos oníricos y simbólicos, son creaciones imaginarias surgidas de las profundidades del inconsciente colectivo, por lo cual cuando aparecen en los sueños se considera que denotan una imaginación desmesurada e incontrolada que puede llegar a ser peligrosa y que, en el fondo, refleja todos los íntimos deseos exasperados por la frustración de la vida real.

Rama

En la tradición oriental y cristiana, una alfombra de ramas verdes, o unas ramas agitadas a su paso, son el homenaje que se rinde al triunfador para simbolizar la inmortalidad de su gloria.

Incluso en la Biblia, la ramita de olivo que la paloma llevó a Noé para anunciarle el fin del Diluvio ya simbolizaba el triunfo de la vida y del amor; pero son las ramas de olivo y de palmera del Domingo de Ramos las que mejor reflejan este simbolismo, que es el mismo que poseen en los sueños, excepto cuando soñamos con una rama verde encendida y llameante, que significa la perennidad del amor, aunque hayamos perdido la esperanza.

Ramo, ramillete

Un ramo o un ramillete de flores siempre es una llamada al amor y al sentimiento, ya sea porque lo deseamos o porque lo presentimos. Pero el que contenga las flores que adoramos o detestamos y el que estén lozanas o mustias son detalles que nos indicarán si el mensaje del sueño es favorable o desfavorable.

De hecho, son una variante de los sueños de FLORES, a los que remitimos al lector.

Ranas

Aun cuando en el fondo se trate de animales inofensivos, tanto las ranas como los sapos son un símbolo de lo repugnante y molesto, tanto por su aspecto, que puede resultar desagradable para mucha gente, como por la fría viscosidad de su tacto. Este simbolismo ya se halla presente incluso en la Biblia, en la que se las describe como la segunda plaga de Egipto y se las clasifica de seres impuros en el Apocalipsis.

Otro simbolismo de la rana se deriva de su incesante croar, que si al oírlo unos instantes puede ser agradable, verse obligado a soportarlo incesantemente llega a ser molesto y fatigoso.

Es por ello que soñar con ranas suele interpretarse como el presagio de una vecindad inoportuna y desagradable que deberemos soportar sin poder hacer nada por evitarla, especialmente si se las oye croar, en cuyo caso a dicho presagio se añade el peligro de habladurías y murmuraciones.

No obstante —y como ocurre en muchos sueños— debe tenerse en cuenta la personalidad y situación particular del soñador, pues si por ejemplo se tratara de un estudiante podría ser simplemente un sueño agradable, muestra de su afición por el estudio de la vida en la naturaleza, mientras que en una persona a quien estos animales desagraden profundamente, el significado maléfico del sueño se incrementará.

Ratas y ratones

Hambrientas, prolíficas y nocturnas, las ratas son unas criaturas nefastas que con su incesante roer no cesan de hurtarnos el grano y los alimentos y, cuando son numerosas, esparcen por doquier la miseria y las enfermedades más temibles y repugnantes, como la sarna y la peste. Tanto es así, que los griegos incluso poseían un dios de las ratas, Apolo Esminteo, que disparaba dardos de peste cuando estaba encolerizado y curaba dicha enfermedad cuando se hallaba benévolo. No es de extrañar, pues, que la contemplación de estos animales inspire instintivamente asco y horror.

En los sueños, ratas y ratones son los transmisores de desasosiegos y representan todo aquello que nos «roe» por dentro, que oscuramente nos preocupa e intranquiliza; son, a veces, como la voz de la conciencia que nos recuerda con su presencia cuanto de malo hemos pensado, dicho o realizado.

La diferencia básica entre los sueños de ratas y los de ratones reside en la intensidad o gravedad de su significado, siendo mayores en las ratas que en los ratones, los cuales a veces pueden tener connotaciones eróticas, pero siempre de un erotismo sucio, morboso.

El rayo.
Sueño de la súbita transformación de nuestra vida, un castigo del cielo.

Rayo

El rayo simboliza el poder creador y destructor de la divinidad, la intervención súbita y brutal del cielo sobre la tierra y sobre nuestro destino.

Por ello, en los sueños el rayo siempre indica el súbito desquiciamiento de la situación, la transformación brutal de nuestra vida, que a pesar de que tanto puede ser para bien como para mal (lo que se desprende siempre del contexto del sueño), casi siempre es para mal, como si se tratara de un castigo del cielo.

Rebaño

El rebaño simboliza la necesidad de sentirse rodeado por otros seres de la misma especie; en el rebaño ninguno de los que lo componen vale nada por sí mismo, ni tan sólo el que va delante conduciendo a los demás.

Soñar con un rebaño posee dos significados distintos según la condición a la que pertenezca el soñador: en el hombre de ciudad revela su necesidad de formar parte integrante de algún grupo, ya sea familiar o de amigos y camaradas, pues íntimamente se siente solo e indefenso y tiene miedo al futuro en soledad. En el hombre de campo, por el contrario, es un sueño de riqueza, que será proporcional a las dimensiones del rebaño.

Red

La red era un arma que servía para inmovilizar al adversario dejándolo indefenso, lo que es una forma extrema de ENVOLVER. Hoy todavía se sigue usando para capturar peces o pájaros, y si recordamos el simbolismo de PECES y de PÁJAROS comprenderemos que en sueños tanto puede referirse a la existencia de algún complejo psíquico, vínculo o vicio arraigado que dificulta y condiciona la normalidad de la vida interna y, por lo tanto, de toda la personalidad; como puede indicar la existencia de unas ansias místicas, de deseos de «capturar» a la divinidad, o por lo menos a su fuerza espiritual.

Dentro de estas premisas siempre presentes en los sueños de redes, veamos algunas de las variantes en que suelen presentarse:

Debatirse dentro de una red significa sentirse aprisionado e indefenso en una situación difícil, por un vínculo sentimental o por un vicio o costumbre de la cual se desea salir si en el sueño nos debatimos, o a la que nos hemos resignado si no lo hacemos.

Muy similar es el soñar que pescamos, en cuyo caso lo que intentamos retener entre las mallas de nuestra red son los recuerdos y sentimientos que, como los peces, retendremos o no, y que tanto podrán salir todavía vivos como muertos, lo que sería un triste recuerdo. Otra interpretación de este sueño de pescar, que sólo se diferencia por los sentimientos que despierta y el temperamento del soñador, es el deseo de profundizar en nosotros mismos para descubrir nuestro más íntimo ser y procurar mejorarlo.

Una red que se nos rompe dejando escapar lo que hemos capturado revela el miedo a perder lo que habíamos conseguido —generalmente un afecto, un amor—; del mismo modo que soñar que reparamos una red es el ansia de impedir o de remediar un error, una imprudencia o una falta cometida, que podrían ser un peligro para la continuidad de dicho afecto.

Y, por último, hay sueños en los que intentamos cazar pájaros y cuya atmósfera y los sentimientos que despiertan en nosotros no dejan ninguna duda del misticismo que contienen.

Reina

Véase REY.

Reja

Las rejas, como todo lo que representa un impedimento, cuando aparecen en sueños presagian obstáculos y dificultades que nos veremos obligados a superar y que serán proporcionales a la robustez de la reja. Dado lo «ilógico» de los sueños, la reja puede estar constituida por cualquier clase de materiales y poseer diversos colores o texturas, todo lo cual serán datos que nos ayudarán a aclarar la naturaleza de dichas dificultades u obstáculos.

Rejuvenecer

Al tratar de los sueños de JUVENTUD ya dijimos que llegados a cierta edad solemos soñarnos más jóvenes de lo que somos, lo que es una muestra de vitalidad, de que biológicamente no estamos acabados y todavía nos quedan ilusiones y proyectos que llevar a cabo.

Pero, a veces, este «rejuvenecimiento» lo es también en lo que vivimos en el sueño, que tampoco se corresponde con la edad biológica del soñador. Este sueño, que es típico de quienes no se resignan al declinar de su vida y posibilidades, debería hacernos meditar en el tema y hacernos comprender que en la vida real corremos el riesgo de caer en situaciones y comportamientos impropios, que en los demás sólo inspirarán risa o lástima.

Relámpago

Al igual que el RAYO, el relámpago también es un signo del poder creador y destructor de la divinidad, pero como que no llega a caer al suelo, más que una súbita y brutal intervención del cielo en nuestra vida representa una seria advertencia, una luz equilibradora y fecunda para que rectifiquemos faltas y errores.

Cuando en el sueño a la visión de los relámpagos se une la lluvia, su asociación adquiere un poder fecundador y benéfico, tanto en lo material como en lo espiritual, pues la lluvia, además de fecundar, limpia y purifica, mientras que el relámpago con su luz cegadora nos hace cerrar los ojos, obligándonos a mirar hacia nuestro interior.

Reloj

El reloj simboliza el ritmo y el transcurrir de nuestra vida, tanto por su función de medir el tiempo como por su tictac, que es un remedo del latir de nuestro corazón.

Por ello, ver en sueños a un reloj parado es un mal augurio que tanto puede indicar que se ha detenido nuestra evolución o la de nuestros asuntos como que a su dueño se le ha terminado la cuerda, o lo que es lo mismo, su tiempo de vida.

También el que vaya atrasado será una forma de advertirnos que debemos acelerar nuestro ritmo de trabajo si no queremos vernos superados por los acontecimientos; mientras que si por el contrario lo soñamos adelantado es que debemos tomarnos las cosas con un poco más de calma si no queremos poner en peligro nuestra salud y nuestra vida.

Y ni que decir tiene que ver girar locamente las manecillas del reloj o soñar que lo estamos mirando a cada instante revela nuestra angustia ante el ritmo inhumano de la vida que estamos llevando.

En otros sueños, el reloj funciona perfectamente y lo que nos llama la atención es la hora que señala. En estos casos el significado del sueño depende del contexto del mismo y de la hora marcada. Así, por ejemplo, soñar que entramos en la estación del tren y el reloj señala las siete de la tarde, con lo que se ha iniciado el atardecer, puede que quiera revelarnos que el viaje que vamos a emprender sea de los últimos o, lo que es lo mismo, que vamos o iniciar una de las últimas etapas de la vida, y con ella una de las últimas oportunidades que nos quedan.

O por el contrario, cuando en la vida creemos que todo ha terminado para nosotros a causa de las desilusiones recibidas, el mismo sueño marcando el reloj las doce del mediodía nos dice que va a iniciarse una nueva etapa llena de oportunidades, pues todavía nos queda mucha vida por delante.

Reloj.
El ritmo del reloj soñado es el símbolo del transcurrir de nuestras vidas.

Remolino

Véase TORBELLINO.

Rendición

Rendirse equivale a renunciar a seguir luchando y resignarnos a acatar las decisiones de otro, estén o no de acuerdo con nuestros principios y convicciones morales.

En sueños, rendirnos es una forma de revelarnos a nosotros mismos que para conseguir un empleo, un negocio, un beneficio económico o cualquier otro tipo de ventajas materiales, estamos renunciando a aquellos principios e ideales a los que nunca deberíamos renunciar y que, haciéndolo, nos ponemos a merced de quien nos concede dichos bienes materiales.

Reptiles

Los reptiles son animales primitivos de sangre fría y gran voracidad que se desplazan arrastrándose sobre el vientre. Esta descripción, algo esquemática, es suficiente para hacernos comprender el simbolismo genérico que encierran estos animales cuando aparecen en los sueños, aun cuando en algunas de sus especies, como las pertenecientes a las SERPIENTES y a las TORTUGAS deba ser matizado, como veremos en sus respectivos epígrafes.

En efecto, de su primitivismo, voracidad y arrastrarse sobre su propia tripa, se desprende que simbolizan lo más primitivo, lo más voraz y lo más rastrero que pueda existir en nosotros: los bajos instintos. Y su sangre fría, que se traduce en un tacto frío y repulsivo, simboliza la falta de sentimientos cálidos y elevados.

Por ello, cuando en nuestros sueños aparece algún reptil, éste representa nuestra vida instintiva, y cuanto haga o le suceda al reptil será aplicable a esta vida instintiva.

Así, por ejemplo, si somos devorados por un reptil revela que la vida instintiva se está apoderando y sojuzgando los resortes de nuestra voluntad, convirtiéndonos en víctimas y esclavos de los bajos instintos. Si somos nosotros los que luchamos y vencemos al reptil, ello revelará la lucha que estamos sosteniendo para dominar nuestros bajos instintos.

Y en una forma semejante deberemos interpretar las distintas variantes de los sueños de reptiles.

Resbalar

Los sueños en que resbalamos siempre denotan inseguridad, miedo o angustia. Son una advertencia de que hemos entrado en un terreno resbaladizo que nos puede llevar a la ruina, ya se trate de negocios poco claros, audacias personales o, simplemente, que nos falten medios o capacidades para seguir adelante.

Los sueños de resbalar constituyen una variante de los sueños de CAER, a los que remitimos al lector.

Rescatar

Los sueños de rescates, ya sean en su forma heroica y romántica de princesas rescatadas de dragones por un héroe, o en su forma moderna de personas rescatadas de organizaciones criminales, y se consiga liberarlas matando al dragón o pagando el rescate, siempre significa el rescate de nuestras cualidades superiores del dominio de los instintos inferiores, lo cual siempre comporta un gasto de energías o de DINERO, y ya sabemos que energías y dinero en los sueños son una misma cosa.

Así pues, estos sueños siempre indican que deberemos realizar un esfuerzo superior a lo normal para lograr salir de una situación que nos disminuye moral, física o económicamente; que nos mantiene bajo la dependencia de algo o alguien, ya se trate de un vicio, una deficiencia, una dependencia o una supeditación.

Retraso

Al analizar los sueños de RELOJES dijimos que un reloj atrasado es una advertencia de que debemos acelerar nuestro ritmo de trabajo, pero existen otros sueños en los que quienes nos retrasamos somos nosotros, o el tren que esperábamos.

Uno de los sueños más frecuentes es el de llegar con retraso a la estación y perder el tren, lo que significa que por nuestra culpa en la vida real estamos perdiendo oportunidades de mejorar; otras veces, es el tren el que llega con retraso, y por no esperarlo volvemos a casa dejando el viaje para otro día; también en este caso dejamos perder una ocasión por culpa de nuestra precipitación e impaciencia.

Las causas de nuestro retraso o, lo que es lo mismo, nuestros defectos, ya vienen implícitos en el sueño, y unas veces son por querer llevarnos todas nuestras posesiones, como aquella mujer que en sueños quería llevarse hasta sus muñecas de niña, lo que revela infantilismo y desconocimiento de las posibilidades de la vida; otras veces por querer hacer demasiadas cosas antes de partir; otras, como ya hemos visto, por impaciencia, y así sucesivamente. Para más detalles, véase TREN.

Retrato

Cuanto hemos dicho de las FOTOGRAFÍAS es aplicable a toda clase de retratos, ya sean dibujados, pintados o fotografiados.

Diseño del «Magnolia Azul», 1895　　　*Modelo alto de Acanto, 1895*

Retrete «Pedestal de león»

«El Lambeth», 1895　　　*Retrete decorado con moreras, 1890*

Retretes. (*Del libro de Lawrence Wright,* Clean and Decent.)
*En sueños puede ser el centro de nuestra purificación psíquica, donde nuestra
conciencia se libera de un lastre.*

Retrete y cuarto de baño

Los sueños en los que aparece el retrete siempre han sido bastante frecuentes, y con su actual ampliación en forma de cuarto de baño completo, en el que junto al retrete se incorpora la bañera, todavía lo son más. Y esto es algo que no debe extrañarnos si tenemos en cuenta que cada día debemos rendirle pleitesía con relativa frecuencia.

Es el lugar de nuestra casa que tiene la particularidad de ser en el que nos hallamos en la máxima intimidad e indefensión ante nosotros mismos, con nuestras miserias y necesidades más imperiosas; es el lugar en el que nos damos cuenta de nuestra pequeñez y de lo mucho que puramente biológico existe en nosotros.

Y bien mirado, el retrete y el cuarto de baño no tienen nada de indecorosos, ni de inmorales, ni de sucios, sino todo lo contrario; es allí donde limpiamos nuestro cuerpo por dentro y por fuera; allí nos libramos de nuestras impurezas y del lastre de vejiga e intestinos. Es el centro de nuestra purificación física. Así pues, no es extraño que dicha pieza pueda ser en sueños el centro de nuestra purificación psíquica, y cuando en nuestra conciencia existe algo que se ha convertido en un lastre, una impureza que debe ser evacuada, cuando nos sentimos incómodos por dentro, soñar con la misma siempre será un buen sueño que indica que nos estamos liberando de algo que ya nos era íntimamente perjudicial, ya sea un sentimiento de culpabilidad, una inhibición, una represión, un trauma, o lo que sea (o lo haremos al analizar el sueño), logrando con ello una mayor normalización de nuestra vida psíquica. (Véanse, también, BAÑO y EXCREMENTOS.)

Rezar

Cuando rezamos en sueños es que en nuestro interior nos sentimos culpables de algo que de día no queremos reconocer; también puede revelar que nos hallamos en una situación comprometida de la que no sabemos cómo salirnos, y para ello esperamos una intervención externa «milagrosa» que nos saque del apuro.

El contexto del sueño y las circunstancias personales del soñador nos indicarán cuál de dichas acepciones es la adecuada a cada caso particular.

Rey, reina

La imagen del rey concentra todos los deseos de autonomía, de autogobierno, de conocimiento, de poder; en este sentido, el rey, al igual que el héroe, el santo, el sabio y el padre, es el arquetipo de la perfección. Por otro lado, su coronación equivale a la realización, a la culminación. El título de rey se concede a lo mejor de su condición; así, el león es el rey de los animales terrestres, el águila el de las aves, y el oro el de los metales.

Y lo que el rey es para el hombre, lo es la reina para la mujer, y juntos constituyen la imagen perfecta de la unión del cielo y la tierra, del sol y la luna, del oro y la plata, del azufre y del mercurio. También —según Jung— simboliza el final del proceso de individuación por la conjunción armoniosa del consciente y el inconsciente.

En los sueños, rey y reina suelen simbolizar a los padres o a aquellas personas poderosas de las que dependemos, y si nos soñamos a nosotros mismos en el papel de reyes es que consciente o inconscientemente hemos alcanzado el punto culminante de nuestra existencia, o una manifestación de nuestra incontrolada ambición; todo ello, según el contexto del sueño y la situación personal.

Riendas

Como ya dijimos al hablar del CARRO, si éste simboliza el cuerpo y el caballo a las fuerzas vitales, las riendas simbolizarán la relación entre ambos, es decir, la inteligencia y la voluntad.

Es por ello que soñar que se rompen es un mal presagio, pues equivale a la separación o incomunicación entre cuerpo y alma, es decir, la falta de control y, en el peor de los casos, la locura o la muerte.

Riñones

Simbólicamente, si el corazón es la sede del amor y el cerebro del pensamiento, los riñones lo son del poder y de la fuerza, ya sea la fuerza genésica o el poder de resistencia ante la adversidad y los obstáculos.

Por ello, lo que en sueños le acontezca a nuestros riñones es una premonición de lo que le acontecerá a nuestra resistencia física o moral.

Río

El río, que nace en la montaña y desciende sinuoso a través de valles y llanuras hasta desembocar en el mar, simboliza nuestra existencia, y la variedad de sus espectáculos oníricos se corresponde con las peripecias de nuestro destino, al que simboliza. Así, a veces baja manso, fecundando las tierras que atraviesa, símbolo de riqueza y bienestar; otras, se desborda y arrasa furioso cuanto se atraviesa en su curso, presagiando la desgracia, el hambre y quizás hasta la muerte; a veces sus aguas son cristalinas, símbolo de pureza y felicidad; o turbias y enlodadas, presagio de sentimientos impuros y causa de pesares.

Pero también el fluir de sus aguas puede simbolizar el fluir de la vida y las generaciones, revelando entonces nuestros deseos de perpetuarnos, de prolongar nuestra vida ya sea a través de nuestros hijos o de nuestras obras.

Por último, cuando el río fluye es que una corriente de energía y de sentimientos fluye también en nosotros, y a veces, cuando nos limitamos a contemplar el fluir de las aguas que se pierden en la lejanía, refleja que estamos dejando perder dichas energías y dichos sentimientos sin aprovecharlos.

Riqueza

Los sueños de riqueza suelen ser una compensación falaz e ilusoria de la mediocridad o pobreza de la vida real, una huida ante las duras realidades de la existencia. Pero a veces pueden indicar que no nos resignamos, y entonces son como un entrenamiento y un acicate que nos impulsa a luchar por conseguirla.

Rival

Los rivales que aparecen en los sueños raras veces son reales; lo que ocurre es que en nuestro interior estamos generando sentimientos inamistosos acerca de otra persona, y como conscientemente nos negamos a reconocer la realidad de dichos sentimientos, se los endosamos a la figura del rival, creado con dicha finalidad en el sueño.

Robar

Los sueños de ladrones son muy curiosos y suelen causar una gran impresión en el soñador, lo que denota que éste se halla íntimamente implicado en lo que sucede en el sueño. Unas veces se trata de verdaderas historias policíacas, otras sólo se percibe la presencia de los ladrones, sin que lleguemos a verlos, y en ocasiones el ladrón lo somos nosotros; en cuanto a lo robado, tanto puede tratarse de dinero como de los objetos más diversos.

Cuando nos roban, el ladrón suele ser «alguien» de nuestro interior:

un sentimiento, un pensamiento delictivo, un apetito sensual, etc., y lo que nos sustrae o nos amenaza es el orden y la paz interna, o quizás una posibilidad de desarrollo o de expansión que se verá truncada. La naturaleza de este peligro interior nos la aclarará el nombre de lo robado, tanto si es un objeto como si se trata de DINERO.

Cuando en el sueño el ladrón somos nosotros, suele tratarse de un apetito no saciado o de alguna cosa que sabemos que no podremos conseguir, con lo que el sueño es un «arreglito» con nosotros mismos, una compensación onírica para consolarnos.

Roble

Este árbol, que los griegos asociaron al culto de Zeus y los germanos a Donar, dios del trueno, simboliza el poder y la fortaleza, y cuando aparece en sueños debe interpretarse como el augurio de una poderosa protección o de nuestra propia fortaleza que nos facilitará el éxito en nuestras empresas.

Los beneficios y la calidad de dicha protección serán proporcionales al vigor, tamaño y exuberancia de su follaje; mientras que soñarlo enclenque, sin follaje o muerto, indicará la pérdida de un protector o la debilidad de nuestro carácter, lo que equivaldrá al fracaso de lo que proyectábamos.

Roca

El simbolismo de la roca es el de permanencia, solidez, resistencia, tenacidad y perseverancia. En el mundo de los sueños, la roca no es más que una PIEDRA grande y como a tal debe interpretarse el sueño.

Rocío

Simbólicamente, todo lo que desciende del cielo tiene un carácter sagrado; pero el rocío lo tiene doblemente por ser un signo precursor de un nuevo día, de una nueva luz, pues siempre se deposita por la madrugada. Es por ello que se le considera como una bendición celeste, como una gracia vivificante y altamente fecunda.

En sueños, se considera al rocío como uno de los mejores presagios de suerte y fecundidad.

Rodillas

Las rodillas se consideran el asiento de la autoridad, de la supremacía social, y es por ello que incluso en el lenguaje coloquial se habla de «doblar la rodilla» y de «arrodillarse ante alguien», como una señal de humildad y subordinación.

En sueños se mantiene el mismo significado y lo que le suceda a las rodillas es un presagio de lo que acontece o puede acontecer a nuestro orgullo y posición social. Así, por ejemplo, soñar que nos arrodillamos ante alguien indica nuestra sumisión e inferioridad social ante dicha persona si es que la conocemos, o ante las circunstancias, si se trata de un desconocido. Soñar que nuestras rodillas son débiles, despellejadas o rotas es un mal presagio que indica la pobre situación social en que nos hallamos o a la que llegaremos.

Roedores

En sueños toda clase de roedores, excepto la LIEBRE y el CONEJO, adquieren el mismo significado que las RATAS y RATONES, es decir, de que algo nos está royendo por dentro.

Rojo

Al hablar de los COLORES dijimos que el rojo es el color de la sangre, del fuego, de la pasión y de la guerra y, básicamente, de los sentimientos y la sexualidad.

Por ello es importante retener si el color de los trajes de los personajes oníricos es el rojo; o si algún animal en lugar de su color natural también lo vemos de dicho color.

Y es que cuando domina el rojo es que el alma se halla dispuesta a la acción, y ésta tanto puede manifestarse como amor o como odio, como conquista y opresión o como entrega. Existe ante todo una relación afectiva, buena o mala, y muchas veces un trasfondo sexual. Sólo el contexto del sueño nos dirá en qué sentido debemos interpretar este color.

Romper, rotura

En los sueños, romper un objeto o verlo roto siempre presagia una ruptura, peleas, discordias y disgregación física, moral o espiritual.

Sin embargo, existen casos en que dicho sueño puede ser positivo y es cuando lo que se rompe son objetos que simbolizan servidumbre o dependencia, como ocurre con los NUDOS, BRAZALETES, CINTOS y CO-LLARES, en cuyo caso su rotura equivale a la liberación de dichas sujeciones.

En cada caso particular el significado del objeto perdura, pero se le añade el de la rotura. Así, por ejemplo, soñar que se rompe un vaso lleno de agua y ésta se desparrama por el suelo debe interpretarse como la pérdida definitiva de un afecto; romper una espada tanto puede significar nuestro triunfo de los enemigos (cuando la espada es la de ellos) como nuestra propia pérdida (cuando es la nuestra); romper un collar significará la liberación de nuestra dependencia de otra persona, y así en todos los casos.

Ropa

Soñar con ropa es un sueño bastante más frecuente en las mujeres que en los hombres y por lo general suele ser un sueño sin importancia que refleja deseos de elegancia, notoriedad y éxito con el sexo contrario, a menos que exista una prenda que atraiga vivamente la atención del soñador despertándole un sentimiento concreto. En este caso es dicho sentimiento junto al color de la prenda soñada lo que facilitará la interpretación del sueño.

Pero existen otros sueños en que lo soñado es ropa interior perteneciente al sexo contrario, lo que indudablemente posee connotaciones sexuales. Cuando las prendas íntimas son las del propio sexo, en los hombres suele revelar timidez o el temor a las consecuencias del autoerotismo, pero en las mujeres es mucho más complejo, pues tanto pueden soñar como una prenda más de vestir, como reflejar también la timidez, el temor a las relaciones sexuales o el deseo o el temor a la maternidad, con lo cual la interpretación dependerá de las emociones y sentimientos que acompañen al sueño.

Rosa

Pocas flores encierran tantos significados como la rosa, pues la plenitud de su corola simboliza la riqueza del alma, la constitución y distribución de sus pétalos, la suma perfección, y la delicadeza y variedad de sus colores, la infinitud de los sentimientos. Todo ello la convierte en un símbolo de finalidad, de logro absoluto y de una perfección que en sí misma encierra algo de sacrosanto, aun cuando sus espinas atestigüen cuán próximos se hallan el cielo y el calvario, el placer y el dolor.

Rosa.

Símbolo de finalidad, de logro absoluto, sus espinas recuerdan
cuán próximos se hallan el cielo y el calvario.

Simbolismos más precisos se derivan de su color y del número de sus pétalos; el número en un plano místico y esotérico, y el color en un terreno más puramente humano. Así, las rosas blancas simbolizan pureza e inocencia, lo que en sueños tanto puede significar el sutil pesar por la inocencia perdida como la esperanza de un matrimonio feliz; la roja simboliza el amor apasionado; la azul, el amor imposible, inalcanzable; la rosa de oro, la realización absoluta.

Por último, debemos mencionar que en muchachas jóvenes es frecuente soñar que contemplan y admiran las rosas, pero sin atreverse a cogerlas por temor a las espinas, lo que revela su instintivo temor a las relaciones sexuales.

Rubí

El rubí —al igual que el carbunclo, con el que a veces se confunde— es la piedra de la felicidad, de la intensidad de la vida y del amor, significados que se mantienen en los sueños, en los que nos augura un intenso y apasionado amor que nos colmará de felicidad.

Rueda

El simbolismo de la rueda se deriva de su forma de CÍRCULO, de su movimiento giratorio y de sus radios.

Por su forma circular simboliza lo que es perfecto y procura seguridad y protección; por su movimiento es el símbolo de todo lo que gira alrededor de un centro, ya sea el Sol alrededor de la Tierra (desde un punto de vista aparente y geocéntrico, que no real), lo que es el origen de la rotación de las estaciones; la evolución psíquica, el destino (también llamado la rueda de la vida), etc. Y por sus radios simboliza nuestra dependencia de un Centro Místico (o Dios) inmóvil en el eje de la rueda mientras nosotros giramos situados en la llanta. Los radios son el camino que nos conduce a Él, y a Él hacia nosotros.

En los sueños, la rueda adopta dos significados principales: el de protección y aislamiento, que se pierde cuando se rompe, y el de destino, la mayoría de las veces asociada a un vehículo, que al fin y al cabo también simboliza una etapa de nuestro destino.

Así, soñar que estamos en un vehículo del que se desprende o rompe una rueda nos hace temer una infinidad de males, desde la ruina material, moral o espiritual, hasta la pérdida de la felicidad. Equivale a decirnos que el destino nos hace una mala jugada. Y peor todavía es soñar que caemos bajo las ruedas de un vehículo, que representa la concreción de la fatalidad del destino.

Del mismo modo, si la rueda gira suave y silenciosa, nos augura el éxito y la buena evolución de las cosas, mientras que si chirría, serán obstáculos e impedimentos que, no obstante, no lograrán impedirnos la consecución de nuestros objetivos.

Ruinas

El significado de las ruinas que algunas veces aparecen en nuestros sueños es casi literal, pues se refieren a destrucciones o a cosas muertas y periclitadas; son sentimientos, ideas, circunstancias vividas, que ya no poseen ni un mínimo de calor vital, pero que todavía subsisten en nosotros como un recuerdo desprovisto de utilidad, pero saturado de pasado y melancolía.

Una excepción a este sentido más bien triste de los sueños de ruinas es cuando se trata de un monumento, un templo o una ciudad de la antigüedad que en sueños se nos aparece en perfecto estado, como si terminaran de construirlo; en este caso debemos interpretarlo como un buen presagio, como una promesa de inmortalidad para nuestras ideas o nuestras obras.

Ruleta

Es un sueño que revela el deseo de una vida mejor, pero a su vez la debilidad de carácter y la falta de coraje para conseguirla, por lo cual se sueña —tanto en vela como durmiendo— con un golpe de suerte que nos solucione todos los problemas. Si en el sueño apostamos y perdemos, refleja el temor a la desgracia y el infortunio.

Sabio

Es la imagen de quien posee el conocimiento y puede transmitírnoslo, y en los sueños se presenta a menudo como un anciano de cuya presencia ya se desprende que su origen se centra en lo más íntimo y cercano a nuestra propia alma.

Son sueños que no requieren traducción, pues el mensaje que encierran es directo y siempre benéfico, a pesar de que a veces puede parecer inquietante o molesto; pero es que no siempre estamos dispuestos a aceptar los profundos consejos que nos llegan en estos sueños, pues la verdad no siempre es agradable.

Sacerdote

Es otra figura onírica semejante a la del SABIO, pero de menor profundidad y casi siempre vinculada a las tradicionales formas religiosas o eclesiásticas. A veces puede indicar una verdadera aspiración al misticismo y la verdad; pero la mayoría de las veces se trata de que ante un problema o una inquietud moral, en el sueño recordamos —positiva o negativamente— a aquellos sacerdotes con los que nos hemos tropezado en la vida y, en este caso, el significado del sueño es el mismo que ya hemos detallado al hablar del CURA.

Otra figura intermedia entre la del sabio y la del sacerdote la constituye el ermitaño, que siempre revela el íntimo deseo de paz y tranquilidad y, a veces, auténticos deseos de evolución espiritual.

Sal

La sal es la tradicional conservadora de los alimentos, de donde se deriva su simbolismo de incorruptibilidad; por ello, en muchos pueblos la oferta de pan y sal representa la oferta de una amistad indestructible.

Pero, por otra parte, la sal es altamente corrosiva y destructora, además de convertir a la tierra más fecunda en estéril; de aquí el maléfico significado que se atribuye a derramar la sal por el suelo. Y por último, su sabor amargo le hace simbolizar la amargura en todas sus acepciones.

En los sueños, la sal nos aporta el deseo de conservar y atesorar riquezas materiales, lo que parece un buen augurio, pero dado que la sal sólo es benéfica cuando va acompañada de la austeridad, su verdadero significado es el de aconsejarnos que si queremos ser realmente felices lo que debemos atesorar son bienes espirituales, pues de lo contrario lo que a la postre nos quedará es la amargura que también promete.

Soñar con una extensión salada, como unas salinas o un lago salado, expresa lo estéril de nuestro mundo interior o la esterilidad de nuestros esfuerzos, siendo aplicable también esta última acepción —aunque en menor grado— a los sueños en los que se nos derrama la sal.

Ofrecer o recibir sal, aunque sea en sueños, es un buen augurio, pues equivale a asegurarnos que contamos con sólidas amistades y eficaces apoyos.

Salmón

En los sueños, el salmón es el equivalente acuático del JABALÍ, por lo que también significa el coraje y el valor que predominan por encima del mismo instinto de conservación; es decir, por encima de la propia vida.

Soñar que pescamos un salmón es una forma de acuciarnos para que saquemos de lo más profundo de nuestro ser el coraje y el valor necesarios para lograr el éxito, ya que deberemos luchar con poderosos enemigos o competidores. Si nos comemos al salmón, el sueño nos promete además la seguridad de dicho éxito.

Salpicaduras

Los sueños de salpicaduras siempre son una advertencia para que seamos muy cuidadosos con lo que hacemos o decimos, pues existe el peligro de vernos mezclados en algún escándalo.

Saltamontes

Los saltamontes simbolizan las plagas e invasiones devastadoras y los suplicios morales y espirituales. En los sueños, si bien un saltamontes aislado se limita a presagiar ligeras e insignificantes molestias, cuando lo soñamos en cantidad siempre anuncian desastres materiales, morales o espirituales.

Saltar

Saltar en sueños sólo es un buen presagio cuando se salta hacia arriba, o sea en los saltos de altura, ya sean simples o de pértiga, en cuyo caso indicarán nuestros esfuerzos por mejorar de posición, ya sea por nuestro propio esfuerzo o con ayuda de los demás (simbolizados por la pértiga).

Pero cuando el salto no es deportivo equivale a querer saltar obstáculos en la vida real con excesiva ligereza, lo que es una imprudencia. La naturaleza de los obstáculos o peligros nos vendrá explicada por el nombre de lo que saltamos.

Si en sueños nos vemos obligados a saltar significa que nos veremos en una situación difícil, que deberemos superar pruebas que no desearíamos por considerar que no estamos preparados para superarlas; pero cuyo resultado será bueno o malo según como finalice el salto soñado. Si lo que soñamos es que debemos saltar pero no nos atrevemos a hacerlo, revela nuestro temor a cometer una imprudencia.

Salvajes

Los salvajes que aparecen en nuestros sueños simbolizan el lado inferior y regresivo de nuestra personalidad. Son sueños que suelen presentarse en momentos en que parece que las cosas empiezan a mejorar, pero todavía nos hallamos en una situación transitoria no muy bien definida.

En el fondo revelan el temor a seguir adelante, el íntimo pensamiento de que quizá sería mejor no aventurarnos, lo que si bien puede parecer lo más seguro en realidad equivale a fracasar en la vida sin haber llegado a luchar de verdad para lograr el triunfo. Se trata, pues, de una buena advertencia.

Sandía

Como todos los frutos repletos de semillas, la sandía simboliza la fecundidad, ya sea la nuestra o la del proyecto que tenemos entre manos.

Sangre

La sangre simboliza la vida y los sentimientos elevados, aun cuando en los sueños adopta su sentido más material, por lo que suele revelar el miedo a las enfermedades y accidentes, así como la preocupación por la integridad física. En las muchachas, esta preocupación se extiende al temor a la desfloración o a los problemas menstruales.

No obstante, y según algunos autores, en aquellos sueños en que la sangre aparece roja y viva y sin que despierte el menor sentimiento desagradable, puede ser un presagio de prosperidad material, pero acompañada de disputas, riñas y violencias.

Sapo

El simbolismo del sapo es muy similar al de la RANA, con la única diferencia de que es su cara fea; es decir, el aspecto infernal y tenebroso de la misma.

En sueños se interpreta de igual forma que la rana, pero sólo en los aspectos negativos.

Sauce

El sauce llorón, como indica su nombre, es uno de los típicos símbolos de la tristeza, aun cuando también lo es de la inmortalidad, pues es de hoja perenne.

Sed

Casi siempre refleja una necesidad real, muy especialmente en los estados febriles, en cuyo caso nos saciamos de agua en el mismo sueño. De no ser así, suele simbolizar una ardiente aspiración de tipo místico o religioso, excepto cuando en el sueño nos vemos obligados a beber un agua turbia o caliente, lo que revela decepciones, desengaños o resignación ante lo inevitable.

Seda

Los sueños en que aparecen tejidos de seda son una variante de los de ROPA, pero en este caso concreto las connotaciones eróticas son más evidentes, pudiendo alcanzar matices de narcisismo cuando la prenda soñada es íntima y perteneciente al mismo sexo del soñador, o fetichista si pertenece al sexo contrario.

Por otra parte, los colores también desempeñan un papel importante, pues la seda blanca nos habla de esperanzas matrimoniales, la negra de un erotismo algo morboso, y la de los demás colores, especialmente si son chillones, al simbolismo propio del color añaden el deseo de atraer la atención de los demás.

Sello

Con el mismo nombre solemos definir dos cosas muy distintas: el sello de correos, cuyo valor onírico es muy pequeño y sólo trasluce el deseo de proporcionar o recibir noticias, y el del sello que se imprime sobre plomo, cera o lacre. Es a este último al que nos referiremos ahora.

El sello es un signo de autoridad y legitimación equivalente a la firma de quien lo imprime en un escrito o documento, y dado que otra de sus funciones es la de impedir que su contenido sea conocido antes de tiempo y por personas ajenas al destinatario, también simboliza lo secreto, lo protegido y, por extensión, la virginidad.

Todos estos significados se mantienen en los sueños, siendo el contexto general del sueño y las condiciones personales del soñador las que deben decidirnos por uno u otro de los mismos.

Semillas, sembrar

La semilla que muere para dar nacimiento a una nueva planta simboliza las viscisitudes de los ritmos de alternancia de la vida y la muerte; de la vida en la oscuridad del mundo subterráneo y de la vida a la luz del mundo superior; de lo no manifestado a la manifestación.

En resumen, la semilla es la vida en potencia y, por extensión, todo lo que es potencial, que puede ser pero todavía no es, y sembrar es el acto de poner en movimiento el ciclo de la germinación, es convertir lo potencial y no manifestado en realizaciones y hechos manifiestos.

Es por ello que, en los sueños, el sembrar siempre es un buen sueño de creatividad, y que tanto puede referirse a los hijos del soñador como a sus bienes, negocios, creaciones personales, sentimientos y cuanto pueda ser una creación o algo que nace y debe crecer. Lo que le ocurra a la semilla de nuestros sueños, como dónde la sembremos y cómo se desarrolle nos definirán con más detalle el pronóstico del sueño.

Senos

Los senos son un símbolo de maternidad, de dulzura y seguridad. Ligados a los conceptos de fecundidad y de LECHE, que es el primer alimento y que procede directamente de los senos maternos, no puede por menos que asociarse a imágenes de intimidad, de ofrenda y de refugio.

Es por ello que cuando los sentimientos que despierta el sueño concuerdan con dichos conceptos son un excelente presagio que para una mujer puede ser de fecundidad o preñez; para un niño de protección y seguridad, y para un hombre de amor e intimidad.

En otras ocasiones, cuando los sentimientos son tristes o melancólicos, revelan nostalgia de la infancia y el pasado, y en ocasiones —las menos— pueden aparecer en el contexto de un sueño erótico, en cuyo caso es obvio su sentido de sexualidad.

Serpiente

El simbolismo de la serpiente es tan extenso como apasionante, pero aquí deberemos limitarnos a aquellos aspectos más íntimamente relacionados con los sueños.

Ante todo, debemos destacar la ambivalencia de dicho simbolismo que tanto representa la tentación, el diablo y el pecado, como la sabiduría y el poder curativo.

En efecto, la serpiente representa la tentación o el mal, debido a su asociación con el pecado, ya presente en la historia de Adán y Eva, y como dice Cayce, todos los días nos hallamos en el jardín del Edén y cada día nos habla la serpiente. Y efectivamente, el significado más frecuente que debemos dar a los sueños de serpientes es el de carácter sexual, especialmente en los sueños de los jóvenes, en los cuales se enrosca y desplaza con gracia femenina o se yergue para atacar, como la erección masculina.

Pero la serpiente también simboliza la sabiduría y el poder curativo. Esculapio, dios de la medicina, siempre va acompañado de una serpiente, y en la Biblia Moisés utiliza una serpiente de bronce como instrumento de curación, e incluso Cristo recomienda a sus discípulos que sean sabios como serpientes.

Además, su aspecto rampante y sus contorsiones evocan la espina

Serpiente.

Dormida o despierta la serpiente soñada puede representar nuestras fuerzas instintivas; la muda de su piel anuncia un próximo cambio.

dorsal, simbolismo que también hallamos en Oriente, donde la serpiente es como la savia que circula por el interior de la columna vertebral, uniendo el órgano de la procreación física (los genitales) con el órgano de la procreación intelectual y espiritual (el cerebro), y al ser la misma energía —el fuego serpentino, lo llaman— la que alimenta ambos centros, el control del inferior repercute favorablemente en el desarrollo del superior.

Pero como que sólo unos pocos elegidos consiguen dicho control, para los demás la serpiente benéfica permanece dormida como una energía potencial, y se limita a significar las fuerzas instintivas y sexuales; por ello, en los sueños ver a una serpiente dormida nos revela que nuestras fuerzas instintivas se hallan dormidas, apaciguadas, y si la serpiente se despierta y desliza por el suelo sin que ello nos produzca una sensación desagradable o de temor, nos revela nuestros deseos de una evolución espiritual que, sin duda, no tardará en iniciarse.

Y como la serpiente puede cambiar de piel para seguir creciendo, también el soñar una piel de serpiente, o a la misma serpiente mientras efectúa la muda, nos anuncia la proximidad de un profundo cambio evolutivo que nos regenerará totalmente.

Por último, los sueños en los que aparecen serpientes venenosas indican el temor a encontrarnos en situaciones muy comprometidas, a adversarios traidores, implacables y dominantes, y ante las cosas ocultas y los poderes misteriosos.

Sexo

Los sueños de relaciones carnales son muy frecuentes y la mayoría de las veces son el reflejo de necesidades reales no suficientemente satisfechas, especialmente cuando nuestra pareja onírica es la nuestra de la vida real o se trata de alguien desconocido; cuando dicha pareja es alguien conocido pero con el cual no es fácil que el sueño se haga realidad, nos delata nuestra atracción hacia la misma.

Pero otras veces los sueños sexuales adquieren connotaciones de una sexualidad particular y morbosa que no debe tomarse al pie de la letra, pues suele indicar el cansancio por una vida sexual monótona y los deseos de innovaciones en la misma; lo que sucede es que para hacer más perceptible dicha situación, el inconsciente nos muestra situaciones extremas. Sólo en raras ocasiones el sueño revela apetencias que conscientemente no nos atrevemos —ni desearíamos— que salgan a la luz.

En realidad, lo malo de los sueños sexuales es cuando no se tienen nunca, lo que indicaría una falta de interés por dichos temas que, de no ser compensado por otros sueños de análogo significado, aconsejarían la consulta con nuestra propia conciencia o con un psicólogo.

Sierra

La sierra simboliza la tentación de finalizar de una manera radical con situaciones o conflictos, casi siempre de tipo familiar, de trabajo o de intereses. Lo que aserramos en el sueño nos indicará cuál es el problema o la situación que debemos zanjar de una vez para siempre.

Así, por ejemplo, si en sueños nos vemos aserrando una hamaca, lo que el sueño nos advierte es que existe en nosotros un exceso de indolencia y pasividad, y que es necesario que tomemos medidas para eliminar de una vez dicho defecto, pues de lo contrario nunca lograremos salir adelante.

Una excepción a esta regla es cuando lo que aserramos es algo benéfico, por ejemplo un árbol (a menos que ya esté muerto), en cuyo caso el sueño nos indica que perderemos el beneficio que representa. Así, en el caso del árbol, equivaldría a la pérdida de una protección por nuestra culpa si somos nosotros quienes lo aserramos, o por causas ajenas a nosotros si quien lo corta es otra persona.

Silencio

Aquellos sueños que se acompañan de un silencio sobrecogedor y anormal indican un sentimiento de culpabilidad sobre el tema que en aquel momento se está desarrollando en el sueño; pero si en aquel instante nos hallábamos rodeados de gente que nos observaba insistentemente, lo que el sueño nos revela que tememos es la indiferencia de los demás.

Sirenas

Las sirenas son unos seres legendarios cuyo cuerpo era mitad mujer y mitad pájaro, y que situados en lugares escarpados seducían a los hombres con sus cantos y su belleza. Posteriormente su mitad de pájaro fue cambiada por una o dos colas de pez para acentuar su simbolis-

Dios pez asirio.

Sirena de doble cola. (*Xilografía del siglo xv.*)

Sirenas.
Como Ulises, debemos huir del sueño de las sirenas. Agarrados al mástil podremos escapar de una pasión imposible y nefasta.

mo pasional, y pasaron a morar en las islas rocosas y los arrecifes.

Si comparamos la vida a un viaje, como hemos hecho repetidas veces en este libro, las sirenas figuran las emboscadas que nos tienden los deseos y las pasiones, ya sean nacidas del aire (de la mente) o del agua (de la propia pasión), pero sea como sea, son creaciones del inconsciente, símbolos del deseo en su aspecto más doloroso, el que lleva a la autodestrucción, pues las sirenas no pueden satisfacer los anhelos que provocan su canto y su belleza debido a que la anormalidad de su cuerpo se inicia más arriba de por donde deberían satisfacer la pasión.

Cuando las sirenas aparecen en los sueños hay que hacer como Ulises: agarrarse fuertemente al mástil del navío, que es el eje del espíritu, y que es lo único que puede permitirnos huir de las ilusiones de una pasión imposible y nefasta.

Sol

El simbolismo del sol casi es ilimitado, y es que en muchos pueblos y civilizaciones se le equipara a Dios o a su manifestación visible, y en los que no es así todo el mundo está de acuerdo en que es la base y fundamento de toda vida, ya que sin el sol no existiría sobre la tierra ningún tipo de vida mínimamente organizada.

Es por ello que no nos extenderemos en dichos simbolismos, que tanto pueden ser positivos como negativos, pues si bien el sol es el dador de vida también puede matar por exceso. Nos limitaremos a decir que su simbolismo principal deriva de su propia evolución en el cielo, en el que nace, crece, culmina, decrece y muere para volver a renacer el próximo día, y lo mismo en las diversas estaciones del año. Y siendo el sol energía, luz, calor, vida, irradiación, brillo..., es decir, todo lo bueno, a ello se referirán los sueños en que aparezca el sol, y siempre condicionados por su posición y aspecto.

Y como ya hemos descrito AMANECER, ASTRO, AURORA, CIELO, CLARIDAD, etc., poco más podemos añadir como no sea poner algunos ejemplos sencillos.

Así, soñar con un sol naciente indica el inicio de una creciente felicidad y prosperidad; si es claro y esplendoroso, anuncia abundancia, éxito y prosperidad, así como que nos hallamos pletóricos de salud y energía interior y de capacidades físicas y mentales; mientras que un sol oscurecido, sin brillo o negro, representa un grave peligro para la vida, los negocios y la felicidad; oculto por las nubes, revela tristeza, preocupaciones y miedo.

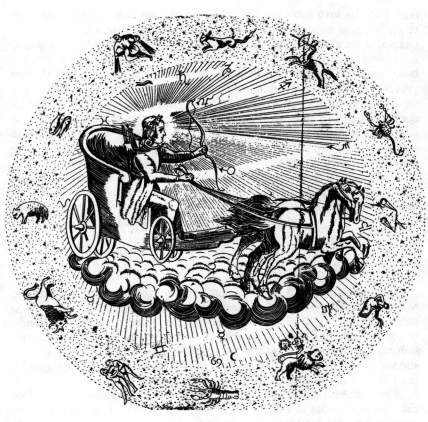

El carro del Sol. (*Grabado de 1663*.)
Soñar con un sol naciente, por ejemplo, es presagio de felicidad y prosperidad.

Soldados

Los soldados desconocidos que aparecen en nuestros sueños simbolizan el deber y las obligaciones a que nos constriñe la sociedad. El soldado se ve sometido a leyes y obligaciones que no ha escogido libremente, sino que le son impuestas, y es por ello que estos sueños suelen revelar que estamos sometidos a alguna forma de coacción de la que deseamos liberarnos.

En los jóvenes estos sueños deben considerarse como positivos cuando no resultan desagradables, pues suelen denotar el deseo de integrarse en la colectividad y atenerse a sus normas, y el que escojan uno u otro uniforme depende de las preferencias personales en la vida real. Pero incluso estos sueños de juventud pueden ir acompañados de una sensación angustiosa si nos vemos con el uniforme incompleto, mal puesto, o en actitud poco disciplinada; en estos casos el sueño puede asimilarse a los que se tienen en edades más avanzadas, y que son debidos a que en nuestra vida real nos vemos sujetos a coacciones de tipo profesional, familiar o social difícilmente soportables.

En ocasiones el clima del sueño es agradable, a pesar de que por su contexto parecen indicar lo mismo, pero es que entonces se trata de nuestra supeditación y obediencia a una ley superior que surge de nosotros mismos, de nuestros principios y creencias y a los que en aquellos momentos estamos dejando algo de lado.

Pero si en el sueño del soldado no lo somos nosotros ni los vemos como individuos aislados, sino armados y marchando en formación militar, revela la existencia de algún peligro que amenaza nuestra independencia o seguridad personales.

Sombrero

En psicoanálisis se ha considerado el sombrero como un símbolo sexual relacionado con el órgano masculino, la potencia o el clásico medio preventivo. Pero estas acepciones sólo pueden aceptarse cuando el contexto del sueño lo requiere; es, por ejemplo, el caso de aquella señora deseosa de una maternidad que su esposo le negaba, y que en sueños se veía con un niño en los brazos, pero entonces aparecía su marido con el sombrero puesto y le quitaba el niño.

Pero exceptuando estos casos, el sombrero es un signo distintivo de carácter social que se halla íntimamente ligado con las ideas o el comportamiento del soñador. Así, verse tocado con un sombrero ridículo suele revelar que en nosotros existe alguna actitud ridícula que todo el mundo conoce menos nosotros, y el sueño intenta hacérnoslo notar; o vernos con una gorra militar, que revelaría un sentido autoritario fuera de lugar; o un sombrero de copa, signo de una desmesurada presunción y pretensiones, y así en cada caso.

Sombrilla

En sueños, la sombrilla, al igual que el DOSEL y el parasol, es un signo de protección y dignidad.

Soplar

Soplar un fuego para atizarlo expresa la esperanza de mantener viva la llama de un amor, un ideal o una amistad; mientras que soplar para apagarla denota, por el contrario, el deseo y la necesidad de terminar con una relación que se está haciendo insostenible.

Sordera

En sueños la sordera indica el deseo de no oír; es por ello que si los sordos somos nosotros es que nos negamos a seguir los consejos que se nos dan, mientras que si el sordo es otra persona es ella quien rechaza nuestros consejos.

Sosiego

Gozar en sueños de un estado de sosiego sumamente agradable revela un deseo de paz y tranquilidad; pero a veces, y a pesar de la belleza del paisaje que suele acompañarlo, nos asalta la impresión de que esconde una siniestra amenaza que poco a poco se va convirtiendo en tal angustia que llega a despertarnos. En este caso el sueño revela un cierto desequilibrio de la personalidad, inseguridad, ansiedad y agotamiento nervioso.

Sótano

En los sueños, la CASA simboliza nuestro ser y personalidad y cada parte de la misma posee un significado propio conocido el cual la interpretación de los sueños en que aparezca resulta fácil y directa.

Las partes más profundas de la casa simbolizan las partes más profundas de nuestra personalidad y el sótano es el lugar subterráneo, casi siempre oscuro y tenebroso, donde almacenamos todo aquello que en estos momentos no utilizamos, tanto si se trata de cosas útiles como si son trastos viejos e inútiles. En una palabra, simboliza a nuestro propio inconsciente, aquella parte oscura y subterránea de nuestro ser en la que permanecen latentes todos los conocimientos, experiencias y posibilidades que no utilizamos, todo aquello que todavía no hemos sacado a la luz de la conciencia, o allí lo hemos enterrado para que no estorbe.

Por ello, el aspecto del sótano de nuestro sueño y lo que en él sucede nos dice mucho de nosotros mismos, de nuestros miedos y de nuestras angustias, pero también de nuestras posibilidades latentes. Si está limpio, ordenado y lleno de cosas útiles, es que nuestro mundo interior también es rico y ordenado, mientras que si está sucio, desordenado y lleno de trastos inútiles, éste será también el estado de nuestro inconsciente, con lo cual el sueño será una llamada para que hagamos una limpieza interior, para que analicemos nuestra vida y posibilidades, procurando mejorar en lo posible el caos interno provocado por una desordenada forma de adquirir conocimientos y experiencias que al no ser bien asimiladas difícilmente se hallarán a nuestro alcance cuando nos sean necesarias.

Y cuanto ocurre en el sótano soñado, interpretado en forma similar, nos dará una idea de cuanto ocurre en nuestro mundo interior y de cuáles son los problemas que luchan por aflorar a la conciencia.

Subir

El significado de los sueños en que nos vemos ascender a un lugar más elevado es exactamente el mismo que el de los sueños de ESCALAR, pero sin que en este caso sea imprescindible superar obstáculos y dificultades, pues el subir tanto puede hacerse fácil como difícilmente.

Si la subida es fácil y la hacemos con alegría, indica el deseo y la seguridad en el éxito y la promoción personal; pero si la subida resulta muy penosa refleja un ánimo pesimista, y el miedo a la inutilidad de nuestros esfuerzos se acentúa cuando en el sueño nos damos cuenta de que por más que nos esforzamos en subir no lo conseguimos.

No obstante, si bien grados razonables de facilidad o dificultad en la subida se corresponden a la realidad de lo que sucede en la vida real, en los casos extremos de gran facilidad y alegría o los de imposibilidad de subir, debemos tener en cuenta que reflejan un estado de ánimo más que una realidad premonitoria, por lo que deben tomarse con un razonable margen de escepticismo y no dejar por ello de ser prudentes, o desistir en nuestros esfuerzos.

Subterráneo

Siempre se trata de un mal sueño, excepto si logramos salir a la luz del sol y el ambiente del sueño es agradable, en cuyo caso puede augurar un período de prueba o dificultades antes de lograr una nueva y mejor situación; pero en caso contrario siempre denota que se está atravesando una situación de pesimismo y desconfianza en el porvenir y, en el peor de los casos, augura el fracaso de nuestras ambiciones.

Suciedad

En los sueños, la suciedad siempre refleja un sentimiento de culpabilidad o la advertencia de que nos amenaza un peligro, ya sea físico o moral. Lo primero es muy fácil de comprender, pues es que nos sentimos interiormente «sucios» y ello se refleja en el sueño, por lo que nos invita a un sincero examen de conciencia para saber qué es lo que nos remuerde y proceder a ponerle remedio. Y el peligro aparece cuando más que sucios nos vemos cubiertos de barro o de densa suciedad, a menos que nos hallemos enfermos, en cuyo caso lo que el sueño revela es nuestro temor ante el peligro —real o imaginario— que encierra nuestra dolencia. Pero no debemos olvidar que la mayoría de las veces el peligro es más para nuestra integridad moral o espiritual que para nuestro cuerpo físico.

Pero no siempre somos nosotros quienes nos vemos sucios, sino que también puede tratarse de otra persona, que de ser conocida será quien corra el peligro, mientras que si es desconocida lo que el sueño revela es la existencia de un peligro latente que se cierne sobre nuestro medio ambiente.

Cuando lo que soñamos sucio es un objeto o un ser vivo, lo que se halla en peligro es aquello que normalmente simbolizan en sueños. Así, por ejemplo, soñar que un perro cubierto de barro nos mira lastimeramente nos revela que corremos el peligro de perder una sincera amistad.

Suicidio

Es un sueño muy poco frecuente que suele revelar la necesidad de reformar o suprimir una zona de la propia personalidad, o la existencia de un serio pesimismo que equivale a condenarnos a la infelicidad. Sea cual sea en cada caso la interpretación más adecuada de las dos, el sueño nos aconseja acudir cuanto antes al psicoanalista.

También es muy conveniente intentar recordar si también recientemente se ha soñado con la destrucción —casual o deliberada— de algún objeto con el que nos sentimos íntimamente identificados o hacia el cual sintamos un profundo afecto, lo que revelaría que, consciente o inconscientemente, el suicidio ronda por nuestra mente.

Sur

Véase ORIENTACIÓN.

Tamiz

Cedazo, tamiz y criba no son más que distintas variedades de un instrumento cuyas mallas nos permiten separar por su tamaño a distintos elementos que aparecen mezclados, como la harina del salvado, por ejemplo. Y cuanto más finas sean las mallas del tamiz, más severo será el criterio de selección elegido.

Simbólicamente, tamizar es escoger, seleccionar y perfeccionar, quedarse con lo elegido y desechar lo indeseable; es decir, cuando en sueños vemos un tamiz o bien lo estamos usando, revela que deberemos realizar una labor de selección, ya sea en nosotros mismos para alcanzar una mayor perfección, o en personas (amigos, colaboradores, etc.), en hábitos, o entre distintas opciones o decisiones.

Pero en el sueño tanto podemos vernos usando el tamiz como siendo sacudidos en su interior. En el primer caso es que deberemos elegir y en el simbolismo de lo que tamizamos ya tendremos una indicación de hacia dónde debe dirigirse nuestra selección; en el segundo caso es que deberemos ser objeto de una selección. Pero en ambos casos siempre se halla presente la angustia, ya sea por tener que abandonar algo que queríamos, o por el temor de ser desechados como escoria en lugar de ser elegidos como lo mejor.

Tapiz

Si bien entre nosotros el tapiz carece de una simbología propia y cuando aparece en sueños debe interpretarse según su color, ornamentación y si nos resulta agradable o desagradable, en muchos pueblos, especialmente en el Oriente Medio, simboliza la vida, la existencia del soñador, siendo su longitud una medida de su longevidad y su espesor y solidez la que informa sobre su prosperidad. Así, un tapiz corto y espeso augurará abundancia; amplio y delgado, longevidad; mientras que pequeño y ligero siempre será de muy mal augurio.

Tarde

Si los sueños cuya acción se desarrolla por la MAÑANA nos hablan del inicio de las cosas, del porvenir que queda por delante, aquellos otros cuya acción se desarrolla por la tarde nos hablan de que el tiempo que resta es limitado, que se acerca el declive y que el fin estará tanto más próximo cuanto más cercana esté la noche.

Y según sea la tarde, clara, límpida y agradable, o triste, nublada y desapacible, aportará al contexto del sueño una mejoría o un empeoramiento al pronóstico del mismo.

Tatuajes

El tatuaje, al igual que las marcas con que se señalan las reses, es una definición de propiedad; por lo que quien se hace marcar a sí mismo con un tatuaje es que desea mostrar su dependencia de aquello a lo que alude el tatuaje; las iniciales y los corazones tatuados en la piel de los enamorados son una clara demostración de este hecho.

Y este mismo significado es el que mantienen en los sueños, por lo que lo primero que debemos hacer es buscar el simbolismo del tatuaje soñado, que nos descubrirá de qué creemos o de qué desearíamos depender.

Taxi

Los sueños en los que interviene un medio de transporte que no conducimos nosotros mismos siempre implican un cambio en nuestra vida en el que nuestras iniciativas se hallan coartadas; en mayor grado en el AUTOBÚS y demás medios de transporte colectivo y mucho menor en el taxi, ya que en éste no nos coarta el compartirlo con otras personas (o muy poco si alguien nos acompaña), y porque al ser nosotros quienes determinamos el lugar de destino nos hace copartícipes de la conducción, del destino que el viaje simboliza.

Si en el sueño nos limitamos a ver un taxi indica que recibiremos una proposición que puede significar un cambio en nuestra vida, pero que todavía no estamos decididos a aceptarla. Si subimos al mismo, o ya nos vemos en su interior, es que el cambio se producirá y que a pesar de que comporta ciertas limitaciones a nuestra iniciativa personal, podremos participar activamente en nuestro propio destino.

Y lo que ocurra en el sueño, así como nuestras reacciones, nos revelarán cuál será nuestra actitud ante los hechos que se avecinan y cómo afrontaremos el cambio.

Teatro, cine, televisión

Son sueños bastante frecuentes, si bien el papel preponderante que antes tenía el teatro va siendo sustituido en forma creciente por el cine y la televisión, paralelamente a lo que sucede en la vida diaria. Y es que allí, en cualquiera de los tres medios, se representa una acción, una trama, que en muchas ocasiones sintoniza con nuestras vivencias personales y luego, en el sueño, revivimos esta parte de la obra visualizada con la que nos sentimos identificados; en cierto modo aprovechamos un argumento externo para actualizar en la conciencia un problema propio.

Otras veces utilizamos el escenario para actualizar en una representación problemas que subyacen en nuestro interior, y hacerlo en una forma menos «incruenta» para nosotros mismos.

Pero sea como sea, la complejidad y dificultad en la interpretación de los sueños de espectáculos reside precisamente en el hecho de que nuestra intervención puede ser muy variada, pues tanto podemos soñarnos como actores, directores, filmadores o espectadores, lo que indica el papel que en cada caso desempeñamos o desearíamos desempeñar en la vida, y el argumento —como hemos dicho— sintoniza con nuestras propias vivencias conflictivas.

Todo ello debe ser analizado cuidadosamente, pues por una parte nos dirá si en la vida adoptamos el papel de espectadores, lo que revela un talante receloso o tímido; si dirigimos la obra, nuestra tendencia a dominar o intervenir en la vida de los demás; y si la filmamos, que nuestra participación a pesar de ser activa también es algo recelosa, pues nos mantenemos distanciados de lo que sucede en la realidad, a menos que al proceder a filmar no hallemos el lugar adecuado para hacerlo, lo que revelaría que tampoco en la vida real estamos muy seguros de cuál es el lugar que realmente nos corresponde.

Pero lo más frecuente es que seamos actores, a veces contra nuestra voluntad —lo mismo que ocurre en la vida—, a veces viéndonos con ropas ridículas —lo que revela timidez— y otras representando una obra que nos es conocida o se relaciona directamente con nuestra propia vida.

Sea cual sea nuestro papel en el sueño, como colaboradores o espectadores, es mayormente lo que sucede en el escenario lo que hay que analizar y comprobar en qué es en lo que sintoniza con nuestras propias vivencias, para hallar cuál es el problema que consciente o inconscientemente nos preocupa y que el sueño quiere revelarnos.

Techo, tejado

El techo, y más especialmente el tejado, es una protección contra lo que nos pueda caer de arriba, y un lugar sin techo es algo abierto a las inclemencias exteriores. Pero a su vez, estar cerrado a las influencias de arriba también puede interpretarse simbólicamente como el cerrarse a la influencia espiritual y a las fuerzas evolutivas, a replegarnos sobre lo que ya poseemos bien consolidado.

De aquí las dos interpretaciones que pueden darse a los sueños en que aparezca un techo o tejado: la positiva, de protección y seguridad, y la negativa, de cerrazón e involución, que se distinguirán por el contexto general del sueño y por la atmósfera del mismo, más bien optimista en el primer caso y algo deprimente en el segundo. Pero en ambos casos lo que le ocurre a nuestro tejado será lo que nos haga sentirnos protegidos o nos impulsa a encerrarnos en nosotros mismos.

Pero también existe otro simbolismo y es aquel que asimila el tejado a nuestra bóveda craneal, por lo que a veces lo que le ocurre al tejado puede referirse a nuestra cabeza, y un sueño muy típico de esta clase es el de incendios que se producen en el tejado, que en muchas ocasiones revela la existencia de algún trastorno psíquico incipiente que conviene vigilar para que no se incremente y agrave.

Tejer, tejido

La acción de tejer es sinónima de creación e incremento, y la expresión «la trama de la vida» es suficientemente clara para ilustrarnos sobre el simbolismo vital del tejido, refrendado por la sabiduría popular al llamar «tela» al dinero.

Por ello, tejer o ver tejer en sueños, o ver una abundante cantidad de tejidos siempre es un presagio de prosperidad, riqueza y fertilidad; mientras que si los tejidos quedan destruidos o deteriorados por cual-

Tejer. Hilado y tejido de la seda. (*Pintura de Kitagawa Utamaro, hacia 1798.*)
El tejido es la trama de la vida, y en los sueños es presagio de prosperidad.

quier causa, el presagio es de desgracia y pérdida de bienes. Soñar que intentamos tejer y no podemos —o no sabemos— revela incapacidad creadora o infertilidad.

Tejo

En el mundo céltico, el tejo es un árbol funerario; pero de un modo más general se trata de uno de los árboles más antiguos que existen y de cuya madera se construían las lanzas, por lo que también comporta un simbolismo agresivo. Si a esto añadimos la toxicidad de sus frutos no es de extrañar que cuando aparezca en sueños siempre sea de mal agüero y haga temer pérdidas, accidentes y duelos.

Telaraña

Además de cuanto hemos dicho al hablar de la ARAÑA, su simbolismo es muy similar al de tejer y tejido; pero se trata de un tejido destinado a la agresión y la destrucción y, por lo tanto, siempre nefasto. Si nos debatimos en la telaraña indica que nos hallamos en una situación delicada y comprometida de la que no sabemos cómo salirnos; pero si lo que soñamos son objetos cubiertos de telarañas es que lo que simbolizan dichos objetos lo hemos hechado en olvido o debemos olvidarlo.

Teléfono

El teléfono se ha convertido en un símbolo de las relaciones sentimentales y amorosas, especialmente en los sueños femeninos. Las incidencias que surjan en la comunicación telefónica nos informarán sobre la calidad de la relación, y así, por ejemplo, a veces nos es imposible establecer contacto o se corta la comunicación telefónica, lo que revela el temor a la imposibilidad de dicha relación afectiva o a que pueda romperse; otras veces la comunicación es perfecta, e igualmente buena será la relación sentimental o amorosa.

Las demás circunstancias del sueño nos facilitarán los detalles complementarios para la interpretación completa del sueño.

Televisión

Véase TEATRO.

Tempestad

Simbólicamente —y como todo lo que cae del cielo— la tempestad tiene un carácter celestial y se considera como una demostración de la cólera divina; en los sueños se interpreta como una manifestación de que el destino nos pone a prueba, lo que equivale a presagiar una época muy movida en nuestra vida, con la posibilidad de cambios importantes, ya sea en bien o en mal. Los fenómenos que acompañen a la tempestad soñada, NUBES, LLUVIA, GRANIZO, RAYOS, RELÁMPAGOS, ARCO IRIS, etc., ya estudiados, nos aclararán si el resultado final será positivo o negativo, y la dirección en la que se producirá el cambio.

Terciopelo

Como todas las telas, simboliza riqueza, pero a causa de su delicado tacto la riqueza que simboliza es sensual, por lo que los sueños en que aparece suelen revelar el deseo de relaciones íntimas impregnadas de ternura y erotismo. No obstante, en algunas ocasiones que el mismo contexto del sueño hace evidentes, también pueden revelar una cierta tendencia al fetichismo.

Termitas

En forma similar a sus parientes las HORMIGAS, las termitas simbolizan el trabajo persistente, organizado y previsor, pero en este caso se trata de un trabajo destructor, por lo que en sueños simbolizan la existencia de una labor de zapa destructora, lenta, clandestina e implacable de la que es víctima el soñador.

Ternero

El ternero, al igual que el CABRITO y demás crías de animales, simboliza la infancia, y en los sueños siempre presagia embarazo, parto feliz, adopción, tutela, padrinazgo y demás situaciones parecidas, lo que dependerá de las circunstancias personales del soñador.

Terremoto

Simbólicamente, el terremoto participa del sentido general a todas las catástrofes: el de mutación brusca de la vida, que tanto puede ser para bien como para mal.

En el caso del terremoto (pero antes hay que comprobar que el sueño no se haya debido a algún movimiento de la cama) hay que tener en cuenta que simbólicamente cuando la tierra tiembla es que se rompe y desestabiliza la base sobre la que reposaba nuestra vida; que se deshace el mundo de nuestras certezas, de nuestras creencias y de nuestros hábitos.

Es por ello que el sueño siempre revela una verdadera conmoción del ser y la conciencia cuyos efectos pueden ser realmente destructores o, por el contrario, revelar el inicio de una transformación claramente positiva y regeneradora de la personalidad, motivo por el cual se trata de un sueño relativamente frecuente cuando se inicia un tratamiento psicoterapéutico y en los procesos de transformación del pensamiento religioso o ideológico.

Sólo la situación actual del soñador indicará si se trata de alguno de estos casos positivos, o si es el presagio de acontecimientos inesperados y negativos, o si puede ser conveniente visitar al psicoanalista como medida cautelar.

Terror

Véase MIEDO.

Tesoro

En los sueños, al igual que en las leyendas y los cuentos infantiles, los tesoros siempre se hallan en islas pobladas de salvajes, en el interior de cavernas de difícil acceso, o enterrados en los lugares más inverosímiles. Pero sea cual sea el lugar en que se encuentran, siempre hay que sufrir penalidades y trabajos para encontrarlo, o hay que luchar contra monstruos o seres primitivos.

Y es que el tesoro escondido casi siempre simboliza el conocimiento, la riqueza interior que sólo una peligrosa búsqueda permite alcanzar y que se halla guardado por las peligrosas entidades psíquicas de las que podemos ser víctimas, o por los aspectos negativos de nuestra naturaleza inferior.

Pero no siempre alcanzamos el tesoro tal y como deseábamos porque el sueño tanto puede ser debido a nuestros deseos de perfección como a la desesperación por no haberla alcanzado todavía. Y otras veces, el tesoro lo hallamos lleno de suciedad y corroído por el tiempo y la humedad, lo que es una forma de reconocer interiormente que el tesoro deseado era exclusivamente material y perecedero. O en lugar de oro y joyas lo que hallamos son objetos sin valor, lo que nos indicará que nuestros deseos de enriquecernos son utópicos, por lo que debemos ser más prácticos en la vida cotidiana y dejar de soñar con una riqueza fácil pero inalcanzable.

Tienda

En líneas generales, los sueños de tiendas deben interpretarse en la misma forma que los de MERCADOS, con la única diferencia de que en ellos no aparece el sentido de LABERINTO que allí mencionábamos.

También en los sueños de tiendas las mercancías expuestas, a pesar de su variedad suelen tener una cierta uniformidad; es decir, serán libros, o fruta, o vestidos, o lo que sea, pero sin la variedad y mezcolanza del mercado, lo cual orienta mucho mejor sobre el tema central al que se refiere el sueño.

Por otra parte, en la tienda también podemos vernos sirviendo a los clientes, en cuyo caso la tienda es un resumen de nuestras pertenencias, y su riqueza o penuria, el orden o el desorden en la exposición de los objetos, el buen o mal estado de los mismos y demás detalles generales nos informarán del estado en que se hallan o se hallarán nuestros bienes.

Así, por ejemplo, soñar la tienda en ruinas es una amenaza de ruina en la vida real; la tienda cerrada augura graves problemas en ciernes; y una tienda repleta, bien ordenada y cuidada, será un excelente augurio de riqueza material o espiritual.

Y, por último, también podemos vernos a nosotros mismos expuestos en el escaparate, lo que siempre revela un fuerte complejo de inferioridad.

Tienda de campaña

Los simbolismos más corrientes de la tienda de campaña son dos: el de protección y el de evasión.

En efecto, soñarnos en el interior de una tienda de campaña es una forma de sentirnos protegidos, resguardados de las «inclemencias» del mundo exterior; del mismo modo que vernos delante de la misma sin poder entrar indicará el temor a los acontecimientos o la decepción ante un fracaso inesperado; y el peor augurio es soñar que la tienda se nos desploma encima.

Pero soñarnos en el campo, la playa o la montaña descansando plácidamente en el interior de la tienda, también puede revelar la necesidad de relajarnos y sosegarnos, de evadirnos, ya sea para poner un

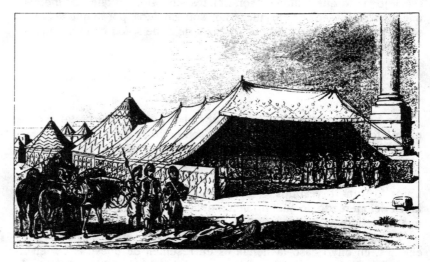

Tienda de campaña. El campo del Bajá en Alejandría. (*De un grabado antiguo*.)
Un sueño dual, de deseos de protección o de evasión y relajamiento.

poco de orden en nuestra mente y espíritu, o simplemente para huir del frenesí de la vida diaria.

Tierra

La tierra, como el mar, posee un simbolismo maternal y fecundo, pero mientras que el mar siempre tiene algo de lejano, terrible e inestable, la tierra es próxima, apacible y familiar. Por ello, enterrar a los muertos simboliza la paz que les deseamos, y a partir de entonces aquel lugar se convierte en un lugar de culto para familiares y descendientes; esto es lo que da sentido al culto a la patria, que al fin y al cabo es el culto a la tierra donde descansan nuestros progenitores.

Y si el mar es la imagen de la madre terrible, la tierra lo es de la madre amantísima que nos sostiene y alimenta y que sólo puede sernos negativa en sus límites extremos, cuando se ve sacudida por los otros tres elementos de la creación: Fuego, Aire y Agua. Es por ello que los sueños en los que interviene la tierra casi siempre son positivos y fecundos y su interpretación es fácil y directa.

Así, por ejemplo, soñar con una tierra rica, verde y soleada siempre es un augurio de riqueza, paz y equilibrio, tanto físico como psíquico; ararla es preparar la riqueza futura, y cosecharla, la riqueza inmediata. No poder trabajarla revela que hemos agotado nuestras reservas y capacidades físicas o espirituales; soñarnos tendidos boca abajo sobre la tierra revela el ansia de posesión, ya sea de riquezas o de un ser querido y deseado; hallarnos como perdidos en una gran extensión de tierra en la que nos sentimos empequeñecer progresivamente revela el peligro de la desintegración de nuestra personalidad, quizá por un exceso de soledad; comer tierra simboliza el sacrificio a la vulgaridad de la vida para alcanzar lo que en ella existe de valioso y eterno.

Tigre

La aparición del tigre en nuestros sueños siempre es angustiosa y terrorífica, porque el tigre onírico representa los instintos desencadenados dispuestos a asaltarnos, a destrozar nuestra personalidad. Nos dice Aeppli:

«En su poderosa felinidad se encarna la naturaleza instintiva —de igual modo que en el toro, pero más astuto, menos ciego, pero idénticamente desvinculado del hombre; o que el perro callejero y mordedor, pero mucho más feroz— cuyo peligroso encuentro nos es inevitable. Y se nos muestra por su peor lado, porque confinado en la jungla se ha vuelto totalmente inhumano.

»No obstante, todo lo que el tigre representa nos fascina; es violento y grandioso, pero sin la dignidad del león. Es un pérfido déspota que no sabe lo que es compasión.»

Así pues, cuando en sueños aparece un tigre, significa que estamos seriamente amenazados por la bestialidad de las fuerzas instintivas.

Tijeras

Son un símbolo de conjunción, como la cruz; pero también el atributo de Atropos, la Parca encargada de cortar el hilo de la vida, símbolo de la posibilidad de una muerte repentina y un recuerdo de que la vida no depende sólo de nosotros. Por ello, se trata de un símbolo ambivalente que tanto puede expresar la creación como la destrucción, el nacimiento o la muerte.

Por ello, si bien algunas veces —muy raras— su aparición en los sueños puede presagiar un nacimiento en la familia, en la inmensa mayoría de las veces lo que se manifiesta es su aspecto negativo.

Soñar con unas tijeras suele pronosticar discusiones o peleas entre esposos o amantes; si las tenemos en la mano, calumnias y maledicencias, e incluso a veces un pleito; si se nos caen al suelo presagian un duelo en la familia.

Tilo

Este árbol, cuyas perfumadas flores poseen notables cualidades tranquilizantes, siempre ha sido considerado como un símbolo de la amistad, de la tierna fidelidad.

Timón

Símbolo de seguridad y de rumbo definido, por lo cual cuanto le suceda al timón en nuestros sueños debe aplicarse a la seguridad y buena dirección en el rumbo de nuestra vida.

Tinta, tintero

Se atribuye a la tinta un sentido de prosperidad en todo aquello que estemos realizando en estos momentos; pero, en cambio, si nos ensuciamos con la tinta o derramamos el tintero es un signo de desgracia y de obstáculos en nuestra tarea.

Títeres

Los títeres simbolizan a aquellos seres sin consistencia ni voluntad propia que ceden a todos los impulsos exteriores.

Por ello, si en el sueño nos vemos manejando unos títeres es que en la vida real estamos manipulando —o deseando manipular— a otras personas para que se plieguen a nuestros deseos; pero, en cambio, si somos nosotros los que nos soñamos convertidos en títeres es que alguien está haciendo lo propio con nosotros.

Torbellino

Simbólicamente, todo movimiento giratorio es una representación del tiempo y su evolución; es algo que activa y vivifica todas las cosas y fuerzas que se hallan implicadas en él para incorporarlas a su marcha y asirlas al resto de las cosas. Es lo que los gnósticos y alquimistas representaron como la serpiente o el pescado que se come la cola.

Pero cuando el movimiento giratorio llega a acelerarse infinitamente se convierte en un torbellino, y entonces simboliza que la evolución se ha convertido en imposible de controlar y ya se halla dirigida por fuerzas superiores a las nuestras.

Entonces esta evolución puede adquirir dos direcciones distintas pero igualmente demoledoras: la de remolino, que será una regresión irresistible que nos hunda hasta el abismo; o el de la tromba, de una subida hacia arriba que igualmente será nuestra perdición; pero sea cual sea su dirección, siempre se caracteriza por ser una intervención extraordinaria y violenta que trastoca el orden de las cosas.

En los sueños, los remolinos nos advierten que hemos establecido una relación amorosa o sentimental que sin que nos demos cuenta se está acelerando rapidamente y amenaza con arrastrarnos al desastre, a menos que esta advertencia del sueño llegue a tiempo para romper el círculo que nos aísla de la peligrosa realidad.

La tromba es exactamente lo mismo, pero motivado por una búsqueda incontrolada del conocimiento que puede desencadenar fuerzas psíquicas que igualmente pueden conducirnos a la perdición.

Toro

El toro es el símbolo más primitivo de las fuerzas instintivas y desenfrenadas en todos sus aspectos, tanto destructores como creadores; es el terrible Minotauro, devorador de doncellas y guardián del Labe-

Toro.
*Presagio soñado de una pujante energía o del estallido
de nuestros sentimientos primitivos.*

rinto, o el rugiente Rudra del Ring-Veda, cuyo abundante semen fertilizó la tierra. Es el instinto procreador que canalizado y dominado por el espíritu es fuente de vida y creatividad, pero que cuando se reprime y acumula irresponsablemente puede estallar violento e irresistible, del mismo modo que si se convierte en la única finalidad de la vida su derroche indiscriminado causa también la aniquilación de la propia personalidad.

Por ello, si ver a un toro majestuoso y desafiante puede ser un sueño favorable que atestigua una pujante energía creadora, cuando el toro nos persigue dispuesto a destrozarnos es que en nuestro interior los instintos primitivos están a punto de estallar, lo que siempre presagia una lucha muy difícil si no queremos sucumbir a ellos y pechar con las consecuencias.

Torpedo

Este sueño suele indicar el temor o el deseo de «torpedear» un asunto; de destruir o inutilizar algo o alguien que se ha convertido en un obstáculo para el soñador.

Generalmente, nuestro subconsciente sólo escoge esta imagen poco usual en los sueños cuando lo induce alguna lectura, conversación o filmación visualizada el día anterior.

Torre

La torre es un baluarte defensivo que aísla del exterior, y lo que casi siempre encierra es a nuestro centro interior, a nuestro Yo.

En los procesos de individuación, de maduración de la personalidad, en los sueños simbolizamos a este centro interior como una torre solitaria que emerge de entre la niebla, las nubes o de un proceloso mar; y el difícil camino hasta el descubrimiento de nuestro propio Yo se manifiesta por las dificultades que debemos vencer para llegar al interior de la torre, lo que no siempre se consigue.

Otras veces, la torre aparece sólida y claramente recortada sobre el cielo, y entonces representa las posibilidades de defensa y nuestra capacidad para salir con éxito de los embates de la vida, que seran mayores o menores según el estado de conservación y solidez con que soñemos la torre.

Por último, en ocasiones la torre también puede ser un símbolo de virilidad, unas veces pujante y otras con el temor a la impotencia, que se manifestará por la torre en ruinas.

Como de costumbre, las condiciones personales del soñador y el contexto del sueño nos ayudarán a conocer cuál de estos significados es el correcto en cada caso particular.

Tórtola

Al igual que los pichones, cuyo simbolismo describimos al hablar de las PALOMAS, la tórtola es representativa de la fidelidad y del afecto, que serán perfectos si las tórtolas soñadas se hallan en libertad, y se tratará de un amor contrariado y desgraciado si se hallan enjauladas.

Tortuga

A pesar que en Oriente la tortuga posee un simbolismo cosmológico de una extraordinaria riqueza y es un animal sagrado, entre nosotros, los occidentales, se limita a simbolizar la longevidad y la protección, esta última gracias a la serena tranquilidad de que hace gala al poder replegarse dentro de sí misma, escapando así a todos los peligros.

Tranvía

El tranvía es otro de los transportes colectivos cuyo significado en los sueños ya expusimos al tratar del AUTOBÚS.

Trébol

El trébol —como todas las formas trilobadas— se considera un símbolo de la Trinidad y, por lo tanto, siempre es benéfico. Un caso especial es el trébol de cuatro hojas, que a su significado favorable une el de su extrema rareza, lo que le ha convertido en el más conocido símbolo de la buena suerte, tanto en los sueños como en la vida real.

Tren

Ya hemos tratado repetidamente de los medios de transporte colectivos —véase AUTOBÚS, por ejemplo— pero dado que el tren es el más típico y el que aparece con mayor frecuencia en los sueños, vamos a ampliar algunos detalles de los mismos.

En primer lugar, la red de ferrocarriles es como una imagen simbólica del ritmo impersonal e inflexible del destino que se impone por encima de las circunstancias personales y autónomas, como la voluntad y los problemas personales; es como una demostración gráfica de que el interés general —o genérico— predomina siempre sobre los intereses particulares. Es precisamente por ello que el tren es una imagen de la vida colectiva, del destino que nos arrastra, o de una evolución psíquica y espiritual que debemos emprender en una dirección, buena o mala, que quizás es una de las pocas cosas en las que somos libres de escoger.

Llegar con retraso a la estación y perder el tren ya lo analizamos también en la palabra RETRASO; aquí nos limitaremos a decir que desde el punto de vista espiritual este sueño también puede indicar que nuestra evolución se puede ver retardada o detenida a causa de nuestros complejos, de nuestras fijaciones inconscientes, de nuestro apego a lo material en todos los conceptos.

La misma ESTACIÓN también la hemos analizado, y lo curioso es que en los sueños casi siempre la soñamos como estación de partida y casi nunca de llegada; y es que también en la vida real es más fácil saber dónde estamos que adónde llegaremos.

La locomotora tanto puede significar al Yo consciente que dirige nuestra evolución, ya sea en bien o en mal, como el destino impersonal que nos arrastra.

El BILLETE de tren visto en sueños nos recuerda que en esta vida para poder recibir antes hay que dar; que no es posible evolucionar sin sacrificio ni progresar materialmente sin nuestro esfuerzo personal. Pero, además, cada billete lleva impreso la clase de vagón al que nos corresponde subir, por lo que cuando nos vemos en una clase que no es la que indica el billete, el sueño nos está diciendo si estamos sobrevalorando nuestras verdaderas capacidades y posibilidades, o si por el contrario las infravaloramos.

También al hablar del AUTOBÚS dijimos que subir al mismo cuando está abarrotado de gente refleja nuestra necesidad de contacto humano; pero es que en el sueño a veces es precisamente el hecho de ir abarrotado lo que no nos permite subir al tren o lo hace extremadamente difícil; en estos casos el sueño refleja nuestra dificultad en integrarnos en la sociedad, ya sea por un exceso de individualismo, de egoísmo, o de introversión.

Por último, sólo nos resta añadir que las circunstancias del viaje también contribuyen a aclarar el desarrollo de los acontecimientos. Así, si el tren descarrila, tanto puede tratarse del fracaso en nuestro proceso material o espiritual como indicar la existencia de alguna neurosis, de algún complejo psíquico que deberíamos someter cuanto antes a un tratamiento adecuado. Si el tren nos atropella es que existe el peligro de perder una parte de nuestras posesiones o de nuestra personalidad; y en el peor de los casos, el fracaso total.

Trigo

El simbolismo del trigo procede de dos hechos fundamentales: su origen desconocido, lo mismo que ocurre con otras plantas básicas de nuestra alimentación, como la cebada y el maíz, y el milagro de la SEMILLA, que muere para dar lugar a una nueva vida.

Y es que es posible multiplicar sus variedades, hibridarlas con otras, mejorar su calidad, pero no es posible crear ninguna planta básica para la alimentación humana. Es por ello que en las diferentes civilizaciones siempre aparecen como un don de los dioses íntimamente ligado al don de la vida.

En Grecia, la diosa Demeter (la que luego será la Ceres romana) entrega la cebada y el trigo a los hombres y manda a Triptolemo, rey de Eleusis, que distribuya sus semillas por el mundo y enseñe el arte de cultivar la tierra; en México, Xipe-totec, dios de la primavera y los sacrificios, es quien se encarga de donar el maíz como alimento primordial.

Por dichas causas el trigo siempre se ha considerado como un bien inapreciable y en los sueños adquiere el significado de riqueza y feliz

Trigo. José interpreta los sueños faraónicos de las siete espigas
y las siete vacas. (*De la Biblia de Julius Schnorr.*)
Su sueño es augurio de riqueza y feliz culminación del trabajo.

culminación del trabajo. Riqueza que será proporcional a la cantidad
de trigo soñada, del mismo modo que lo que le ocurra al trigo, en bien
o en mal, será lo que le ocurra a nuestra riqueza. Y por último, también
se afirma que soñar trigo sobre la cama augura un próximo o ya consu-
mado embarazo.

Tumba

Véase CEMENTERIO.

Túnel

Simbólicamente, el túnel es una vía de comunicación, oscura y
tenebrosa, entre dos zonas de clara luz; es la oscura travesía que mu-

chas veces es imprescindible para alcanzar una meta lejana con mayor rapidez. Es por ello que el túnel se asocia a los ritos de iniciación y al nacimiento, a la salida del túnel que representa la vagina materna.

En los sueños, los túneles sombríos e interminables conforman muchas pesadillas en las cuales expresan estados de angustia, de inseguridad, o la inquieta espera de algo que se desea y se teme que no podremos obtener, ya sea de orden material o espiritual.

Túnica

Mientras que el MANTO simboliza una dignidad, pero a la vez una separación con el resto del mundo, lo que lo convierte en una protección pero también en el límite de la personalidad, la túnica simboliza el alma en su manifestación más visible, es decir, lo más cercano al espíritu, a su límite más externo en el cual pueden manifestarse y exteriorizarse las penas, los dolores, las cicatrices y las manifestaciones del alma.

En los sueños, todas estas circunstancias quedan representadas por el color, las manchas y los agujeros que vemos en la túnica, siendo por ello muy importante para la interpretación ver cuál es el COLOR y cuál es la materia que integra las MANCHAS, y en cuanto a los agujeros es importante distinguir las rasgaduras —que siempre indican que existe o ha existido algo que nos hiere profundamente— de las quemaduras, indicio del origen pasional de la herida del alma.

Umbral

Simbólicamente, todo umbral, especialmente si pertenece a una puerta de entrada, se considera un lugar de transición entre dos lugares o dos mundos. Es por dicho motivo que los umbrales de los templos, sean de la religión que sean, siempre se adornan profusa y amorosamente, pues representan el punto de transición entre el mundo humano y el divino.

En los sueños, el umbral mantiene este simbolismo, pero lo que importa no es el umbral en sí, sino nuestra actitud frente al mismo. Así, por ejemplo, detenernos frente al umbral de una casa o templo sin llegar a cruzarlo indica el deseo de adherirnos a las reglas y a las personas que allí rigen y habitan, pero que todavía no nos hallamos plenamente decididos a hacerlo. Mantenerse bajo el umbral o cruzarlo equivale a ponernos bajo la protección del señor de la casa o templo; y así en todas las variantes del sueño.

Umbral. Pórtico de la Gloria de Santiago de Compostela.
*Cruzar el umbral en nuestros sueños equivale a ponernos bajo la protección
del señor de la casa.*

Uniforme

Lo que en su lugar dijimos de los SOLDADOS es válido para cualquier clase de uniforme, pues de hecho, el tipo de uniforme soñado indica el tipo de disciplina al que deseamos someternos.

Urraca

La urraca suele considerarse como un pájaro charlatán, ladrón, envidioso y presuntuoso. En sueños, lo que presagia son malas noticias relacionadas con sus atributos, es decir, sobre robos, envidias, murmuraciones, comadreos, etc.

Uvas

Aparte de su relación con la VID y el VINO, cuando a las uvas las soñamos en racimos simbolizan la fertilidad a causa de la abundancia de sus semillas; la unión, a causa de lo apiñado de sus granos; y el sacrificio, porque deben ser destruidos para producir el vino.

Es un sueño que siempre promete toda clase de satisfacciones, materiales y espirituales.

Vaca

Simbólicamente, la vaca se asocia a la tierra nutricia y generosa, a la bondad, a la paciencia y a la fertilidad.

En los sueños no es muy frecuente que aparezca, y cuando lo hace es para advertirnos que nos falta alguna de sus cualidades. No obstante, cuando las vacas soñadas están gordas y lustrosas son un presagio de riqueza y prosperidad; mientras que si están flacas y depauperadas lo son de pobreza.

Una vaca preñada suele anunciar un próximo nacimiento en la familia o que en nuestra mente se está gestando una idea, un proyecto, que resultará provechoso.

Vacaciones

Las vacaciones son una época de descanso y relajación, y cuando en sueños nos vemos gozándolas suele indicar el deseo o la necesidad de un reposo que nos permita reponer nuestras energías, que se hallan en pleno declive, lo que comporta el peligro de errores o imprudencias que pueden ser nefastos, y que al mismo tiempo en estos momentos somos mucho más vulnerables que de costumbre.

Una excepción a esta interpretación es cuando el sueño se produce poco después de unas vacaciones reales, en cuyo caso se trata de una reminiscencia de las mismas.

Vaca. La vaca del cielo, según los egipcios.
Cuando las vacas soñadas están gordas y lustrosas es un presagio de prosperidad.

Vado, vadear

En el simbolismo del vado se mezclan los del UMBRAL (como paso de un lugar a otro, de un estado interior a otro, o de una situación a otra distinta), el del AGUA (por lo que contiene de emotivo) y el de las orillas opuestas como lugar de contradicciones, de necesidad de franquear —en este caso vadear— un paso peligroso.

Es por ello que los sueños de vados surgen en los momentos cruciales de la vida, cuando debe realizarse un cambio, ya sea material, mental o espiritual; y para interpretar el sueño es necesario tomar en cuenta lo que existe en la orilla que abandonamos y en aquella a la que queremos llegar, la profundidad y peligrosidad del vado, y cuáles son los medios de que disponemos para cruzarlo.

Vagabundo

Para la interpretación de los sueños de vagabundos hay que tener en cuenta ante todo los sentimientos que les acompañan.

Si en el sueño nos vemos como vagabundos, pero los sentimientos son de contento o liberación, es que deseamos abandonar una situación, un modo de vida o un vínculo sentimental; pero al mismo tiempo también revela que en nosotros existen capacidades y cualidades que todavía no sabemos usar de una manera adecuada, lo que nos impele a querer huir de responsabilidades y deberes.

Pero si en el sueño los sentimientos son tristes, lo que revela es un verdadero temor al fracaso y a un futuro que se presenta incierto.

Valle

J. E. Cirlot nos describe con tal belleza y concisión el simbolismo del valle que no podemos resistir la tentación de trascribirlo:

«En el simbolismo del paisaje, por su nivel, que se supone el del mar, es una zona neutra, perfecta para el desenvolvimiento de la manifestación, es decir, de toda creación y progreso material. Por su carácter fértil, en oposición al desierto (lugar de purificación) y al océano (origen de la vida, pero estéril para la existencia del hombre), así como a la alta montaña, zona de las nieves y de la ascesis contemplativa o de la iluminación intelectual, el valle es el símbolo de la misma vida, el lugar místico de los pastores y sacerdotes.»

Y es que el valle es un lugar inferior al que convergen las aguas fecundadoras de las alturas circundantes, y está abierto por arriba, es decir, receptivo a las influencias celestes; y para ser también un lugar de fecunda convergencia, el soberano y el sabio deben mantenerse en un nivel inferior, en la humildad —nos dice también el Tao.

Y es también por el valle que pasa el camino hacia Dios, pues en él se unen la tierra y el agua del cielo para dar ricas cosechas; es allí donde se une el alma humana y el toque de Dios para procurar la revelación y el don de la Gracia.

No es pues de extrañar que soñar con un apacible valle sea uno de los sueños más prometedores de abundancia y felicidad en todos los terrenos.

Vampiro

En el vampiro se simboliza el ansia inextinguible de vivir, de usar y abusar sin fin y sin que pueda saciarse jamás. El ejemplo que mejor nos puede ilustrar sobre este simbolismo es el avaro que cuanto más tiene más quiere y es capaz de morir de hambre para no desprenderse de su dinero.

En los sueños de vampiros pueden darse dos casos: que veamos o nos ataque un vampiro, o que el vampiro lo seamos nosotros.

En el primer caso debemos tener en cuenta que existen personas que consciente o inconscientemente son capaces de absorber nuestra energía en su provecho, es decir de «vampirizarnos» y son personas a las que podemos reconocer porque cuando hemos estado un buen rato en su compañía, mientras ellos parecen haber recuperado sus fuerzas y vitalidad, nosotros nos sentimos agotados de cuerpo y mente sin nada que lo justifique. Pero, además, en sueños también pueden aparecer como vampiros quienes se nos acercan para apoderarse de nuestro dinero o gozar abusivamente de nuestra sexualidad. Así pues, soñar con un vampiro es una forma de prevenirnos que existe alguien que desea abusar en su provecho de nuestra energía, nuestro dinero o nuestra sexualidad.

Soñarnos a nosotros convertidos en vampiros —sueño muy poco frecuente— revela el peligro de que nos dejemos arrastrar por nuestros apetitos vitales con ansia creciente e imposible de apaciguar, con lo que psicológicamente nos «devoramos» a nosotros mismos, convirtiéndonos en una amenaza, tanto para nosotros como para los demás.

En este caso, si no recogemos la advertencia del sueño y aprendemos a dominar nuestros instintos y pasiones, nos exponemos a una autodestrucción física y psíquica.

Vejez

En nuestros días los viejos sólo existen como seres desvalorizados, y en tal forma que hasta la palabra «viejo» o «anciano» se está eliminando del lenguaje y a la vejez se la llama «la tercera edad», e incluso los viejos se molestan si los llamamos así.

Pero en los sueños sigue perviviendo el anciano, y cuando aparece es realmente viejo y, como en la antigüedad, representa aquella sabiduría que proporcionan los años; es un símbolo más de la madre tierra, de la eternidad, del espíritu de los antepasados. Y con tales poderes y cualidades casi mágicas son una entidad protectora y benéfica o el destino inexorable.

No es raro que en los sueños aparezcan tres ancianas de edad indefinible —las tres Parcas, dueñas del destino— para hacernos presente que a pesar de sentirnos fuertes y arrogantes, el destino está por encima de nosotros y en cualquier momento puede rebajarnos al lugar que realmente nos corresponde.

O puede ser una única figura de anciano —hombre o mujer— que parece asegurarnos que nuestros temores son injustificados, pues ya sea el espíritu de nuestros antepasados, el ángel guardián o el guía que

Vejez. Las tres Parcas.
El sueño del destino inexorable, de la protección invisible ante nuestros temores.

vela por nosotros, siempre existe una protección invisible que nos preserva de muchos peligros.

Estos sueños de ancianos siempre son trascendentes, y si bien no son frecuentes, sí impresionan. Normalmente, domina el aspecto benéfico o el sentido de destino, pero cuando no es así se refieren a la maldad primitiva, ancestral, y aparecen como la bruja o el hechicero, que si bien a veces podemos relacionar con alguna persona —también vieja y malvada— de la vida real, casi siempre delatan la maldad oculta que existe latente en nosotros hasta que no alcanzamos un determinado grado de evolución. Véanse, también, JUVENTUD y VEJEZ.

Vela

En los sueños la luz del sol se refiere a la vida y el conocimiento; pero a una vida y conocimiento cósmico, universales, mientras que a los puntos de luz individualizados, como la vela, la LÁMPARA o el candil, se refieren a la vida individual, personificada. Por ello, lo que le ocurre a la luz de la vela será una imagen de lo que le ocurre a nuestra vida y conocimiento.

Así, cuando la llama de la vela es firme, luminosa y se eleva verticalmente sin apenas hechar humo, es que nuestra vida también es pujante, nuestro espíritu claro, sabemos muy bien lo que queremos en la vida y —según ciertos autores— es un símbolo de longevidad.

En cambio, una vela cuya llama sea vacilante, arda con dificultad y abundante humo, tanto puede revelar una salud precaria como el que nuestras ideas son frágiles e inestables. Si la vela se apaga es que estamos llegando al límite de nuestras posibilidades físicas y psíquicas, por lo que si queremos preservar nuestra salud se impone un buen descanso y, quizás, un tratamiento de recuperación.

Pero otras veces la vela se refiere a nuestra vida espiritual, a la que podemos aplicar lo dicho para la vida física; pero, además, cuando en el sueño alumbramos una vela para explorar un lugar oscuro, nos habla de un posible viaje interior, de una exploración espiritual que emprenderemos con decisión y eficaz preparación si la vela se enciende bien y arroja abundante luz; o temerosamente si arde con dificultad, en cuyo caso el sueño nos aconseja dejar para más adelante una experiencia para la que todavía no estamos suficientemente preparados.

Veleta

Su aparición en los sueños nos advierte contra la indecisión, la inconstancia y las dudas, ya sea en nuestros actos o en nuestras ideas o afectos.

Velo

El velo sirve para una ocultación parcial de las cosas y a la vez implica una separación. Por ello, en muchas religiones se usa el velo para simbolizar su separación de la vida profana; entre la vida externa y la vida interna, material la una y dedicada a la divinidad la otra.

Pero del mismo modo que la luz del sol posee una doble acepción simbólica y tanto puede iluminar como cegar con su extrema luminosidad, también el conocimiento y la divinidad pueden ser iluminadores o cegadores, y es aquí donde el velo tiene otra función: la de atenuar su cegadora luz. Un ejemplo lleno de simbolismo lo hallamos en la Biblia cuando nos dice que al bajar Moisés del Sinaí para hablar a su pueblo tuvo que cubrirse con un velo para no cegarles con el esplendor del conocimiento revelador que irradiaba su rostro.

Por ello, el velo, al ocultar de tal modo que permite adivinar algo de lo que se oculta, muchas veces es un invitación al conocimiento, y ello tanto desde el punto de vista espiritual como material; cosa que las mujeres, especialmente si son algo coquetas, conocen mejor que nadie desde que el mundo es mundo.

En los sueños se mantienen estos simbolismos, aun cuando suele predominar su parte más inferior, más material. Y a menos de hallarse muy evolucionado espiritualmente, quien se sueñe con el rostro velado es que no es sincero, que tiene algo que ocultar e intenta hacerlo aun cuando no lo consiga totalmente. A menos que el soñador sea una mujer y el contexto del sueño ya indique que se trata de un anuncio, ya sea de una boda o de un duelo.

Vello

Como ya indicábamos al tratar del CABELLO, mientras que éste por su situación en la cabeza simboliza las fuerzas superiores, el vello simboliza las fuerzas inferiores e instintivas; especialmente la energía y potencia sexuales. Véase PELO.

Venda

Las vendas tanto pueden simbolizar el dolor como la ceguera, todo depende de su localización.

Es por ello que tanto la diosa Fortuna, como Eros, dios del amor, y Temis, diosa de la justicia, se representan siempre con los ojos vendados, simbolizando con su ceguera su imparcialidad; que no eligen de forma partidista a quienes deben favorecer o perjudicar con sus decisiones.

En los sueños, las vendas suelen indicar que alguien intentará beneficiarse a costa de nuestro dolor, o que estamos ciegos ante las cosas y los hechos, lo que puede causarnos muchos desengaños, tanto en la vida material como en la sentimental.

Ventana

La ventana, al constituir una abertura al aire y la luz exteriores, simboliza la receptividad y la proyección en lontananza, y ello tanto en lo espiritual cuando la ventana es en forma de CÍRCULO, como en lo material y terreno si es cuadrada o rectangular.

La proyección en lontananza consiste en la posibilidad de asomarnos o alcanzar un futuro en el que nuestros proyectos y aspiraciones se

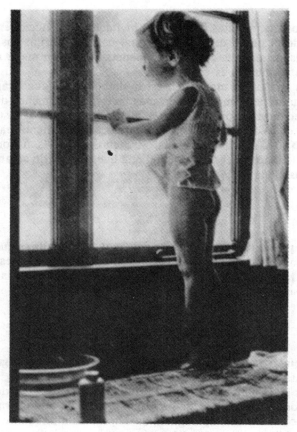

Ventana. ¿Qué habrá allá fuera?

Si a través de la ventana vemos pasar la luz, por ejemplo, significa que somos recepti
a las influencias positivas del exterior.

realizan o no de acuerdo con lo que se divisa a través de la ventana. Así, cuando a través de la misma la vista nos resulta agradable y soleada, revela nuestra esperanza y posibilidades de que nuestras esperanzas se conviertan en realidad en un futuro relativamente próximo; mientras que si sólo se observa la oscuridad es que el futuro se presenta muy incierto, tanto en lo material como en lo espiritual.

Pero si en lugar de mirar a través de la ventana nos hallamos en el interior de la habitación y vemos como a su través penetra la claridad exterior —y también el aire puro, si está abierta— es que somos receptivos a las influencias positivas que puedan llegar a nosotros (también espirituales o materiales, según la forma de la ventana). Por el contrario, cuando no penetra la luz y sólo se percibe oscuridad, indica nuestra falta de receptividad, nuestra cerrazón; lo que a la larga siempre se traduce en frustraciones y fracasos.

Si deseamos asomarnos a la ventana pero no nos atrevemos a hacerlo es una muestra de incertidumbre y el miedo a las consecuencias de una determinada acción nuestra; y soñarnos espiando a través de una rendija abierta entre las persianas o los porticones revela una curiosidad de tipo sexual, especialmente cuando el soñador es un adolescente.

Las ventanas enrejadas denotan una tendencia a sustraernos a la realidad, tendencia que también existirá, pero en menor grado, si la ventana está cubierta por unos visillos o cortinas que dejan entrever algo del exterior y no impiden el paso de la luz. Las ventanas cerradas que no pueden abrirse revelan que en estos momentos nos sentimos ahogados, limitados y sin la posibilidad de salir adelante.

Por último, cuando en el sueño nos vemos saliendo o entrando por una ventana en lugar de hacerlo por la puerta, es que hemos tomado una decisión equivocada, un falso camino, ya sea en un negocio, un proyecto o una relación sentimental.

Ventisquero

Los sueños en que aparece un ventisquero, como todos aquellos en que interviene la nieve y el frío, deben interpretarse de igual modo que los de HIELO, y es que cuando se sueña con nieve, hielo o viento helado, es que hay frío en el alma y poca vida en el cuerpo.

Verano

Los sueños cuya acción transcurre en el verano son sueños de plenitud, de realización y de riqueza, por lo que son un presagio de que no tardará en llegar a su fructífera culminación aquello que proyectamos o ya se halla en curso. Incluso en aquellos sueños de significado desfavorable, el pronóstico queda muy mejorado si la acción transcurre en verano.

Verde

Calmante, refrescante y tonificante, el verde es el color de la vegetación y de las aguas lustrales y regeneradoras. En todas las religiones es un color sagrado, símbolo de vida, esperanza o inmortalidad; desde el antiguo Egipto, en que era el color de Osiris, hasta el Islam, en que es el color del manto del Profeta bajo el que se cobijan Fátima, Alí y todos sus descendientes directos al menor asomo de peligro, incluyendo al cristianismo, en el que da color a una virtud teologal: la Esperanza.

Pero el verde también es el color del veneno y de la muerte; en Egipto era tal el temor a los gatos de ojos verdes que se castigaba con la muerte a quien matase a uno de ellos; y para nosotros mismos, como color de la vegetación, también posee ambos sentidos, pues su máximo emporio, la selva, es a la vez el pulmón del mundo y el infierno verde. Y no olvidemos que si la esmeralda es la piedra papal, también lo era de Lucifer.

Y es que el verde, como la vegetación, es el color de lo todavía incierto; de aquello que todavía no ha madurado y que cuando lo haga puede hacerlo en cualquier sentido, en bien o en mal.

Por ello, en los sueños el verde es un presagio ambivalente que depende de las circunstancias del mismo. Cuando el sueño es de nieve y frío, o de estéril desierto, si aparece el verde es una promesa de vida y esperanza, que tras una época estéril y difícil llega la promesa de una nueva creatividad, de una nueva vida, de que tras la enfermedad llega la salud. Pero un sueño en que exista un exceso de verde significa un desbordar de la vida vegetativa, instintiva, que puede ahogar al resto de la personalidad.

Pero, en general, el verde onírico es el verde de la sensibilidad y de la inmadurez, e indica que aquello a lo que aspiramos o proyectamos todavía está «verde», todavía necesita mucho trabajo para que pueda ponerse en práctica y hacerse realidad; y que cuando podamos hacerlo será, con toda seguridad, muy distinto a lo ahora proyectado.

Vestido

Los sueños de vestidos se relacionan con la imagen que deseamos ofrecer a los demás de nosotros mismos, o a cómo nos vemos subconscientemente cuando nos miramos desde dentro, como ocurre en los sueños.

En efecto, a veces nos vemos correctamente vestidos o con un traje relacionado con nuestra profesión, ya sea el mono del mecánico, la bata del médico o el hábito del sacerdote; en todos estos casos el sueño nos indica que nos hallamos bien adaptados a la vida social y profesional.

Pero cuando el sueño transcurre así casi nunca nos damos cuenta, no llama la atención cuando todo es correcto. En cambio, lo que sí nos choca del sueño es cuando nos vemos mal vestidos, ya sea por el color o la hechura del traje (lo que indica una mala adaptación social); con un traje relacionado con una profesión que no es la nuestra (mala adaptación profesional); con un traje impropio de nuestra edad (falta de madurez); excesivamente anticuado (excesivo apego a prejuicios ya caducados); o demasiado fantasioso (exceso de vanidad).

También podemos soñarnos con el traje sucio, roto o manchado, lo cual siempre simboliza el íntimo desagrado por algo que hemos hecho recientemente y que no se ajustaba a nuestro propio código moral.

Son sueños de una infinita variedad y riqueza de matices, pero que son fáciles de interpretar si comprendemos bien el mecanismo mediante el cual hemos interpretado los ejemplos anteriores, a los cuales debemos añadir el simbolismo de los colores cuando éstos son muy aparentes o chocantes. No obstante, y para una mejor comprensión, no estará de más repasar cuanto llevamos dicho en los distintos apartados dedicados al ABRIGO, el UNIFORME, el SOMBRERO, la CAPA, los ZAPATOS y demás prendas de vestir.

Viaje

A lo largo de nuestro trabajo hemos mencionado repetidas veces que los viajes siempre simbolizan cambios, pero ahora queremos puntualizar que dicho cambio tanto puede ser real como íntimamente deseado, es decir, que no llegue a realizarse.

Pero ello depende siempre del contexto del sueño, ya que cuando además de partir de viaje visualizamos las incidencias del mismo, tal y como hemos expuesto al tratar de los medios de transporte (AUTOBÚS, AUTOMÓVIL, BARCO, AVIÓN, TAXI, ESTACIÓN, etc.), entonces el sueño se refiere verdaderamente a un cambio en la situación del soñador, a una etapa de su vida. Pero cuando en el sueño el viaje sólo se inicia, pero sin detalles del mismo, es decir, hacemos las maletas, vamos a la estación o al aeropuerto y aquí finaliza el sueño, o luego ya nos vemos en una isla paradisíaca o un lugar de recreo, entonces lo que existe es el deseo o el temor a que algo cambie en nuestra vida.

Es el caso de cuando agobiados por los problemas de la vida diaria desearíamos poder evadirnos de la realidad y soñamos con un viaje; pero en este caso el sueño siempre se acompaña de una sensación de alivio, de un sentimiento de alegría. Pero también existen otros sueños similares cuyo ambiente es triste o melancólico, son aquellos sueños que indican el temor a un cambio, a la pérdida o al alejamiento de un ser querido, de una posición, el recuerdo nostálgico de una patria lejana. Y siempre son sueños cuya interpretación es tan evidente que no ofrece la menor duda. Y si en lugar de partir nosotros quien parte es el ser querido, el temor o el deseo de perderlo es mucho más evidente.

Víbora

En los sueños, la víbora tanto puede simbolizar algún poderoso impulso interno todavía no integrado en la jerarquía consciente de los valores morales, que puede ser muy peligroso para nuestra estabilidad psíquica, como el temor a traiciones procedentes del exterior.

Son las circunstancias personales del soñador y el contexto del sueño lo que nos aclarará si el origen de la traición es interno o externo; si nos traicionan o nos traicionamos nosotros mismos.

Vid, vino

En todas las tradiciones se considera a la vid como sagrada y al vino la bebida de los dioses, que incluso en el cristianismo se convierte en la sangre de Cristo en el rito de la Eucaristía. Y es que el vino estimula y procura una ligereza que parece vencer a la fuerza de la grave-

Vid. La cosecha de la uva. (*Según un grabado francés.*)
La vid y el vino son símbolos de riqueza y conocimiento, fecundidad y sacrificio.

dad, pues hace volar al alma y la fantasía, permitiendo al hombre participar fugazmente de un modo de ser atribuido a los dioses.

Pero, además, el vino simboliza la riqueza y el conocimiento al ser un producto típico de la civilización que sólo puede lograrse aunando una serie de factores que ya de por sí implican riquezas y conocimiento: un clima templado y soleado, cepas fecundas y seleccionadas, trabajo y constancia en su cultivo, conocimientos especializados para su fermentación y crianza y, por último, cuidados casi maternales para su mejora y conservación. Y a todo esto podemos añadir su fruto, el racimo de uvas, símbolo de fecundidad y sacrificio.

Viento

El simbolismo del viento es muy amplio, pues por una parte es un sinónimo del aliento, del soplo, del influjo creador de origen divino: el espíritu. Pero también por su variabilidad y facilidad con que cambia de dirección lo es de agitación, de vanidad, de inconstancia; y el viento desencadenado es una de las grandes fuerzas de la naturaleza, es decir, fuerza y violencia desencadenadas.

Cuando en sueños aparece el viento es que se anuncian acontecimientos importantes, tanto mayores como más violento sea el viento, que en su forma extrema origina la TEMPESTAD y los TORBELLINOS. Y el viento huracanado tanto si es creador como destructor siempre es renovador, tanto removiendo y trastocando las cosas (o nuestra conciencia) o destruyéndolas, obligando a empezar de nuevo, a reconstruir.

Y es curioso y significativo que los árabes —maestros en el simbolismo y la interpretación de los sueños— imaginaran que Dios creó al caballo mediante una condensación del viento del Sur, que lo imaginaran como un viento solidificado. Pues si el Islam llegó a dominar medio mundo fue gracias al caballo, que le dio a sus ejércitos la rapidez y capacidad de destrucción más eficaz, pero efímera, también típica de las tempestades.

Pero el espíritu, que generalmente simbolizamos como luz, también es viento, es el hálito creador de la divinidad. Por lo que en el terreno espiritual podemos afirmar que cuando en sueños se acerca la tempestad es que se acerca una conmoción espiritual y, según los místicos, Dios puede aparecerse tanto en un suave murmullo del aire, como en un terrible huracán. Y es que, como hemos dicho, el viento desencadenado siempre presagia los cambios trascendentales, mientras que la suave brisa es el anuncio de una tranquila evolución, de un cambio que nunca será traumático.

Por último, y en un nivel más inmediato, más material, el viento tanto puede ser el anuncio de grandes cambios económicos, profesionales o sentimentales, como una advertencia contra nuestra inconstancia o nuestra vanidad, que también esta última nos hace cambiar de opinión o de objetivos cuado nos adulan.

Vientre

Lugar de transformaciones, se ha comparado al vientre con el laboratorio del alquimista, pero en el terreno de los sueños lo que con mayor frecuencia simbolizan los sueños de vientre es sólo el bajo vientre, símbolo de la madre y del deseo o la necesidad de ternura y protección; lo que cuando se exagera puede significar una actitud regresiva, un retorno al útero materno, una falta de madurez espiritual y afectiva.

Pero cuando el vientre soñado es el propio, hay que tener en cuenta que por debajo del diafragma sólo se halla el vientre insaciable, el punto de origen de todos los deseos instintivos que moran en nosotros; que el vientre será así sinónimo de gula, sexo y afán de posesión. Y todo esto que a veces puede parecer riqueza, en realidad no es más que pobreza, pues es una limitación, una amputación de la parte superior de nuestra personalidad.

Viga

La viga siempre sirve como un importante punto de apoyo, por lo que en sueños simboliza seguridad cuando aparece sólida y potente, e inseguridad y temor en caso contrario.

Violeta (flor)

Es el más popular símbolo de la modestia.

Violeta (color)

Compuesto de partes iguales de rojo y azul, en el ciclo de la renovación periódica el violeta es el polo opuesto al verde, pues mientras que el verde simboliza la primavera, el tránsito de la muerte a la vida, el violeta simboliza el otoño, el tránsito de la vida a la muerte. Y es tras de él que se cumple el misterio de la reencarnación, o si ésta no se admite, el de la transformación y trascendencia; es por ello que el violeta es el color del misterio, del secreto y del más allá.

Por el mismo motivo se usa el violeta para el semiluto, pues su sentido mortuorio. no es total, no es de final sino de transición; y además, por representar nuestro acatamiento a la ley de vida y muerte, el violeta también simboliza la sumisión y la obediencia.

Visitas

Cuando en sueños recibimos una visita o visitamos a alguien es muy importante que por la mañana al recordar el sueño comprobemos si hemos reconocido con toda claridad a la persona en cuestión —casi siempre un amigo íntimo o un familiar— pues en caso afirmativo podría tratarse de una premonición, aun cuando sólo sea así en muy raras ocasiones.

Por lo demás, las visitas son el lazo de unión que nos relaciona con los demás, por lo que casi siempre estos sueños revelan nuestra necesidad de relacionarnos con otras personas, que nos sentimos íntimamente aislados, excesivamente solitarios.

Volar

Volar es elevarse, llegar a un nivel superior, tanto desde un punto de vista espiritual o moral como de fuerza, riqueza o poder; psicológicamente, es un símbolo del pensamiento y la imaginación.

En los sueños, volar siempre expresa un deseo de escapar a las situaciones y problemas de la vida diaria, de superarlas como sea; es como un sustitutivo de todo aquello que deberíamos hacer y no sabemos o no somos capaces de hacer, por lo que en nuestra impotencia nos consolamos ascendiendo con la imaginación, volando en sueños.

Pero por más que queramos engañarnos a nosotros mismos en el sueño, no dejamos de ser conscientes de nuestra impotencia, por lo que estos sueños siempre terminan en pesadilla, en caída, expresión simbólica del fracaso real, de la falsa actitud ante la vida.

No obstante, existen algunos raros sueños de vuelo que expresan el deseo de acceder a un estado espiritual superior, pero también en este caso las dificultades, y quizá la impotencia para conseguirlo, suelen estar en el fondo del sueño si no se logra despegar del suelo y finaliza en caída.

La diferencia entre el significado espiritual y el material reside en el hecho de que existan o no serios problemas materiales en la vida real.

Por último, tampoco deben confundirse los sueños de AVIONES con los de volar, pues en estos últimos el avión —por así decirlo— somos nosotros mismos.

Sueño de vuelo. (*Dibujo de Max Ernst.*)
*El sueño de volar refleja nuestro deseo de escapar, pero la caída última revela
la imposibilidad de la huida.*

Volcán

Como todas las catástrofes naturales, el volcán simboliza una mutación brusca de la vida real que si bien puede ser constructiva casi

siempre resulta destructora. Lo que diferencia el volcán de las otras catástrofes, como el TERREMOTO, por ejemplo, es la existencia de una
época previa en la que existe un trabajo latente, contenido, subterráneo, oculto, tras el cual sobreviene la erupción.

Psicológicamente, el volcán simboliza las pasiones largamente reprimidas —pero no domadas— que llegan a estallar con toda virulencia,
pudiendo llegar a causar nuestra perdición. Pero son estas mismas
pasiones, si podemos sublimarlas y domarlas, las que se convierten en
la fuente de la vida espiritual; lo que también queda simbolizado por la
extraordinaria fecundidad de las tierras volcánicas.

Yate

Soñarse en alta mar a bordo de un yate y gozando de una vida regalada es un sueño que revela un amor irreflexivo a la «libertad», el rechazo de toda limitación y atadura; casi siempre es la perniciosa consecuencia de lecturas y películas de vida lujosa e indolente en los jóvenes todavía inmaduros.

Si el sueño sirve de advertencia e invita a ser más realista y reflexivo habrá sido útil; pero de no ser así, será una muestra más de inmadurez.

Yelmo

En los sueños, el yelmo debe interpretarse del mismo modo que el CASCO.

Yugo

El yugo simboliza el servicio y la disciplina en sus dos acepciones opuestas: la de servidumbre y esclavitud, y la de servicio y unidad. Y es que la disciplina puede ser impuesta por la fuerza, como se hace con los esclavos y los bueyes, o puede ser asumida libremente como un medio de realización personal, de unión con una idea, causa o divinidad.

Así pues, cuando en sueños vemos un yugo o una yunta de bueyes, los sentimientos dominantes en el sueño y el estado interno del soñador serán lo que aclare cuál de ambas opciones es la correcta en cada caso.

Yunque

El yunque significa el principio pasivo, frente al martillo que es el principio activo.

Cuando en sueños aparece un yunque es que en estos momentos nuestra actitud en la vida sólo puede ser pasiva, que nos vemos obligados a soportar los golpes del destino sin poder hacer nada por evitarlos.

Algunos autores interpretan este sueño como un augurio de trabajo y provecho, lo cual sólo puede aceptarse si en el sueño somos nosotros los que usamos el martillo para golpear sobre el yunque. Pero en este caso, más que sueño de yunque lo es de MARTILLO.

Yunque. (*De una alegoría del siglo* XIX.)
Soñar con él refleja nuestra pasividad, el soportar los golpes del destino sin poder evitarlos.

Zafiro

Es la piedra celestial por excelencia, y tradicionalmente se le han atribuido grandes propiedades, como son: prevenir de la pobreza (material y espiritual); proteger contra la cólera de los poderosos, de la traición, de los falsos testimonios, del mal de ojo; de incrementar el valor, la alegría y la vitalidad. En el cristianismo simboliza la pureza y aquella fuerza luminosa que sólo puede emanar del Reino de los Cielos.

En realidad, el zafiro por su color AZUL simboliza (o es) el remedio contra todos los males causados por el VERDE y el ROJO. Y ello puede aplicarse igualmente a los sueños.

Zapatos

En todas las tradiciones y pueblos de la antigüedad el calzado era un símbolo de libertad, a la vez que constituía una demostración de autoridad, de dominio y una garantía de propiedad. Era por esto que los esclavos eran obligados a ir descalzos, y también de ahí procede la clásica pose del cazador posando su pie calzado sobre la pieza abatida.

En Israel, para sellar un trato bastaba con que el vendedor entregara un zapato al comprador; pero, además, pisar un campo con los zapatos o lanzarlos sobre el mismo equivalía a reclamar su posesión, con lo cual el zapato se convertía en la representación total de su dueño, en el símbolo de la posesión.

Zapatos.
Los zapatos soñados pueden simbolizar el deseo de posesión, pero también la muerte o el anhelo de viajar.

El mismo origen tiene en el Islam y en gran parte de Asia la costumbre de descalzarse para entrar en un templo o en casa de otra persona, pues este gesto es la demostración de que no existe la menor intención de reivindicar nada, de que no se desea hacer valer el menor derecho; sino que, por el contrario, en dicho lugar nos consideramos esclavos, o al menos supeditados moralmente a su dueño.

Y de este simbolismo y no del simple hecho de meter el pie dentro del zapato es del que deriva el significado sexual de algunos sueños de este tipo, pues lo que en realidad se simboliza es el deseo o el derecho a la posesión de otra persona (tanto si el dueño del zapato es hombre como si es mujer), derecho o deseo que en el sueño se identifica con el zapato. Es el mismo simbolismo que subyace en el cuento de la Cenicienta (versión moderna del relato de Elieno, retórico romano del siglo III, en el que el zapato es la personificación de su dueña, por lo cual sólo puede ser calzado por ella.

Lo que ocurre es que la mayoría de autores modernos con un punto de vista claramente machista han derivado la relación pie-zapato a la relación hombre-mujer, trasladando al pie (que representaría al hombre) el concepto de dominio, y al zapato (que representaría a la mujer) el de cosa dominada; lo que es exactamente lo contrario del verdadero simbolismo del sueño.

Pero, además, el zapato posee otro simbolismo: el de la marcha, pues no se puede andar mucho sin zapatos; y este significado tanto puede referirse al partir a lo lejos (con lo que es el símbolo del caminante) como el partir al otro mundo, motivo por el cual en muchos lugares se solía enterrar a los muertos con zapatos, para ayudarles en su partida al otro mundo.

De todos estos simbolismos se desprende que según el contexto del sueño los zapatos —o cualquier otro tipo de calzado— pueden significar el deseo de posesión de un terreno, finca, persona o cualquier otra cosa; una posible muerte o el deseo de emprender un viaje. Una ligera variación a la primera de estas interpretaciones la introducen las botas, que añaden un toque de dominio físico, de brutalidad; cuando el sueño es erótico le proporciona matices de sadomasoquismo.

Y para finalizar con el tema veamos algunos otros ejemplos: soñarnos con los zapatos puestos, sucios y manchados indica sentimientos de culpabilidad; si nos vemos andando sin zapatos, equivale al peligro de vernos sometidos a los demás, a que las circunstancias nos obliguen a aceptar condiciones de trabajo, sumisión o de lealtad que no son las que nosotros desearíamos, o también en algunos casos, sentimientos de inferioridad; soñarnos sin zapatos, pero sin andar, revela el temor a la pobreza (o la presagia); por el contrario, soñarnos bien calzados equivale a sentirnos libres y dueños de nosotros mismos, y como más cómodos sean los zapatos, mayor será nuestra libertad de acción.

También es frecuente soñarnos con unos zapatos infantiles totalmente impropios de nuestra edad; en este caso el sueño revela nuestra inmadurez, nuestra fijación a la infancia, el deseo de seguir bajo la tutela y protección paternas. Este sueño sólo será positivo cuando en el mismo se termine por tirar, destruir o quemar los zapatos, lo que contiene el aviso o la orden de volver a la realidad y asumir todas las obligaciones y responsabilidades de la vida, en lugar de rehuirlas.

También el aspecto y demás características secundarias del zapato nos proporcionarán aclaraciones adicionales al sueño; así, si el zapato nos aprieta, es que todavía no sabemos cómo desenvolvernos con la libertad o la autoridad que una nueva situación nos depara (o deparará) y, por ello, nos sentimos incómodos. Si soñamos que se nos rompe un zapato, presagia pérdida de libertad o de autoridad; y así con todo lo que nos suceda con el calzado.

Zarza, zarzamora

En el simbolismo cristiano la zarza ardiendo simboliza la presencia de Dios y en ocasiones se define como zarza ardiente a la Virgen por su ardiente amor y revelación de Dios.

Pero en los sueños su simbolismo es muy distinto, por no decir opuesto, pues lo que en ellos aparece no es la zarza, sino su fruto, la zarzamora, cuyo sabor agridulce y su carácter silvestre la convierten en el símbolo de la agridulce seducción. Como dice Aeppli:

«Cuando una soñadora nos habla de estas y otras bayas silvestres, nos hace sospechar que en su naturaleza semiconsciente hay un fruto maduro en espera de que un Tú lo tome y lo disfrute con ella alegremente.»

Índice de materias

Impreso y encuadernado por:
Lerner Ltda.
quien sólo actúa como impresor